La marche vers Magdala

GA Henty

Writat

Cette édition parue en 2024

ISBN : 9789359941141

Publié par
Writat
email : info@writat.com

Selon les informations que nous détenons, ce livre est dans le domaine public. Ce livre est la reproduction d'un ouvrage historique important. Alpha Editions utilise la meilleure technologie pour reproduire un travail historique de la même manière qu'il a été publié pour la première fois afin de préserver son caractère original. Toute marque ou numéro vu est laissé intentionnellement pour préserver sa vraie forme.

PRÉFACE.

En soumettant au public sous forme rassemblée les Lettres déjà parues dans la presse quotidienne, un Correspondant Spécial a le choix entre deux cours. La seule solution consiste à publier les Lettres aussi fidèlement que possible telles qu'elles étaient à l'origine, sous la forme d'un journal écrit au jour le jour et de semaine en semaine ; l'autre, refondre l'ensemble, réécrire les Lettres, et donner un récit continu de l'expédition comme d'un événement passé. Le second de ces cours présente l'avantage de l'unité de but ; il contiendra moins d'erreurs, moins de prédictions erronées sur le cours probable des événements et, surtout, moins de répétitions qui doivent inévitablement se produire dans une série de lettres. Le style, lui aussi, sera naturellement beaucoup plus doux et plus raffiné que dans les lettres originales, écrites comme elles l'étaient habituellement à la hâte et dans des circonstances très difficiles. Mais, d'un autre côté, un tel récit perdrait beaucoup de la fraîcheur que possèdent les lettres originales, et il manquerait de cet intérêt que la connaissance des espoirs et des craintes, des doutes et des anticipations, des plans destinés à être contrecarrés, et les opinions, variant constamment avec le cours des événements, doivent donner lieu à un récit. Le présent est également beaucoup plus agréable et moins monotone que le prétérit . J'ai donc décidé, en soumettant mes lettres à la republication, de m'en tenir aussi étroitement que possible à la forme et à la matière originales ; n'hésitant pas, cependant, à faire de nombreux ajouts, modifications et suppressions, lorsque des informations ultérieures ou le cours des événements ont prouvé que mes opinions ou mes conclusions étaient erronées.

Le présent ouvrage ne prétend pas être un compte rendu scientifique de l'expédition. Il ne donne ni statistiques, ni arrêtés généraux, ni documents officiels. Cela sera sans aucun doute fait désormais par un officier bien mieux qualifié que moi pour cette tâche. Il s'agit simplement du récit simple d'un spectateur qui accompagna l'expédition depuis le début de décembre 1867, lorsque les affaires de Zulla étaient au plus mal, jusqu'à la scène finale à Magdala. En même temps, je n'ai pas hésité à exprimer mes propres opinions sur le cours des événements. Un grand désastre comme celui de la panne complète du train de transport à Zulla ne peut se produire sans que quelqu'un soit gravement blâmé. Je considère que c'est l'un des premiers devoirs d'un correspondant que d'exposer sans crainte les personnes et les causes qui, à son avis, ont provoqué un grand désastre public. C'est pourquoi, même s'il est désagréable de critiquer, je n'ai pas hésité à attribuer le blâme là où je considère qu'il était dû. C'est ce que j'ai fait dans la toute première lettre que j'ai écrite de Zulla après mon débarquement, avant d'être monté à Senafe ; et l'opinion que j'avais alors exprimée, je n'hésite pas maintenant, après des mois et après avoir entendu la question discutée sous tous les angles, à la réaffirmer.

Aux exceptions auxquelles j'ai fait allusion, les lettres sont les mêmes dans la forme et le fond que lorsqu'elles parurent dans les colonnes du *Standard* ; et bien que, pour les raisons que j'ai données, je sois convaincu que c'est la voie la plus sage de les laisser ainsi, cependant, me rappelant les circonstances de précipitation, de fatigue et de difficulté dans lesquelles ils ont été écrits, je ne peux m'empêcher de ressentir un sentiment extrême. hésitation à les soumettre au public « avec toutes leurs erreurs sur la tête ».

GAH

CHAPITRE INTRODUCTIF.

L'expédition abyssinienne a, depuis le moment où elle a été décidée, attiré une attention, non seulement en Grande-Bretagne mais dans le monde civilisé , tout à fait disproportionnée par rapport à la force de l'armée employée ou à l'étendue des intérêts en jeu. . La force totale engagée était inférieure, plutôt que supérieure, à 10 000 hommes ; pas un cinquième de la force d'une armée que nous pourrions nous-mêmes mettre en campagne pour une campagne en Inde ; à peine un cinquantième de la force sous le commandement de l'une ou l'autre des grandes puissances continentales. Ce n'est donc clairement pas l'ampleur de l'expédition qui a attiré l'attention : ce sont les circonstances extraordinaires et nouvelles dans lesquelles elle a été entreprise ; les difficultés quasi insurmontables à surmonter ; la nature inconnue du pays à parcourir, et le désintéressement romantique des motifs qui ont poussé l'Angleterre à s'y lancer, qui en ont fait l'une des campagnes les plus intéressantes et les plus remarquables jamais entreprises. Depuis l'expédition de Pizarro et Cortès au Moyen Âge , aucune expédition aussi nouvelle et dangereuse n'a été enregistrée. Le pays lui-même ressemblait à celui du célèbre Prêtre Jean : tout y sentait le merveilleux . C'était un pays plus montagneux, plus inaccessible, plus guerrier, plus sauvage que n'importe quel autre pays au monde. Le roi avec lequel nous faisions la guerre était un potentat qui, par ses talents militaires, s'était élevé d'une position relativement obscure à la souveraineté de toute l'Abyssinie : il était éclairé au-delà de sa race ; il patronnait les étrangers, encourageait les industries, s'efforçait par tous les moyens d'améliorer la condition de son pays, et était pourtant un tyran assoiffé de sang. Le peuple lui-même était une race étrange, bien plus civilisée que les autres nations africaines, chrétiens au milieu d'un continent mahométan et païen, un mélange de nombreuses races : africaines, grecques, arabes et juives. Dans l'ensemble, c'était une terre de romance. Les voyageurs n'avaient pas non plus fait grand-chose pour nous éclairer sur le pays. Certains l'avaient décrit comme extrêmement fertile ; d'autres en avaient parlé comme d'un pays de montagnes et de défilés, où l'on ne pouvait espérer aucune subsistance pour l'armée. Ils s'étaient unis uniquement pour prophétiser des choses mauvaises : la faim et la soif, les montagnes inaccessibles et les déserts sans sentiers, la fièvre, le choléra, la variole, la dysenterie, la mouche tsé , le ténia et le ver de Guinée. Nous devions être consumés par le feu ; nous devions être anéantis par des pierres roulées sur nous dans les ravins ; nous devions être coupés en détail dans nos marches ; nous allions être harcelés à mort par des attaques répétées nuit et jour. Toutes ces prophéties et bien d'autres furent librement prononcées, et il semblait réellement que notre expédition devait prendre fortement la forme d'un espoir désespéré. Les amis des officiers et des hommes leur dirent au revoir comme s'ils allaient vers une mort certaine, et les compagnies d'assurance doublèrent et triplent la prime sur leur vie. Tout cela contribua à porter l'intérêt et l'inquiétude du public au plus haut point. Il est inutile de dire maintenant que presque toutes les prédictions défavorables ont été entièrement fausses et que nous n'avons rencontré aucune difficulté en dehors des montagnes et des ravins, du manque de moyens de transport et de la rareté de la nourriture.

D'une manière générale , si le sujet est connu, il est encore nécessaire, avant de commencer l'histoire de la campagne, de dire quelques mots sur les événements qui l'ont précédée et provoquée ; et comme le sujet a été épuisé par le Dr Beke dans son ouvrage habile sur les captifs abyssins, je ne peux faire mieux que de faire précéder mon histoire d'un bref résumé des faits récités dans son volume. Le Dr Beke connaissait bien M. Plowden, notre défunt consul là-bas, et connaissait parfaitement tous les événements qui ont conduit à la captivité du groupe anglais, et il était en communication intime avec leurs amis ici. Ses déclarations sont étayées par de nombreux documents officiels ; et ce volume, dans lequel il expose maintenant l'état de l'affaire, peut apparemment être reçu avec confiance comme étant fiable dans tous les détails.

Le royaume d'Abyssinie est d'une extrême antiquité et fut autrefois un empire grand et florissant. Il a été gouverné par une succession de monarques prétendant descendre directement de Menilek , le fils du roi Salomon et de la reine de Saba. Depuis un siècle, le monarque légitime a eu très peu de pouvoir, l'autorité réelle étant entre les mains du plus puissant des chefs des diverses tribus composant l'empire, et qui, à mesure qu'ils devenaient dominants, prenaient le titre de ras . ou vizir, gardant l'empereur fantoche dans un état de captivité honorable , administrant les affaires et menant les guerres sans la moindre référence à ses souhaits et à ses opinions. Le royaume d'Abyssinie consiste en un immense plateau ou plateau élevé, d'une grande fertilité et possédant un climat tempéré et agréable. A son extrémité nord-est, elle se rapproche très près de la mer, le port de Massowah étant alors son débouché naturel. Vers le sud, le plateau s'éloigne de la mer, en étant séparé par une large plaine basse, habitée par des tribus mahométanes. La religion des indigènes d'Abyssinie elle-même a été chrétienne dès les premiers temps, et ils possèdent une version indigène des Écritures qui date du quatrième siècle de l'ère chrétienne. Les lois de ce singulier peuple sont, comme les nôtres, fondées sur le code de Justinien. Les diverses tribus qui forment l'empire, bien que reconnaissant la suprématie de l'empereur, sont pourtant virtuellement indépendantes, ne payant qu'un simple tribut nominal, lui faisant la guerre et le déposant chaque fois qu'elles se sentent assez fortes pour le faire. Ces tribus sont très nombreuses, mais les principales peuvent être considérées comme celles qui habitent le Tigre, qui est la province la plus proche de Massowah , et qui commande par conséquent les avenues d'approche vers l'intérieur ; Amhara, la capitale, située au sud du Tigre, Lasta au centre , et Shoa , Godjam et Kwara à l'ouest. Parmi eux, Tigre est le représentant de l'ancien royaume. Elle est presque entièrement entourée par la rivière Takkazye , qui la sépare du reste de l'empire ; et ses habitants parlent la langue de l'ancien éthiopien, dans laquelle se trouve la première version de la Bible. Depuis le milieu du XVIe siècle, les Turcs revendiquent toute la côte, mais n'occupent que le Sawakin et le Massowah .

En 1810, le gouvernement anglais, alarmé des tentatives des Français pour prendre pied en Egypte, envoya M. Salt, plus tard consul général en Egypte, en Abyssinie, pour établir des relations amicales avec cette puissance ; et ce gentilhomme, ne pouvant pénétrer au-delà du Tigre, dont le chef du pays était alors le ras , ou chef le plus puissant du royaume, remit à ce personnage la lettre du roi George et les présents qui l'accompagnaient. Cependant, presque simultanément, la puissance française dans l'océan Indien fut anéantie et, quelques années après, la chute de Napoléon soulageant le gouvernement britannique de toute crainte d'une agression française à l'Est, les relations diplomatiques entre l'Angleterre et le Tigre se détériorent. fin. Une jalousie et une lutte constantes semblent cependant avoir été entretenues entre les missions protestantes et catholiques, tour à tour encouragées et expulsées par les différents souverains du pays.

En 1847, un consulat britannique fut établi, M. Plowden étant choisi pour ce poste. Il commit malheureusement la grande erreur d'entrer en relations amicales avec le potentat de l'Amhara, à la place du chef indépendant du Tigre, qui, possédant le seul débouché de communication, rendait toute alliance avec l'Amhara complètement inutile pour les deux parties. M. Plowden lui-même, trop tard, semble avoir découvert qu'il avait commis une erreur et écrivit au comte de Clarendon, qui était alors ministre des Affaires étrangères, qu'il craignait que peu d'avantages commerciaux puissent être obtenus. Sa Seigneurie répondit qu'après avoir conclu le traité et établi le consulat, le gouvernement de Sa Majesté hésitait à renoncer à tout espoir de bénéfice, et le pria de suggérer un plan pour s'établir à Massowah ou dans quelque autre port maritime et pour maintenir une communication avec l'intérieur.

M. Plowden, dans son rapport, a donné des détails complets sur le pays, et particulièrement sur la partie nord, dans laquelle les Égyptiens faisaient constamment des expéditions de pillage, emportant le bétail et les habitants, et vendant ces derniers comme esclaves. Le consul Plowden écrivit vivement aux autorités égyptiennes sur leur conduite et, à la suite de ses représentations, Lord Clarendon fit des remontrances énergiques auprès du vice-roi d'Égypte au sujet de ses agressions contre l'Abyssinie. Pendant ce temps, un homme remarquable était apparu. Dedjatj Kassai était le chef d'une des tribus Kawra . Homme d'une grande ambition et d'un grand talent, il conçut le dessein de se rendre maître de toute l'Abyssinie, attaqua et battit à son tour les potentats voisins , et conquit rapidement tout le pays, à l'exception seulement du Tigre, puis prit le titre d' empereur Théodore. Théodore est décrit dans les dépêches de M. Plowden comme un homme doté de bonnes impulsions et désireux de gouverner bien et sagement, mais d'un caractère violent et d'une fierté démesurée dans sa dignité et sa position royale. Avec lui, M. Plowden entra en négociations pour un traité avec l'Angleterre, pour l' envoi d'une ambassade dans ce pays et pour l'établissement d'un consulat britannique en Abyssinie, avec pouvoir et juridiction dans tous les cas dans lesquels un sujet britannique pourrait être intéressé. .

L' Empereur s'opposa à la clause conférant juridiction au consul, mais promit d'accorder à l'affaire toute son attention lorsqu'il en trouverait le temps, car il était très favorablement disposé à l'égard de l'Angleterre. Lord Clarendon approuvait hautement la voie que suivait le consul Plowden et déclara que la reine aurait beaucoup de plaisir à recevoir et à traiter avec les honneurs qui lui sont dus les ambassadeurs que Sa Majesté pourrait envoyer à sa cour. La ratification de ce traité et l'envoi de l'ambassade furent retardés en raison des guerres constantes dans lesquelles Théodore était engagé avec des tribus rebelles dans diverses parties de son empire, mais il se montra toujours disposé à remplir ces engagements dès qu'il pourrait trouver du loisir pour lui permettre de le faire. En mars 1860, le consul Plowden fut tué lors de son voyage de retour à Massowah , d'où il était absent à la cour de Théodore depuis cinq ans.

M. Layard a accusé à tort M. Plowden, dans un discours prononcé à la Chambre des communes le 30 juin 1865, de manquement à ses devoirs. Il a déclaré que le consul Plowden, « au lieu de s'occuper du but avec lequel il avait été placé là, celui d'encourager les relations commerciales entre la Grande-Bretagne et l'Abyssinie, s'est plongé dans des intrigues locales... Le gouvernement de Sa Majesté lui a immédiatement envoyé des instructions pour retourner à son poste à Massowah et ne plus s'immiscer dans leurs différends locaux. Cette accusation provoqua une protestation indignée de la part du frère du consul Plowden. Il montra que M. Plowden était accrédité en Abyssinie, et non à Massowah , qui est un port turc sans commerce, sans sujets ni intérêts britanniques à protéger, et qui n'a de valeur que comme moyen d'entrée en Abyssinie et de communication avec l'Europe. , et évidemment pour cette raison, il n'a fait que le siège du consulat. Les devoirs du consul étaient de surveiller et de contrecarrer les intrigues étrangères, de maintenir la paix entre l'Abyssinie et l'Égypte, de réprimer la traite des esclaves et d'encourager le commerce ; devoirs qu'il est évident qu'il ne pourrait pas accomplir s'il restait à Massowah , séparé du siège de l'empire par une tribu hostile. M. Plowden a souligné que son frère avait commencé son consulat en se rendant à l'intérieur avec des lettres et des cadeaux au potentat régnant, et qu'il y était resté pendant tout son mandat avec peu d'interruptions, sa dernière visite y ayant duré cinq années sans interruption. Que pendant tout ce temps il correspondait régulièrement avec le ministère des Affaires étrangères, qui était au courant de ses déplacements et sur les instructions duquel il était guidé. Ainsi, M. Plowden montra de manière concluante que l'attaque imprudente que M. Layard lança si chevaleresquement, cinq ans après sa mort, contre un officier qui avait noblement accompli les devoirs les plus difficiles, était totalement sans fondement. À la mort du consul Plowden, le capitaine Cameron a été publié dans la Gazette «consul de Sa Majesté en Abyssinie», mais ce n'est que le 9 février 1862 qu'il arriva à Massowah . Ses instructions étaient plutôt vagues, beaucoup de choses étant nécessairement laissées à sa propre discrétion, mais il lui fut généralement enjoint de poursuivre la politique du consul Plowden, de poursuivre les négociations pour le traité et pour l' envoi d'une ambassade en Angleterre. Massowah devait bien sûr être son quartier général, mais aucune injonction ne lui fut donnée contre l'entrée à l'intérieur. Au contraire, il reçut des lettres et des cadeaux à l' empereur , auquel le comte Russell le présenta et demanda la protection et la faveur de Théodore en sa faveur. Le capitaine Cameron, pendant la période qui s'est écoulée entre sa nomination et son départ pour son poste, avait été pleinement informé des progrès réalisés dans les négociations par le consul Plowden et avait pleine autorité pour les reprendre au moment où ils étaient à la mort de ce monsieur, et M. Stern, le missionnaire, fut prié par Earl Russell lui-même de rester à Londres à ce moment-là afin de discuter avec le capitaine Cameron de l'ambassade envisagée et d'autres questions. Et pourtant, face à cela, M. Layard osa dire, à sa place au Parlement, le 31 octobre 1865, en citant la dépêche du consul Cameron à ce sujet : « Or, ceci était tout à fait contraire aux instructions qu'il avait reçues. » Le consul Cameron fut reçu avec beaucoup d'état et de courtoisie par l' empereur Théodore, qui exprima de nouveau son désir d'envoyer une ambassade en Angleterre. Mais un jour ou deux après que le consul soit arrivé à la cour abyssinienne, on apprit que notre consul à Jérusalem, qui avait toujours été considéré et qui y avait agi comme protecteur de la colonie abyssinienne, avait reçu l'ordre du ministre des Affaires étrangères de se retirer. cette protection, et que par conséquent leur couvent avait été pillé par les Arméniens. Cette affaire des Abyssins de Jérusalem est racontée par le Dr Beke avec une grande clarté, mais l'espace m'interdit ici d'y entrer ; il suffit que le comte Russell, sans la moindre cause ni prétexte, ait retiré la protection, ou plutôt les bons offices, qui avaient été accordés par Lord Malmesbury à la colonie abyssinienne, et qui avaient été une des causes de la bonne volonté avec laquelle l'Angleterre était considérée en Abyssinie.

Le lendemain, l' empereur vit le capitaine Cameron, lui dit qu'il avait bien réfléchi au sujet du traité, sur lequel il n'y aurait aucune difficulté, et il lui présenta une lettre qu'il avait écrite à Sa Majesté. En cela, après de nombreuses expressions de respect et de bons vœux, l' Empereur exprime son intention d'attaquer les Turcs en raison de leurs agressions constantes contre lui, et demande à Sa Majesté d'assurer le sauf-conduit des ambassadeurs, qu'il est prêt à accompagner. envoyer immédiatement en Angleterre. Dès réception de cette lettre, le consul Cameron partit aussitôt pour la côte. Il fut cependant arrêté en chemin par un chef rebelle ; mais ses lettres furent envoyées par un messager indigène et arrivèrent à Londres le 12 février 1863. Le capitaine Cameron lui-même, accompagné du représentant de l'empereur et d'une forte escorte, se rendit à Bogos pour examiner la vérité sur les prétendues incursions des troupes britanniques. Turcs ou Égyptiens, comme on les appelle indifféremment, dans cette province. Constatant que ces mesures se poursuivaient toujours, le capitaine Cameron écrivit au consul général Colquhoun à Alexandrie, le suppliant de faire des remontrances auprès du gouvernement égyptien. Il écrivit également au comte Russell de Bogos, et à deux reprises à l' empereur , pour l'informer des mesures qu'il prenait pour la protection de ses sujets, prenant pour guide la conduite de son prédécesseur, le consul Plowden, agissant comme avocat. de la cause des Abyssins chrétiens contre les Turcs, en parfait accord avec le représentant et favori de l'empereur, qui était son compagnon. Il est donc clair que l'allégation peu judicieuse du comte Russell n'a aucun fondement : « la principale cause de la colère de l'empereur contre le consul Cameron était ce voyage à Bogos ». Ses démarches ont cependant suscité le mécontentement à la fois du gouvernement égyptien et des autorités égyptiennes. A l'époque de M. Plowden, l'Egypte était dans un état de désorganisation , et c'est pourquoi le gouvernement britannique, après avoir reçu le récit de son consul sur les atrocités exécutées par les troupes égyptiennes sur les habitants de Bogos, avait adressé les énergiques remontrances de notre ministre des Affaires étrangères au gouvernement. Vice-roi ; mais maintenant les choses avaient changé. L'Égypte était compacte et forte, et le comte Russell ne voulait pas offenser un allié aussi bien réglé ; c'est pourquoi un sévère reproche fut envoyé au capitaine Cameron pour qu'il s'occupe de ses propres affaires et qu'il retourne à Massowah . Tel est l'effet d'un changement d'état de choses, et le pauvre consul Cameron, en n'y réfléchissant pas, a été blâmé pour avoir fait exactement la même chose pour laquelle le consul Plowden avait gagné beaucoup de crédit.

Lorsque le capitaine Cameron revint à la Cour en juillet, après sa longue absence, sa situation n'était pas agréable, car il était toujours sans réponse à la lettre de l'empereur à la reine, qui avait été envoyée le 31 octobre de l'année précédente ; il n'avait d'ailleurs pas encore reçu de réponse à sa propre dépêche joignant cette lettre ; car, en raison de retards, comme on l'a dit, elle n'était parvenue en Angleterre que le 12 février, et le comte Russell n'avait pas jugé cela suffisamment important pour y répondre pendant plus de deux mois après, et alors sans faire la moindre allusion à l'engagement de l'empereur. lettre qu'il joignait.

Après s'être séparé du représentant de l'Empereur à Bogos, le consul s'était rendu dans la province égyptienne du Soudan, conformément aux instructions qu'il avait reçues du ministère des Affaires étrangères, pour s'enquérir des perspectives de culture du coton dans cette région, selon le sujet. Le coton égyptien suscitait alors une grande notoriété en Angleterre. Cette expédition ajoutait à la colère qu'éprouvait l' empereur Théodore de n'avoir pas reçu de réponse à sa lettre à Sa Majesté. La conversation suivante a eu lieu lors de sa première entrevue avec le capitaine Cameron et témoigne assez clairement de la véritable cause de la colère de l'empereur :

"Où étais-tu depuis que tu t'es séparé de Samuel à Bogos ?"

"Dans les provinces frontalières du Soudan."

"Pourquoi?"

"Pour s'occuper du coton et du commerce, etc.".

"Qui t'a dit d'y aller ?"

«Le gouvernement britannique.»

« M'avez-vous apporté une réponse de la reine d'Angleterre ?

"Non."

"Pourquoi pas?"

"Parce que je n'ai reçu aucune communication du Gouvernement à ce sujet."

« Pourquoi, alors, viens-tu me voir maintenant ? »

«Je demande la permission de retourner à Massowah .»

"Pourquoi?"

"Parce que le gouvernement m'a ordonné de m'y rendre."

« Ainsi, s'écria le monarque exaspéré, votre reine peut vous donner l'ordre d'aller visiter mes ennemis les Turcs, puis de retourner à Massowah ; mais elle ne peut pas répondre poliment à ma lettre. Vous ne me quitterez pas avant que cette réponse ne vienne.

Le capitaine Cameron devint alors, en juillet 1863, prisonnier, non pas sous caution, certes, mais prisonnier sur parole. En septembre, la réponse arriva de l' empereur Napoléon, à qui Théodore avait adressé une lettre en même temps qu'à la reine. Cette réponse fut très offensante, car elle fut écrite par le maréchal O'Neil et non par l' empereur lui-même. Son contenu aussi était singulièrement mal jugé, et la missive fut déchirée en morceaux devant un conseil de dignitaires par l' empereur et foulée aux pieds. Le consul de France et un compagnon reçurent l'ordre péremptoire de quitter le territoire abyssin.

En octobre arriva la réponse d'Earl Russell au capitaine Cameron, mais sans la moindre allusion à la lettre de Théodore. Jusqu'alors aucune cause de dispute n'avait surgi entre MM. Stern et Rosenthal et l'Empereur ; mais la fureur que Théodore ressentait face à l'offense si injustifiée que lui avait adressée le ministre britannique des Affaires étrangères éclatait maintenant sur la tête de toute la nation. Le 15 octobre, le serviteur, ou messager du capitaine Cameron, fut arrêté et battu ; et le soir du même jour, les deux domestiques de M. Stern furent saisis et battus si cruellement qu'ils moururent tous deux la même nuit. M. Stern lui-même, qui se trouvait à ce moment-là, se trouva, horrifié par la procédure, mettre la main à sa bouche. On dit aussitôt qu'il mordait le pouce contre l' empereur , ce qui est considéré comme une menace de vengeance ; et il fut en conséquence saisi et cruellement battu, et sa vie fut également désespérée pendant un certain temps. Pendant quelque temps , rien ne se produisit, et alors l'Empereur, désireux de justifier d'une manière ou d'une autre son accès de colère contre un homme avec lequel il n'avait eu ni dispute ni motif de plainte, posséda tous les livres et tous les livres de M. Stern et de M. Rosenthal. les papiers étaient examinés et lus, cette fonction étant exercée par un Français nommé Bardel , qui apparaît partout comme un ennemi traître et acharné du parti anglais. On trouva ici suffisamment d'éléments criminels, sous la forme de remarques dans leurs journaux sur la conduite de l' empereur , et ils furent condamnés à mort ; mais cela fut commué en emprisonnement.

Le 22 novembre, un jeune Irlandais nommé Kearns arriva avec une autre dépêche du ministère des Affaires étrangères, probablement celle du 13 août, mais qui ne contenait aucune allusion à la lettre de l'empereur. Cela exaspéra naturellement Théodore plus que jamais, et le capitaine Cameron reçut maintenant l'ordre d'être enchaîné aux deux mains. Le 4 janvier, le capitaine Cameron, ses serviteurs et les missionnaires furent tous enchaînés et enfermés dans la prison commune. La cause de cette nouvelle preuve de la colère du roi est rapportée par M. Steiger , membre de la mission écossaise, comme étant l'arrivée du chef du couvent abyssin à Jérusalem avec la nouvelle que le consul britannique avait refusé. pour intervenir en leur faveur. Faut-il autre chose pour établir que le traitement réservé aux malheureux missionnaires n'était qu'un simple épisode accessoire à la question principale, qui était entièrement entre l'empereur Théodore et le gouvernement britannique ?

Quant aux longs emprisonnements, aux tortures et aux indignités infligées aux captifs, ils sont déjà bien connus du public. Voyons maintenant quelles mesures ont été prises par le défunt gouvernement pour obtenir leur libération.

La nouvelle de l'emprisonnement du capitaine Cameron parut dans les journaux de Paris et de Londres du 15 décembre ; mais personne ne pouvait le croire, la faveur dans laquelle se trouvait le consul britannique étant une question de notoriété. Lord Clarendon déclara cependant à la Chambre des Lords, lors du débat du 9 février 1866, que la nouvelle de l'arrestation du consul avait été reçue à la date prévue ; mais ce n'est que le 16 mars 1864, soit trois mois après que le ministère des Affaires étrangères en eut connaissance, que la Société de Londres pour la promotion du christianisme parmi les Juifs reçut et rendit publique la triste nouvelle. Mme Stern a écrit une pétition à la reine, lui demandant d'envoyer une lettre sous le signe-manuel, écrite par elle-même à l'empereur. Lord Shaftesbury remit cette lettre au comte Russell, ajoutant sa propre prière à celle de Mme Stern et lui demandant de présenter la pétition à la reine. Le lendemain, 7 mai, le comte Russell retourna la pétition, sans la présenter, à Lord Shaftesbury, disant qu' « après de longues délibérations, il était arrivé à la conclusion qu'il ne devrait pas conseiller à la reine d'écrire au roi d'Abyssinie ».

donc pu en rester jusqu'à nos jours si une note que le capitaine Cameron avait écrite pendant sa captivité n'avait pas été reçue par ses parents et publiée par eux de la manière la plus indiscrète dans les journaux. Il déclara en cela qu'il n'y avait aucun espoir de libération sans qu'une réponse ne soit envoyée à la lettre de l'Empereur. Tout le monde fut indigné du retard de quatorze mois qui avait eu lieu dans l'envoi d'une réponse à un document aussi important, et Earl Russell et ses collègues arrivèrent à la conclusion qu'après tout ils devraient conseiller à Sa Majesté de répondre à la lettre. ce qu'elle fit en conséquence, et vers la fin de juin la lettre fut envoyée. Mais cela fut si inefficace qu'après avoir atteint le Caire, il fut renvoyé en Angleterre pour y faire des modifications, et même alors il n'était pas parfait, car on découvrit plusieurs mois après que le sceau royal n'avait pas été apposé. et une nouvelle lettre fut en conséquence envoyée en février ou mars 1865. La personne choisie pour mener à bien cette affaire délicate était un certain M. Rassam, qui avait agi comme payeur des hommes employés par M. Layard à Ninive, et qui avait pour instruction de exiger la libération du consul Cameron, mais que, comme les autres captifs n'étaient pas des sujets britanniques, il ne devait pas parler avec trop d'autorité en leur faveur. Mais M. Rassam avait, affirme le Dr Beke, une autre mission, bien plus délicate. « Il devait présenter de bons arguments en faveur du gouvernement britannique – pour retirer le blâme de ses épaules, même si cela était rejeté sur celles de quelqu'un d'autre. Peu importe qui pourrait être le bouc émissaire tant que le Gouvernement est disculpé. Ceci est dit à bon escient. M. Rassam s'est rendu à Massowah , où il est resté un an sans rien faire apparemment. Le Dr Beke pense que depuis le début, tant dans cette conduite que dans sa conduite ultérieure, lorsqu'il se rendit à l'intérieur et vit l' empereur , sa conduite n'était pas, pour le moins, judicieuse. La libération des prisonniers lorsque M. Rassam a enfin vu l' empereur et présenté la lettre de la reine, et leur emprisonnement ultérieur, avec M. Rassam , sont connus de tous.

Au cours des nombreux débats dans les Chambres du Parlement au cours de cette période, Earl Russell et M. Layard s'efforcèrent avec persistance de mettre un terme à toute discussion en déclarant qu'elle parviendrait aux oreilles de l'Empereur ; mais quand enfin la Chambre insista pour ne plus se laisser décourager par de vagues généralités, ces deux messieurs, qui avaient tant désapprouvé tout ce qui pouvait blesser les sentiments de l'empereur Théodore, se rendirent maintenant coupables d'appliquer les épithètes les plus fortes et les plus offensantes à l'empereur Théodore. lui, ce qui, s'ils étaient parvenus à la connaissance de l'empereur, aurait assuré l'exécution immédiate de ses captifs. C'était, pour le moins, un exemple étrange et particulier d'incohérence de la part de ces hommes d'État réfléchis. À la suite de ces débats à la Chambre, le comte Russell comprit enfin que c'était une question qui ne pouvait plus être touchée, et il chargea lui-même M. Palgrave de partir pour l'Abyssinie pour tenter d' effectuer la libération du consul et de ses compagnons. en captivité. M. Rassam a cependant empêché ce monsieur de faire quoi que ce soit. Rien, en effet, si l'on peut faire confiance au Dr Beke, ne peut être plus extraordinaire que la conduite de cette personne. Il a reçu la nouvelle de son rappel alors qu'il attendait tranquillement, comme d'habitude, à Massowah . Immédiatement, il s'embarqua sur le bateau à vapeur qui apportait les nouvelles, se rendit à Suez et de là télégraphia à l'agent de Sa Majesté et au consul général en Égypte que le consul Cameron avait été libéré. Il est prouvé que cela était totalement sans fondement, mais cela eut l'effet désiré de mettre un terme aux progrès de M. Palgrave, ce monsieur étant arrivé au Caire et sur le point de remonter le Nil. M. Rassam a refusé toute camaraderie avec M. Palgrave et a refusé d'accepter la proposition selon laquelle l'un devrait remonter le Nil et l'autre *via* Massowah . M. Rassam a ensuite pris les cadeaux apportés par M. Palgrave et est reparti pour Massowah , d'où il a fait ce qu'il n'y a aucune raison apparente pour laquelle il n'aurait pas dû faire au début, c'est-à-dire se diriger vers l'intérieur. M. Palgrave est resté au Caire pour attendre le résultat de la mission de M. Rassam . Il y resta lorsque la nouvelle arriva, en mars 1866, que les captifs étaient libérés et étaient en route vers la côte ; il y est resté jusqu'à ce que M. Flad arrive en Égypte avec la nouvelle de la détention de M. Rassam et des captifs ; et puis, chose extraordinaire à dire, alors qu'il semblait qu'il pourrait être utile, il partit par le premier bateau à vapeur pour l'Angleterre.

Comme le dit le Dr Beke, toute cette question est une énigme qui doit être résolue. Ce passage soudain de M. Rassam en Égypte à la nouvelle de son rappel, le faux télégramme qu'il envoya de là et qui mit un terme à l'expédition de M. Palgrave, bref, tout incident lié à la conduite de M. Rassam. de l'ex-payeur de M. Layard nécessite une enquête des plus approfondies.

Tel est le récit donné par le Dr Beke ; et comme M. Layard, bien qu'ouvertement attaqué, n'a jamais réfuté une seule déclaration portée contre lui, mais s'est contenté d'attaques personnelles véhémentes contre le Dr Beke (probablement selon le principe de l'avocat : « quand vous n'avez aucun dossier, noircissez votre adversaire»), il faut partir du principe que les déclarations du Dr Beke sont exactes sur tous les points importants.

Tel était l'état des choses lorsque le ministère conservateur arriva au pouvoir ; et après un nouvel effort infructueux pour racheter les prisonniers, la guerre fut décidée comme la seule ressource restante.

L'annonce de l'intention du gouvernement fut accueillie avec une satisfaction générale. Ce n'était pas une guerre pour laquelle on ressentait un quelconque enthousiasme ; il n'y avait aucune gloire nationale à gagner, aucun avantage national ; mais une tache nationale devait être effacée, et un groupe de nos compatriotes sauvé d'une position dans laquelle ils étaient tombés sans aucune faute de leur part, mais par les *lâches honteux* du gouvernement qu'ils servaient ; on peut donc dire que l'Angleterre en général, si elle n'est pas entrée de bon cœur dans la guerre et a grimacé un peu à la pensée de la dépense énorme probable, a néanmoins cordialement acquiescé à sa nécessité. La guerre une fois décidée, les colonnes des journaux furent inondées de suggestions de tous ceux qui avaient déjà été en Abyssinie, et d'un grand nombre de personnes qui n'y étaient pas allées ; et ceux-ci, bien qu'ils différèrent sur presque tous les points, s'accordèrent néanmoins pour empiler danger sur difficulté et horreur sur horreur, jusqu'à ce que l'air, la terre et l'eau mêmes de l'Abyssinie semblaient fourmiller de vers et d'autres choses rampantes. Pendant ce temps, les préparatifs allaient bon train. Des officiers furent envoyés d'Angleterre en Égypte, en Espagne et dans diverses régions de la Méditerranée pour acheter des mulets ; Woolwich était occupé à préparer des canons de montagne ; des transports furent entrepris, des navires-hôpitaux furent équipés et de grandes quantités de tentes et autres provisions furent expédiées depuis la Tour. C'était presque tout ce que l'Angleterre devait apporter, car il était déterminé que l'expédition serait entièrement indienne et que Bombay aurait l' honneur ainsi que la responsabilité de tous les arrangements.

Dès que l'ordre fut reçu d'Angleterre de préparer rapidement une expédition, Sir Seymour FitzGerald, gouverneur de Bombay, et Sir Robert Napier, commandant en chef de l'armée de Bombay, se mirent sérieusement au travail. Le plus grand mérite revient sans aucun doute au premier pour son zèle et son sérieux infatigables ; il était infatigable : mais en même temps je doute beaucoup de la sagesse de confier les arrangements liés à une grande expédition de ce genre à un civil, qui doit nécessairement ignorer les besoins d'une armée, et qui doit être entièrement guidé par le avis de son conseil. La conséquence était que Sir Robert Napier était obligé de consulter le gouverneur sur chaque point, et le gouverneur devait à nouveau consulter son propre conseiller militaire, un officier nécessairement de bien moindre rang que Sir Robert Napier, qui était ainsi susceptible d'être annulé, nominalement. par le gouverneur, mais en réalité par un officier subalterne. Ainsi, comme exemple parmi tant d'autres, le projet de train de transport de Sir Robert Napier, qui a été envoyé au gouverneur pour approbation au début de septembre, a été entièrement mis de côté, et le nouveau projet n'a été publié par le gouverneur que deux mois plus tard. ; ainsi Sir Robert, qui une fois arrivé en Abyssinie était seul responsable, risquait de voir l'ensemble de ses arrangements détruits par la panne d'un train de transport, dans l' organisation duquel il n'avait absolument rien à voir.

Comme le présent n'est qu'un récit de la marche de l'armée vers Magdala, je dois passer rapidement sur les préparatifs de Bombay. Je donnerai cependant quelques extraits des mémorandums émis par sir Robert Napier, et qui suffiront à montrer avec quelle exactitude il appréciait les difficultés du travail à accomplir et avec quelle minutie il réfléchissait à chaque détail.

Dans son mémorandum du 8 août, Sir Robert Napier estime qu'il lui faudra 12 000 hommes, car 2 000 doivent rester au port et au poste n° 1 sur les hautes terres (Senafe) ; 2000 hommes à Antalo , ou à un moment similaire à l'avance ; et 2 000 hommes pour maintenir une communication ouverte avec la colonne avancée et la soutenir si nécessaire.

Dans la minute du 31 août, il développe davantage ses plans. Il y parle du poste n° 1 comme à Zulla , du poste n° 2 comme à Senafe , du poste n° 3 comme à Antalo , qui, dit-il, « sera d'une grande importance et devrait être très fort ». « Le poste n°4 sera probablement non loin de Socota , qui sera également un point très vital. C'est dans un pays difficile et accidenté, et ce sera notre dernière base principale de ravitaillement à partir de laquelle la force opérationnelle sera soutenue. Il dit plus loin : « Il faudra acheminer à notre base extrême, que par commodité j'appellerai Socota , pour la force nécessaire pour tenir ce pays montagneux, et pour le corps d'opération (probablement au total 7 000 hommes), des ravitaillements. pendant quatre mois. » Dans la même minute, il dit : « En avançant du poste n° 2 (Senafe), la division de tête avancera immédiatement vers Antalo , et le reste de la force en progression prendra poste sur la route pour couvrir le transit des fournitures pendant cinq heures. mois du n° 2 au n° 3, étant postés dans des postes où ils pourront s'approvisionner en eau et en fourrage, puis le ravitaillement sera acheminé au front pour 9 000 hommes. Depuis Antalo, le même processus sera répété jusqu'à ce que le ravitaillement de 7 000 hommes ait été transporté au poste n ° 4 de Socota . À partir de ce moment-là, la colonne opérationnelle fournira du ravitaillement pendant un ou deux mois, selon ce qui conviendra.

Ces extraits sont extrêmement intéressants, car ils montrent les plans originaux de la campagne tels qu'établis par Sir Robert Napier. Au cours du récit, on verra à quel point ce plan a dû être complètement écarté, en raison de la pénurie de nourriture et de fourrage et de la panne partielle du train de transport ; comment le poste n° 4, décrit comme d'une importance « vitale » , a dû être complètement supprimé ; et comment, en conséquence, l'armée, à cinq ou six jours de Magdala, était presque dépourvue de ravitaillements, tandis que sa base d' Antalo était distante de deux cents milles.

Le 12 septembre, Sir Robert publia un excellent mémorandum sur l'aménagement des navires et les appareils de débarquement des animaux, et faisant de nombreuses suggestions pour la santé et le confort des troupes.

En ce qui concerne le choix des troupes pour former l'expédition, Sir Robert choisit lui-même les différents régiments. Une longue discussion s'engage entre les différentes présidences, Madras et le Bengale souhaitant naturellement apporter une contribution aussi importante que possible. À ce sujet, le général disait sagement, le 5 septembre : « Je considère qu'il est particulièrement avantageux d'avoir, si possible, les régiments indigènes d'une seule armée, car ils travaillent en harmonie et comptent les uns sur les autres ; s'ils appartiennent à des présidences différentes, des sentiments d'une grande amertume surgissent lorsque l'un ou l'autre est laissé à l'arrière, et des partialités sont évoquées comme la raison pour laquelle l'un ou l'autre n'est pas emmené au front.

Une correspondance considérable a eu lieu concernant la formation et la constitution de la force pionnière, au sujet de laquelle l'opinion du général a été annulée par celle de Son Excellence le gouverneur. L'extrait suivant du mémorandum du 8 septembre le montre pleinement : « J'ai conclu que je devrais recevoir des informations formelles et précises sur tout changement dans les vues ou les plans de Son Excellence, et je n'étais donc pas disposé à apprendre du colonel Marriott, lorsque l'expédition était terminée. presque prêt à procéder, que Son Excellence avait décidé de soumettre entièrement au colonel Merewether le devoir responsable de déterminer définitivement le point de débarquement et de convertir la reconnaissance en une occupation de la côte par un corps d'environ 1,500 hommes. De toutes les diverses circonstances qui ont pu conduire Son Excellence à cette conclusion, je ne suis pas pleinement informé ; mais j'ai de fortes objections à ce que la question soit entièrement laissée à la décision du colonel Merewether, — il étant, conformément à l'opinion de Son Excellence (exprimée dans la note de Son Excellence au colonel Marriott), au commandement militaire du parti, — parce que, tout en étant entièrement d'accord avec Son Excellence en haute estime pour cet officier, il m'a semblé que le colonel Merewether avait de fortes opinions préconçues en faveur d'une ligne de route qui, d'après les rapports les plus récents, notamment celui de M. Munsinger , me paraît être une cela serait dangereux pour le succès de l'expédition, et que son choix d'un point de débarquement sera sensiblement influencé par des opinions aussi fortes et sincères. La protestation de Sir Robert Napier fut entendue et d'autres officiers furent associés au colonel Merewether ; mais cet extrait suffit à montrer tout ce qui a été fait par le gouverneur de Bombay sans le concours ni même la consultation de Sir Robert Napier.

Les instructions générales données à la force pionnière étaient précises : il lui était demandé de choisir un lieu de débarquement, puis de s'enquérir de la question de l'obtention de transports et de ravitaillements auprès des indigènes (ce dernier étant la tâche spéciale du colonel Merewether) ; et le colonel Wilkins, RE, fut chargé spécialement de déterminer l'adaptabilité du rivage pour le débarquement, l'érection de jetées, de quais flottants et d'abris de toutes sortes ; il reçut également l'ordre de donner des conseils sur la valeur militaire des positions sélectionnées et d'aider à la reconnaissance générale . Mais le point sur lequel le général Napier insistait avant tout était que la force pionnière ne devait en aucun cas avancer dans les hautes terres ; il savait qu'il ne pouvait y avoir aucune utilité possible à cela, et que cela entraînerait un travail considérable et inutile pour les approvisionner loin de la mer, surtout dans un pays si difficile. Il a fait comprendre ce point au colonel Merewether et au colonel Phayre . Dans sa lettre du 9 octobre à l'ancien officier, il disait : « *Il n'est pas du tout prévu que cette force prenne une position sur les hauteurs* , pour laquelle ses effectifs et sa composition ne sont pas adaptés. » Plus loin, il dit : « Si les nouvelles sont satisfaisantes, la brigade de Staveley appareillera et, *à son arrivée*, l'avance pourra être réalisée. » Il fut tout aussi explicite envers le colonel Phayre . Dans une lettre qui lui est adressée le 9 octobre, il dit : « *Il n'est bien sûr pas prévu que le Colonel Field se déplace vers les hauts plateaux* de Dexan , etc., mais simplement qu'il prenne une position qui couvrira le dépôt et protégera le bétail." Et encore plus loin : « Vous comprendrez que *je ne désire pas précipiter un dépôt sur le plateau* , qu'il faudrait maintenir trop longtemps avant d'avancer. »

Comment ces officiers exécutèrent les instructions ainsi clairement et fortement fixées , nous le verrons plus loin.

Il est inutile d'entrer maintenant dans le détail des préparatifs de Bombay, mais on peut dire qu'ils furent des plus étendus et des plus complets. Tout ce que l'on pouvait imaginer était prévu pour la santé et le confort des troupes. L'argent était prodigué comme de l'eau ; mais, dans la précipitation et l'agitation qui régnaient, il ne fait aucun doute que les autorités ont été dans de nombreux cas grossièrement imposées et que les magasins ont été expédiés de qualité si absolument mauvaise qu'ils étaient parfaitement inutiles. Je peux citer comme exemple les bottes des conducteurs des trains de transport, qui ne duraient jamais plus d'une semaine, et dont très peu atteignaient même cet âge relativement respectable. Comme pour ceux-ci, il en est de même pour de nombreux autres magasins ; mais il est probable que des cas de cette sorte sont inséparables d'une expédition préparée à la hâte. Les magasins qui furent ensuite expédiés étaient de bien meilleure qualité.

Après ces remarques introductives, je commence mon récit à partir de la date de mon propre départ de Bombay.

LA MARCHE VERS MAGDALA.

À bord du Transport General Havelock,
le 1er décembre 1867.

Je suis heureux de dire que, personnellement, l'expédition en Abyssinie a commencé. Je suis en route vers ce pays joyeux et bien ordonné. Si j'avais su, en débarquant à Bombay, que je serais détenu là-bas pendant un mois, je me serais mis très à l'aise et je me serais extrêmement amusé. Mais je pensai que, même si le commandant en chef et le gros de l'expédition ne naviguaient pas depuis deux mois, je ferais mieux de continuer immédiatement. J'ai donc demandé un passage, et on m'a promis un passage le plus tôt possible. Cette expression « le plus tôt possible », dans la bouche d'un individu ordinaire, signifie quelque chose. Pour un fonctionnaire, cela ne veut rien dire. Ce n'est qu'une de ces vagues ambiguïtés dont se complaît l'esprit officiel. C'est une phrase qui n'admet aucun argument.

Les jours passaient et rien n'en sortait. Un ou deux bateaux à vapeur sont partis, mais bien que nous ayons exprimé notre volonté de dormir sur le pont et de supporter n'importe quel logement, aucune chambre n'a pu être trouvée. L'un des nôtres, désespéré et dégoûté, a pris la route sur le dernier paquebot péninsulaire et oriental, et erre probablement en ce moment dans Aden, priant pour un passage. J'ai pensé qu'il valait mieux attendre ici jusqu'à ce que je puisse être conduit directement à notre destination. On apprit enfin que nos chevaux pourraient être embarqués à bord d'un voilier. C'était quelque chose de fait, et je me suis senti vraiment reconnaissant quand, après une longue journée de travail, j'ai quitté le bord du navire, laissant les chevaux et leurs accessoires à bord. En fait, la question des serviteurs est l'une des plus sérieuses de celles qui se présentent à l'esprit d'un futur expéditionnaire abyssin . Il n'est pas difficile d'en obtenir un. Il suffit de parler pour avoir une demi-douzaine de domestiques et de serviteurs. Mais vous savez, tant par les avertissements de vos amis que par votre propre instinct, qu'il y a tant de candidats, tant de coquins. C'est actuellement le meilleur métier à Bombay que d'être engagé auprès d'un maître partant pour l'Abyssinie et de disparaître deux jours avant son départ avec sa bourse et tout autre objet de valeur portable qui peut s'avérer utile. Mon premier domestique, un doux hindou d'aspect attachant, fut pris d'une affection pulmonaire, tandis que son frère, qui était le serviteur d'un de mes amis, fut fondu au dernier moment par les larmes d'une mère âgée et désespérée, et tous deux partirent. nous; mais ce n'est que quelques heures après leur départ que nous constatâmes qu'ils avaient, bien sûr accidentellement, emporté avec eux une quantité considérable d'espèces et de petits objets de valeur. Lorsqu'on trouve enfin un serviteur qui a réellement l'intention d'aller en Abyssinie, il n'y a pas peu de problèmes à avoir avec lui. Il doit avoir un mois ou peut-être deux mois de salaire à l'avance. Il doit faire prendre des dispositions pour que la plus grande partie de son salaire soit versée à sa famille pendant son absence. Il faut lui fournir, à vos frais, des vêtements chauds, des bottes, des couvertures, etc. ; et tout cela avec de fortes chances qu'il s'enfuie au dernier moment. Un de mes agents m'a beaucoup alarmé en ne se présentant pas le matin où les chevaux devaient être embarqués ; mais il parut finalement sur le débarcadère au moment où on les jetait dans un allège, trois heures après l'heure indiquée. Je ne peux pas dire si lui ou l'un des autres agents a finalement accompagné les chevaux, car le navire, au lieu de partir cet après-midi-là, comme l'avaient définitivement décidé les autorités, a été retenu trois ou quatre jours ; et il est très probable que pendant ce temps les Syces descendirent à terre avec leurs vêtements chauds, leur avance sur salaire, etc. Cette question douloureuse ne pourra être résolue que lorsque le navire avec les chevaux arrivera à Annesley Bay. Quatre ou cinq jours s'écoulèrent encore, puis vint l'ordre bienvenu de monter immédiatement à bord du Général Havelock, qui devait partir le lendemain à midi. Nous montâmes donc à bord, mais constatâmes, comme nous l'avions prévu, qu'il n'y avait de toute façon aucune chance qu'il parte ce jour-là. Le conflit habituel de départements avait lieu. Un département avait ordonné de monter à bord une force de vingt soldats européens et de cinquante cipayes appartenant au train de transport. C'est ce qu'ils ont fait. Puis vint un comité d'un autre département, et se demanda si le Havelock était apte à transporter cette force, et s'il ne valait pas mieux les transférer sur un autre navire. Constatant que les affaires des hommes étaient toutes en dessous, il fut décidé de les laisser telles quelles. Ensuite, le même comité, dans le but, je suppose, de rendre le navire plus confortable, décida d'envoyer à bord trois tonnes et demie de poudre à canon et, dans cette intention, envoya dans le courant de l'après-midi un charpentier qui démonta le seul bain disponible, et prêt à le convertir en magasin à poudre. Le lendemain matin, le même charpentier est monté à bord et a apporté quelques outils supplémentaires, puis est revenu à terre. Dans l'après-midi, il récupéra les outils. Pendant ce temps, un département avait envoyé le briquet à eau ; mais un autre département n'avait envoyé aucun char à bord pour le recevoir. Actuellement, ce département envoya quelques chars, mais comme il n'avait pas eu l'idée de mesurer les écoutilles, les réservoirs étaient considérablement plus grands que l'ouverture par laquelle ils devaient descendre, il fallut donc les enlever et apporter un nouveau jeu de réservoirs. conseil. Puis, longtemps après le crépuscule, le bateau est revenu à l'accostage et nous avons repris notre eau. Pendant ce temps, nous débarquâmes chez le département qui nous avait envoyés à bord, pour demander quand il était probable que le

Havelock appareillerait réellement. Ce service nous a assuré qu'il était déjà parti, et nous avons eu beaucoup de peine à le persuader qu'il était toujours au mouillage et qu'il le resterait probablement. Le lendemain matin, la poudre n'étant pas arrivée, et n'ayant plus de nouvelles ni d'elle ni du charpentier, notre capitaine se leva et partit ; et il n'est en aucun cas improbable que la poudre, avec un ou deux comités de départements, navigue actuellement dans le port de Bombay à la recherche du Havelock. Et pourtant, notre exemple est tout à fait favorable , car un paquebot a été retenu la semaine dernière six jours après la date de l'embarquement de ses passagers. Et si cette confusion existe maintenant, alors qu'un ou deux navires seulement partent par semaine, quelle scène de confusion ce sera lorsque le gros de la force appareillera ! Il en sera toujours ainsi, et il en sera toujours ainsi, aussi longtemps que notre armée sera dirigée par un ensemble de départements indépendants, qui n'auront aucun concert entre eux. Nous avons ici le département du quartier-maître général, le commissariat, les transports terrestres, la marine, le département de l'adjudant général, l'artillerie, et ainsi de suite *à l'infini* . Les militaires sont les premiers et les plus bruyants à se plaindre de cette multiplication de bureaux sans union ni concertation, qui fonctionnent assez bien ensemble dans les temps calmes, mais qui, dans les cas extrêmes, paralysent les efforts les uns des autres et causent une confusion exactement proportionnelle à leur nombre. Il lui faut un réformateur militaire doté d'une volonté de fer et d'un soutien parlementaire assuré pour mettre un terme à tout cela, pour supprimer l'indépendance des divers départements du service et pour en faire tous des branches subordonnées à l'adjudant général. bureau; de sorte qu'un général en service ne pourra donner ses ordres qu'à son adjudant général, et celui-ci pourra instruire les officiers des départements placés sous lui sur ce qu'il faut faire. Tous les mandats et ordres devraient lui être confiés seul, et il devrait être responsable du fonctionnement des différentes branches. À certains égards, il s'est avéré que nous n'avions pas pris le départ à l'heure indiquée, car la nuit, lorsque les rations étaient distribuées aux troupes, il s'est avéré que le porteur et l'arack, qui constituent une partie assez importante, des rations d'un soldat, n'avait pas été embarqué par le commissariat. Grande était la consternation. Mais heureusement le lendemain, pendant que les départements se disputaient l'eau et les citernes, et que le charpentier allait et venait avec ses outils, il fut temps d'envoyer au commissariat et de réparer son erreur.

Le General Havelock est un bateau à vapeur d'environ 250 tonnes, et le but de ses constructeurs semble avoir été de combiner le maximum de qualités de roulage avec le minimum de vitesse. Par temps calme, il peut naviguer à six nœuds et demi par heure ; dans une légère houle, elle peut rouler jusqu'à un angle de trente- cinq degrés. Cela dit, j'ai dit tout ce qu'on pouvait dire pour critiquer le navire. Il dispose d'un logement capital pour un navire de sa taille, d'un petit pont de dunette douillet, de sièges et de chaises extrêmement confortables, d'une parfaite absence de toute odeur provenant de la salle des machines et de l'un des capitaines les plus joyeux qui existent. Nous sommes donc très à l'aise. Nous sommes cinq ; trois officiers du Corps des Transports Terrestres et deux « spéciaux » ; et tandis que nous nous glissons sous les auvents de la dunette, tandis qu'une bonne brise nous fait avancer à raison de huit nœuds à l'heure, nous convenons que nous avons tous les avantages d'avoir un yacht à vapeur sans aucune dépense. La charge que le gouvernement impose aux officiers à bord est de huit roupies par jour, qui sont remises au capitaine du navire, qui doit tout fournir pour cette somme. Je ne pense pas que le capitaine du Havelock sera gagnant de cette transaction. Nous dormons tous sur le pont, non par nécessité, car il y a beaucoup de couchettes en bas, mais en partie parce que les nuits sur le pont sont charmantes, bien qu'un peu froides, et en partie par horreur d'une espèce de monstre, qui me paraît aussi grands comme des chats — mais cela peut être l'effet de l'imagination et d'une terreur extrême — et de courir beaucoup plus vite. Ils ont de nombreuses pattes et des cornes qui ressemblent à des bœufs . Ils n'ont pas peur de l'homme et l'attaquent avec férocité. Je les appelle des vampires – leur nom ordinaire est cafards. Ce couchage sur le pont présente parfois des inconvénients. Hier soir, j'ai été réveillé par une éclaboussure d'eau sur mon visage. Pensant qu'il s'agissait d'embruns, j'ai passé mon tapis sur mon visage, mais seulement pour un instant, car un jet d'eau s'est abattu sur moi comme s'il était vidé d'un seau. En un instant, tout le monde fut sur pied et commença à tirer son lit du côté sous le vent du navire. Mais c'était inutile. La pluie déferlait sur le pont comme si elle était pompée par une centaine de camions de pompiers à vapeur, et il ne nous restait plus qu'à battre en retraite à travers la veilleuse de la cabine , car il était hors de question de sortir de l'auvent par l'échelle de dunette ordinaire. . Notre premier étonnement et consternation passés, nous avons bien ri en atteignant le plancher de la cabine, trempés de part en part, et avec nos robes de nuit en soie accrochées à nous de la manière la plus inconfortable. Au moment où nous les eûmes changés, la tempête se calma aussi soudainement qu'elle avait commencé, et, prenant des couvertures fraîches, nous regagnâmes bientôt nos lits qui, retournés, étaient suffisamment secs sur le côté inférieur pour toutes fins pratiques.

Au-dessus de la salle des machines se trouve un grand pont de pont, et ici se trouvent les quartiers des soldats européens, au nombre de vingt-cinq, tandis que les cipayes occupent le pont principal. Les Européens et les cipayes sont des volontaires de divers régiments dans le train de transport terrestre. Il s'agit d'un corps nouvellement organisé , et n'est formé que pour les besoins de l'expédition, les officiers et les hommes retournant à la fin dans leurs régiments. Elle est commandée par le major Warden et se compose de quatorze divisions, contenant chacune deux mille animaux de bagages.

Chacune de ces divisions est dirigée par un capitaine et deux subalternes, ainsi que trente-huit hommes, européens et cipayes, répartis en quatre classes. Lorsqu'on se souvient que parmi les deux mille animaux se trouvent des bœufs, des chevaux, des mulets, des chameaux et des éléphants, et qu'il y aura un gardien pour chacun de deux animaux, on verra que le poste d'officier dans une division des transports terrestres Corps ne sera en aucun cas une sinécure. Ses difficultés seront également accrues par le fait que les conducteurs seront des hommes de nationalités et de races innombrables : Espagnols et Italiens avec des mules, Grecs de Smyrne et de Beyrout , Égyptiens et Nubiens, Arabes et Afghans , ainsi que des hommes de tous les pays. diverses tribus de l'Inde. Les cipayes qui sont avec nous ne me paraissent pas du tout des hommes de service. Ils appartiennent entièrement à des régiments d'infanterie et sont peu habitués aux chevaux. L'Hindou n'est pas naturellement un cavalier ; et prendre un certain nombre de cipayes d'infanterie et les mettre sur des chevaux, et les mettre immédiatement à un travail sévère, est une absurdité, qui sera rapidement démontrée par les hommes en cloque et à l'hôpital à la fin de la première guerre mondiale. semaine. Seuls les hommes appartenant à la cavalerie indigène auraient dû être autorisés à se porter volontaires. Il est vrai que beaucoup d'Européens appartiennent aussi à des régiments de ligne, mais la même objection ne s'applique pas à eux, car la plupart des Anglais sont plus ou moins habitués aux chevaux, et s'ils ne le sont pas , ils y tombent rapidement.

———

Baie d'Annesley, le 4 décembre.

Notre voyage ne s'est pas terminé aussi sans incident qu'il avait commencé, et je n'écris plus à bord du General Havelock, mais sur le Salsette , un très beau paquebot péninsulaire et oriental, ayant à son bord une partie du 33e régiment de Kurrachee , et ayant le chef indien, accompagné d'une autre partie du même régiment. Cette navigation sur la mer Rouge est une affaire des plus compliquées et des plus dangereuses, et cette côte occidentale est en particulier entièrement constellée d'îles et de récifs coralliens. Ces îles diffèrent entièrement par leur caractère : certaines sont des rochers audacieux s'élevant perpendiculairement à l'eau, avec des pics escarpés et des contours fantastiques, et atteignant une élévation de deux ou trois cents pieds ; d'autres, bien plus dangereux, sont de longs îlots plats, s'élevant seulement à deux ou trois pieds au-dessus de la mer, et imperceptibles par une nuit obscure à une distance de cinquante mètres. D'autres encore, les plus dangereux de tous, n'ont pas encore atteint la dignité même d'îlots, bien que des millions de petits insectes travaillent nuit et jour pour les faire remonter à la surface. Ce sont les récifs coralliens qui, s'élevant d'une profondeur de plusieurs brasses jusqu'à quelques pieds de la surface, constituent autant d'embûches pour le marin sans méfiance. Le général Havelock courait le long de la côte avec une brise favorable , et nous avions passé toute la matinée à observer le rivage bas, avec ses buissons rabougris et les collines étrangement coniques qui s'y dressent, ressemblant fantastiquement à des foins et à des granges. et des selles, et avec une puissante chaîne de montagnes au loin. Ces montagnes présentaient pour nous un intérêt étrange, car nous devons les traverser et les parcourir. C'était notre première vue de l'Abyssinie et ce n'était en aucun cas un début encourageant. Nous passâmes ainsi la matinée, et après le déjeuner, nous étions sur le point de nous remettre à ne rien faire, lorsque nous fûmes surpris en entendant l'homme qui se tenait debout dans les chaînes et soulevant la laisse, crier : « Cinq brasses ! Son appel deux minutes auparavant avait été de dix brasses. Le capitaine a crié « Arrêtez-la ! » "Tournez-la vers l'arrière!" et le chef mécanicien sauta en bas pour voir l'ordre exécuté. Dans la pause momentanée du battement de la vis, la voix du leader cria « Deux brasses ! » L'hélice était inversée, et un courant d'eau mousseuse jaune sur le côté du navire nous apprit aussitôt qu'il était en travail et que le fond sablonneux était près de sa quille. Très peu à peu, nous nous arrêtâmes et nous nous félicitions du rasage de près que nous avions eu, quand, regardant par-dessus son côté, nous vîmes que, tandis que l'hélice travaillait vigoureusement vers l'arrière, le navire restait exactement là où il était. Le général Havelock était visiblement à terre. Au début , nous étions disposés à prendre cette affaire à la légère, car, s'immobilisant imperceptiblement, nous imaginions qu'elle s'en sortirait sans trop de difficultés. Aussi avons-nous travaillé d'abord en avant, puis en arrière, mais avec une égale absence de résultat. La tête et la poupe pivotaient toutes deux , mais elle était rapide au milieu du navire et ne se déplaçait que comme sur un pivot. Les troupes furent maintenant ordonnées sur le pont et massées, d'abord vers l'arrière, puis vers l'avant ; mais le général Havelock ne donna aucun signe. Alors on résolut de la faire rouler, les hommes courant en corps d'un côté à l'autre. Ensuite, nous avons essayé de lui sauter dessus. Tous les Européens et les cipayes étaient prêts à sauter dans le temps, d'abord d'un côté, puis de l'autre. On ne saurait concevoir un spectacle plus drôle : quatre-vingts hommes, noirs et blancs, sautant de haut en bas, puis allant d'un côté à l'autre. Tout le monde riait, sauf ceux qui juraient lorsque leurs pieds nus furent sautés par les grosses bottes à munitions d'un soldat anglais. Bientôt, les rires cessèrent, car tout le monde était devenu trop chaud même pour rire. La scène était des plus étranges à cette époque et me rappelait, avec ses silhouettes bondissantes, ses peaux basanées et ses cheveux longs, plus une danse de guerre néo-zélandaise que tout ce que j'avais jamais vu. Des heures passèrent dans des expériences de ce genre, mais le général Havelock restait toujours immobile, seulement lorsque le soleil se couchait et que le vent se levait , il roulait presque aussi lourdement que s'il était à flot, soulevait les vagues et tombait dans son lit avec une lourde bosse qui était très désagréable. Les bateaux furent alors mis à l'eau et des sondages furent effectués, et il fut constaté que l'eau était plus profonde de presque tous les côtés qu'à l'endroit exact où nous avions touché. Les aussières furent descendues et les hommes se mirent au travail au cabestan ; mais les ancres ne rentrèrent qu'à travers le fond sablonneux et remontèrent des branches de corail blanc. Une partie de l'équipage était tout ce temps occupée à déplacer la cargaison. Mais malgré tous les efforts, le navire resta parfaitement rapide. Il était évident qu'il ne bougerait pas tant qu'une partie au moins de sa cargaison ne lui serait pas retirée. Pendant que nous débattions sur la manière de procéder, car le rivage des deux côtés était à un bon mille de distance, le vent frais et les bateaux petits, un boutre arabe, que nous avions observé en train de descendre, mouilla à environ cent mètres de nous. Le cheik monta à bord et, après d'intenses discussions, accepta de rester à quai pendant trois ou quatre heures pour embarquer une partie de la cargaison et des troupes et ainsi alléger notre navire. Une fois le marché conclu et le montant à payer convenu, il découvrit qu'il n'y avait pas assez d'eau pour que son bateau puisse flotter à quai. Les négociations prirent ainsi fin et le Cheikh retourna à son métier. Peu de temps après, un autre boutre plus grand est arrivé et a jeté l'ancre à une courte distance. Nous l'envoyâmes voir s'il pouvait nous aider, mais il semblait qu'il n'avait pas moins de soixante-douze chameaux à bord en route vers Annesley Bay. Comment ces pauvres brutes auraient-elles pu être arrimées dans un bateau qui ne paraissait pas assez grand pour en contenir au maximum vingt, je ne peux pas l'imaginer, et elles étaient venues dans cet état depuis Aden. Environ une heure après notre arrivée à terre, un grand bateau à vapeur, que nous connaissions par son numéro comme étant le Salsette , avec un navire en remorque, était passé à une distance d'environ trois milles, et nous lui avons fait signe de l'aide. Elle passa cependant son chemin et jeta l'ancre avec son épouse sous le vent d'une île et à environ six milles de là. Nous avions abandonné tout espoir de son aide, et avions commencé, comme dernière ressource, à jeter notre charbon par-dessus bord, lorsqu'à neuf heures du soir nous vîmes approcher un bateau avec une voile à oreilles. Lorsqu'il accosta, il s'avéra qu'il appartenait à la Salsette , qui avait fort heureusement pour ordre de mouiller à l'endroit où nous l'avions aperçu. Nous avons appris, en discutant avec l'officier qui était monté à bord, que, chargée de troupes comme elle l'était, il ne serait pas prudent pour elle de s'approcher de nous en remorquage, et par conséquent qu'elle devait nous abandonner à notre sort, surtout car nous ne semblions pas courir de danger immédiat. Ils nous proposèrent cependant gentiment de nous accueillir, mon correspondant et moi-même, offre que nous acceptâmes avec reconnaissance, car il était fort possible que nous ne soyons pas en congé avant une semaine. Lorsque nous arrivâmes à bord de la Salsette, nous fûmes reçus avec la plus grande gentillesse, et avant de partir le matin, nous avions la satisfaction de voir partir du Havelock le signal : « Nous sommes à flot ».

Soulagés de toute anxiété à cause de nos défunts camarades de bord, de nos domestiques et de nos bagages, nous avons extrêmement apprécié la course vers la baie d'Annesley. C'est une baie immense, et, en effet, on pourrait difficilement imaginer un port plus beau, une fois dedans. L'entrée est cependant complexe et dangereuse. De longs bancs s'étendent sur des kilomètres près de son embouchure et il y a plusieurs îles dans la baie elle-même. Tous les yeux, ou plutôt tous les télescopes, étaient dirigés vers l'endroit qui devait être notre destination. Mon verre, celui de Salomans , est un instrument merveilleux pour sa taille, et est en effet bien meilleur que tous ceux contre lesquels je l'ai essayé depuis que j'ai quitté l'Angleterre. Mes premières impressions de notre lieu d'atterrissage sont, je l'avoue, tout sauf agréables. Une brume plane sur le terrain, qui exclut la vue sur les collines, voire sur autre chose que l'estran. C'est un terrain plat, couvert de buissons bas. La ville se compose d'une cinquantaine de tentes et de marbuees , d'une grande charpente d'entrepôt en bois, de tas de foin et de sacs de grains, de centaines d'animaux de transport, avec une foule d'indigènes qui errent. Il n'y a qu'une seule jetée, et celle-ci est encore en construction. Dans le port sont ancrés une douzaine de transports et quelques boutres indigènes. Certains de ces boutres sont occupés au transport du fourrage et des provisions depuis les navires jusqu'au rivage ; et comme ils ne peuvent eux-mêmes s'approcher à une distance de deux cents mètres du rivage, de longues files d'indigènes transportent les marchandises sur leur tête jusqu'à terre. Un navire décharge des mulets ; elle y parvient en les faisant descendre sur un radeau, sur lequel ils sont remorqués avec des cordes jusqu'à une courte distance du rivage, lorsque les chevaux sont poussés ou persuadés de descendre et de marcher. Le Havelock est arrivé juste avant le coucher du soleil, environ deux heures après nous. Je ne suis pas encore arrivé à terre. Les Beloochees , arrivés hier à l'Asia et au château de Peckforten , débarquent aujourd'hui.

Baie d'Annesley, le 6 décembre.

Je n'avais pas eu l'intention de réécrire avant le départ du prochain courrier, puisque ma dernière lettre n'était partie qu'hier matin ; mais deux compagnies du 33e régiment doivent débarquer cet après-midi et partir à minuit, et comme c'est le premier corps de troupes européennes qui ont débarqué, je crois qu'il convient de les accompagner à Senafe , distant de soixante milles, où les colonels Merewether et Phayre sont montés avec la troupe des pionniers. Ils n'avanceront pas au-delà de ce point avant quelque temps, et je reviendrai donc, quand j'aurai vu les cols, après y être resté quelques jours, à cet endroit qui est actuellement le principal point d'intérêt. Je n'en bougerais pas, en effet, s'il n'y avait quelque doute quant à savoir si le roi du Tigré nous permettra de passer. Il est actuellement stationné près de la tête du col avec un corps de 7,000 hommes, mais je crois que son seul objectif est de nous faire acheter son amitié au prix le plus élevé possible. S'il veut vraiment faire du mal, ce sera vraiment une affaire très sérieuse ; car, même si nous disperserions ses forces assez facilement, cela nous donnerait une ligne de marche si énorme à garder qu'il serait impossible de faire un pas avant d'avoir complètement maîtrisé Tigré . J'espère sincèrement que ce ne sera pas le cas. Mais encore une ou deux semaines nous le diront ; et en attendant , comme j'aurai de nombreuses occasions d'écrire sur le sujet, je dois revenir à mon sujet actuel, qui est l'état des choses au point d'atterrissage ici. Ce n'est pas, comme je l'ai dit dans mon dernier article, un endroit agréable à regarder à bord d'un navire, mais c'est bien pire à l'atterrissage. La jetée est presque terminée et constitue en effet un ouvrage très honorable. Il est en pierre et mesure environ 300 mètres de long et est assez large pour une double ligne de rails. Une ligne est déjà tracée et épargne une immensité de travail ; car les marchandises sont débarquées des bateaux indigènes, qui les amènent du côté du navire, sont chargées sur les camions et acheminées directement dans la cour du commissariat, qui est à cinquante mètres seulement de l'extrémité du quai. Avant que cette jetée ne soit terminée, tout devait être transporté à terre sur la tête des indigènes ; et comme un bateau ne peut s'approcher à moins de 300 mètres du rivage, à cause de l'eau peu profonde, on peut imaginer avec quelle lenteur le travail de débarquement se faisait. La jetée est ridiculement insuffisante à cet effet. Même maintenant, les navires restent dans le port depuis des jours, attendant un moyen de débarquer leurs marchandises, bien que des files d'indigènes complètent encore le quai et font passer des ballots de marchandises sur l'eau sur leur tête. Lorsque toute l'expédition sera là, il y aura une impasse complète, à moins qu'une très grande augmentation des locaux de débarquement ne soit accordée. La cour du commissariat est remplie d'énormes quantités de foin pressé, indien et anglais, de céréales, de riz, etc. Ils sont bien disposés, et dans le temps que nous connaissons actuellement, il n'y a aucune crainte qu'ils subissent des dommages dus à leur exposition à l'air, d'autant plus que la précaution a été prise de faire poser des fermes de foin pressé comme fondation pour les tas.

de sacs de céréales. La cour du commissariat se distingue par le fait qu'ici seulement nous voyons des femmes, des créatures aux couleurs vives et vêtues de façon pittoresque, dont une centaine ont été envoyées de l'Inde pour servir de broyeurs de maïs. A côté des tentes du commissariat, il y en a quelques autres appartenant aux autres départements, et celles-ci, avec un grand entrepôt en bois inachevé, où travaillent une douzaine de charpentiers chinois, constituent le camp du débarcadère. Mais ce n'est qu'une petite partie de l'ensemble, le camp principal étant à un mille et demi à l'intérieur des terres ; et, en effet, il y a une demi-douzaine de petits camps, un groupe de tentes dispersées dans un cercle d'un mile.

La raison pour laquelle le camp principal était placé à une distance si gênante du lieu de débarquement était que l'eau pouvait d'abord être obtenue à partir de puits creusés là. Mais cet approvisionnement a cessé depuis quelque temps, et il vaudrait mieux concentrer les bureaux des départements près du débarcadère, et que toute âme dont la présence ici n'est pas une nécessité absolue soit envoyée jusqu'à Koomaylo , qui est à quatorze milles. à l'intérieur des terres, et qui est le premier endroit où l'on peut obtenir de l'eau. Dans l'état actuel des choses, tous les êtres vivants, hommes et bêtes, doivent dépendre pour leur approvisionnement en eau des navires. Chaque bateau à vapeur dans le port travaille nuit et jour pour condenser l'eau, la dépense moyenne étant de deux pence à un demi-penny le gallon pour le charbon seulement. Le résultat est bien sûr une dépense énorme pour le public et de très grandes souffrances parmi les animaux.

En quittant le camp, je me dirigeai vers le point d'eau, et ici mes sens de la vue et de l'odorat furent offensés comme ils ne l'avaient plus été depuis l'époque de la Crimée. Des mulets, des chameaux et des bœufs morts gisaient partout sur le rivage et à une courte distance de celui-ci. Çà et là se trouvaient des tas de cendres et d'os calcinés, où l'on avait tenté de brûler les carcasses. D'autres, morts depuis peu, étaient entourés de vautours qui, gorgés de chair, faisaient à peine effort pour se relever à notre approche. Un bœuf était tombé quelques minutes seulement avant que nous l'atteignions, et plusieurs vautours l'observaient déjà, se promenant à une distance respectueuse, et visiblement pas tout à fait assurés que l'animal était mort. Çà et là, des mulets à moitié affamés erraient, la tête baissée, les oreilles baissées et les yeux brillants de mort prochaine. Certains descendaient en titubant jusqu'au bord de la mer et goûtaient encore et encore l'eau salée ; beaucoup d'entre eux, à moitié rendus fous par la soif, buvaient abondamment et tombaient morts sur place, ou rampaient pour mourir dans les broussailles.

Plus misérable encore était l'apparence des chameaux. Plusieurs bateaux indigènes les déchargeaient à deux ou trois cents mètres du rivage. L'eau n'avait pas plus de trois ou quatre pieds de profondeur ; mais quand les pauvres bêtes y furent placées, la plupart d'entre elles se couchèrent, la tête seulement hors de l'eau, et refusèrent catégoriquement de faire un effort pour marcher jusqu'à terre. Certains n'ont jamais pu faire l'effort et leurs corps ont dérivé ici et là dans l' eau douce. Certains des chameaux s'étaient approchés à moins de cinquante mètres du rivage, puis s'étaient couchés, ressemblant, avec leur corps court et leur long cou, à de gigantesques oiseaux aquatiques. Ceux qui avaient été refoulés à terre n'étaient guère plus dans une situation meilleure. Leurs os semblaient sur le point de percer leur peau, et ils gisaient comme morts sur le sable, poussant faiblement les gémissements et les plaintes presque humaines propres au chameau. D'autres s'étaient un peu remis. Ceux-ci s'efforçaient de parcourir les rares feuilles des buissons alentour. Certains de ces chameaux ont fait vingt jours de voyage, et pendant ce temps ils ont été entassés comme des moutons dans un enclos, sans presque rien à manger ni à boire pendant tout ce temps. Ce qui est étonnant, c'est que l'un d'eux ait survécu. Le gouvernement ne subit aucune perte par la mort de ces malheureux, car un entrepreneur a accepté de les livrer ici dans un état raisonnable, et seuls ceux qui survivent au voyage et retrouvent un peu de leurs anciennes forces sont acceptés et payés. Au moins, c'est une version de l'histoire. L'autre est qu'ils sont confiés au Corps des Transports Terrestres. Ce corps, cependant, ne reçoit aucune indication de son arrivée, et des bateaux chargés après bateaux de chameaux arrivent et s'éloignent de la plage pour mourir faute d'eau à leur portée. A un mille du débarcadère, la scène est extrêmement pénible. Chameaux et mulets errent par centaines, sans maîtres, sans rien. Ici, ils luttent pour survivre quelques jours en cueillant de rares pousses ; ici, ils tombent malades et meurent. Les scènes étaient effrayantes partout, mais surtout aux abreuvoirs. C'étaient des choses misérablement artificielles. Seulement dix ou douzaines d'animaux pouvaient s'approcher à la fois ; ils étaient si inégalement placés, que lorsqu'une extrémité était pleine à déborder, il n'y avait pas un pouce d'eau à l'autre ; et en plus, à une époque où l'eau valait son pesant d'or, elles fuyaient beaucoup. Ils n'étaient approvisionnés en eau que pendant environ une heure le matin et pendant une heure similaire le soir ; et par conséquent la scène fut extrêmement pénible. Il y avait une garde pour maintenir l'ordre, mais l'ordre n'aurait pas pu être maintenu par dix fois plus d'hommes. Il y avait des centaines d'animaux de transport, avec un chauffeur pour cinq ou six d'entre eux. Que pourrait faire un conducteur avec six animaux à moitié fous ? Ils se débattaient, ils mordaient, ils donnaient des coups de pied, ils se battaient comme des bêtes sauvages pour boire cette eau précieuse pour laquelle ils mouraient d'envie. A côté de ces animaux menés, il y avait de nombreux traînards qui, après avoir cassé leurs attaches, étaient sortis dans la plaine pour chercher leur propre subsistance. Pour eux, il n'y avait pas d'eau ; ils n'avaient aucune réquisition épinglée à leurs oreilles, et comme ils ne respectaient pas ainsi scandaleusement les règlements édictés par les autorités, celles-ci décidèrent qu'ils n'auraient pas d'eau. Ils ont été repoussés.

La plupart d'entre eux, après une ou deux repoussées, s'en allèrent la tête baissée pour mourir ; mais certains se battaient pour leur chère vie, se frayaient un chemin jusqu'à l'abreuvoir à coups de talons et de dents, et buvaient malgré les coups qui leur étaient adressés. J'ai demandé au Corps des Transports Terrestres pourquoi ces mulets dispersés ne sont pas ramassés et nourris. On me dit que presque tous ces muletiers et chameliers ont déserté et sont partis à Massowah . Et c'est comme ça. Les mulets et les chameaux meurent de soif et de négligence ; la brigade avancée ne peut pas être approvisionnée en nourriture ; le port se remplit de transports, parce qu'il n'y a aucun moyen de conduire les hommes vers l'intérieur, bien qu'il y ait beaucoup d'animaux ; et tout cela parce que les transporteurs terrestres désertent. Les officiers de ce corps travaillent comme des esclaves ; ils se lèvent tôt et tard, ils sellent les mules de leurs propres mains, et pourtant tout va mal. Pourquoi tout cela ? Une des raisons est sans doute que les animaux ont été envoyés avant les hommes. Quelques officiers et un corps relativement restreint de partisans indigènes sont envoyés, et à eux arrivent des milliers de bœufs, des milliers de mulets, des milliers de chameaux. Les partisans arabes, consternés par la quantité de travail qui s'accumule sur eux, abandonnent devant un homme, les officiers se retrouvent impuissants. Si un nombre suffisant d'officiers et de partisans avaient été envoyés pour recevoir les animaux à mesure qu'ils arrivaient, tout aurait pu bien se passer. C'était simplement une erreur de calcul. Et c'est aussi le cas, j'ai le regret de le dire, dans certains autres départements. Vous demandez une tente et on vous dit qu'il n'y a pas de tentes cloches, quoi qu'il arrive. Vous demandez un bât, et le quartier-maître général vous dit qu'il n'y a pas un seul bât en main et que des centaines de mules restent inactives faute d'en avoir. Vous demandez des rations, et on vous informe que seules les rations indigènes sont encore arrivées, et qu'aucune ration pour les Européens n'a été envoyée, à l'exception des provisions pour soixante jours que le 33e régiment a apportées avec lui. Pourquoi est-ce? De nombreux transports stationnent dans le port de Bombay et ne font rien. Pourquoi, au nom du bon sens, ne sont-ils pas envoyés ? La nation paie pour eux une très belle somme, et ils restent là, tandis que les départements se débrouillent avec leurs mesquines jalousies et leurs mesquines querelles.

Le fait est que nous voulons une tête ici. Les colonels Merewether et Phayre sont partis à cinq jours de marche, emportant avec eux tous les moyens de transport disponibles. Le brigadier -général Collings n'est arrivé qu'hier et n'a bien entendu pas encore pu mettre les choses en ordre. Je suis heureux de dire que le général Staveley est arrivé hier soir et je pense qu'il va bientôt remettre un peu d'ordre dans ce chaos. Le fait est que, dans notre armée, nous laissons la branche la plus importante du service se débrouiller seule. Si le train de transport terrestre n'est pas capable d'accomplir son devoir, rien ne peut aller correctement ; mais le Corps des transports terrestres n'a aucune autorité ni aucun pouvoir. Ce n'est l'enfant de personne. Le commissariat n'en est pas propriétaire, l'intendant et l'adjudant général n'en savent rien. Cela peut changer de lui-même. Tous les *lâches* de tous les départements sont jetés sur ses épaules, et les capitaines qui font le travail travaillent nuit et jour ; mais sans aide, sans assistance, ils ne peuvent rien faire. Les transports terrestres devraient être une simple branche subordonnée du commissariat ; ce département devrait être tenu de fournir de la nourriture à tout moment requis. Maintenant, tout ce qu'ils ont à faire est de se joindre aux autres départements pour tracer des lignes de transport sur le malheureux transport terrestre, puis de s'asseoir et de remercier leurs dieux d'avoir fait tout ce qu'on pouvait attendre d'eux. Le général Staveley est un officier énergique et, je crois, ne perdra pas de temps pour remettre les choses au clair. Aujourd'hui encore, les choses semblent plus encourageantes, car le général Collings a mis hier après-midi les services de 200 porteurs de dhoolie de Madras à la disposition du corps des transports pour suppléer aux muletiers et aux chameliers déserteurs. J'ai donc tout espoir que dans une semaine j'aurai une histoire très différente à raconter. Mais à la mortalité causée par le voyage, par les épreuves, par la mauvaise nourriture et le manque d'eau, s'ajoute cependant une grande mortalité parmi les chevaux et les mulets, due à une maladie épidémique qui ressemble beaucoup à la peste du bétail. Dix ou douze mules en meurent chaque jour, et la 3e cavalerie indigène en perd quatre-vingt-dix chevaux pendant qu'elle était ici. Le quartier est célèbre, ou plutôt infâme, pour cette épidémie ; et les tribus de l'intérieur, lorsqu'elles descendent dans la plaine, laissent toujours leurs chevaux sur le plateau et descendent à pied. Les Soumalis et les autres tribus indigènes le long de cette côte sont un groupe querelleur, et des combats ont lieu constamment entre les ouvriers indigènes, qui s'infligent des blessures graves, et parfois mortelles, avec des gourdins courts et lourds ressemblant à des oueds australiens . Le lavage, du moins le lavage effectué, est envoyé à Koomaylo . Hier, deux dhoolies, ou blanchisseurs, apportaient une quantité de vêtements au camp, lorsqu'ils ont été attaqués par des indigènes, qui ont tué l'un et frappé l'autre terriblement, puis sont repartis avec les vêtements.

Certains navires ont ramené les chevaux dans un état magnifique. Le Yorick, qui a transporté les chevaux des officiers du 33e, est un modèle de ce que devrait être un navire à cheval. Les animaux sont rangés dans des stalles sur toute la longueur du pont principal, et la largeur est si grande qu'il y a de la place pour un large passage de chaque côté du mât. Ces passages étaient recouverts de nattes en noix de coco, et les animaux étaient sortis tous les jours - sauf une fois lorsque le navire roulait trop - et se promenaient en rond pour faire de l'exercice. En conséquence, ils sont arrivés dans un état aussi bon qu'au jour du départ. Au moment où j'écris, le Great Victoria est signalé comme étant en vue. Ce vaisseau contient, dit-on, les fusils Snider, les vêtements chauds, les tentes et bien d'autres objets importants. Son arrivée aplanira donc grandement les difficultés et permettra aux troupes d'avancer.

Au moment où la lettre ci-dessus a été écrite, je n'étais à terre que depuis quelques heures et j'étais bien sûr incapable de regarder plus profondément que la simple surface. Je n'ai donc pu attribuer que la raison la plus apparente de la panne complète du train de transport. Le désastre est désormais devenu historique et rivalise, sinon dépasse, celui des pires jours de la Crimée ; et comme pendant un certain temps il paralysa l'expédition et exerça partout une influence des plus désastreuses, il convient, avant de parcourir le pays, d'en examiner minutieusement les causes.

Après une enquête approfondie sur tout ce qui s'est passé avant mon arrivée, je n'hésite pas à attribuer la panne du train de transport à quatre causes, et dans cette opinion je peux dire que je suis pleinement confirmé par quatre-vingt-dix-neuf sur cent officiers présents. La première cause était la faiblesse inhérente à l' organisation du train de transport, le manque ridicule d'officiers, tant sous-officiers que sous-officiers, le manque de conducteurs expérimentés et l'ignorance de chacun sur le fonctionnement d'un train muletier. La deuxième cause était la mauvaise gestion des autorités de Bombay en envoyant des animaux dans un navire, des chauffeurs dans un autre et des équipements dispersés dans toute une flotte de transports, au lieu d'envoyer chaque navire chargé d'animaux complets avec leur complément de chauffeurs et d' équipements , comme cela a été fait. par les autorités du Bengale. La troisième cause était les rapports grossièrement surcolorés des officiers de la force pionnière sur l'état de l'eau et du fourrage, et qui incitèrent les autorités de Bombay à précipiter les hommes et les animaux, pour ne trouver qu'un désert nu et sans eau. La quatrième raison était la conduite des officiers mentionnés ci-dessus, qui marchaient avec toutes les troupes vers Senafe , en désobéissance directe aux ordres qu'ils avaient reçus. Cette dernière cause était la plus mortelle de toutes. Malgré les trois premières causes, tout aurait pu se passer assez bien, et je crois, sans la quatrième.

À Koomaylo et à Hadoda , chacun à treize milles de Zulla , il y avait de l'eau en abondance, ainsi que des buissons et des terrains de broutage pour les chameaux. Si les animaux, une fois débarqués, avaient été immédiatement emmenés dans ces endroits, et laissés y rester jusqu'à ce que le moment soit venu pour un mouvement général en avant de toute l'armée, comme Sir Robert Napier l'avait ordonné, tout se serait bien passé. Les officiers auraient eu tout le temps d'effectuer une organisation complète et parfaite ; les hommes auraient appris leurs nouveaux devoirs et auraient acquis une sorte de discipline ; les chameaux auraient pu aller à Zulla et apporter du fourrage pour les mulets ; pas un seul animal n'est resté à Zulla , pas un seul n'a souffert de la soif ; et les immenses dépenses liées à la condensation de l'eau pour eux auraient été évitées, en plus de sauver la vie de plusieurs milliers d'animaux. Mais que s'est-il passé? Comme je l'ai montré dans le chapitre précédent, le général Napier avait dit au colonel Merewether, dans ses instructions d'adieu : « Il n'est pas du tout prévu que cette force prenne position sur les hautes terres, pour lesquelles sa force et sa composition ne sont pas ajusté ; » et encore, il avait écrit à la fin d'octobre, « que si les nouvelles étaient satisfaisantes, la brigade de Staveley appareillerait et, *à son arrivée,* l'avance pourrait être faite ». Il avait écrit au colonel Phayre le 9 octobre : « Il n'est bien sûr pas prévu que le colonel Field se déplace vers les hauts plateaux de Dexan , etc., mais qu'il prenne simplement une position qui couvrira le dépôt et protégera le bétail ; » et encore, dans la même lettre : « Vous comprendrez que je ne désire pas précipiter un dépôt sur le plateau, que nous devrions retenir trop longtemps avant d'avancer. Le général Napier avait donc été aussi explicite qu'il était possible à un homme de donner l'ordre qu'aucune avancée n'ait lieu ; et il avait spécialement dit, dans sa note du 7 septembre, au sujet des trains de transport, qu'il « faudrait prendre grand soin d'éviter qu'ils ne soient surmenés ». Et pourtant, malgré ces ordres, les colonels Merewether et Phayre , ainsi que le colonel Wilkins, à qui la fabrication des jetées, etc., avait été spécialement confiée par le général dans ses instructions à la force pionnière, avec le colonel Field et toutes les troupes, partent vers Senafe vers le 1er décembre ! Et ce, à l'heure où l'on peut s'attendre à l'arrivée quotidienne de deux ou trois gros transports ! Les conséquences auxquelles on aurait pu s'attendre s'ensuivirent. Les malheureux animaux, dès leur arrivée, furent sellés, chargés et précipités sans un jour pour se remettre des fatigues du voyage. Les muletiers furent également expédiés , sans une seule heure pour se faire une idée de leurs devoirs.

Senafe est à cinq jours de marche de Zulla , dans un ravin d'une difficulté presque sans précédent.

De haut en bas de ce ravin, les misérables animaux trébuchaient et peinaient, mourant de faim dans le passage et mourant de soif pendant leurs brèves pauses à Zulla ; les plus chanceux moururent en masse en chemin, et les moins heureux furent atteints d'une maladie des poumons qui, après quelques semaines douloureuses, les conduisit à la tombe bienvenue. Et tout cela pour nourrir les colonels Merewether et Phayre et les troupes de Senafe . *Cui bono ?* Personne ne peut répondre. Personne jusqu'à ce jour n'a pu offrir la moindre explication sur la conduite extraordinaire adoptée par ces officiers. Si le colonel Mere avait cru devoir se rendre à Senafe pour nouer des relations politiques avec les chefs des environs et organiser l'achat d'animaux et de nourriture, une petite escorte lui aurait permis de le faire. Non seulement leur absence fut désastreuse pour le train muletier, mais elle provoqua la plus grande confusion à Zulla . Là, plus personne n'était aux commandes. Aussi étonnant que cela puisse paraître à tout militaire, ici, dans un port où il fallait accomplir une quantité de travail à peine, voire jamais égale , avec des troupes, des animaux et des provisions arrivant quotidiennement en grandes quantités, il y avait au Au moment de mon arrivée, il n'y avait absolument aucun « officier commandant », pas même un chef nominal. Chaque chef de service faisait de son mieux ; mais, comme Hal o' the Wynd , il s'est battu pour sa propre main. La confusion qui en résulta peut être imaginée mais ne peut être décrite. Après avoir ainsi brièvement évoqué les causes qui ont conduit à la panne du train de transport, je continue mon journal.

Koomaylo , le 9 décembre.

J'ai mentionné dans ma lettre d'il y a deux jours que les nouvelles du front étaient que le roi du Tigré , avec une armée de 7,000 hommes, était enclin à se rendre désagréable. Notre dernier « rasage », celui d'hier, va dans l'extrême opposé, et nous apprend que les rois de Shoa et Lasta ont tous deux envoyé le colonel Merewether et ont proposé d'attaquer Théodore. Les hostilités et les alliances des rois de ces tribus sont, bien entendu, des questions d'importance ; mais comme ces potentats indigènes connaissent rarement leur propre esprit pendant de nombreuses heures ensemble et passent d'un état d'amitié à un état d'hostilité à tout moment ou pour un affront imaginaire, je n'attache pas beaucoup d'importance à aucun d'entre eux, avec le exception du roi du Tigré , par les domaines duquel nous devons passer. S'il nous permet d'aller et venir sans interférence, nous pouvons très bien nous passer de l'alliance de Shoa ou de Lasta . Nous sommes assez forts pour vaincre Théodore, même s'il était soutenu par les trois rois nommés ; et maintenant que nous avons tout préparé, la différence de dépenses entre une guerre de quelques semaines et une guerre de deux fois plus de mois sera relativement insignifiante. Quant aux troupes, rien ne dégoûterait autant que de revenir sans rien faire, après tous les préparatifs qui ont été faits. Je ne pense cependant pas que cela changerait beaucoup nos mouvements maintenant, même si les prisonniers étaient rendus. Certes, s'ils avaient été relâchés il y a un an, à la suite de nos instances ou en échange de nos cadeaux, nous aurions été contents ; mais maintenant nous devons exiger quelque chose de plus qu'une simple délivrance des prisonniers. Il y a une compensation à apporter à leurs longues et douloureuses souffrances et une tentative en tout cas d'obtenir une sorte de paiement pour nos énormes dépenses. J'attache donc peu d'importance à ce qui se passe à Senafe , mais je considère l'état des préparatifs sur le terrain de débarquement d'Annesley Bay comme le point central d'intérêt. Depuis deux jours, beaucoup a été fait pour remettre les choses en ordre. Des bâts en abondance ont été débarqués. Sir Charles Staveley a débarqué et travaille dur ; et dans le Corps des transports terrestres, en particulier, de grandes choses ont été faites. Le capitaine Twentyman , qui commande, a soumis au général un certain nombre de suggestions, qu'il a immédiatement sanctionnées. Du fourrage était répandu près de l'abreuvoir, et alors que les animaux affamés s'égaraient, ils furent capturés. Cent cinquante d'entre eux furent remis au régiment Beloo chee , dont les hommes se portèrent volontairement pour s'occuper d'eux. Des bacs furent obtenus auprès du commissariat pour compléter les abreuvoirs absurdement insuffisants de l'abreuvoir, et qui n'étaient remplis d'eau qu'à certaines heures de la journée. Les 200 porteurs de dhoolie de Madras, qui ont été transférés au transport, font du bon travail, et il y a tout espoir que dans une semaine, les choses seront réglées et que les misérables retardataires qui choquent actuellement par leurs souffrances seront de nouveau entravés en toute sécurité. s'aligner avec d'autres animaux.

Le travail qu'accomplissent les officiers de ce corps est prodigieux. Les capitaines Twentyman , Warren et Hodges, ainsi que le lieutenant Daniels, commencent à oublier à quoi ressemble un lit, car ils sont au travail plus de vingt heures sur vingt-quatre. En effet, je dois dire que je n'ai jamais vu un plus grand dévouement au devoir que celui dont font preuve les officiers des différents départements. L'intendance, le commissariat et autres rivalisent d'énergie, et la seule chose à souhaiter est qu'il y ait un peu plus d'unanimité dans leurs efforts. Chacun travaille pour lui-même. Alors que s'ils n'étaient que des branches d'une *intendance générale* , les chefs de département pourraient se rencontrer et leur chef de soirée, exposer chacun leurs besoins et leurs désirs, se concerter sur les travaux à accomplir le lendemain, puis agir. avec une parfaite connaissance de ce qu'il fallait accomplir. Mais c'est là une utopie sur laquelle il est vain de soupirer. Il est probable que jusqu'à la fin des temps, nous aurons des départements séparés et des responsabilités divisées ; et entre les tabourets, le soldat britannique continuera de tomber, et cela très lourdement, jusqu'au sol.

Dans l'après-midi du 7, les deux premières compagnies du 33e régiment devaient débarquer ; et ce spectacle était particulièrement intéressant, car c'était le premier régiment européen à débarquer sur les côtes de l'Abyssinie. Un grand appartement, remorqué par une barge à vapeur, accosta, et les hommes, avec leurs sacs et leurs lits, s'embarquèrent à bord. Ce faisant, la fanfare régimentaire s'est mise en mouvement, les hommes et leurs camarades à bord du navire applaudissant chaleureusement. C'était très excitant et faisait danser le sang dans les veines ; mais pour moi il y a toujours quelque chose d'attristant dans ces spectacles. C'est le troisième « *Partant pour la Syrie* » que je vois. J'ai assisté au défilé des gardes devant le palais de Buckingham. Je les ai vus applaudir sauvagement pendant que l'orchestre jouait et que la reine leur agitait son mouchoir ; et six mois après, je les vis, relique brisée d'un régiment, en Crimée. L'année dernière, j'ai décrit une scène à Plaisance, à la veille de la marche de l'armée italienne dans le Quadrilatère. Là aussi, il y avait des chants patriotiques et des acclamations chaleureuses , il y avait de grands espoirs et des cœurs courageux. Une semaine plus tard, je les ai vus chassés de nouveau des terres qu'ils avaient envahies, vaincus par un ennemi qu'ils méprisaient presque. Heureusement, dans le cas présent, je n'ai pas de catastrophe similaire à prévoir. En ce qui concerne les combats, le 33e régiment de Sa Majesté n'a rien à craindre de ce qu'il rencontrera en Abyssinie, ni même dans n'importe quelle partie du monde. C'est un régiment d'anciens combattants ; il ne gagna aucune gloire en Crimée et, quelques mois plus tard, il fut dépêché pour aider à écraser la mutinerie indienne. Depuis lors, ils sont restés en Inde et constituent un groupe d'hommes aussi raffinés et aussi soldats que l'on peut trouver dans l'armée britannique. Nous devions débarquer à deux heures, mais quelques-unes des petites choses qui se font toujours au dernier moment nous ont retardés d'une demi- heure ; et ce retard d'une demi-heure changea complètement tous les plans de la journée. Il avait été prévu qu'après le débarquement, les hommes resteraient tranquilles jusqu'à cinq heures, heure à laquelle la chaleur de la journée serait passée ; qu'ils chargeraient ensuite les bagages sur les chameaux, qui partiraient immédiatement avec une garde, que les hommes se coucheraient et dormiraient jusqu'à minuit, et qu'ils marcheraient ensuite, de manière à arriver à Koomaylo à cinq heures. le matin. Tous ces arrangements, admirables à leur manière, furent contrariés par cette petite demi-heure de retard. Il n'y avait pas un souffle de vent lorsque nous quittâmes le navire, mais au bout d'un quart d'heure le passage occupait la brise marine, et lorsque nous atteignîmes le quai , les vagues déferlaient déjà lourdement. À maintes reprises, les bateaux des navires de guerre revenaient vers nous alors que nous nous éloignions de trente mètres et enlevaient chaque fois une charge ; une fois aussi, nous dérivâmes si près de l'extrémité de la jetée que les hommes purent sauter sur les pierres brutes. De cette façon, toutes les troupes descendirent, sauf le garde-bagages. Mais à ce moment-là, les vagues avaient tellement augmenté que les bateaux ne pouvaient plus accoster ; en conséquence, le remorqueur a dû remorquer la barge sur quelques centaines de mètres et y rester jusqu'à ce que la brise marine tombe. En conséquence, il était neuf heures du soir avant que les bagages ne débarquèrent, et près d'une heure du matin avant que les chameaux ne soient chargés ; et même alors , certains lits d'hommes ont dû être laissés sur place. Considérant l'heure extrêmement tardive et le fait que la lune allait bientôt se coucher, j'ai pensé qu'il valait mieux dormir jusqu'au jour. Sous l'abri d'une tente amie , je m'étendis sur le sable jusqu'à cinq heures, puis, après un léger coup de secoué pour me débarrasser du sable meuble, je me mis en route.

La route d'Annesley Bay à Koomaylo peut difficilement être qualifiée d'intéressante ou de bien définie. Il traverse d'abord droit le sable, et comme le sable est partout piétiné, il est tout simplement impossible de le suivre. On nous a dit que la route se trouvait plein ouest, mais qu'à l'endroit où commençait la jungle il y avait un panneau indicateur. Boussole en main, nous avons dirigé vers l'ouest et sommes entrés dans les broussailles épineuses qui constituent la jungle. Aucun panneau indicateur. Nous avons roulé pendant un kilomètre lorsque, regardant le soleil levant, j'ai vu quelque chose comme un panneau indicateur au loin. En y revenant, il s'est avéré être le guide recherché, et la route à partir d'ici est assez distincte à la lumière du jour. Pendant les six premiers milles, il traverse un niveau de sable mort, couvert d'un arbuste aux feuilles très petites et très rares, et aux épines très grandes et extrêmement abondantes. On dit que les outardes, les tétras, les cerfs et autres gibiers sont très abondants ici, mais nous n'en avons vu aucun. Une sorte de grand faucon était très nombreux, mais ce furent les seuls oiseaux que nous vîmes. À environ six milles de la mer, le sol s'élève brusquement sur environ dix pieds de hauteur, et cette élévation s'étendait du nord au sud aussi loin que le regard pouvait atteindre. Il marquait incontestablement le niveau de la mer à une époque pas très lointaine. De ce point, la plaine restait plate, sablonneuse et broussailleuse comme auparavant sur deux milles ; mais après cela, un rocher s'élevait un peu à notre droite, et le sable était parsemé de pierres et de rochers. Notre chemin contournait derrière la colline, et alors nous pouvions voir, à environ quatre milles de distance, une ou deux tentes blanches, à l'embouchure d'une ouverture dans la montagne devant nous. Ces tentes blanches constituaient le camp de Koomaylo . À environ trois milles de Koomaylo , nous sommes tombés sur un lieu de sépulture très curieux. C'était dans un plat bas, près d'un ravin, et couvrait un espace d'environ cinquante mètres carrés. Les tombes étaient placées très rapprochées les unes des autres et consistaient en des tas carrés de pierres, non pas jetées ensemble, mais bâties, d'environ trois pieds carrés et d'autant de hauteur. Ils étaient couronnés par une pyramide grossière de pierres, celle du sommet étant généralement blanche. Sous ces tas de pierres se trouvait une sorte de voûte. À partir de ce point, le terrain s'élevait plus abruptement qu'il ne l'avait encore fait.

Koomaylo est situé à l'embouchure du col qui lui tire son nom. La vallée ici fait environ un demi-mile de large. Il se trouve à plus de treize milles de la mer et on dit qu'il se trouve à 415 pieds au-dessus du niveau de la mer ; mais il ne semble pas qu'il soit aussi élevé. Quoi qu'il en soit, sa hauteur ne le rend pas plus frais ; car, si chaud qu'il fasse à Annesley Bay, il fait au moins aussi chaud ici. Le plus grand inconvénient que j'ai rencontré actuellement en Abyssinie, ce sont les mouches, qui sont aussi nombreuses et aussi irritantes qu'en Egypte. Heureusement , ils s'endorment quand le soleil se couche ; et comme il n'y a pas de moustiques pour les remplacer, on peut dormir en toute tranquillité . Nous avons constaté en arrivant à Koomaylo que les troupes n'étaient pas là depuis très longtemps. Ils s'étaient dispersés pendant la nuit, à cause de la panne de certains chameaux ; avaient perdu leurs guides, se sont perdus et ont perdu le chemin. Mais finalement, vers huit heures, toutes les troupes arrivèrent en corps sous la direction de leurs officiers. Les animaux n'étaient pas aussi unanimes dans leurs mouvements ; car un certain nombre d'entre eux prirent un tout mauvais chemin et se rendirent à Hadoda , un endroit à environ six milles d'ici, au nord, et à douze milles de Zulla . Il y a des puits là-bas, alors ils ont bu un verre et sont venus dans la journée. Quelques-uns, cependant, ne sont pas encore arrivés, et l'un de ces animaux disparus transportait une partie de mes propres bagages et provisions. Les autres arriveront peut-être ; mais j'ai la conviction morale que cet animal ne reviendra plus jamais. Comme les hommes étaient trop fatigués à leur arrivée pour planter leurs tentes, dont beaucoup d'ailleurs n'étaient pas encore arrivés, ils furent autorisés à prendre possession d'un certain nombre de tentes qui avaient été dressées pour le quartier général. Quand nous sommes arrivés, ils étaient tous secoués ; les hommes dormaient dans les tentes, et les chameaux étaient descendus s'abreuver. La première étape était de descendre abreuver nos chevaux et nos mulets, la suivante de tirer des rations pour nous, nos fidèles et nos bêtes. L'abreuvoir est à un quart de mille de ce camp, qui est sur un terrain assez élevé. Les puits se trouvent, bien sûr, dans le lit de ce qui, pendant la saison des pluies, doit être un puissant torrent de cinquante mètres de large.

J'ai vu bien des scènes singulières, mais je ne sais pas si j'en ai jamais vu une plus étrange que ces puits présentés. Ils sont au nombre de six, mesurent douze ou quatorze pieds de diamètre et environ douze pieds de profondeur. Ils sont creusés dans la masse de pierres et de rochers qui forme le lit du ruisseau, et trois des six ont une sorte de plate-forme en bois sur laquelle les hommes se tiennent debout pour abaisser les seaux jusqu'à l'eau au moyen de cordes. Les autres puits ont des parois inclinées, et dessus se tiennent des groupes d'indigènes qui se passent des seaux de main en main et les vident dans des auges de terre, ou plutôt des bassins de boue, où boivent les animaux. Les indigènes, tout en étant ainsi occupés, perpétuent le chant sans lequel ils semblent incapables d'accomplir aucun travail. Les paroles de ce chant varient à l'infini, et elles consistent presque toujours en deux mots de quatre ou cinq syllabes en tout ; qui sont répétés par le groupe d'hommes suivant, avec la variation d'une des syllabes, et sur un ton deux notes plus bas que celui utilisé par le premier groupe. Autour de ces puits est rassemblée une vaste foule d'animaux : des troupeaux de chèvres et de petits moutons, au nombre de centaines, des chaînes de bœufs de trait, de mulets, de poneys, de chevaux et de chameaux, des centaines d'indigènes, avec leurs vêtements maigres, leurs lances, leurs des épées ressemblant exactement à des faucheuses, et leurs lourdes massues. Voici leurs épouses et leurs sœurs, les unes en calicot drapé ordinaire, les autres très pittoresquement vêtues de jupons de cuir, et d'un body-dress d'une sorte de feuille de cuir, passant sur une épaule et sous l'autre bras, couvrant le buste. , et très joliment orné d'étoiles et d'autres dispositifs, formés de coquilles blanches. Ils portent autour du cou des colliers de graines et de coquillages rouges. Certains d'entre eux sont vraiment très beaux, avec des visages remarquablement intelligents. La scène autour des puits est très excitante, car les animaux se précipitent avec le plus d'empressement, et leurs serviteurs ont la plus grande difficulté à maintenir l'ordre, surtout parmi les mulets et les chameaux. Mais l'offre est à la hauteur de la demande et, à la fin de la journée, les puits sont presque déserts, sauf par les soldats qui aiment descendre puiser leur eau fraîche aux puits. Les puits supérieurs, où l'on utilise seulement des seaux munis de cordes, sont vraiment d'une eau très-belle ; ceux pour les animaux ne sont pas clairs, mais restent buvables. Toutes ont un goût qui rappelle un peu celui de l'eau des tourbières. Les indigènes sont employés à creuser davantage de puits, ce qui est possible, car la quantité qui est puisée semble faire peu ou pas de différence dans le niveau de l'eau dans les puits actuels. Certains chameaux deviennent parfois très furieux ; aujourd'hui j'en ai vu un, dont la selle avait glissé sous le ventre, se mettre à sauter et à plonger le plus sauvagement, la tête en l'air, et en poussant les cris les plus grossiers. Il y eut une bousculade générale, surtout parmi les mulets, dont beaucoup, je crois, n'ont jamais vu de chameau auparavant. Il fallut quelques minutes avant que l'animal puisse être attrapé et mis à genoux par son conducteur, et à ce moment-là, il avait complètement dégagé le sol dans son quartier . Les chameaux sont tenus autant que possible agenouillés, et il y en avait une centaine ou deux près de lui au moment où il commençait ses évolutions. Lorsqu'un chameau se lève, tous ceux qui se trouvent à proximité s'efforcent toujours de faire de même ; et les efforts de ces bêtes pour se relever, les cris de leurs conducteurs et la débandade des mulets formaient une scène des plus risibles. Près des puits se trouve un autre grand cimetière ; les tombeaux ici sont un peu plus ornés que ceux que j'ai déjà décrits, quelques-uns d'entre eux étant ronds et presque tous comportant des rangées de pierres de quartz blanc. Au sommet de plusieurs de ces tombeaux se trouvent deux ou trois pierres plates placées bout à bout et ressemblant un peu à de petites pierres de tête et de pied. Comme il n'y a aucune inscription dessus, il serait curieux de savoir avec quel objet les indigènes les érigent.

Après avoir fini d'abreuver nos chevaux, nous nous dirigeons vers la tente de l'intendance. Ici s'accomplit une immense quantité de travail, tous les animaux et tous les hommes tirant quotidiennement leur ration ; et je n'ai entendu aucune plainte d'aucune sorte, sauf que des Parsis, pendant que je recevais mes rations, sont venus se plaindre amèrement parce qu'il n'y avait pas de mouton et qu'il était contraire à leur religion de manger du bœuf. L'officier du commissariat regretta cette circonstance, mais fit remarquer qu'à l'heure actuelle aucun mouton n'avait été débarqué et que les petites choses du pays n'étaient que la peau et les os et étaient tout à fait impropres aux troupes. Les Parsis, qui étaient, je crois, employés dans l'un des départements, s'en allèrent très mécontents. La morale de ceci est évidemment que les Parsis ne devraient pas faire la guerre dans un pays où le mouton est rare. Quant aux Hindous , je ne peux même pas deviner comment ils conserveront intacte leur caste. Il est dommage que leurs prêtres ne puissent pas leur accorder une dispense leur permettant de mettre de côté toutes leurs observances de caste pendant le temps qu'ils pourraient quitter l'Inde. Dans l'état actuel des choses, je prévois que nous aurons de très grandes difficultés avec eux.

Koomaylo , le 12 décembre.

Quand j'ai écrit il y a deux jours , je ne m'attendais pas à sortir avec une autre lettre de Koomaylo . Je m'étais préparé à partir pour Senafe , laissant mes bagages derrière moi et revenant dans une dizaine de jours. La grande objection à ce projet était qu'il n'y a ni à Zulla ni ici de cabanes ou de magasins où l'on puisse laisser des choses. La seule chose à faire était donc de les laisser dans la tente de quelque ami ; mais comme lui aussi pouvait retrouver la route à tout moment, cela eût été pour le moins une démarche très hasardeuse. Cependant, avant-hier soir, j'ai reçu la joyeuse et tant attendue nouvelle que le navire qui avait quitté Bombay avec mes chevaux six jours avant mon départ était enfin au port . Mon cap était désormais clair ; Je devrais descendre, prendre mes chevaux, puis monter à Senafe , emportant avec moi tous mes bagages. Des navires et des troupes arrivent chaque jour, et les accumulations d'arriérés de travail augmentent dans des proportions encore plus rapides. Le major Baigrie , quartier-maître général, est infatigable, mais il ne peut décharger trente gros navires sur une seule petite jetée, à l'extrémité de laquelle il n'y a qu'une profondeur de cinq pieds d'eau. Si rien n'est fait, et cela rapidement et à grande échelle, nous nous effondrerons complètement. Il est évident qu'une jetée, à laquelle au plus trois de ces bateaux de campagne peuvent accoster pour décharger, ne suffit qu'à accueillir un seul gros navire, et qu'il faudrait plusieurs jours pour décharger sa cargaison, disons de mille tonnes. en utilisant la plus grande rapidité possible. Comment alors espérer que les navires dans le port , dont le nombre augmente au rythme de deux ou trois par jour, pourront être déchargés ? En Crimée, une grande détresse a été provoquée par le fait que les navires dans le port de Balaclava n'ont pas réussi à décharger leurs provisions. Mais le port de Balaclava offrait des facilités de déchargement énormes par rapport à cet endroit. Il y avait un quai d'un quart de mille de long, avec de l'eau profonde le long du quai, de sorte que les marchandises pouvaient être roulées sur des planches ou des passerelles jusqu'au rivage depuis les navires. Le port était enclavé et les travaux de déchargement ne furent jamais interrompus. Comparez cela avec l'état actuel des choses. Une jetée qui s'enfonce dans une eau de cinq pieds, et accessible seulement pendant la moitié de la journée à cause des vagues, et, d'après ce que j'ai entendu dire, inaccessible du tout pendant des mois. On peut prouver mathématiquement que la quantité de vivres et de fourrages qu'on peut débarquer de ces bateaux, toujours à quai pendant tant d'heures par jour, ne suffirait pas au cinquième des besoins de vingt-cinq mille hommes et d'autant d'animaux. Tout dépend de l'état de l'intérieur du pays. Si nous trouvons suffisamment de fourrage pour les animaux et de nourriture pour les hommes – ce que l'homme le plus optimiste ne prévoit pas – tant mieux. Sinon, nous devons nous effondrer. Il est tout simplement hors de question de débarquer les magasins avec les dispositions actuelles à Annesley Bay, ou avec quelque chose de similaire. Les aménagements du quai doivent être considérablement augmentés et doivent être rendus pratiques par tous les temps, c'est-à-dire pratiques toute la journée par temps ordinaire. Pour ce faire, la jetée devrait s'étendre sur cinquante mètres supplémentaires et avoir ensuite une pile transversale érigée à son extrémité. Les bateaux indigènes pourraient se trouver sous le vent et décharger par tous les temps, et il y aurait une profondeur d'eau suffisante pour que les petits transports puissent accoster à l'extérieur par temps calme et décharger directement sur le quai. Je sais que ce serait une affaire coûteuse, qu'il faut apporter la pierre de loin, etc. Mais c'est une nécessité, et donc la dépense n'est pas un problème. Je considère que le chemin de fer qui doit être posé entre le débarcadère et ce point sera d'une immense utilité à l'expédition ; mais je crois que c'est un travail d'une importance tout à fait inférieure en comparaison avec cette question de l'augmentation du nombre de quais. Il ne fait aucun doute que, malgré l'arrivée des troupes et des animaux de Bombay avant que les choses ne soient prêtes pour eux ici, les choses se seraient bien mieux déroulées qu'elles ne l'ont été, s'il y avait eu un chef pour diriger les opérations ici. Mais les officiers des différents départements ont travaillé nuit et jour, sans aucun chef, pour s'unir et s'opposer à leurs efforts. Je comprends que le général Staveley fut étonné de constater qu'avant l'arrivée du général Collings, deux jours avant lui, il n'y avait pas de chef pour l'expédition.

Sir Robert Napier était pleinement conscient de l'extrême importance de cette question de quai, car dans son mémorandum du 12 septembre, il recommandait que les planches, les treillis , les pieux et les matériaux pour construire les quais soient expédiés avec la 1re brigade. « Il ne peut pas y avoir trop de débarcadères, continua-t-il, pour faciliter le débarquement, et c'est de cette commodité que dépendront les bateaux qui seront rapidement dégagés et les provisions qui en seront retirées à sec. Il serait souhaitable qu'un nombre considérable de tonneaux vides soient expédiés pour être utilisés comme radeaux ou pour former des quais flottants destinés à être utilisés à basse mer, particulièrement si les rives s'inclinent doucement. Des longerons pour former des cisailles flottantes devraient également être expédiés. Ainsi, Sir Robert Napier, lui-même ingénieur, avait prévu depuis longtemps l'extrême importance de fournir le plus grand nombre possible de logements d'atterrissage ; et pourtant, trois mois après la rédaction de ce mémorandum, et deux mois après l'arrivée de la force pionnière à Zulla , une jetée inachevée était tout ce qui avait été réalisé, et le colonel Wilkins, l'officier à qui ce travail le plus important avait été spécialement confié , restait tranquillement debout à Senafe avec les colonels Merewether, Phayre et Field. Un deuxième quai n'a été achevé qu'à la fin du mois de février et, par conséquent, de nombreux navires sont restés des mois au port avant que leurs cargaisons puissent être déchargées, ce qui a entraîné des dépenses et une perte pour le service public qui ne peuvent guère être surestimées.

Nous avons eu une petite excitation ici cet après-midi. J'écrivais tranquillement et je pensais à la chaleur de la journée lorsque j'entendis un certain nombre de soldats courir et crier. Je me précipitai vers la porte de ma tente et aperçus une troupe de très gros singes qui trottinaient, poursuivis par les hommes qui leur jetaient des pierres. Des visions de peaux de singe me traversèrent l'esprit et, en un instant, s'emparant de revolvers et de casques solaires, trois ou quatre d'entre nous se joignirent à la chasse. Nous savions dès le début que c'était parfaitement désespéré, car les animaux étaient en sécurité dans les collines qui s'étendaient sur des kilomètres. Cependant, les hommes se dispersèrent à travers les collines, criant et riant, et nous continuâmes ainsi notre route, et pendant deux heures nous grimpâmes régulièrement, nous égratignant terriblement avec les buissons épineux qui poussent partout, et auxquels une haie vive anglaise n'est rien — et perdre beaucoup de kilos sous l'effet de nos efforts. Même s'il faisait chaud, je pense que la montée nous a fait du bien. En effet, l'état de santé de tous ici est des plus excellents, et les fièvres terribles et toutes les horreurs innommables dont l'armée était menacée dans sa marche à travers les basses terres se révèlent être l'effet de l'imagination seulement de l'homme. des gens bien intentionnés mais espiègles qui, depuis six mois, remplissent la presse de leurs prédictions les plus sombres. J'ai entendu de nombreux rires chaleureux depuis que je suis ici à propos de tous les maux qui nous menaçaient de nous assaillir dans les treize milles entre Annesley Bay et cet endroit. Nous allions mourir de fièvre, de paludisme, d'insolation, de mouche tsé , de ver de Guinée, de ténia et de bien d'autres maladies. Il y a maintenant près de trois mois que le premier homme a débarqué, et dans cette même plaine se trouvent actuellement des milliers d'hommes, y compris le régiment Beloochee et d'autres indigènes, des centaines, en prenant uniquement les Européens, d'officiers, d'état-major et de département, avec les conducteurs, des inspecteurs et des hommes des transports, du commissariat et d'autres départements. Depuis le jour du premier débarquement jusqu'à nos jours, il n'y a pas eu un seul décès, ni même une maladie quelconque, parmi tous ces hommes dans cette plaine de la mort. Quant aux deux compagnies du 33e, leur chirurgien me dit que leur état général de santé est meilleur qu'en Inde, car il n'y a pas eu un seul cas de fièvre ou d'indisposition d'aucune sorte depuis cinq jours depuis leur débarquement. alors qu'en Inde, il y a toujours une proportion d'hommes hospitalisés avec de légères crises de fièvre. Tout cela est très gratifiant, et je crois que tous les autres dangers et difficultés, une fois confrontés, se révéleront également exagérés. Les difficultés du passage au premier plateau, à 7 000 pieds au-dessus de la mer, se sont déjà révélées insignifiantes. Il n'y a que quatre milles de terrain difficile, et cela a déjà été grandement évité grâce aux efforts des sapeurs de Bombay. Les pluies de décembre n'ont pas encore commencé, mais hier et aujourd'hui de gros nuages pèsent sur les sommets des montagnes. La pluie serait un très grand bienfait et modifierait tout à fait l'aspect du pays. En effet, le pays tout entier, lorsqu'il n'est pas piétiné, est couvert d'herbes sèches et brûlées, présentant exactement la couleur du sable, mais qui n'ont besoin que de quelques heures de pluie pour le transformer en une plaine d'herbe verte, suffisante pour le fourrage de tous les animaux de bagages du camp.

Pendant que j'écrivais ceci, les Beloochees et une compagnie de sapeurs et de mineurs de Bombay sont entrés dans le camp, avec leurs bagages et leurs chameaux. Les Beloochees forment un régiment splendide : des hommes grands, actifs et d'apparence utile comme jamais j'en ai vu. Leur costume est une tunique vert foncé, avec des parements et des grenouilles écarlates, un pantalon d'un vert plus clair, un bonnet écarlate, avec un grand turban noir autour ; en somme, une robe très pittoresque. Les sapeurs et les mineurs portent l'uniforme britannique. Ces deux corps partent tôt demain matin vers le Haut Sooro . Je n'ai pas encore décidé si je les accompagnerai ou si je continuerai seul ce soir.

Une lettre vient de parvenir du colonel Merewether disant que tout va bien à Senafe . Le roi du Tigré a envoyé son adhésion, et de nombreux petits chefs sont venus à cheval sur des mulets, suivis d'une demi-douzaine de partisans en haillons à pied, pour faire leur « salaam ». Je ne sais pas si ces petits chefs, sujets du roi du Tigré , sont d'une grande importance d'une manière ou d'une autre, mais leur amitié serait utile s'ils faisaient venir quelques centaines de têtes de bœufs et quelques troupeaux de moutons. . Il fait, je crois, très froid là-haut, et les troupes auront besoin de tous leurs vêtements chauds.

Haut Sooro , 13 décembre.

Je dois commencer ma lettre en rétractant une opinion que j'avais exprimée dans ma dernière, à savoir que le défilé se transformerait probablement en un véritable épouvantail, comme l'ont fait les fièvres, le ver de Guinée et les mouches tétsé . Ma connaissance de la plupart des passages des Alpes et du Tyrol est très étendue, mais j'avoue qu'elle ne m'a nullement préparé au passage d'un défilé abyssin. Je comprends maintenant fort bien que des voyageurs nous avertissent que beaucoup de ces endroits étaient impraticables pour un seul cavalier, encore moins pour une armée avec ses animaux de bagages. Si le colonel Merewether n'avait pas déclaré dans son rapport que la première fois qu'il explora le col, il rencontra des bœufs chargés qui le descendaient, je n'aurais pas cru possible qu'une bête de somme ait pu franchir les terribles obstacles. Même maintenant, alors que les sapeurs de Bombay y travaillent depuis trois semaines, c'est le morceau de route le plus difficile que j'aie jamais vu, et n'est praticable que pour un seul animal à la fois. Il y a en tout douze milles ; du moins, c'est ce que disent les ingénieurs, et nous avons mis, en travaillant dur, sept heures pour le faire ; et j'ai trouvé que c'était un temps moyen très juste. Un seul cavalier y parviendra, bien entendu, dans un temps beaucoup plus court, car il y a des kilomètres ensemble où un cheval pourrait galoper sans danger. Je restai à Koomaylo jusqu'à l'après-midi, car il faisait trop chaud pour commencer avant que le soleil ne soit bas. Rien ne s'est produit pendant la journée, sauf l'arrivée des Beloochees et du Bombay Engineers. Les soldats poursuivirent encore deux ou trois singes, dont le nombre est extraordinaire. Inutile de dire qu'ils n'en attrapèrent aucun : cependant un chien appartenant à l'un des soldats s'en saisit un moment, mais fut attaqué avec une telle fureur par ses compagnons qu'il dut quitter sa prise et battre un précipité. retraite. Je viens d'observer un troupeau, je ne sais quel est le terme exact, de ces animaux, au nombre de deux ou trois cents, qui ont passé le long des rochers derrière ma tente, à une trentaine de mètres peut-être. Ils n'ont pas la moindre crainte de l'homme, et même tout le bruit et l'agitation d'un camp semblent les amuser plutôt que les alarmer. Ils sont de toutes tailles, depuis les adultes, qui sont aussi gros qu'un gros chien, jusqu'aux petites choses qui se tiennent près de leur mère et s'accrochent à leur cou à la moindre alarme. Les vieux ne font pas de bruit, mais marchent délibérément de rocher en rocher, s'asseyant fréquemment pour inspecter le camp et se livrant au plaisir d'une légère égratignure. Ces individus de grande taille ont des cheveux extrêmement longs sur la tête et sur la partie supérieure du corps, mais sont nus, de manière désagréable, vers l'extrémité caudale. Les petits détalent en bavardant et en criant ; ils n'ont pas de crinière ni de cheveux longs sur la tête. Les vieux singes, lorsqu'ils émettent un son, aboient comme un gros chien. Dans l'après-midi, un nombre énorme de criquets descendirent le col et procurèrent divertissement et nourriture à des bandes d'oiseaux qui, je l'observai, étaient plutôt épicuriens à leur manière, car en ramassant un grand nombre de cadavres de criquets, je trouvai que dans tous les cas, c'était seulement la tête et la partie supérieure du thorax qui avaient été mangées. J'accepterai cela comme un indice ; et dans le cas où les jours de famine dont cette expédition est menacée - en plus d'innombrables autres maux - arrivent réellement, je ne mangerai, lorsque nous serons poussés à nous nourrir de criquets, que les parties que les oiseaux m'ont signalées comme étant. les friandises. Je suis heureux de dire qu'il n'y a aucune probabilité que nous soyons poussés vers cette ressource à l'heure actuelle ; car, en cheminant ici hier, j'ai croisé des quantités considérables de bétail indigène, et on peut s'en procurer ici n'importe quelle quantité, et quant aux chèvres, elles sont innombrables. Nous en avons acheté un ce matin pour nos domestiques pour la somme d'une roupie. Le commissariat a décidé que tous les serviteurs et disciples devaient être hindous , et donc s'abstenir de viande, et donc ne fournir aucune viande dans leurs rations - rien, en effet, sauf du riz, des céréales, un peu de farine et un peu de ghee. Or, le fait est que les adeptes ne sont généralement pas hindous . La plupart des serviteurs du corps sont des Portugais, des hommes de Goa ; et les gardiens de chevaux sont souvent musulmans, ou viennent des provinces du nord-ouest, où ils ne sont pas particuliers. Même les muletiers sont des Arabes, des Égyptiens et des Patans , qui mangent tous de la chair. Il se trouve donc que la totalité de nos cinq domestiques sont des mangeurs de viande, et il est heureux que nous puissions leur acheter de la viande chez les indigènes, d'autant plus qu'ils ont un travail très dur à faire ; et dans le climat froid où nous entrerons dans un jour ou deux, la viande est doublement nécessaire.

Nous avions prévu de partir à trois heures, mais il était quatre heures lorsque nos bagages furent déposés sur le dos des quatre animaux à bagages, deux fortes mules et deux poneys, et nous étions sur les selles de nos chevaux de selle. Notre itinéraire, après avoir quitté les puits, se dirigeait, avec bien sûr divers détours et détours, vers le sud-ouest. Le chemin longeait le fond de la vallée, une route étant délimitée par des pierres détachées enlevées dans une certaine mesure et posées des deux côtés de la piste. La vallée sur les sept ou huit premiers milles était très régulière, d'une largeur de 200 à 300 yards. Son fond, bien que s'élevant réellement graduellement, apparaissait à l'œil comme un parfait plat de sable, parsemé de rochers et de pierres, et couvert de la jungle épineuse dont j'ai parlé dans une lettre précédente. Ces broussailles avaient été déblayées le long de la route, sinon il ne restait que très peu de chair, sans parler des vêtements, sur nos os au moment où nous arrivions à la fin de notre voyage. D'avant en arrière, à travers la plaine sablonneuse, à mesure que les contreforts des collines tournaient leur cours, serpentaient le lit du torrent : je crois que nous l'avons traversé cinquante fois. Il est probable qu'en cas de grandes crues, toute la vallée soit inondée. À notre gauche, les collines, quoique rocheuses et escarpées, s'inclinaient un peu graduellement et étaient partout parsemées de buissons. À droite, la montagne était beaucoup plus élevée et s'élevait en de nombreux endroits avec beaucoup de précipitation. Tantôt la vallée s'élargissait quelque peu, tantôt les montagnes se resserraient, et nous semblions être arrivés au terme de notre voyage, jusqu'à ce qu'en contournant quelque éperon saillant, la vallée paraisse s'étendre selon sa largeur habituelle. Dans l'ensemble, le paysage me rappelait beaucoup le Tyrol, sauf que les collines à nos côtés n'étaient pas égales en hauteur à celles qui bordent généralement les vallées.

A six heures et demie, il faisait si sombre que nous ne pouvions plus suivre la piste, et les animaux trébuchaient continuellement sur les pierres détachées, et nous étions obligés de nous arrêter une demi-heure, après quoi la lune s'était levée. sur la plaine; et même s'il fallut un certain temps avant qu'elle atteigne une hauteur suffisante pour contempler notre vallée par-dessus les sommets des collines, il y avait néanmoins suffisamment de lumière pour que nous puissions poursuivre notre chemin. Trois quarts d'heure plus tard, nous tombâmes sur un spectacle que je n'avais plus vu depuis que j'avais quitté l'Angleterre, sauf bien sûr lors de mon voyage à travers la France : c'était de l'eau courante. Nous nous sommes tous agenouillés et avons bu un verre, mais, curieusement, bien que nos animaux aient voyagé pendant près de quatre heures enveloppés dans un nuage de poussière légère, ils ont tous refusé de boire ; en fait, je me demande s'ils ont déjà vu de l'eau courante auparavant et s'ils ont eu l'idée que c'était quelque chose d'étrange. Cet endroit que nous connaissions était Lower Sooro , non qu'il y ait eu un village - en fait, je commence à remettre en question l'existence de villages dans cette partie du monde, car je n'ai pas encore vu une seule hutte permanente indigène, seulement des tonnelles construites avec des branches. d'arbres et de buissons. Mais en Abyssinie, ce ne sont pas les villages qui portent des noms ; c'est des puits. Zulla et Koomaylo , le Haut et le Bas Sooro , ne sont pas des villages, mais des puits. Les indigènes vont et viennent et construisent leurs tonnelles, mais ils n'y vivent pas. J'imagine que lorsqu'il y a un nom indigène, et non bien, c'est un cimetière qui donne le nom. Nous en avons croisé deux ou trois entre Koomaylo et Sooro , tous semblables à ceux que j'ai déjà décrits. De Lower à Upper Sooro, il y a une distance de quatre milles. C'est dans cette partie de la route que se situent les véritables difficultés du col, et je n'ai jamais traversé une succession de gorges aussi étroites et escarpées qu'elle contient. Les flancs de ces gorges sont en de nombreux endroits parfaitement perpendiculaires, et le paysage, quoique peu élevé, est pourtant sauvage et grandiose à l'extrême, et vu, comme nous l'avons vu, avec la lumière vive et les ombres profondes projetées par la pleine lune. , c'était l'un des paysages les plus impressionnants que j'aie jamais vu. La difficulté du col ne réside pas dans sa raideur, car l'élévation ne dépasse guère trois cents pieds par mille, mais dans la masse d'énormes rochers qui jonchent son fond. En effet, sur toute sa longueur, le sentier serpente à travers un chaos de pierres immenses, qui semblent tout juste tombées des côtés presque en surplomb du ravin. Certaines de ces masses sont aussi grandes qu'une maison de bonne dimension, avec à peine de la place entre elles pour qu'un mulet puisse passer avec son fardeau. En de nombreux endroits, en effet, il n'y avait pas de place du tout jusqu'à ce que les sapeurs de Bombay, qui campaient à mi-hauteur du col, se mirent au travail pour le rendre praticable en détruisant les bords saillants et en aplanissant légèrement le chemin entre les passages. les plus petits rochers. En certains endroits, de grands barrages ont été formés tout au long du ravin, à cause de deux ou trois rochers monstres ayant bloqué le cours du ruisseau, et à cause des roches accumulées que les torrents d'hiver ont charriées sur eux. Sur ces grands obstacles, rien de moins qu'une armée de sapeurs ne pouvait faire quelque impression, et ici les ingénieurs se sont contentés de construire une route qui monte jusqu'au sommet du barrage et redescend de l'autre côté. Nous avons mis trois heures à faire ce trajet de quatre milles, et il faut imaginer le travail

, les cris et les difficultés du chemin. Bien sûr , nous étions descendus de cheval et avions confié nos chevaux à leurs palefreniers. Les bagages changeaient constamment et nécessitaient une pause et un réajustement. Maintenant, nos seaux en fer-blanc cognaient avec fracas contre un rocher d'un côté ; or, notre caisse d'eau-de-vie – prise à des fins purement médicinales – se heurterait à une projection sur l'autre. Maintenant, l'un des poneys trébuchait, et l'autre manquait de le heurter ; tantôt une des mules, en accélérant le pas pour se lancer dans une montée raide, faillit arracher de ses pieds celle qui le suivait et qui était attachée à lui ; puis il y aurait une nouvelle alarme indiquant que les bagages des poneys se détachaient. Tout cela se répétait encore et encore. Il y eut des cris en anglais, en hindoustane , en arabe et dans d'autres langues inconnues. Au total, ce furent les quatre milles les plus fatigants que j'ai jamais parcourus, et nous avions tous régulièrement terminé lorsque nous sommes arrivés au sommet. Je dois dire que l'eau avait pendant tout ce temps agité et agité entre les rochers, parfois cachée sous eux sur une centaine de mètres, puis traversant et recroisant notre chemin, ou courant directement sous nos pieds, jusqu'à ce que nous soyons à quelques centaines de mètres du Haut. Sooro , lorsque le ravin s'élargit et que le fond est sablonneux, le ruisseau ne coule plus au-dessus de la surface. Au total, ce fut une promenade inoubliable, à travers cette vallée solitaire, au clair de lune, dans un pays totalement inconnu et quelque peu hostile, car plusieurs tentatives de vol ont été faites récemment par les indigènes contre de petits groupes ; et bien qu'en aucun cas ils n'aient attaqué un Européen, chacun roule avec son revolver chargé dans son étui. Un profond silence semblait planer sur tout, rompu seulement par nos propres voix, sauf par le frémissement occasionnel d'une cigale dans les buissons, le cri d'un oiseau de nuit, ou les gémissements d'un chacal, ou l'aboiement rauque d'un oiseau de nuit. singe sur les collines au-dessus.

Il était tout juste onze heures lorsque nous arrivâmes à Upper Sooro . Un officier vint aussitôt à la porte de sa tente et, avec cette hospitalité universelle, nous demanda d'entrer et de nous asseoir pendant que notre tente était dressée. Nous avons accepté et il nous a ouvert une bouteille de bière fraîche et en excellent état. Imaginez nos sentiments. L'eau-de-vie et l'eau-de-vie auraient été une véritable hospitalité, mais la bière, là où la bière est si rare et si précieuse comme ici, était un acte qui mérite d'être inscrit en lettres d'or. Je m'abstiens de nommer notre bienfaiteur. Le nom du Samaritain ne nous est pas parvenu ; la veuve qui a donné l'acarien est anonyme. Qu'il en soit ainsi dans le cas présent. Mais je ne cesserai jamais de penser à cette bouteille de bière avec gratitude.

Ma tente était maintenant dressée ; mon domestique s'est procuré de l'eau chaude et a préparé du thé ; et après avoir pris cela et quelques biscuits, et après avoir vu que les chevaux étaient nourris, je me déshabillai légèrement, m'allongeai sur mon drap imperméable et allumai un dernier cigare, quand, à mon horreur, j'aperçus de nombreuses choses rampantes s'avançant sur le drap vers moi. Après examen, il s'est avéré qu'il s'agissait de deux espèces : l'une était une grosse fourmi rouge, l'autre une sorte de tique, que j'ai trouvée en m'informant le matin étant des tiques de chameau. Ils sont de couleur plomb et ont à peu près la taille d'une tique de mouton, mais ils ne courent pas si vite. C'était effectivement une calamité, mais il n'y avait rien à faire. J'étais bien trop fatigué pour me lever et faire monter ma tente ailleurs ; en plus, un autre endroit aurait pu être tout aussi mauvais. Je m'enroulai donc aussi étroitement que possible dans mon tapis, dans l'espoir qu'ils ne trouveraient pas leur chemin, et je m'endormis ainsi. Le matin, je fus très heureux de constater que je n'avais pas été mordu ; car ils mordent les chevaux et les hommes, soulevant sur les premiers une bosse grosse comme le poing d'un homme, et causant une grande douleur et un gonflement aux seconds.

Je décris ainsi minutieusement les événements de chaque jour, parce que la vie de la plupart des officiers et des hommes ressemble beaucoup à la mienne, et en racontant ma propre expérience, je donne une idée bien plus précise du genre de vie que nous menons en Abyssinie que je ne pourrais le faire. par des déclarations générales.

Upper Sooro est un grand dépôt d'intendance , extrêmement bien géré par Conductor Crow. C'est un nouveau bassin de cinq cents mètres de long sur deux cents de large, un élargissement du col. Il est choisi pour cette raison, car c'est le seul endroit le long de la ligne à proximité de l'eau où un régiment peut camper . Grâce à son élévation au-dessus de la mer, la température y est très agréable, sauf deux ou trois heures en milieu de journée. Un autre changement agréable est que les buissons épineux ont disparu, et qu'un arbre sans épines et qui atteint une taille considérable a pris leur place.

Ce matin, à sept heures, les Beloochees ont commencé à arriver, après avoir commencé à minuit. L'avant-garde faisait donc exactement en même temps la distance que nous. Leurs bagages, cependant, sont arrivés toute la journée, car ils étaient chargés sur des chameaux, et la plupart de ces animaux, coincés dans les passages étroits du passage, ont dû être déchargés pour leur permettre de passer ; et cela s'est produit encore et encore. La passe, en effet, n'est pas encore praticable pour les chameaux ; les mules peuvent y parvenir, mais cela leur convient très bien, et il faudra encore un certain temps avant que les chameaux puissent passer avec leurs fardeaux. Je suppose qu'après l'expérience d'aujourd'hui, les chameaux ne seront plus employés de ce côté de Koomaylo tant que le col n'aura pas été élargi. Certains des pauvres animaux sont restés coincés pendant quelques heures avant de pouvoir être dégagés. Ils sont désormais une centaine couchés à moins de cinquante mètres de ma tente. Je considère le chameau comme l'animal le plus ridiculement surévalué au monde. Je ne nie pas qu'il ait ses vertus. Il est moyennement fort, mais pas très fort pour sa taille, car il ne peut pas porter ne serait-ce que deux bonnes mules ; cependant il est assez fort, et il peut rester longtemps sans eau, qualité très utile dans le désert ou sur le bord de la mer d'Abyssinie. Mais patientez ! Dieu sauve la marque ! Il est sans exception l'animal le plus capricieux sous le soleil. Quand on veut qu'il se lève, il se couche ; quand on lui demande de se coucher, il ne le fera sous aucun prétexte ; et une fois à terre, il saute à nouveau dès que son conducteur lui tourne le dos. Il grogne, grogne et rugit à tout ordre qu'il reçoit, que ce soit de se lever ou de se coucher ; s'il doit être chargé ou se faire enlever ses sacs. Une fois chargé et en mouvement, il avance assez tranquillement ; mais il en va de même pour un cheval, un âne ou tout autre animal. Après s'être rendu aussi désagréable que possible, on lui fait un petit éloge de continuer quand il ne peut s'en empêcher. Je considère le mulet, qu'on a très injustement qualifié d'obstiné, comme un animal supérieur à tous égards, sauf qu'il a envie de boire, au chameau tant vanté.

Un messager est passé par ici hier en provenance d'Abyssinie. Il apportait des lettres de M. Rassam au colonel Merewether. Il rapporte que Théodore continue ses cruautés et tue ses soldats en grand nombre. Dans ces conditions, on ne peut guère s'étonner d'apprendre que, malgré ses efforts, il ne parvient pas à augmenter son armée au-delà de sept ou huit mille hommes. Il est toujours chez Debra Tabor.

———————————

Camp, Senafe , 16 décembre.

Je suis arrivé ici il y a seulement une demi-heure et je constate que le poste est sur le point de partir. Je n'ai donc que le temps d'écrire quelques lignes pour compléter ma dernière lettre, envoyée de Sooro . Je dois remettre à ma prochaine lettre toute description du passage entre ce lieu de repos et Senafe , et écrire seulement pour dire qu'il n'y a pas de nouvelles particulières ici. Le messager de M. Rassam est arrivé au camp hier. Il déclare que les hommes du roi du Shoa se trouvent entre Théodore et Magdala, et qu'il y a tout espoir qu'ils prendront cette dernière place et libéreront les prisonniers. Les récits sur le roi du Tigré sont, dans une certaine mesure, fondés sur des faits. Il a professé la plus grande amitié, mais des bruits sinistres courent selon lesquels il voulait réellement faire du mal, et depuis deux ou trois jours les piquets ont été doublés. On ne pense pas que la rumeur de son intention de nous attaquer soit fondée. La situation de ce camp est très agréable : sur un plateau élevé, à sept mille pieds au-dessus de la mer, et avec un vent délicieusement vivifiant qui souffle dessus, et qui rappelle les Brighton Downs au mois de mai. La nuit, on me dit que le thermomètre descend en dessous du point de congélation. Le camp est situé dans un léger creux ou vallée de la plaine ; en son centre coule un ruisseau qui, lors de la formation du camp, était jusqu'aux genoux, mais qui s'est considérablement déversé depuis, à tel point que des réservoirs se forment et des puits sont creusés au cas où l'approvisionnement cesserait. Aussi court que soit le temps qui nous reste avant le départ du courrier, j'aurais pu vous envoyer davantage de renseignements si les colonels Merewether et Phayre n'étaient pas tous deux absents lors d'une expédition dans les pays environnants, et je ne peux donc tirer aucune nouvelle d'aucune source officielle. La santé de tous ici est excellente et les chevaux souffrent moins de la maladie qui les a presque décimés dans les basses terres. Il y a beaucoup de bétail mis en vente, mais malheureusement les autorités n'ont pas d'argent pour les acheter.

Senafe , 19 décembre.

J'ai écrit quelques lignes, dès mon arrivée ici, il y a deux jours ; mais comme le poste était sur le point de commencer, je ne pouvais que constater que les bruits qui nous étaient parvenus d'en bas sur le roi de Tigré étaient faux, et que ce monarque poursuivait actuellement une voie d'inactivité magistrale. Je vais donc maintenant reprendre ma lettre au point où s'est terminée ma dernière communication régulière, c'est-à-dire à la gare de Sooro , dans le col qui mène à cet endroit. Je ne m'excuse pas d'avoir rendu ma description de ce passage très détaillée, car à l'heure actuelle tout l'intérêt des expéditions se concentre sur le passage des troupes et des bagages de Zulla jusqu'à ce point, et je suis sûr que tous les détails qui pourraient permettre au public se représenter le pays dans lequel marchent nos soldats sera lu avec un vif intérêt. De Sooro à Rayray Guddy , la prochaine station régulière, est, selon le rapport officiel, à vingt-huit milles ; mais je suis convaincu, et cette opinion est confirmée par tous les officiers à qui j'ai parlé, que trente-trois serait beaucoup plus proche du fait. En effet, lors de chaque marche ici, les distances officielles sont bien inférieures à la vérité. Mais en effet, les officiers de la force d'exploration semblent avoir tout vu avec des lunettes roses . A Zulla , ils rapportèrent qu'il y avait beaucoup d'eau et ils trouvèrent, un peu plus loin, une abondance de fourrage que personne d'autre n'avait pu découvrir avant ou depuis. C'est sur la base de ces rapports de fourrage et d'eau que les animaux de bagages furent précipités en avant. Je ne blâme pas les agents qui ont rédigé les rapports. Ils ont simplement agi comme c'est la nature des explorateurs d'agir. Chaque père considère son propre enfant comme un prodige. Tout découvreur croit que le pays, la rivière ou le lac dont il a été le premier à faire un rapport est un pays, une rivière ou un lac tel qu'aucun homme n'en a jamais vu auparavant. Cela s'est produit à maintes reprises, et l'utilisation persistante de ces lunettes roses par les explorateurs a eu des conséquences désastreuses . Il n'y a pas plus de quatre ou cinq ans - pour ne donner qu'un exemple sur mille - que le Dr Livingstone rapportait qu'il avait découvert en Afrique de l'Est un magnifique fleuve navigable, avec du riz, du coton et du maïs en abondance sur ses rives, et un un climat irréprochable. À la suite de ce rapport, la « Mission des Universités » fut organisée et un groupe de missionnaires, dirigé par leur évêque Mackenzie, commença. Après des mois de lutte , ils arrivèrent au lieu de débarquement, ayant déjà découvert que leur noble ruisseau avait, à une bonne époque moyenne de l'année, environ trois pieds de profondeur. Là, ils installent leur mission ; là, un à un, ces nobles gens moururent de misère et de fièvre, victimes des lunettes roses d'un explorateur . Après cela, il ne faut pas en vouloir aux quelques centaines de mulets qui ont été sacrifiés faute de sources et de fourrage, ce qui ne pouvait être vu qu'à travers les lunettes des chefs de l'équipe d'exploration.

De Sooro à Rayray Guddy est une marche trop longue pour être faite en un jour sur une route comme celle qui existe actuellement, et en conséquence elle est généralement interrompue à un endroit appelé Plaine des Pintades, où il y a un puits produisant une petite réserve d'eau, le couleur de soupe aux pois. Nous en avions bien assez de marcher de nuit auparavant, et, après avoir passé une journée à Sooro , nous partîmes à dix heures le lendemain matin. Nous avions prévu de commencer une heure plus tôt ; mais prendre un départ ici est une chose bien différente que d'envoyer chercher un fiacre à une heure fixée pour prendre un train. Il y a d'abord les malles ouvertes la veille pour les fermer ; il y a la tente à monter et à ranger. Puis, au dernier moment, vous découvrez que vos domestiques n'ont pas lavé les affaires du petit-déjeuner et que votre mulewallah n'a pas encore emmené ses animaux à l'eau. Enfin, quand tout est prêt, vient l'importante opération de chargement des quatre animaux-bagages. Chaque charge doit être réglée avec la plus grande précision, sinon dès le premier terrain accidenté que vous arrivez, la selle tourne et vos affaires tombent au sol avec fracas. Avec nos deux mules nous avons la « selle Otago » qui est excellente. En effet, de l'avis de presque tout le monde ici, c'est de loin la meilleure des selles concurrentes.

Sur ces selles, nous emballons nos propres bagages, et une fois bien ajustés, nous sommes assez sûrs pour la journée. Ce n'est pas le cas des autres animaux, pour lesquels nous avons des selles de mulet communes. Sur ceux-ci est empilé une collection multiforme de paquets. Les cinq kits de nos serviteurs, les couvertures et les cordes de nos animaux, nos tentes, deux sacs contenant des ustensiles de cuisine et de nombreux etceteras , et une outre à utiliser sur la route. Le poids réel que ces animaux doivent porter n'est pas aussi grand que celui supporté par les autres ; mais la difficulté de l'ajustement et de la fixation est au moins dix fois plus grande. Les charges doivent souvent être enlevées trois ou quatre fois, et alors, lorsque nous pensons que tout va bien et que nous nous mettons assez en mouvement, nous n'avons pas parcouru vingt mètres avant qu'un mouvement descendant graduel soit observé sur un côté d'un animal, et une augmentation correspondante du fardeau opposé, et nous sommes obligés de tout arrêter et de tout réajuster, sinon dans une minute ou deux, tout aurait basculé. Ces choses énervent quelque peu l'humeur, et notre équanimité n'est pas améliorée par l'intense stupidité dont nos serviteurs indigènes font toujours preuve en ces occasions. Ils semblent n'avoir aucun œil. Ils entassent les paquets du côté qui était auparavant visiblement le plus lourd ; ils tordent des cordes là où les cordes ne peuvent être d'aucune utilité terrestre : dans l'ensemble, ils sont horriblement aggravant. Cependant, à ce moment-là, je m'habitue à ces choses, je prends les choses en main et j'insiste pour que les choses soient faites exactement comme je les ordonne. A dix heures, nous étions donc assez loin, et je ne sais pas si j'ai jamais traversé une vallée plus monotone que celle entre Sooro et Sooro . et Plaine de Pintade. C'était la contrepartie de ce que j'avais décrit dans ma dernière lettre comme s'étendant entre Koomaylo et Lower Sooro . Un plat plat de deux ou trois cents mètres de large, avec le lit du torrent qui serpente à travers lui, et un éperon après l'autre de la montagne le tournant tous les quarts de mille. Certaines des vues de montagnes que nous avons vues en haut des ravins étaient certainement très belles, mais elles devenaient extrêmement monotones après six heures de marche à une vitesse d'un peu plus de deux milles à l'heure. La végétation avait cependant changé depuis la veille. Le buisson épineux ne couvrait plus tout, mais une variété d'arbustes bordait désormais le chemin, et la diversité de leur feuillage était un soulagement pour les yeux. On rencontrait partout d'immenses quantités de criquets, jaunissant le sol là où ils gisaient, et s'élevant avec un bruissement très inquiétant pour les chevaux à notre approche. Ils ne mangeaient pas tous les arbustes, mais les espèces dont ils se nourrissaient en étaient absolument couvertes, et la plupart de leurs plantes préférées étaient complètement dépouillées. Les singes, ou plutôt les babouins, abondaient encore : nous en vîmes de nombreuses troupes nombreuses, qui devaient compter plus d'une centaine de personnes. Il était environ cinq heures lorsque nous atteignîmes la plaine des Pintades, qui peut contenir des pintades, bien que nous n'en voyions aucune ; mais ce n'est certainement pas une plaine, car à l'endroit où se trouve le puits, la vallée est plus étroite qu'elle ne l'était depuis des milles auparavant. Ici, nous avons trouvé de très grands arbres et sous eux nous avons planté notre tente. Il ne fallut pas longtemps pour que nos domestiques allumèrent le feu et dînèrent à l'avant. Il y avait deux ou trois autres groupes qui étaient arrivés avant nous, et, comme le crépuscule tombait, tous allumèrent du feu ; et, comme chaque groupe, avec leurs feux de cuisine et ceux des palefreniers, avait au moins trois feux de joie allumés, cela faisait une scène assez pittoresque. La nuit était humide et froide, et nous avons eu quelques gouttes de pluie. Heureusement que nous avions emporté de l'eau avec nous pour cuisiner, car l'eau du puits était parfaitement imbuvable.

Le lendemain matin, nous sommes repartis tôt pour notre plus long voyage, celui de Rayray. Guddy , où l'on pourrait se procurer de la nourriture pour les chevaux et les hommes, ni l'un ni l'autre ne pouvant être obtenus dans la plaine des pintades, où il n'y a pas de commissariat. Nous avions emporté notre propre nourriture et une petite portion de grain pour les chevaux ; mais ils auraient eu un très mauvais sort si nous n'avions pas rencontré des indigènes dans la passe avec une botte de foin et si nous n'avions pas fait un petit troc avec eux contre du riz. La vallée, sur les douze ou quatorze premiers milles à partir de la plaine des pintades, ressemblait beaucoup, dans ses caractéristiques générales, à celle que nous avions parcourue la veille, mais la végétation devenait plus variée et plus intéressante à chaque kilomètre. Nous avions maintenant de grands lierres, des chênes verts, et parfois des tulipiers gigantesques. Nous avions un grand nombre d'un arbre, ou plutôt d'un grand arbuste, dont j'ignore le nom ; ses feuilles ressemblaient plus aux gerbes de l'asperge lorsqu'elle a poussé loin jusqu'à la graine qu'à tout autre feuillage que je connais, mais la croissance de l'arbuste ressemblait davantage à celle d'un if. Sur ses branches se trouvaient de grandes quantités d'un parasite ressemblant au gui, dont les feuilles vert foncé offraient un joli contraste avec la teinte plutôt bleuâtre de l'arbre. Partout, grimpant au-dessus des arbres, et parfois les cachant presque, se trouvaient des plantes grimpantes de diverses espèces ; sur le sol poussaient de grandes quantités d'aloès. Il y avait aussi de nombreux cactus de diverses espèces, certains épais et volumineux, d'autres pas plus épais qu'un petit doigt de dame, et poussant comme une plante grimpante au-dessus des arbres. Mais ce qui est le plus étrange, c'est que sur les flancs des collines poussait une immense plante, ou plutôt un arbre, de la tribu des cactus, que je n'avais jamais vu auparavant. Cela commençait par une tige droite de quinze à vingt pieds de haut et plus épaisse que le corps d'un homme. Celui-ci se ramifiait en un grand nombre de bras, qui poussaient tous vers le haut et jusqu'à la même hauteur, lui donnant un aspect étrange et formel, ressemblant exactement à un gigantesque chou-fleur. Je crois que son nom est *Euphorbia candalabriensis* , mais je ne m'en porte pas du tout garant. Certaines pentes des montagnes étaient entièrement couvertes de cet arbre étrange, mais en général il poussait seul ou par paires. Les tulipiers étaient superbes ; ils poussaient généralement dans des endroits rocheux, et avec leurs énormes troncs tordus, leurs feuilles vertes brillantes et leurs membres de plus de cent pieds de long, ils étaient des études pour un peintre.

A environ trois miles de Rayray Guddy, la vallée s'est rétrécie jusqu'à devenir un ravin et nous sommes tombés sur de l'eau courante. Le col d'ici à la gare est raide et difficile, mais rien à voir avec celui de Sooro . Après avoir tiré nos rations et reçu la fâcheuse nouvelle qu'il n'y avait pas de foin et seulement la plus petite quantité possible de céréales pour nos animaux, nous avons établi notre camp et sommes allés voir la division des transports terrestres, environ un quart de mille plus haut. en haut de la vallée. Il y avait ici quatre ou cinq cents mulets et poneys, en bon état, mais à peine en bon état ; en fait, le travail a été dur et le fourrage rare. Combien le travail a été dur, notre voyage des deux jours précédents en avait témoigné. Tout au long de notre marche, nous avions rencontré des carcasses d'animaux morts, d'où de grands vautours s'élevaient paresseusement à notre approche. Alors que nous approchions de Rayray Les restes des victimes apparaissaient beaucoup plus fréquemment, et l'air était partout imprégné de l' odeur fétide. odeur . C'était tout à fait normal, car les pauvres animaux avaient été obligés de s'efforcer d'accomplir la marche de trente milles depuis Sooro sans nourriture et, dans la plupart des cas, sans eau. Il ne faut pas perdre de temps pour former un petit dépôt d'intendance dans la plaine des pintades, où une ration de foin et de grains pourrait être servie aux animaux lors de leur passage. Le travail que ces animaux de bagages doivent accomplir est extrêmement pénible, et leur apparence à moitié affamée témoigne qu'on ne leur sert pas suffisamment de nourriture, et s'attendre à ce qu'ils fassent deux jours de travail avec leur maigre ration d'une journée est une erreur. un peu trop même avec des mules. Nous retrouvâmes nos amis partis avant nous de la Plaine des Pintades campés là-haut avec le capitaine Mortimer du train de transport. Il a été proposé que nous mettions la pagaille avec eux. Nous sommes donc retournés à notre propre campement, avons pris notre viande et notre rhum, nos assiettes, nos couteaux et nos fourchettes, et sommes repartis. Au bout d'une heure, le dîner était prêt, et en attendant j'étais heureux d'avoir l'occasion de m'enquérir de la façon dont s'était déroulée cette division avancée du train de transport. J'ai découvert que, comme celui de Zulla , ils avaient eu le plus de problèmes avec leurs chauffeurs. L'officier se plaignait amèrement du genre d'hommes qui avaient été envoyés : Grecs, Italiens, Français, Espagnols, des simples pillages d'Alexandrie, du Caire, de Beyrout et de Smyrne. Les conducteurs hindous, dit-il, dans l'ensemble, travaillaient régulièrement et étaient plus fiables que les autres, mais manquaient grandement de force physique. Les Perses, au contraire, étaient des hommes très forts et puissants, et pouvaient charger trois mules tandis qu'un Hindou pouvait en charger une ; mais ils avaient d'abord causé de très gros problèmes, s'étaient mutinés et avaient menacé de déserter en masse, mais, après avoir appliqué le fouet à deux ou trois des meneurs, les choses s'étaient déroulées plus facilement. Les chauffeurs arabes avaient presque tous déserté. Même ici, les mulets souffrent encore de la maladie qui sévissait dans la plaine et qui emporta une centaine de chevaux du 3e de cavalerie indigène. Son action est très soudaine et est fatale dans presque tous les cas. Les animaux semblent saisis de quelques douleurs internes, cambrent le dos et deviennent rigides. En peu de temps , la langue devient noire, un écoulement se produit par les narines, et en quelques heures, parfois pas plus d'une, à partir du moment où il est attaqué, l'animal est mort. À l'heure actuelle, comme pour notre maladie du bétail, tous les remèdes sont inefficaces. Les animaux en bonne santé sont plus susceptibles d'être attaqués que les plus pauvres. Après le dîner, nous retournâmes à notre tente, où cependant nous ne passâmes pas une nuit remarquablement agréable. En premier lieu, il faisait un froid glacial : la température de Rayray Il fait en effet plus froid à Guddy qu'ici ; et dans la seconde, une mule s'était détachée de ses cordes de tête et était descendue jusqu'à notre campement. Cinq ou six fois, il faillit renverser notre tente en renversant les cordes de la tente, en plus il rendit nos chevaux si sauvages en montant parmi eux, que nous craignions qu'ils ne se déchaînent. Il fallut donc quatre ou cinq fois se lever et sortir dans le froid pour chasser la bête à coups de pierres. Les palefreniers dormaient à la tête de leurs chevaux, mais étaient tellement enveloppés dans leurs couvertures qu'ils n'en entendaient rien. Le lendemain matin, il faisait si froid que nous étions vraiment heureux de nous lever et de bouger, et nous sommes partis un peu avant huit heures. Les six premiers milles de la route sont étroits et sinueux, et c'est une route aussi belle que celle que j'ai jamais empruntée. À l'exception seulement du sentier étroit, la gorge n'était qu'une masse de feuillage. En plus de toutes les plantes que j'ai mentionnées ci-dessous, nous avions maintenant le figuier sauvage, le cytise, diverses espèces d'acacia et bien d'autres. Une plante en particulier, je crois une espèce d'acacia, était en graine ; les gousses étaient d'un brun rougeâtre, mais très fines et transparentes, et lorsque le soleil brillait sur elles, elles étaient de la couleur du carmin le plus clair. Comme ces arbustes étaient en grande abondance et entièrement couverts de gousses, leur aspect était très brillant. Parmi toutes ces plantes flottaient de nombreux colibris des plus beaux couleurs . D'autres oiseaux de plus grande taille et au plumage magnifique sont perchés parmi les arbres à une courte distance du sentier. De brillants papillons voltigaient ici et là parmi les fleurs.

enfin au terme de cette charmante promenade et nous préparâmes à un travail d'une tout autre nature. Nous nous détournâmes du ravin que nous avions maintenant suivi pendant soixante milles et nous préparâmes hardiment à gravir le flanc de la colline. Dès que nous quittions le ravin, toute la végétation semi-tropicale avait disparu ; nous gravissions une colline escarpée couverte de rochers, entre lesquels des pins rabougris poussaient leurs branches noueuses et leur feuillage sombre. Nous étions passés d'un bond d'un ravin tropical au flanc d'une montagne. L'ascension était, devrais-je dire, d'au moins mille pieds, et une pire montée de mille pieds que je n'ai jamais eue auparavant et que je ne souhaite plus jamais faire. C'est une simple piste qui zigzague parmi les rochers et les arbres, et qui a été tracée par la 10e infanterie indigène et les sapeurs, alors que la force des pionniers se reposait en contrebas et prenait son petit-déjeuner. Les hommes firent des merveilles, considérant que c'était le travail de deux heures seulement ; mais ce n'est au mieux qu'une simple piste. Quelquefois les mulets gravissent un endroit aussi raide qu'un escalier ; puis ils doivent enjamber un rocher de trois pieds de haut. En fait, c'est une longue lutte jusqu'au sommet, et en aucun endroit assez large pour que deux mules puissent passer. La chute d'une mule arrête tout un train, et cela a été illustré dans notre cas, car nous suivions une longue file de mules lorsqu'elles se sont soudainement arrêtées. Pendant une demi-heure, nous avons attendu patiemment, puis, escaladant les rochers et traversant les arbres à côté des mules à l'arrêt, nous sommes finalement arrivés à la cause de notre arrestation : une des mules était tombée. Les chauffeurs n'avaient fait aucun effort pour retirer son sac ou sa selle, mais étaient assis à ses côtés et fumaient tranquillement leur pipe. Après un langage un peu fort , nous avons enlevé sa selle, avons réglé les choses correctement et le train a repris sa route. C'est là le grand besoin du corps des transports, d'un corps solide d'inspecteurs, comme on les appelle, volontaires des régiments européens. Il devrait y en avoir un pour dix ou quinze conducteurs qui, comme dans le cas présent, s'ils ne sont pas pris en charge par un Européen, se soustraient au travail de toutes les manières possibles. Mais c'est un sujet sur lequel j'aurai beaucoup plus à dire dans le futur. Cette route ou sentier n'est vraiment pas praticable pour le passage des mulets, car, bien qu'ils puissent monter seuls assez bien, si un groupe qui monte devait en rencontrer un autre qui descendait, il est probable que, si aucun Européen ne venait pour en faire un. Si un groupe ou autre revenait sur ses pas, ils y resteraient jusqu'à ce que le dernier animal meure de faim. Trois compagnies du régiment Beloochee sont arrivées hier au bas de la colline et se sont mises au travail pour l'élargir et l'améliorer ; et comme un groupe de sapeurs et de mineurs ont commencé à descendre du haut, la route sera bientôt rendue praticable. Car ce flanc de colline n'est pas comme le col de Sooro , qui exigerait une quantité de travail incroyable pour en faire une route décente. Il n'y a ici aucun obstacle naturel, hormis les arbres à abattre et les pierres à rouler ; de sorte qu'au moment où le gros de l'armée arrivera, je suis sûr qu'il trouvera une bonne route pour monter sur le plateau.

J'ai fermé ma lettre en toute hâte hier après-midi, car les autorités sont soudainement arrivées à la conclusion que c'était le dernier jour pour le courrier anglais. Je fus obligé d'interrompre brusquement la description de la route, étant au point où nous venions d'arriver sur le plateau. En regardant en arrière, nous pouvions voir derrière nous des pics après les autres, qui, lorsque nous serpentions entre leurs bases, semblaient si hauts au-dessus de nous, mais qui maintenant étaient à peine au-dessus du niveau de l'endroit où nous nous trouvions. Quelques-uns des sommets autour de nous pouvaient être de mille ou quinze cents pieds plus hauts que le plateau, et nous nous trouvions presque au sommet de cette haute chaîne de collines que nous avions vue de la mer. Nous sommes maintenant à sept mille quatre cents pieds au-dessus de Zulla , et d'après ma description du col, on verra que ce n'est pas un jeu d'enfant d'atteindre cette hauteur. Ce n'est pas que la montée soit si raide ; au contraire, en prenant la distance à soixante-dix milles, la montée n'est que d'un sur cent, pente facile pour un chemin de fer ; mais plus de la moitié de l'ascension s'effectue en trois courtes montées raides, à savoir le col de Sooro , une élévation de mille cinq cents pieds en quatre milles ; le Rayray Col Guddy , une élévation de mille pieds sur trois milles ; et la dernière montée sur le plateau, une élévation de mille cinq cents pieds en deux milles. Ainsi, quatre mille pieds, soit plus de la moitié de la montée, s'effectuent sur neuf milles, et sur la distance restante, la montée n'est que d'un pied sur deux cents. Les difficultés du voyage sont la rugosité générale de la route, les longues distances que les animaux doivent parcourir sans eau et l'ascension du col de Sooro , car il ne fait aucun doute que la montée finale vers le plateau sera bientôt une bonne étape. route par les efforts des Beloochees et des Sapeurs. Tournant la tête de nos chevaux, nous avons continué notre route. Le changement vers une plaine ouverte et un vent frais à la place de la longue vallée et du calme oppressant était charmant. On se serait cru au sommet d'une colline galloise. Le sol était un sol tourbeux noir, avec une herbe courte et desséchée. Çà et là, il y avait de petites parcelles de terrain cultivé et des mottes de roche surgissaient partout. En regardant vers l'avant, nous avons pu constater que le caractère général du terrain était celui d'une plaine ; mais d'énormes masses de rochers, de sept ou huit cents pieds de hauteur, s'élevaient perpendiculairement en formes fantastiques à pic sur la plaine. Ici et là se trouvaient des chaînes de montagnes, certaines d'une altitude considérable. Au loin, nous apercevions des collines s'élevant entre les collines, mais n'atteignant jamais une grande hauteur. Partout dans la plaine, de petits groupes de bovins et de moutons paissaient. Nous étions évidemment dans un pays densément peuplé.

Après environ deux milles de route, nous tournâmes au coin d'une légère montée et là, devant nous, se trouvait le camp. Il est joliment situé au bord d'une petite vallée et fait face au nord. La 10e infanterie indigène campe sur l'aile droite ; le Train de Montagne occupe le centre ; et le camp du 3e de cavalerie se trouve à gauche. Derrière la colline s'étend une plaine sur laquelle les troupes camperont à leur arrivée. Le sol du côté de la vallée et de la plaine au-delà n'est qu'un simple sable, couvert d'herbe et de buissons, mais dans le creux de la vallée, là où coule le ruisseau, ou plutôt coulait autrefois, c'est une tourbe noire et profonde. Des puits sont actuellement creusés dans cette tourbe et ceux-ci se remplissent rapidement d'eau. Il existe encore des bassins profonds là où coulait autrefois le ruisseau, et des barrages ont été formés, qui retiendront une réserve d'eau considérable. Les troupes ne risquent donc pas d'être en retard avant un certain temps, et si elles le devaient, il y en a beaucoup près d'un ruisseau, deux ou trois milles plus loin. La santé des troupes est assez bonne, mais les officiers et les hommes sont sujets à de légères attaques de fièvre, bien plus qu'ils ne l'étaient lorsqu'ils campaient dans la plaine au bord de la mer. C'est singulier, car à part que les nuits sont plutôt froides, on sent là la perfection même du climat. Les chevaux et les mulets se portent beaucoup mieux ici, et bien que certains soient morts au début, il est probable qu'ils avaient emporté avec eux les graines de la maladie du col en contrebas. Dans l'état actuel des choses, la cavalerie a terriblement souffert. La 5e cavalerie, sur cinq cents chevaux, en a perdu cent soixante-dix, et les chevaux des officiers de l'infanterie et du Mountain Train ont été presque exterminés.

Les choses sont très tranquilles ici. Le roi du Tigré , après s'être d'abord montré amical, puis s'être un peu fanfaronné, vient à présent, probablement influencé par les rapports sur la force croissante de l'expédition, de décider d'une politique prudente d'amitié, du moins jusqu'à ce qu'il voie une meilleure solution. possibilités de pillage qu'il ne le fait actuellement. Hier après-midi, un ambassadeur est arrivé de sa part, disant avec magnanimité : « Pourquoi ne devrions-nous pas être amis ? Mes ennemis sont vos ennemis ; mes intérêts vos intérêts. Prends donc mon fourrage et ma bénédiction. Le colonel Merewether est très enchanté de ce message et voit, à travers ses lunettes roses , la fin prochaine de l'expédition. Tout le monde est parfaitement indifférent. L' armée du roi du Tigré, forte de 7 000 hommes, pouvait être dispersée comme de la balle par un bataillon d'Européens ; et s'il voit jamais une chance de tomber sur nos derrières, il est plus que probable que ses professions amicales ne serviront à rien. Je ne crois pas qu'on puisse accorder la moindre confiance à l'amitié de ces chefs semi-sauvages.

Nous avons donné ce matin à son ambassadeur une leçon qui, j'en suis sûr, fera son effet. C'était une journée de brigade et le colonel Merewether a emmené l'ambassadeur pour en être témoin. Il est bien dommage que l'artillerie et l'infanterie n'aient pas eu quelques cartouches à blanc, ce qui aurait donné à son ambassadeur une idée beaucoup plus vivante de ce que serait la réalité et lui aurait donné une telle histoire à raconter. à son roi et maître, ce qui aurait ouvert les yeux de Sa Majesté sur les conséquences probables d'une guerre avec nous. Mais même ainsi, cela a eu sans aucun doute un effet très salutaire. L'ennemi était censé tenir une colline abrupte à l'embouchure d'une longue vallée. L'infanterie lança des tirailleurs en avant, et les canons de montagne prirent position sur une colline voisine et étaient censés ouvrir un feu nourri. Bientôt, l'infanterie avança en ligne et se précipita sur la pente raide. Lorsqu'ils atteignirent le sommet, ils abaissèrent leurs baïonnettes pour charger et, avec de fortes acclamations, se précipitèrent sur les défenseurs. Un instant après, le mot « Charge ! » fut confié à la cavalerie, et ils descendirent la vallée, balayant les soutiens de l'ennemi et les fugitifs de la colline devant eux sur un demi-mile, puis se dispersant à leur poursuite. C'était très bien fait et, comme je l'ai dit, cela a sans aucun doute eu son effet, surtout quand on a fait comprendre à l'ambassadeur que les forces qu'il voyait devant lui ne représentaient qu'un dixième de notre armée qui avançait. Les mouvements des troupes furent assez bien exécutés et firent grand honneur à leurs commandants respectifs. Les chevaux restants sont en excellente condition et sont des animaux très solides et utilisables. Leur uniforme est très efficace, bleu clair et argenté, avec des couvertures blanches sur leurs calottes fourragères. L'infanterie, dont l'uniforme est exactement semblable au nôtre, porte également des couvre-casquettes blanches. En sortant vers le terrain d'armes, qui est à environ deux milles d'ici, nous avons traversé plusieurs villages indigènes, et on en voit un grand nombre dispersés dans les plaines. Le pays, en effet, est très densément peuplé ; bien plus qu'un district rural d'Angleterre de même étendue. Les gens possèdent en abondance des chèvres, des moutons et du bétail, ainsi que des poneys, des ânes et des mulets. Ils sont prêts à nous vendre tous ces animaux, mais exigent des prix très élevés, ce qui a été dans une certaine mesure encouragé par les prix que le colonel Merewether a fait payer au bazar. Ainsi, il a fixé le prix d'une chèvre à un dollar et demi, soit six et neuf pence, alors que je n'ai payé dans le laissez-passer que deux shillings pour une chèvre, et j'aurais pu en acheter n'importe quel nombre à ce prix. Il est probable aussi que le prix actuel des chèvres, ou même de tout autre animal, est ici considérablement inférieur à celui de la vallée, car le fourrage y est extrêmement rare et doit être recherché sur de longues distances ; alors qu'ici il est abondant, les plaines en étant couvertes. Bien entendu, ce prix étant une fois fixé, les indigènes n'en prendront pas moins, c'est-à-dire en espèces. Ils prenaient un shilling de riz pour une chèvre ; mais bien sûr nous n'avons pas de riz à leur donner. Cela ne fera peut-être que peu de différence pour le colonel Merew, qu'il paie sept shillings ou deux shillings pour une chèvre ; mais les subalternes se plaignent naturellement de devoir payer trois fois la valeur réelle de leur nourriture. Ce n'est pas, en effet, que les officiers ici soient obligés d'acheter beaucoup, car leurs fusils complètent leurs rations dans une mesure très considérable. Les pintades, les perdrix, les canards et les oies abondent, et un grand nombre sont abattus quotidiennement par les chasseurs du camp. La ration alimentaire d'une livre de viande, os compris, d'une livre de biscuit, de deux onces de légumes conservés et d'un quart de livre de riz, est tout à fait insuffisante pour subvenir aux besoins d'une personne dans une atmosphère vivifiante comme celle-ci. La viande distribuée contient une énorme proportion d'os, de sorte qu'il y a peu, voire pas du tout, plus d'une demi-livre de viande claire dans une ration. Je suis sûr que je consomme au moins trois fois mon apport quotidien en viande.

Les indigènes envahissent complètement notre camp. Les hommes ne font pas grand-chose, mais flânent avec leurs épées, leurs lances et leurs boucliers en peau d'éléphant. Ces lances sont des armes vraiment redoutables. Ils mesurent de six à dix pieds de long et sont lestés aux deux extrémités, et les indigènes sont capables de les lancer avec une grande force et une précision considérable sur une distance de plus de trente mètres. Ce seraient des armes laides dans un combat au corps à corps dans la brousse, mais dans l'état actuel des choses, contre une force disciplinée armée d'armes à feu, elles sont tout simplement absurdes, et je n'ai vu aucune arme offensive – comme des arcs ou des flèches – qui pourraient être utilisés avec effet contre nous lors du passage d'un défilé, en leur possession, depuis mon arrivée dans le pays. Les femmes semblent faire tout le travail. Ils entrent dans le camp par centaines chargés de bois de chauffage et poussent un cri perpétuel : « Lockaree , lockaree ! — qui est le mot hindou pour bois, ils ont repris ce mot, — et « Parnè ! eau. Même les enfants apportent leurs fagots de bois. Les femmes ne sont pas aussi jolies que certaines d'entre elles que j'ai vues au col, et elles ne sont pas non plus aussi bien vêtues. Ils sont habillés de coton et de cuir ; mais ceux-ci ne sont pas non plus disposés avec autant de goût, ni ornés de coquillages avec autant de fantaisie que ceux que j'ai décrits dans une lettre précédente. Ils sont très maigres, et beaucoup d'enfants le sont douloureusement, ce qui est surprenant quand on voit l'abondance de leurs troupeaux. Les villages aussi sont bien construits. Les maisons sont basses et à toit plat. Ils sont souvent construits en pierre, et quelques-uns ont des cours intérieures, avec une sorte de véranda formée de branches sous laquelle on peut s'asseoir. Ils n'ont, comme les villages arabes que j'ai vus à Alexandrie, et auxquels ils ressemblent fortement, pas de fenêtres ; mais comme la vie de l'indigène se déroule entièrement en plein air, je suppose que cela importe peu. Les indigènes semblent souffrir beaucoup du froid et frissonnent tôt le matin et le soir de manière pitoyable. Ils apportent du miel pour le vendre dans des pots pesant environ dix livres et pour lesquels ils facturent deux dollars. Leur propre boisson est faite de ce miel, fermenté avec le jus d'une plante qui pousse en abondance dans la plaine. Le miel, lorsqu'ils l'apportent au camp, est très impur et doit être raffiné avant d'être utilisé. L'officier du commissariat s'est rendu hier dans l'un des villages et a acheté une quantité de piments , ce qui constituera un ajout important à notre nourriture lorsqu'ils commenceront à les distribuer, car nous n'avons pas eu de poivre servi depuis notre débarquement ; et un plat de mouton, non soulagé par un condiment d'aucune sorte, est susceptible de donner une sensation de fatigue à l'estomac.

Tous les éloges doivent être rendus au commissariat pour la manière dont il a accompli le service depuis Zulla jusqu'à cet endroit. Pas un seul jour les troupes n'ont été sans rations ; et les animaux, même s'ils n'ont pas toujours été entièrement approvisionnés, ont toujours eu de quoi manger à la fin de la journée de travail. Aucun officier du commissariat n'accompagna la force pionnière dans sa marche ; mais toutes les dispositions ont été prises par le chef d'orchestre Darcey, à qui l'on doit le plus grand honneur. Pendant toute la marche, il ne perdit pas un seul animal, ni un seul sac de céréales. Un officier du commissariat est arrivé depuis deux jours ; mais l'honneur doit être rendu là où il est dû, et certainement le plus grand mérite revient à ces sous-officiers pour la manière dont, seuls et sans aide, ils se sont acquittés des tâches difficiles qui leur étaient confiées . Deux prisonniers ont été amenés hier. Ils font partie du gang qui infeste le col, pillant chaque convoi sans garde d'Européens. Ils furent capturés par un chef ami qui, avec ses hommes, tomba sur toute la bande. Les autres s'enfuirent, jetant leurs armes, dont un bon paquet fut ramené au camp. Les prisonniers, étant des vieillards, ne purent s'échapper et furent amenés en triomphe par leurs ravisseurs à Rayray . Guddy , d'où ils ont été transmis au colonel Merewether. Leur interrogatoire préliminaire par l'interprète s'est déroulé en plein air. Les prisonniers et leurs accusateurs s'accroupissaient en cercle, et un certain nombre d'indigènes se rassemblaient autour. Ces derniers étaient évidemment très amusés et surpris de la formalité de la procédure, — comme la culpabilité de l'accusé était incontestable, des articles de fabrication européenne, tels que des morceaux de harnais, étant trouvés en leur possession, — et l'idée étant évidemment répandue que nous devrions les pendre immédiatement. Ils ont été transférés dans la tente de garde et seront, je suppose, régulièrement jugés et bien fouettés dans un jour ou deux.

Cette attente ne s'est pas vérifiée ; les prisonniers furent relâchés, avec l'avertissement de mieux se comporter à l'avenir ; et cela s'est produit encore et encore. La conduite absurde suivie par notre officier politique envers les délinquants indigènes a produit, comme on pouvait s'y attendre, des conséquences très désastreuses par la suite. Les indigènes apprirent que nos bagages pouvaient être pillés en toute impunité, et que même pris en flagrant délit, il y avait de fortes chances qu'aucune punition ne soit infligée. Ils attribuèrent naturellement notre conduite à la peur — car en Abyssinie la punition pour vol est très sévère, le coupable ayant souvent la main coupée — et furent encouragés à piller en conséquence. Une part modérée d'énergie, une once de bon sens parmi les autorités de Senafe à cette époque, de sorte que les deux ou trois premiers délinquants surpris en train de piller nos convois en plein jour auraient été fouettés à un pouce de leur vie, et le pillage aurait été ont été arrêtés immédiatement et pour toujours ; et un très grand nombre de vies, tant celles de nos propres muletiers que celles des indigènes eux-mêmes, auraient finalement été sauvées.

C'est une grande satisfaction de savoir que dans peu de temps nous pourrons acheter pour l'usage de l'armée un nombre illimité de bœufs et de moutons. Nous n'avons pas pu le faire jusqu'à présent, pour la raison absurde que nous n'avions pas d'argent. Croira-t-on qu'un corps de troupes marchant dans un pays où l'on suppose qu'ils pourraient acheter n'importe quelle quantité d'animaux pour eux-mêmes et pour l'armée qui doit les suivre, aurait dû proposer un coffre militaire totalement dépourvu de argent? C'est presque trop absurde, mais c'est parfaitement vrai. Un coffre de deux mille livres est arrivé hier sous garde. Mais que font deux mille livres quand il nous faut trois ou quatre mille bœufs seuls, et quand le colonel Merewether a fixé le prix de chacun à six dollars et demi, soit, autant que possible, trente shillings ?

Je ne pourrai vous donner que peu de nouvelles d'ici. Le colonel Merewether se rend demain matin à quarante milles dans l'intérieur. Il emmène avec lui une troupe de cavalerie, un grand stock de mulets, etc., mais il refuse positivement de se laisser accompagner par un *confrère et par moi-même*. Il est civil, mais ferme. « L'ajout de deux personnes briserait probablement toute la fête. La famine pourrait s'ensuivre et il ne pouvait pas garantir que nous soyons nourris. Ce sont en fait mot pour mot les raisons qu'il donne pour refuser d'autoriser les deux seuls envoyés spéciaux ici à accompagner ses forces. Il peut se ravitailler lui-même, le colonel Phayre , trois ou quatre autres officiers d'état-major et une troupe de cavalerie ; mais deux correspondants, c'était trop pour les ressources du commissariat. Nous l'avons fait appel deux fois ; nous lui avons fait valoir qu'il était d'un grand intérêt pour le public que nous allions de l'avant. Nous lui répondîmes que nous ne lui causerions aucun ennui, mais que nous amènerions nos propres mules, avec dix provisions pour jours, s'il le fallait. Il a refusé positivement de nous laisser partir. Il nous donnerait des détails à son retour, et c'était tout ce qu'il ferait. Le public, en fait, pourrait lire son rapport officiel et être reconnaissant ; car aucun autre, dit-il, ne recevra-t-il. Si nous étions arrivés ici en tant qu'étrangers non accrédités, sa conduite serait parfaitement explicable ; mais pourvus que nous étions par la courtoisie du Bureau des Indes de lettres à Sir Robert Napier, et fournis par lui, en conséquence, d'une lettre circulaire, priant tous les officiers de l'armée de transmettre nos vœux de toutes les manières, nous n'avions certainement pas on s'attendait à ce qu'on nous refuse la possibilité de profiter de la toute première occasion qui se présenterait pour vous envoyer quelque chose de vraiment nouveau d'Abyssinie.

Camp, Senafe , 23 décembre.

Au moment où j'ai fermé ma dernière lettre, je ne savais pas que ma prochaine communication serait datée de Senafe . Le refus inexplicable du colonel Merewether de permettre à mon correspondant et à moi-même de l'accompagner dans son expédition avait rendu notre séjour ici inutile.

En conséquence, une heure ou deux après le départ de l'expédition du camp, j'emballai un kit d'éclairage et me dirigeai vers le bord de la mer. La route, jusqu'au sommet de la première descente, est maintenant si dégagée de pierres qu'elle pourrait être utilisée comme hippodrome, mais nous avons constaté que rien n'avait encore été fait avec le zigzag sur la face de la colline. Cependant, comme nous ne rencontrâmes aucune mule sur notre chemin, la descente fut assez facile ; en effet, l'ensemble du col, d'un bout à l'autre, bien qu'il comporte ses difficultés, ne présente encore aucun obstacle réel à un seul voyageur . Ce n'est qu'en considérant une route pour une armée, comme la seule voie de communication par laquelle doivent arriver les magasins de 20 000 hommes, qu'on considère que c'est une affaire vraiment terrible. Aucun fourrage n'est disponible pour les animaux de bagages entre la mer et Senafe , soixante-dix milles. Une grande partie des mulets est donc occupée à transporter de la nourriture pour eux-mêmes et pour leurs compagnons. Les étapes pour les animaux lourdement chargés sur une route extrêmement accidentée sont également d'une longueur pénible. Douze milles par jour, avec une pause d'une heure pour se nourrir et s'abreuver au milieu de la journée, pourraient être parcourus par des mulets lourdement chargés sans détérioration de leur qualité. Mais ici toutes les étapes, sauf la dernière, dépassent considérablement cette distance ; et de Sooro à Rayray Guddy , à plus de trente milles, est pratiquement sans nourriture ni eau. C'est ce qui rend le col de Koomaylo aussi difficile que la route d'une armée : manque de fourrage sur toute la distance et longs intervalles entre les points d'eau ; à quoi s'ajoute la maladie qui infecte le col et décime les animaux à mesure qu'ils montent et descendent. Le mulet, quoique l'une des créatures les plus endurantes et capable de supporter de grandes privations, n'en est pas moins un animal délicat. Nourrissez-le bien, approvisionnez-le en eau et en foin, et il fera des merveilles ; mais sans nourriture régulière et abondante, il dépérit rapidement. Lors de la dernière campagne d'Italie, des milliers de mulets étaient occupés à transporter des provisions en remontant le Tyrol jusqu'à Garibaldi. Ils avaient une grande fatigue et de longues marches, mais ils étaient bien nourris et avaient beaucoup d'eau ; et par conséquent, pendant toute la campagne, je n'ai jamais vu un mulet mort, et presque aucun en mauvais état. Ici, c'est tout simplement l'inverse ; les mules sont beaucoup tombées, et quoiqu'elles soient maintenant beaucoup mieux nourries, il leur faudra bien longtemps avant de reprendre leurs forces perdues. En ce qui concerne la nourriture, une grande amélioration s'est produite ces derniers jours. Le capitaine Sewell est ici depuis environ une semaine. Il est responsable du commissariat et a acheté des quantités considérables de foin, qui est maintenant servi aux mulets d'ici et à leurs frères encore plus démunis à Rayray . Guddy ; car ici, au moins, pendant leurs intervalles de travail , les mulets pouvaient brouter, tandis que dans la vallée il n'y a pas un brin d'herbe. En effet, le capitaine Mortimer, qui y dirige la division des transports, ne maintenait ses animaux en vie qu'en obligeant leurs conducteurs à monter au sommet des collines, soit avant ou après leur journée de travail, et à couper et faire tomber un certain poids de foin. C'est une grande chance que les vautours soient si nombreux dans ce pays. Sans eux, le laissez-passer serait insupportable à cause de la souillure des animaux morts. Entre le haut du col et Rayray Guddy , sur une distance de huit milles, nous avons croisé plus que ce nombre de mulets et de poneys morts, dont la plupart n'étaient morts que depuis trois jours au plus ; et chacun d'entre eux avait été partiellement mangé par les vautours, qui continuent de tourner et de tourner dans les airs au-dessus de leur tête, et à peine la vie d'un animal a-t-elle disparu avant que ces charognards ne fondent sur lui. J'ai vu jusqu'à sept ou huit de ces grands oiseaux manger et se battre pour la carcasse d'un seul cheval. Le trajet depuis le bas de la pente raide jusqu'à Rayray Guddy que j'ai déjà décrit, et c'est certainement la plus belle balade de sept milles que j'ai jamais parcourue, l'éclat et la variété du feuillage, le nombre et la beauté des colibris et des papillons, tout s'ajoutant au paysage ordinaire de un col de montagne. Je trouve que les grands arbres que j'ai décrits comme des tulipiers ne sont pas vraiment des tulipiers, quoique leur feuillage ressemble étrangement à cet arbre. Les autorités diffèrent quant à ce qu'elles sont réellement ; les uns affirment que ce sont des banians, tandis que d'autres disent qu'aucun banian n'a jamais été vu sans les longues racines pendantes de ses branches, dont il n'y a ici aucune trace.

En arrivant à Rayray Guddy , nous avons découvert que Sir Charles Staveley était arrivé là-bas deux heures auparavant en provenance de Sooro . Il n'avait pas entendu parler du départ des colonels Merewether, Phayre et Wilkins, et comme le but principal de son voyage avait été de les voir, il fut bien sûr très déçu. Cependant, il décida maintenant qu'il était arrivé si loin, d'aller à Senafe , et nous décidâmes de revenir avec lui, car nous n'avions plus aucune raison de descendre et, en fait, il était possible qu'il parte lui-même vers Senafe. le point où le colonel Merewether était allé, ou pourrait envoyer un aide de camp pour lui demander de revenir, auquel cas nous savions qu'il nous accorderait la permission de partir. Le général Staveley fut d'autant plus déçu de l'absence du colonel Merewether qu'il avait pris la précaution d'écrire deux jours auparavant pour annoncer sa venue. La lettre, bien entendu, n'était pas arrivée, car le général avait parcouru la distance en trois jours de Zulla à Senafe , et le courrier prendrait au moins deux jours de plus. Rien, en effet, ne peut être pire que les arrangements postaux, ou plutôt le manque d'arrangements. Des relais d'hommes à pied transportent les lettres, et même ceux-là ne voyagent pas la nuit. Mais la grande question que chacun se pose est : « Que deviennent les lettres ? » Je n'ai pas reçu une seule lettre ou un seul journal postérieur au 4 novembre. Quelques personnes ont eu plus de chance et reçoivent occasionnellement une lettre ou un papier ; mais ce sont des exceptions. On se sent aussi absolument coupé de l'Angleterre que si un grand gouffre s'était ouvert entre nous. J'ai appris ce matin par quelqu'un qui avait eu la chance de recevoir un drôle de journal que le montant de la guerre d'Abyssinie avait été voté, et nous avons bien ri de la nouvelle que les dépenses étaient évaluées à quatre millions . J'espère seulement que le courrier du bas sera un peu mieux réglé que celui du haut, car sinon, au lieu de recevoir régulièrement mes lettres une fois par semaine, elles arriveront probablement en masse vers la fin de juin prochain. Le général est venu ici le 22. Il commencera, je crois, son voyage de retour demain, que le colonel Merewether et son groupe viennent ou non au camp, car sa présence est absolument nécessaire au bord de la mer. Ce serait dommage qu'il les manque après son long voyage jusqu'ici, d'autant plus qu'il s'était assuré de les voir ; car le comité d'exploration, composé des colonels Merewether, Phayre et Wilkins, a été dissous par un ordre du général Napier, qui a été publié il y a dix jours, et dont ces messieurs ont bien entendu reçu une copie. Le général Napier les remercia chaleureusement pour leurs efforts dans l'accomplissement de leur devoir et pour le succès qui les avait accompagnés, mais déclara que le général Sir Charles Staveley était allé à Zulla pour prendre le commandement jusqu'à son arrivée lui-même, et que par conséquent il n'y avait plus toute occasion pour l'existence du comité. Face à cet ordre, le général Staveley aurait difficilement pu s'attendre à ce que ces messieurs se lancent dans une expédition de quarante milles à l'intérieur sans aucune consultation ni référence à lui-même.

Un messager important arriva au camp dans l'après-midi du 22. Il a déclaré qu'il était le serviteur de M. Flad et qu'il avait effectivement été identifié comme tel par plusieurs personnes dans le camp. Il déclara qu'il avait commencé avec une lettre de M. Flad et une du roi Théodore, mais qu'il les avait volées en cours de route. Il apporta cependant une nouvelle importante et très désagréable, à savoir que Théodore avait marché de Debra Tabor à Magdala ; avait levé le siège de cet endroit par le roi de Shoa et avait ramené tous les captifs avec lui à Debra Thabor. C'est l'événement le plus malheureux qui aurait pu se produire. Tant que les captifs étaient séparés de lui par ses ennemis , ils étaient en sécurité ; et si, comme ce sera probablement le cas, l' armée de Théodore se dissout à notre approche, et que lui-même règne en toute sécurité dans les forteresses des montagnes, où sa recherche serait hors de question, nous aurions marché vers Magdala et a procédé à la libération des prisonniers. Aujourd'hui, nous n'avons plus cet espoir. Nous pouvons travailler dur à travers les montagnes et les ravins, mais nous savons que nos mains sont enchaînées et que le tyran contre lequel nous luttons peut à tout moment acheter la paix selon ses propres conditions. Théodore peut rire de nos efforts pour les mépriser ; il sait qu'il n'a pas besoin de s'inquiéter. Il peut laisser l'expédition s'approcher de lui. Il peut rire de l'énorme gaspillage de trésors et d'efforts, même s'il ne s'agit pas de vies humaines ; et il sait qu'au dernier moment il peut nous arrêter avec l'ultimatum : « Revenez tout de suite, et je libérerai mes prisonniers ; faites un pas en avant et je sacrifierai tout le monde . Ceci est très décourageant et enlève à l'expédition l'entrain et l'entrain que lui donnerait la pensée d'une éventuelle escarmouche à la fin de ce pénible voyage. Rien de plus malheureux que la perte de la lettre de Théodore par le domestique de M. Flad . Il se peut que Théodore y ait proposé de restituer immédiatement les captifs, moyennant l'accord que nous n'avancerions pas plus loin. Il se peut qu'il ait menacé de mettre à mort les prisonniers si nous n'acceptions pas immédiatement ses conditions. Dans l'ensemble, c'est très regrettable. Il faut espérer que Théodore comprendra la probabilité manifeste que son messager soit arrêté en route et enverra sa lettre en double exemplaire par une autre main. Une rumeur court parmi les indigènes ce matin, selon laquelle Théodore a relâché les captifs et qu'ils sont sur le point de descendre. Il est bien entendu impossible de découvrir l'origine de ce rapport, mais il est très peu probable qu'il les rende jusqu'à ce que, en tout cas, il ait obtenu la promesse que nous abandonnerions en retour toute idée de nous attaquer à lui.

La maladie parmi les chevaux continue. Ceux qui sont restés ici le plus longtemps semblent relativement en sécurité, mais il semblerait qu'il faille un certain temps pour éliminer la maladie du sang. Chaque matin, trois ou quatre mules sont traînées hors du camp jusqu'au pied des collines, à un mille de distance, pour y être mangées par les vautours. Hier après-midi, mon palefrenier est venu me voir avec une nouvelle désagréable : « Sahib, ton poney à bagages est malade ». Je suis sorti et je l'ai trouvé allongé. Lorsque le vétérinaire arriva, il secoua la tête et, montrant la langue enflée, dit que c'était la maladie et que dans deux heures il serait mort. Nous avons essayé du cognac et de l'eau dans le vain espoir de le ranimer, mais c'était tout à fait inutile, et un peu plus de deux heures plus tard, le poney est mort, après avoir été apparemment inconscient pendant une heure et demie auparavant. Hier aussi, le cheval du Dr Lamb, vétérinaire en chef du corps des transports, est mort. Le Dr Lamb est venu nous voir il y a une semaine. Après avoir passé trois jours ici à inspecter les animaux, il revint, mais comme il ne voulait pas que son cheval coure le risque de redescendre dans le défilé, il le laissa ici en parfaite santé, et redescendit sur un poney de transport. Hier, le pauvre animal est mort, après les trois heures habituelles de maladie. Le Dr Lamb a fortement recommandé que tous les animaux qui peuvent être épargnés soient immédiatement envoyés ici. Malheureusement aucun des animaux-bagages, sauf ceux qui travaillent au dernier étage de Rayray Guddy ici présent peut être épargné. Ils doivent rester en bas pour transporter provisions et bagages quelle que soit la mortalité. Le général Staveley a ordonné qu'à l'avenir 10 pour cent d'animaux de réserve accompagneront chaque train de mulets chargés, pour soulager les bagages de ceux qui cèdent en chemin. Il a également ordonné que les chevaux d'artillerie soient immédiatement envoyés ici avec leurs accompagnateurs indigènes. Les soldats ne peuvent pas les accompagner car leurs vêtements chauds ne sont pas encore arrivés. Il a également ordonné que les régiments de cavalerie soient envoyés dès leur débarquement. Le général s'intéresse particulièrement au train de transport depuis son arrivée à Zulla , et c'est grâce à l'ordre qu'il a donné et à l'aide qu'il leur a fournie depuis les régiments 33 et Beloochee , que le train jusqu'à Zulla a pu être mis en service. faire face aux énormes difficultés qu'ils ont endurées en raison de la désertion massive des chauffeurs et de l'inutilité d'une grande partie de ceux qui restent. Il a divisé les animaux à bagages qui se trouvent dans le pays en escadrons réguliers, en stationnant à chaque station un nombre proportionné à la longueur et à la difficulté du voyage. Le général Staveley est en effet l'homme idéal pour une expédition de ce genre. Tout ce qu'il considère comme nécessaire, il prend sur lui la responsabilité d'ordonner que ce soit fait. Je considère que son arrivée à Zulla a été des plus providentielles. Tout allait de travers, le désordre régnait. Tout cela est désormais terminé. Le général Staveley a pris le commandement et l'unité d'action est de nouveau rétablie.

Que le colonel Phayre , maintenant que son comité d'exploration est dissous, décide de descendre à Zulla ou d'y rester, n'a plus d'importance, car le major Baigrie , le quartier-maître général adjoint, est tout à fait capable d'exercer ses fonctions. , soutenu comme il l'est par le poids de l'autorité du général Staveley.

Ce matin, la 10e infanterie indigène était occupée à déblayer un grand espace de terrain de pierres, afin de le rendre propre à un terrain de parade. C'était merveilleux de voir à quelle vitesse ils ont accompli leur travail et combien ils ont accompli plus que ce qu'un nombre égal d'Européens auraient fait dans le même temps. Et cela parce que s'accroupir est l'attitude normale d'un Oriental. Dans cette attitude, ils peuvent rester des heures ; c'est pourquoi le travail consistant à rassembler les pierres en tas, qui à leur tour étaient emportés dans des sacs de riz vides par un autre groupe, était l'affaire la plus simple possible. C'est très amusant de voir ces corvées indigènes, tant les variétés de costumes sont grandes. La 10e infanterie indigène, comme les Beloochees , est recrutée dans toutes les régions de l'Inde et comprend des musulmans, des Punjaubees , des Sikhs, des Patans , des hommes des collines et, en fait, des spécimens de la plupart des races indigènes, les Hindoustaniens proprement dits étant très présents. la minorité. Dans une certaine mesure, ces hommes s'accrochent à leur propre costume, c'est pourquoi, dans un groupe d'une centaine d'entre eux en corvée, la variété est étonnante. Des hommes en turbans rouges et en turbans blancs, en bonnets de nuit rouges, blancs ou violets — ces articles ayant été servis à ces hommes comme partie de leurs vêtements chauds — certains portaient des vestes colorées , des sous-vêtements blancs et de longs tiroirs, d'autres n'ayant rien d'autre sur eux que le cumberband , ou pagne, certains entièrement en blanc, les jambes couvertes jusqu'au genou. Les nuances de couleurs sont également nombreuses , du noir presque de jais au riche bronze des Sikhs. Presque tous sont des hommes bien bâtis, et tous semblent travailler de bonne humeur et avec de la volonté. Le défilé doit avoir lieu sur le nouveau terrain demain soir. On ne sait pas encore quel jour le général Staveley partira, mais son intention actuelle est, au cas où le colonel Merewether reviendrait le 25 au matin, de partir le même après-midi.

Quand j'ai écrit le 23, je n'avais pas encore décidé si je passerais Noël ici ou sur la route qui descendait. Mais les circonstances m'ont finalement obligé d'attendre ici jusqu'à aujourd'hui ; et je suis heureux de l'avoir fait pour plusieurs raisons. La première et la plus importante faisait référence à l'histoire rapportée par le serviteur de M. Flad , à savoir que Théodore avait marché vers Magdala, avait levé le siège de cette forteresse par les rebelles et avait ramené tous les captifs avec lui à Debra Tabor. . Comme cette nouvelle a été apportée par un homme qui a été reconnu par certains dans le camp comme étant ce qu'il prétendait : M. Le serviteur de Flad : sa déclaration fut reçue sans soupçon, et l'événement fut, à juste titre, considéré comme des plus malheureux. Cependant, lorsque l'équipe d'exploration revint, le Dr Krapf , l'interprète en chef, examina l'homme, l'interrogea sur l'heure et les dates, et constata que celles-ci étaient tout à fait incompatibles avec la vérité, car l'homme les décrivait comme ayant eu lieu à la fin du mois d'octobre, alors que nos dernières nouvelles de M. Flad lui-même remontaient au 7 novembre, date à laquelle aucun de ces mouvements n'avait eu lieu. Se trouvant ainsi pris, l'homme a avoué que toute sa déclaration était un mensonge. Je n'ai pas besoin de dire que cette contradiction des fausses nouvelles donna à tout le monde la plus grande satisfaction, mais le sentiment général était que six douzaines, bien habillées, apporteraient un énorme bénéfice à celui qui inventait ainsi de fausses nouvelles, apparemment simplement pour le plaisir. de mensonge gratuit. Bien sûr , il ne sera pas puni, car la politique menée à l'égard des indigènes est extrêmement douce. Par tous les moyens, conciliez-vous avec les indigènes, payez par tous les moyens tout ce que vous prenez, ne faites de tort à personne ; mais en même temps, faites-leur vous respecter par la fermeté avec laquelle vous rendez la justice aux voleurs et aux pilleurs, et n'encouragez pas le peuple à vous tromper en exigeant un prix au moins six ou huit fois supérieur à son ancien prix pour chaque animal ou article. tu achètes. Les hommes qui ont été arrêtés en flagrant délit de vol dans le col et dont j'ai décrit l'examen préliminaire il y a une semaine n'ont pas été fouettés ni, à ma connaissance, punis de quelque manière que ce soit, pas plus que trois autres voyous qui ont été capturés le lendemain. Les indigènes attribuent cette indulgence à notre timidité. Ils ne peuvent comprendre qu'un autre sentiment puisse nous empêcher de punir ces hommes qui ont volé nos convois, maintenant que nous les avons en notre pouvoir. Il s'agit peut-être d'une attitude de tolérance chrétienne, mais les officiers dont les kits ont été pillés sont très mécontents que des individus de cette sorte ne soient pas sommairement punis sur-le-champ.

Le groupe d'exploration se dirigea vers Attegrat , un endroit d'une certaine importance, situé à environ trente-cinq milles d'ici. Ils allaient par un chemin et revenaient par un autre. Une ligne était un peu plus montagneuse que l'autre, mais les deux sont, à ce que j'entends, tout à fait praticables, et l'on y a trouvé de l'eau, du fourrage et du bois en abondance. A Attegrat se tenait une grande foire, et de très grandes quantités de bovins, moutons, chèvres, poneys et mulets, ainsi que des céréales, des piments , du miel, etc., étaient exposées à la vente. L'apparition de l'escorte de cavalerie excitait la plus grande curiosité, et la troupe était presque envahie alors qu'elle traversait la foire. Sur certaines parties de la route , ils croisèrent d'énormes vols de sauterelles que les gens s'efforçaient de chasser de leurs champs en frappant ensemble des tambours et des morceaux de métal et en allumant de grands feux. Les sauterelles abondent partout ici ; pas un buisson qui n'ait une demi-douzaine de ces insectes, pas un rocher sans qu'un ou deux ne rampent dessus. Les indigènes disent qu'ils n'en ont pas eu autant depuis des années et que les récoltes en ont été très gravement endommagées. Les seules choses qui en profitent sont les singes et les oiseaux, qui tous deux s'en nourrissent. Les indigènes eux-mêmes en consomment aussi dans une certaine mesure. La méthode de préparation est la suivante : Un grand trou est pratiqué dans le sol. Celui-ci est recouvert d'argile. On y allume un grand feu, et quand celui-ci est entièrement consumé, les cendres sont grattées, le trou est rempli de sauterelles et recouvert d'argile. Lorsque les insectes sont suffisamment cuits, ils sont retirés et réduits en poudre fine, qui est consommée mélangée à du riz ou de la farine. A Attegrat, l'expédition a trouvé des blocs de sel servant de moyen d'échange : nous n'en avons pas vu dans cette partie du pays. À la foire, ils virent également des vêtements très chauds de fabrication indigène. Ceci est important car, si l'approvisionnement s'avère abondant, cela permettra d'économiser les dépenses liées à l'approvisionnement en vêtements chauds des troupes indigènes d'Angleterre. En effet, les vêtements chauds me paraissent être une partie tout à fait inutile de notre énorme bagage. Le temps de jour, même à cette époque la plus froide de l'année et dans l'une des parties les plus élevées de notre voyage, n'est jamais assez froid pour des vêtements chauds. La nuit, les hommes ont besoin d'une couverture supplémentaire pour se réchauffer, et ils peuvent l'enrouler autour de leur manteau lors des nuits inhabituellement froides. La veille de Noël, le général inspecta les troupes qui effectuèrent plusieurs manœuvres . Il partit le jour de Noël à trois heures, quatre heures après le retour du corps expéditionnaire, et après avoir eu une assez longue conversation avec les colonels Merewether et Phayre . Un bon résultat parmi tant d'autres apporté par la visite du général ici sera que nous aurons désormais un peu d'attention accordée à la santé. Un médecin a été nommé responsable de l'hygiène, mais sa nomination, aussi utile soit-elle, aurait tout aussi bien pu ne jamais avoir lieu. Ce n'est pas que cet officier ait manqué à son devoir, ni qu'il n'y ait pas eu besoin de ses services ; au contraire, l'état des abreuvoirs était honteux, les troupes indigènes se lavaient, etc. dans les bassins situés au-dessus de ceux d'où l'on puisait l'eau de boisson. L'eau doit certes filtrer à travers la tourbe avant d'atteindre les autres bassins, mais ce n'est pas une grande satisfaction. Il est vrai que c'était contre les ordres, mais le nombre des sentinelles postées était tout à fait insuffisant, ou bien ils faisaient un clin d'œil aux démarches de leurs camarades. Je suis moi-même passé à cheval une demi-douzaine de fois, et jamais sans voir des soldats indigènes se laver au bord de la piscine. Les installations de latrines liées au 10e hôpital de l'Infanterie indigène étaient également tout simplement scandaleuses. Mais le pire de tout était l'état du passage, parsemé d'animaux de bagages morts à tous les stades de décomposition, et dont la puanteur était presque accablante. L'officier sanitaire avait signalé ces maux et demandé l'autorisation d'engager quelques indigènes pour brûler les carcasses dans la passe. Cette suggestion, cependant, avait été considérée comme absurde, et il aurait aussi bien pu être à Bombay. Rien n'a été fait. Le général Staveley remit cependant cet officier à sa place et lui donna le pouvoir de s'en prendre aux indigènes et de brûler les animaux morts, ce qui, si rien n'avait été fait, était suffisamment offensant pour avoir créé la pire épidémie parmi les troupes qui avançaient. D'autres médecins ont été désignés pour prendre des bandes de coolies et franchir les différentes étapes de cette passe. La maladie du cheval continue à être très grave. Sur les six chevaux élevés par le général et les membres de son état-major, quatre tombèrent malades le lendemain de son arrivée ici. Ils ne semblent cependant pas l'avoir pris sous une forme virulente et s'en remettront, je l'espère. Hier, étant le jour de Noël, on l'a bien sûr célébré avec tout l'honneur ; c'est-à-dire avec tous les honneurs qui pourraient être payés. Il était difficile de croire que c'était le jour de Noël, surtout parmi les troupes indigènes ; pour eux, bien sûr, ce n'était pas une fête. La journée était belle et chaude : le thermomètre faisait 75° à l'ombre, mais très chaud là où il n'y avait pas d'abri. J'ai attaché un gros bouquet de sapin et d'une plante ressemblant un peu au myrte au poteau de ma tente, et deux ou trois des autres tentes étaient décorées de la même manière. Un des officiers du génie fit dresser devant sa tente un véritable arc de triomphe de verdure. De grandes tonnelles circulaires furent construites par la 10e infanterie indigène et par la 3e cavalerie, pour servir d'abri contre le vent pendant qu'ils s'asseyaient autour du feu après le dîner. J'ai été invité par la 3e Native Cavalry à emporter avec eux mon dîner de Noël, et c'était un dîner capital étant donné les circonstances. Deux énormes bouquets de sapins étaient attachés aux poteaux de la tente, la table était formée de couvercles de caisses d'emballage, et nous nous asseyions autour de caisses et de chaises de toutes hauteurs et de toutes marques. Il y avait là un homme assis sur un siège si bas que son menton dépassait à peine de la table ; à côté de lui, il y en avait un si haut que ses genoux étaient au niveau de son assiette. Les accessoires de la table n'étaient pas moins variés. La règle du camp était que chacun devait apporter ses propres assiettes, couteaux, fourchettes et verres. Certains d'entre nous se sont donc nourris d'étain, d'autres de vaisselle, d'autres de fer émaillé . Certains buvaient dans des verres, d'autres dans des pots en étain. La seule uniformité résidait dans la bouteille de champagne placée devant chaque convive. La plupart d'entre nous auraient, je pense, préféré la bière ; mais il ne restait plus une bouteille dans le camp, et le champagne devant nous avait été thésaurisé pour cette occasion sacrée. Le dîner était varié. Mouton et pintade; éperon et venaison; mais, quoi que nous mangions, toutes les personnes présentes prenaient religieusement un morceau de rôti de bœuf. C'était le seul souvenir de l'occasion. Je n'ai pas besoin de dire avec quel enthousiasme chacun s'est joint au toast de « Tous les amis à la maison ».

Je reprends cet après-midi mon chemin vers Zulla et je porterai cette lettre pour l'y poster, car les arrangements ridicules auxquels j'ai déjà fait allusion prévalent toujours. Un indigène parcourt encore le col avec un sac sur le dos et met quatre ou cinq jours pour parcourir les soixante-dix milles, alors que deux relais d'hommes sur des mulets ou des poneys feraient descendre le sac en quinze heures facilement. Dans l'état actuel des choses, personne ne sait s'il sera à temps pour attraper un poteau ou non. En fait, c'est un pur hasard.

Zulla , baie d'Annesley, 2 janvier 1868.

Je suis de retour depuis trois jours à Zulla , qui est littéralement bondée de troupes. En ce qui concerne le col, rien de plus surprenant que le changement qui s'est produit dans la route pendant la quinzaine qui s'est écoulée depuis mon premier passage. Cela est dû à la manière dont ont travaillé les sapeurs et les mineurs, sous les officiers des Royal Engineers, et les compagnies avancées des Beloochees , sous les ordres du major Hogg. Ces derniers sont à l'œuvre dans la vallée en contrebas du Rayray Guddy passe, et ici ils font presque un mile de route par jour, le long duquel l'artillerie pourrait être emmenée sans difficulté. C'est merveilleux de voir le changement qu'ils ont opéré et la manière chaleureuse avec laquelle ils travaillent. Non moins surprenant est le changement opéré par les sapeurs et les mineurs dans les gorges de Sooro . La dernière fois que je l'ai parcouru, il était, comme je l'ai décrit, pratiquement impraticable pour les animaux chargés. Il fallait ici escalader un énorme rocher, et là se faufiler entre deux autres. C'était une démarche vraiment difficile, et les chameaux chargés étaient incapables de passer dans les endroits étroits. Maintenant, tout cela a changé. Un sentier serpente çà et là parmi les rochers, que j'ai pu descendre à cheval sans la moindre difficulté. La pire partie du voyage fut le parcours des trente-trois milles entre Rayray et Guddy et Sooro , sans eau, sauf un seau de truc couleur soupe aux pois à Plaine des Pintades pour les animaux. On se propose de creuser davantage de puits sur ce point, d'installer quelques pompes et d'établir un petit dépôt de commissariat , afin que les troupes puissent y arrêter leur marche. Alors que nous parcourions cette vallée aride et desséchée pendant trente milles, rencontrant de temps en temps des détachements d'hommes fatigués, qui nous demandaient pitoyablement jusqu'où il y avait de l'eau, nous ne pouvions nous empêcher de penser à l'un des rapports du colonel Phayre , dans lequel il déclarait : « De Sooro jusqu'à Senafe , environ trente milles de plus, l'eau ne manque jamais. Le fait est qu'on ne trouve pas une seule goutte d'eau dans les trente milles au-dessus de Sooro , sauf dans un puits boueux.

A Koomaylo , j'ai constaté un changement étonnant. Les épineux qui bordaient le fond de la vallée avaient tous été abattus ; un grand espace avait été dégagé pour servir de terrain de camping aux troupes en marche ; de nouveaux puits ont été creusés, et quelques pompes américaines fonctionnent, déversant un courant d'eau claire qui, s'écoulant à travers une succession de cuves, permet d'abreuver les animaux dans un quart du temps autrefois occupé. Ces pompes, appelées « pompe à bec verseur Douglas », sont certainement des machines admirables . Lorsque j'avais entendu parler pour la première fois de leur arrivée et du principe de leur construction, je n'avais pas cru possible qu'ils puissent être utilisés sur un terrain comme celui-ci. Ils sont constitués d'un certain nombre de tubes de fer minces comme des conduites de gaz, se vissant les uns dans les autres, le plus bas se terminant par une pointe pointue de forme légèrement bulbeuse, de sorte que, étant plus épais que la tige elle-même, il ne touche que le sol à travers lequel il passe. est entraîné à ce point, diminuant ainsi considérablement la friction et la résistance. Sur le tuyau, à environ quatre pieds de son extrémité supérieure, est vissé un bloc de fer, qui peut être déplacé à mesure que la tige descend progressivement. Un lourd poids de fer, percé d'un trou, est placé sur la tige au-dessus de ce bloc, et à ce poids des cordes sont attachées en travaillant par l'intermédiaire de poulies placées au sommet de la tige quatre pieds plus haut. Deux hommes tirent ces cordes, et le poids monte, puis retombe, agissant comme un pilon sur l'enclume de fer située en dessous. De cette manière, la tige entière est enfoncée, de nouvelles longueurs étant ajoutées selon les besoins, puis une pompe est établie sans le travail de creusement d'un puits. L'ensemble est simple à l'extrême et admirablement adapté aux sols argileux ou graveleux. On ne peut cependant guère s'attendre à ce qu'il réussisse dans le lit d'un torrent, où le gravier est mêlé à des blocs de pierre de toutes tailles, car il est évident qu'un tuyau creux ne pourrait pas être enfoncé dans une roche solide. Mais le tube, dans neuf cas sur dix, écarte tout obstacle et atteint la profondeur requise. Il est prévu d'aménager une série d'abreuvoirs, afin que les animaux puissent s'abreuver à leur arrivée sans l'heure d'attente fatigante qu'ils doivent maintenant subir. En fait, il est étonnant que de graves accidents ne se soient pas produits en raison de l'empressement avec lequel les animaux affolés se débattent et se battent pour atteindre l'eau. A Koomaylo nous trouvâmes deux compagnies du 33e régiment. Depuis, ils ont été rejoints par un autre, et les trois ont marché hier soir en direction de Sooro . Trois autres compagnies du même régiment sont parties d'ici ce matin et suivront immédiatement leur aile avancée, tandis que le quartier général et les compagnies restantes partiront demain. Il y a aussi une batterie de l'Artillerie royale à Koomaylo , c'est-à-dire les canons, et une partie des hommes sont là, les chevaux et les conducteurs ayant été envoyés à Senafe pour être guéris de la maladie. Je les ai rencontrés à Sooro , et les animaux étaient alors tous dans un état splendide, et pas un seul cheval ou animal de bagage n'était encore atteint. Même si j'avais constaté des changements en d'autres points le long de la ligne, ces changements n'étaient rien comparés à ceux qui avaient eu lieu à Zulla . Le port contenait plus du double du nombre de navires qui s'y trouvaient auparavant. Il est probable qu'il n'existe pratiquement aucun grand port de commerce au monde qui abrite une flotte de bateaux à vapeur et de transports à voile aussi belle que celle qui repose actuellement au large de cet endroit, dont personne n'avait jamais entendu parler il y a six mois. Le camp aussi était tellement modifié que j'eus la plus grande difficulté à trouver la tente que je cherchais, bien qu'elle se trouvait exactement là où je l'avais laissée il y a trois semaines. Mais le lieu, qui contenait alors moins de vingt tentes, peut désormais en compter dix fois plus. Le 33e campe à droite du débarcadère, à un quart de mille de distance. Le général Staveley et son état-major ont déplacé leurs tentes de l'endroit où ils se trouvaient auparavant, au milieu même de la poussière et du vacarme de la place, jusqu'un peu au-delà des lignes 33, où sont également dressées les tentes du général Napier. Le port est plein de troupes qui réclament des voitures pour pouvoir monter à bord. Les Scinde Horse débarquent, tout comme la 3ème Infanterie Native. Le 25e d'infanterie autochtone et le 4e d'infanterie de Sa Majesté sont là, tout comme les batteries d'artillerie et les trains de montagne, ainsi que les innombrables mulets et chevaux, ainsi qu'une quantité ahurissante de magasins. De très grandes quantités de ces derniers sont maintenant acheminées vers le front, et 3,000 petits bétails et ânes des indigènes ont été engagés pour le service. Le prix payé est de deux dollars et quart par sac, et chaque bœuf porte deux sacs, certains des plus petits ânes en prenant un chacun. Les indigènes sont responsables de toute perte de provisions, mais jusqu'au moment où j'ai quitté Senafe , pas un seul sac ne s'était égaré. Ces animaux sont plutôt gênants à rencontrer en descendant le col. Nos propres mules vont en ficelles, les unes derrière les autres, et les conducteurs, si l'on les rencontre, s'efforcent , autant que possible, de laisser passer un officier. Les indigènes, au contraire, conduisent leurs animaux en troupeau devant eux, occupent toute la largeur de la piste et ne font aucun effort pour écarter leur bétail. C'est en vain que l'on crie et que l'on se met en colère. Les Shohos vous regardent avec une indifférence placide et vous devez pousser votre cheval dans un fourré d'épines ou sur un rocher pour vous écarter de leur chemin. S'il vous arrive de dépasser un de ces troupeaux indigènes dans un endroit assez étroit, c'est encore plus provocant, car il n'y a rien d'autre à faire que de suivre patiemment leur train pendant peut-être un demi-mile, à moitié étouffé dans la poussière. ils s'élèvent jusqu'à ce que la vallée s'ouvre et que l'on puisse quitter le sentier et les dépasser parmi les pierres et les broussailles. Ces bœufs sont très petits mais extrêmement robustes. Il n'y a rien pour eux comme fourrage jusqu'au sommet. Ils n'ont pour nourriture que quelques feuilles de buissons et quelques poignées d'herbe que leurs maîtres peuvent leur procurer en gravissant les flancs des collines, et pourtant ils arrivent à Senafe en bonne condition et sans signes de détresse, avec leurs la peau lisse et les yeux brillants. Cette accession des magasins à Senafe est d'une grande aide. C'est un ajout à notre stock là-bas, et c'est un grand soulagement pour le corps de transport de pouvoir continuer son travail régulier de régiments d'expédition et de réserves pour la consommation actuelle d'hommes et de bêtes. Le train de transport fait désormais bien mieux son travail ; mais j'aurai plus de remarques à leur faire dans mon prochain. Le brigadier-général Collings a commencé hier à prendre le commandement à Senafe , et je m'attends à constater que des changements très importants se sont produits en conséquence là-bas. Le général de brigade Schneider est arrivé ici et prendra le commandement de ce débarquement.

Le grand événement d'aujourd'hui est l'arrivée de Sir Robert Napier, dont le navire, le bateau à vapeur de Sa Majesté Octavia, le capitaine Colin Campbell, a été signalé comme étant sur le point d'entrer dans le port tôt ce matin. L'ancre fut jetée vers dix heures et demie, et le général Staveley et les chefs de département partirent aussitôt pour le voir. Il doit débarquer ce soir. Comme nous sommes en temps de guerre, il n'y a eu ni salut ni manifestation à l'arrivée du navire.

Zulla , 6 janvier.

Ce n'est qu'après une ou deux rondes de camp qu'on se rend compte de l'ampleur des changements survenus au cours des trois dernières semaines. Je ne sais pas si on pourrait trouver nulle part dans le monde plus d'objets d'intérêts divers, plus de vie, plus de mouvement et d'agitation qu'en quelques heures de route à travers ce camp. Partons de la tête du *bunder* , appelé en Angleterre pier ; mais ici tout a son nom indien. Depuis que j'ai écrit la dernière fois, la *barrière* a été allongée de quelques mètres et a été élargie à son extrémité jusqu'à une largeur de quinze ou vingt mètres. D'un côté également, des pieux en bois ont été enfoncés, afin que les grandes barges de débarquement puissent s'accoster en toute sécurité et décharger. Ce sera une grande chose qu'on finisse de la même façon tout autour du môle. Les premiers pas sur le sol abyssin ne sont pas très agréables, car la jetée est faite de gros morceaux bruts de roche et de pierre ponce, pénibles à marcher et complètement destructeurs pour les bottes. Malgré cela, le quai est bondé. L'heure à laquelle nous partons pour notre promenade est le lever du jour, et depuis le lever du jour jusqu'à huit heures, la baignade est autorisée depuis la jetée, ainsi que de cinq à sept heures du soir. Nous avons ici un certain nombre de personnages, les uns s'habillant, les autres se déshabillant, certains se frayant péniblement un chemin sur les pierres jusqu'à leurs vêtements, d'autres en train de plonger dans l'eau qui, à marée haute, a sept pieds de profondeur. Autour, la mer est parsemée de têtes, dont beaucoup sont reconnues et abordées. Ici est un quartier-maître général, là un colonel d'infanterie, à côté duquel est un garçon de tambour, et au-delà une douzaine de soldats. Il n'y a ici aucune distinction de rang. Chacun choisit la pierre la plus tendre sur laquelle il peut s'asseoir, et ne se soucie pas que son prochain voisin soit un officier général ou un soldat à part entière. Nous nous frayons un chemin tant bien que mal à travers ce terrain accidenté et à travers les groupes de baigneurs, puis à dix mètres de la tête de la jetée nous arrivons à un terrain plus plat. Voici une ligne de rails, dont la surface a été aplanie en y répandant du sable, amélioration qui n'a été achevée que depuis deux ou trois jours. Avant, une promenade dans la barrière était une destruction certaine, sauf pour la paire de bottes la plus ferrée. Du côté de la barrière, là où commence le rail, se trouve une grande barge. Elle vient d'accoster, et cinquante ou soixante mulets et poneys, sa cargaison, regardent par-dessus son bastingage avec des yeux excités et des oreilles inquiètes et inquiètes, l'agitation du quai et cette terre qui, bien qu'ils ne le sachent pas, est destiné à être la tombe de beaucoup d'entre eux. Sur le quai, attendant leur arrivée, se trouve l'un des infatigables officiers du train de transport. Il est accompagné de deux hommes. Une longue passerelle est aménagée depuis la barge, qui est beaucoup plus haute que la jetée, jusqu'aux pierres ; on y jette des sacs de jute, puis les animaux, certains venant assez facilement, d'autres résistant vigoureusement, reniflant et se débattant, sont amenés vers le bas. Lorsqu'ils atteignent la terre ferme, leurs câbles de tête sont attachés ensemble par quatre et ils sont envoyés avec leurs chauffeurs attendre au bout de la barrière jusqu'à ce que tous soient débarqués. Ce n'est pas une longue opération. Une dizaine de minutes, puis un inspecteur les emmène, d'abord vers les abreuvoirs, puis vers les canalisations. En face de la barge de débarquement, sur un emplacement libre de la jetée, un appareil à distiller est à l'œuvre. Cette machine, je crois, pourvoit en partie aux voiliers, et aussi aux besoins des corvées travaillant sur le quai. A côté de la barge se trouvent deux bateaux indigènes déchargeant des provisions, qu'une équipe de fatigue charge dans les camions, sous la direction des officiers des services du quartier-maître ou du commissariat. Dès que les camions sont chargés, un groupe de Soumalis s'empare d'eux et les pousse le long de la voie jusqu'au chantier en criant leur chœur universel. A côté des embarcations indigènes en train de décharger se trouvent un certain nombre de bateaux appartenant aux navires en rade , et qui soit sont approvisionnés à l'un des départements, soit attendent pendant que leurs patrons sont à terre. De l'autre côté de la jetée, l'eau est moins profonde et les bateaux n'y entrent jamais, mais elle n'est en aucun cas vide à l'heure actuelle, car il y a deux cents hommes qui se baignent tout le long – des esprits moins aventureux, qui s'en moquent. pour plonger dans les eaux profondes ou pour marcher pieds nus sur des pierres ponces.

Arrivés au bout de la barrière, nous montons sur nos chevaux, que nos gorrawallahs tiennent, et nous suivons la ligne de rails. Dès que nous sommes à terre, nous trouvons de grandes piles de provisions gisant près des rails. Ceux-ci appartiennent aux magasins de transport terrestre. Des centaines de grandes caisses, chacune contenant quatre selles de mulet Otago. Des tas de coussinets Bombay et de selles de chameaux. Leurs autres magasins sont acheminés vers leurs propres lignes, un quart de mille plus loin ; mais les lourdes selles n'y ont pas été envoyées, car la ligne n'y a été ouverte que depuis deux jours, et il est beaucoup plus facile de descendre les mulets et de les seller ici que de transporter les lourdes caisses. plus loin. Il y a une équipe de selliers au travail en ce moment. Il s'agit d'un détachement de fatigue d'artillerie, dirigé par un officier du corps des transports. Un menuisier chinois ouvre les caisses. Deux des hommes enlèvent le contenu et coupent les attaches qui fixent ensemble chaque article séparé des raccords. D'autres se tiennent debout et assemblent les selles, ce qui n'est pas une tâche facile car elles sont extrêmement compliquées. Ceci n'a cependant pas autant d'importance qu'il en aurait autrement, car, une fois assemblés, ils ne nécessitent pas beaucoup de détachage ultérieur. D'autres mettent alors les selles et les brides sur les mules, dont quelques-unes s'opposent le plus fortement à l'opération, reculent violemment, se retournent aussi vite que l'homme à la selle s'approche, et se déchaînent avec une puissance constante qui, exercée par d'une autre manière, serait très satisfaisant. En vain les soldats tentent de les maintenir en place. En vain tapotez, cajolez, frappez et jurez. En vain ils attachent une des pattes antérieures. Certaines bêtes sont tout à fait ingérables et ne sont maîtrisées qu'en attachant une jambe, puis en les faisant tourner en rond sur les trois autres jusqu'à ce qu'elles soient complètement épuisées. Les caisses de la sellerie sont démontées et étalées sur le sol pour y empiler des sacs de riz ou de céréales - sans précaution inutile, car une marée haute l'autre soir a mouillé une immense quantité de foin, et les magasins ont depuis été déplacés plus loin. intérieur. Les ingénieurs avaient construit une sorte de mur de sable pour empêcher qu'un pareil événement ne se reproduise ; mais ils calculèrent sans leur hôte. Ils se fortifièrent contre l'ennemi devant, mais ne firent pas attention à lui à l'arrière. La conséquence a été que lors de la forte pluie de samedi soir, l'eau s'est précipitée par derrière et, empêchée de se jeter dans la mer par ce barrage, a de nouveau créé une petite inondation, mais cette fois d'eau douce, dans la cour de l'intendance. Lors de ma dernière visite ici, la cour de l'intendance se trouvait là où se trouve aujourd'hui la cour des transports, mais elle est maintenant décalée davantage vers la gauche. La raison en était que les magasins du commissariat, les bottes de foin compressé et les sacs de riz et de céréales, ne sont pas trop lourds pour être transportés à terre par les indigènes, tandis que les lourdes caisses du corps de transport étaient nécessairement mises dans les wagons. Les magasins du commissariat sont donc principalement débarqués dans des bateaux indigènes, qui entrent dans une eau de trois pieds, et d'où les lignes de gués Soumalis les amènent à terre. Les stocks les plus lourds, comme les barils de rhum et de ghee, sont bien entendu débarqués sur la soute et transportés dans les camions. Partout au bout de la jetée, c'est l'agitation. Voici un groupe de coolies de Madras qui déménagent des magasins. Il y a une centaine de mulets qui viennent de commencer avec des provisions pour le front. Voici venir un détachement d'un des régiments pour prendre en charge une partie de leurs bagages qui viennent d'être débarqués. Partout un officier énergique des divers services dirigeant les opérations. Nous continuons maintenant notre route. En quittant la voie ferrée, nous tournons à droite en nous éloignant progressivement de la mer. Le premier groupe de tentes que nous rencontrons sont celles des officiers des transports terrestres. Ils n'y resteront pas longtemps cependant, car ils ont ordre de passer de l'autre côté, là où les lignes de leurs bêtes sont à cinq minutes de marche, et à l'extrême droite du camp. Si les fonctions de ces officiers reposaient principalement sur leurs lignes, il y aurait une raison à cela ; mais dans l'état actuel des choses, ils sont soit sur les chevaux de débarquement, soit en selle près du rivage. Les devoirs de garde des animaux dans leurs lignes doivent bien entendu être généralement supervisés par un officier de chaque division, mais sont sous la responsabilité d'inspecteurs anglais, qui sont des sergents de régiments de cavalerie ou de ligne. Les lignes, étant sous le vent du camp, sont constamment enveloppées d'un nuage de poussière aveuglante, si épais qu'on ne voit pas à cinquante mètres. Vivre dans une telle atmosphère est presque impossible, surtout lorsqu'on est délicatement parfumé par l' odeur des trois ou quatre mille mulets, poneys et bœufs, sans parler des domestiques indigènes à proximité. L'ancien endroit où ils campaient n'était qu'à cinq minutes à pied, et insister pour que ces officiers vivent et travaillent à proximité de leurs lignes est à peu près aussi raisonnable que le serait un ordre pour les officiers des Life Guards de dormir dans leurs écuries. Je suis convaincu que le général Schneider devra révoquer son ordre, car il sera tout simplement impossible de tenir des livres ou des comptes dans une poussière qui aurait deux pouces d'épaisseur en cinq minutes sur tout ; et bien que le confort ou la santé d'un officier puisse être une question très insignifiante, tout ce qui pourrait constituer un obstacle à sa restitution du nombre nécessaire de rapports et de déclarations sera certainement pris en considération. [1]En traversant les files d'officiers de transport, nous tombons sur une file de tentes occupées par le personnel médical. Puis vient une brèche, puis nous entrons dans les lignes des régiments européens, actuellement occupés par des parties des 33e et 4e d'infanterie et d'artillerie. Son aspect ne ressemble guère à celui que présente un régiment sous toile chez lui. Les tentes ont une forme entièrement différente ; ce sont des tentes à un seul poteau et mesurent peut-être quinze pieds carrés. Ils ont des murs de toile de près de six pieds de haut, de sorte qu'on peut se tenir debout n'importe où. Au-dessus de la tente elle-même se trouve une couverture qui s'étend sur elle et dépasse de trois pieds les murs, faisant doubler la tente sur le toit et formant un auvent autour d'elle. Il reste environ huit pouces entre les deux toits pour la circulation de l'air. Ces tentes sont parfaites à leur manière, mais elles sont extrêmement lourdes et seront laissées ici, et les troupes emporteront avec elles des tentes connues sous le nom de « routes » indigènes . Je ne garantis pas l'orthographe de ce mot ou de tout autre mot indigène. que je décrirai ci-après. Pas moins que les tentes, les hommes ne diffèrent du standard européen. Les costumes gris du karkee — une sorte de gros jean — et les vilains casques du même tissu ressemblent à n'importe quoi plutôt qu'à l'habit du soldat britannique. De plus, la disposition du camp ne semble pas familière, car les tentes sont disposées les unes à côté des autres. Ceci est rendu nécessaire par la grande longueur des cordes de la tente. Ici aussi, spectacle étrange dans un camp anglais, parmi les tentes se trouvent d'étranges berceaux d'arbustes, couverts de sacs de jute, de vieux sacs et d'autres bric-à-brac. Autour de ces tonnelles sont accroupies des silhouettes basanées, légèrement vêtues. Ce sont les compagnons du camp, les serviteurs du soldat britannique ; ce sont leurs demeures. Ces hommes puisent son eau, plantent ses tentes, balayent son camp, en fait, font tout le travail qu'un soldat en Angleterre fait pour lui-même. En Inde, le soldat est un animal précieux. Il est évalué à cent livres et coûte trop cher pour être risqué en travaillant dur au soleil. Il n'est réservé que pour le combat, et il est tout à fait juste qu'il en soit ainsi. On s'est demandé s'il n'aurait pas été préférable de faire venir directement des soldats d'Angleterre, habitués à se débrouiller seuls. Il y a beaucoup à dire à ce sujet, sur lesquels je reviendrai un jour , mais à présent j'incline à penser qu'à cet égard les autorités ont bien jugé, car à en juger par les 102° que le thermomètre marquait ici à l'ombre. le jour de l'An, nous aurons une chaleur plus que indienne - c'est-à-dire que ceux de cette plaine le feront - au milieu de l'été, et bien que la chaleur à l'intérieur ne soit probablement rien comparée à celle qu'elle sera ici, là-bas Il ne fait aucun doute que moins les hommes y sont exposés, mieux c'est. Mais nous devons continuer notre route.

Juste derrière les lignes européennes, c'est-à-dire entre elles et la mer, se trouve une rangée de tentes, dont quelques-unes sont de grandes dimensions, et à côté de l'une d'elles flotte le pavillon britannique. Ce sont les tentes du personnel du quartier général. Nous tournons le dos à cela et galopons à travers les frontières européennes, c'est-à-dire à l'intérieur des terres. Il y a un espace inoccupé d'environ quatre cents mètres, puis nous arrivons à un camp d' aspect tout différent du précédent. Ici, les tentes sont rangées sur deux lignes et sont placées assez rapprochées, c'est-à-dire à trois ou quatre mètres au plus. L'apparence soignée et ordonnée de ces lignes de tentes présente un avantage d'autant plus grand après l'aspect épars des lignes européennes. Ces tentes sont des itinéraires . Ce sont de grandes tentes à double arceau, simples, mais bordées de banderoles bleues. Les tentes, comme les tentes cloches anglaises, descendent presque jusqu'au sol, avec seulement un mur d'environ dix-huit pouces de hauteur. L'ouverture se trouve à une extrémité et s'étend du poteau vers le bas. C'est, pour un climat comme celui d'aujourd'hui, un grand inconvénient, car l'ouverture est très grande et ne peut être fermée. Dans un climat chaud, cela n'aurait que peu d'importance ; mais pour un pays avec de fortes rosées et des nuits froides en hiver, et de fortes averses pendant la saison des pluies, c'est un désavantage très sérieux. En face de la longue file des routes se trouvent le mess et les tentes des officiers. Il y a deux régiments campés dans ces lignes, ou, plus exactement, des portions de deux régiments. Les hommes de service ressemblent davantage à l'Angleterre que ne l'étaient les troupes européennes, car ils portent tous leurs tuniques écarlates et leurs pantalons noirs. Seul le couvre-chef est différent. La 3e Infanterie Native a des puggaries bleus autour de leurs calottes fourragères. Le 25th Native Infantry a du vert. Le 10e Infanterie autochtone porte des puggaries blancs et les sapeurs et mineurs noirs, ce qui constitue une marque facilement distinguable entre les différents régiments autochtones. Ils portent tous la tunique et le pantalon réglementaires, mais varient le puggary ou la casquette selon le goût de leur commandant. Quand je dis qu'ils portent tous l'uniforme britannique, je veux dire que les anciens régiments de cipayes le portent. Certains de ceux qui n'ont été admis dans l'armée régulière indienne que ces dernières années, comme les Beloochees , portent des uniformes tout à fait différents. J'ai omis de dire que dans notre trajet entre les camps du 33e et celui de l'infanterie indigène, nous avons traversé de l'artillerie ; mais celles-ci, ainsi que les sapeurs et les mineurs, et les tentes du commissaire aux munitions, qui, avec les départements du télégraphe, des chemins de fer et autres, sont dressées près de la ligne de chemin de fer, je dois les réserver pour une autre lettre. Nous ne faisons pour l'instant qu'une visite de l'extérieur du camp. Traversant les lignes d'infanterie indigènes et traversant quelques centaines de mètres de terrain découvert, nous arrivons au bazar, qui se trouve sur la route principale de Koomaylo . Le bazar n'a certainement pas grand chose à voir. Deux ou trois douzaines de tentes, composées de poteaux bruts recouverts de nattes, le constituent. Comme aucun de ces établissements n'a de vitrine, il est inutile de préciser qu'il n'y a pas d'étalage de marchandises. Il y a une porte ouverte par laquelle tout acheteur potentiel entre et demande tout ce qu'il désire. S'il y est conservé, une boîte est ouverte et l'article est produit, sinon il va dans le magasin suivant. Il y a une garde de soldats européens à l'entrée du bazar pour maintenir l'ordre, et leurs services sont souvent appelés en réquisition. Pendant la dernière partie de notre voyage , nous nous sommes retrouvés dans la poussière qui plane sur Zulla dans une sorte de nuage sinistre et ferme complètement toute la vue, même les collines les plus proches du port . Cette poussière est terrible. Elle remplit les yeux, la bouche et les narines, et égale la poussière du Champ de Mars à Paris, que j'avais jusqu'ici considérée comme sans égal au monde. Parfois, le vent souffle régulièrement, et alors il y a un grand nuage de poussière uniforme ; à d'autres moments, il semble s'apaiser pendant un moment, puis de trois ou quatre points s'élève une colonne droite, telle que pourrait produire la combustion de tas de bois vert par une journée calme. Ces colonnes resteront immobiles pendant trois ou quatre minutes, puis se déplaceront rapidement, et malheur aux malheureuses tentes sur lesquelles elles passeront, car elles balayeront tout objet léger et laisseront trois pouces de sable de profondeur sur le sol. tout. Dans la phraséologie du camp, ces petits tourbillons sont appelés diables. En sortant du bazar, toujours en mouvement comme auparavant en arc de cercle, nous rencontrons la voie ferrée. Le chemin de fer a fait bien moins de progrès au cours du dernier mois que toute autre chose ici ; à ce rythme-là, il ne sera pas près de Koomaylo à Noël prochain. Je n'hésite pas à dire que dix navvies anglais auraient fait bien plus dans le même temps ; et quant au Corps de Travaux de l'Armée que nous avions en Crimée, ils l'auraient à moitié terminé jusqu'à Koomaylo . Mais ce retard n'est pas dû au manque de zèle de ceux qui en ont la direction, mais simplement au manque de méthode et de matériaux, qui sont sans doute quelque part à bord du navire, mais ne peuvent être obtenus. Juste à cet endroit, nous passons sous des poteaux avec un fin fil de cuivre s'étendant entre eux. C'est le télégraphe, qui dans très peu de temps sera ouvert à Koomaylo , et de là sera mis en service dans une semaine environ, car le fil est à toutes les stations le long de la ligne de marche ; et Senafe aurait été achevée à ce moment-là si les pôles n'étaient pas tombés sous la main, pour une raison ou une autre.

Nous approchons maintenant des files d'animaux de transport. C'est le spectacle le plus intéressant de tout le camp. Voici de longues files de poneys, tout juste arrivés de Suez. A côté d'eux se trouvent des centaines de mulets de toutes nations et races. Voici les charrettes-mules, et 200 charrettes légères, tirées par un ou deux animaux, sont rangées près d'elles. Au-delà d'eux se trouvent les mulets-bagages, au nombre de 600. Tous sont arrivés depuis deux ou trois jours ; beaucoup d'entre eux ne sont pas encore sellés, car le déballage et le montage des selles est une opération longue et fastidieuse. Beaucoup de mules ne portent même pas de marque. Au-delà d'eux, viennent encore les bœufs de trait avec leurs charrettes. Ce sont les mêmes beaux bovins brahmanes blancs que j'ai vus à Bombay : d'énormes animaux, aussi forts que des chameaux et calmes et dociles comme des moutons. Près d'eux sont rangées leurs charrettes, qui sont d'une construction tout à fait différente de celles des mulets. Sur le sol, sous les pieds de tous ces animaux, est dispersée une épaisse couche de paille et de foin hachés, et leur condition et leur état offrent un contraste aussi fort qu'on peut le concevoir avec celui des animaux affamés et mourants que j'ai décrits dans la lettre I. a écrit à l'atterrissage il y a un mois. Ce progrès extraordinaire doit être attribué aux efforts immenses qu'ont faits tous les officiers du corps de transport, et spécialement à ceux du capitaine Twentyman , du 18e Hussars, qui pendant cette période a commandé. Mais même les efforts de tous ces officiers auraient été vains sans l'aide forte et cordiale que le général Staveley a apportée au capitaine Twentyman . Chaque suggestion faite par ce dernier a été approuvée et ordonnée d'être exécutée par le général, qui est pleinement conscient du fait que le Corps des Transports est la branche la plus importante de l'expédition. Les animaux sont tous piquetés par leurs cordes de tête sur de longues lignes de corde de piquet, mais aucune corde de talon n'est utilisée. Certes, l'utilisation de cordes à talons ajoute beaucoup à l'uniformité de l'apparence des animaux en piquet, car ils conservent tous la même distance les uns des autres et des cordes, et il y a aussi l'avantage qu'ils ne peuvent pas se donner de coups de pied ni donner de coups de pied à aucun passant. par. D'un autre côté, on peut dire que les mules ne se mettent que rarement, voire jamais, à donner des coups de pied lorsqu'elles sont en piquet. Je n'ai vu aucun exemple de ce qu'ils faisaient ; et je comprends de l'officier des transports qu'il n'y a eu aucun cas de mules blessées par des coups de pied reçus lors du piquetage. L'avantage de ne pas avoir de cordes à pied est qu'ils ont une plus grande liberté de position. Ils peuvent s'allonger, se lever et se déplacer sur la corde et, en fait, étirer leurs membres fatigués bien mieux qu'ils ne le peuvent lorsqu'ils sont retenus par des cordes à pied ; et enfin, les mulets ne sont pas habitués aux cordes, et ont souvent mal aux boulets à cause de leur utilisation. La balance des avantages est donc en faveur de leur permettre de rester piquetés uniquement par leurs cordes de tête, d'autant plus que l'attache par la corde de talon implique l'enfoncement des piquets et une perte de temps dans le cordage - questions importantes à l'arrivée d'un train. tard dans la nuit avec des conducteurs et des animaux blasés et fatigués. L'ensemble des animaux est maintenant en assez bon état de fonctionnement, à l'exception seulement d'environ 200 chameaux, qui se trouvent à Hadoda , où ils ont été envoyés pour recruter, étant arrivés en trop mauvais état pour être mis au travail. D'autres furent envoyés, mais certains sont retournés au travail, d'autres sont morts - beaucoup de pure faim, bien qu'il y ait des réserves de céréales à Weir, à moins de deux ou trois milles, pourrissant littéralement. Mais la coutume n'est pas de donner des céréales aux chameaux, mais de leur permettre de gagner leur vie en arrachant quelques feuilles des arbustes. Il n'est donc pas étonnant que les pauvres bêtes n'aient pas gagné en force. Cela va maintenant être résolu, car le Dr Lamb, l'un des vétérinaires du Corps des Transports, a rapporté qu'ils mouraient de pure faim ; et je comprends que le général Staveley ordonna aussitôt que du grain leur soit distribué.

Dans ma prochaine lettre, je décrirai l' organisation du corps des transports ; mais à présent nous devons continuer notre chevauchée, qui est maintenant presque terminée, car nous avons presque terminé notre cercle et nous approchons de nouveau du bord de la mer. Nous croisons sur notre chemin d'étranges structures en forme de tonnelle, dont j'observe avec curiosité la progression depuis quelques jours. J'ai d'abord vu trois ou quatre longues lignes de sable, soigneusement nivelées, et mesurant quatre ou cinq mètres de large et peut-être cinquante mètres de long. De chaque côté de ces lignes de coolies de sable étaient engagées des tiges collantes, à peu près de la même longueur, mais plus fines que les perches à houblon. Je ne pouvais même pas deviner le but de ces lignes. Le lendemain, j'ai découvert que des poteaux avaient été plantés aux extrémités et que des cloisons avaient été faites à des distances de quatre mètres. En m'approchant, j'ai vu que dans la rangée latérale, il y avait un espace qui servait de porte à chacune de ces cloisons. Le lendemain, j'ai découvert que des tiges plus fines étaient fixées au sommet des autres, le long desquelles des pièces horizontales avaient été attachées, et que celles-ci étaient pliées et enroulées au centre , de manière à former une tonnelle. Le mystère était désormais expliqué. Ces longues rangées de poteaux servaient de charpente à des rangées de cabanes ; des buissons seront entrelacés entre eux, et l'ensemble, une fois terminé, pourra loger, ou plutôt contenir, cinq cents coolies du commissariat, auxquels ils sont destinés. Nous trottons maintenant vers l'abreuvoir. La dernière fois que j'étais ici, voir les animaux abreuvés a été l'un des spectacles les plus douloureux que j'ai jamais vu. Ils étaient formés en lignes près des misérables petites auges et étaient, avec la plus grande difficulté, retenus jusqu'à ce qu'elles soient pleines.

Comme ils étaient à moitié fous de soif, c'était un véritable danger de les retenir, et quand on les laissait se précipiter, c'était trop souvent pour constater qu'il y avait à peine une gorgée d'eau chacun. Il n'était pas étonnant qu'ils crient, se débattent et se battent. C'était une bataille pour la vie, dans laquelle les vainqueurs partaient insatisfaits, mais avec suffisamment d'eau pour leur permettre de vivre jusqu'à ce que la prochaine provision soit disponible, tandis que les vaincus se traînaient pour mourir. Dieu merci, c'est fini maintenant. Il y a beaucoup d'eau pour tous. Je ne pense pas qu'un animal dans ce camp souffre d'une insuffisance d'eau. L'abreuvoir est long et large, et les animaux avancent de chaque côté et boivent autant qu'ils désirent. Les heures d'arrosage sont de six à huit heures du matin et de quatre à six heures du soir. Une forte équipe de fatigue est présente pour pomper l'eau du réservoir dans l'auge et maintenir l'ordre. Il leur est ordonné de laisser l'abreuvoir plein lorsqu'ils cessent de pomper, afin que tout animal arrivant en retard ne soit pas privé de sa boisson.

Il ne nous reste plus qu'à longer la côte pendant encore 300 mètres pour arriver aux magasins du commissariat, à gauche de la barrière, d'où nous sommes partis. Ici, tout est parfaitement organisé et géré. Les grandes piles de magasins sont recouvertes de bâches et de vieilles voiles pour se protéger de la pluie ; et comme il était impossible de se procurer des pierres pour former une fondation pour les sacs et pour les maintenir à l'abri de l'humidité, des caisses d'emballage brisées furent déposées d'abord sur le sable, puis des sacs vides, puis des bottes de foin de Bombay. , qui est beaucoup plus volumineux et moins précieux que le foin comprimé d'Angleterre. Aucun dommage de grande ampleur ne peut donc résulter de la crue la plus importante. Il y a deux très grands magasins en bois, dans lesquels sont entreposés les articles facilement endommageables par la pluie ; et il y a deux très grands bâtiments à charpente érigés, qui ne nécessitent que des plaques de tôle ondulée.

Presque en face du commissariat, une longue jetée en bois est en cours de construction. Il est déjà achevé sur une distance considérable ; mais l'eau est si peu profonde qu'il faudra la porter beaucoup plus loin avant que les bateaux puissent accoster pour charger.

Nous avons maintenant terminé notre promenade circulaire autour du camp ; et je dois laisser jusqu'à une autre occasion les camps et dépôts situés à l'intérieur du cercle, car je n'ai pas encore abordé les nouvelles immédiates du jour.

Le général Napier a débarqué hier matin à sept heures et demie. Une garde d' honneur du 4e régiment était dressée à l'extrémité du quai, et les différents généraux ici, avec leurs états-majors, et les chefs des différents départements, le reçurent. J'avais entendu dire qu'il allait atterrir plus tôt et je suis descendu au bord de l'eau juste à l'aube.

Tout était alors calme, et pas un souffle de vent ne soulevait l'eau. Actuellement, il y avait un signe de vie dans les navires de guerre, l'Octavia, le Serapis et l'Argus. Les hommes commencèrent à grimper sur les agrès et à attacher les lignes d'homme au-dessus des vergues. Puis ils redescendirent, et tout fut tranquille à bord des bâtiments de guerre ; mais les navires marchands faisaient maintenant mouvement, et les bateaux indigènes se dirigeaient vers les navires qu'on leur avait demandé de décharger. Pendant ce temps, la garde d' honneur et les officiers prenaient place à la tête de la caserne. Maintenant, un signal est lancé jusqu'au mât de l'Octavia, et, comme par magie, une foule de silhouettes blanches saute sur les haubans des navires de guerre et se précipite sur les vergues. Encore une minute de silence, puis un bateau à taud se détache de l'arrière de l'Octavia, et quelques secondes après le tonnerre de ses canons nous apprend que le chef de l'armée d'invasion a quitté le navire. Trois minutes plus tard, les petits canons du train de montagne proclament qu'il a atterri ; l'orchestre entonne « God save the Queen », les troupes saluent et Sir Robert Napier a pris le commandement des forces ici.

Après tout, il s'agit plus d'une cérémonie que d'une réalité, car le général est à terre pour examiner tout ce qui se passe chaque jour depuis son arrivée au port . On ressent un grand sentiment de satisfaction à son arrivée, car, d'abord, c'est un chef très populaire, et ensuite, rien de précis n'a pu être décidé sur les mouvements des troupes ou sur le plan de campagne jusqu'à ce que il est arrivé. La *question est* maintenant que plus aucune troupe ne sera envoyée en avant pour le moment, mais que tous les efforts du corps des transports et du commissariat seront consacrés à accumuler un stock de provisions pour six mois à Senafe . Les 33 jours sont déjà passés ; mais il est désormais probable qu'aucun autre régiment ne bougera avant quinze jours.

Nous avons enfin des nouvelles authentiques de l'intérieur. Une lettre est arrivée des prisonniers, datée du 15 décembre (je ne comprends pas comment, au rythme du voyage Shoho , cela a pu arriver si vite), dans laquelle ils rapportent que le roi de Shoa , qui assiégeait Magdala, et avec l'aide duquel le colonel Merewether avait beaucoup construit, s'est retiré de l'endroit et qu'il est maintenant ouvert à Théodore. C'est certainement une mauvaise nouvelle. Non pas que j'aie jamais accordé la moindre confiance à l'aide d'aucun de ces rois . Au contraire, je pense que la politique qui a été suivie jusqu'ici à l' égard des indigènes a été une erreur. Nous n'aurions jamais dû demander une alliance ou une amitié. Nous sommes parfaitement assez forts pour continuer seuls, et si nous ne l'étions pas, il est certain que nous ne pourrions compter sur aucune profession d'amitié. Pourquoi alors faire croire aux indigènes que nous sommes faibles en demandant des alliés ? Dites fermement à chaque roi : « Nous traversons votre pays pour aller chercher les prisonniers au-delà. Nous sommes parfaitement assez forts pour le faire, ainsi que pour tout ce qui peut être nécessaire. Nous traversons et revenons sans faire de séjour. Il y a dans votre pays de nombreux rois et de nombreux rivaux. Nous n'avons besoin d'aucune aide et nous savons que si nous concluons une alliance avec un chef, nous nous attirerons ainsi l'inimitié d'un autre. Nous ne souhaitons donc conclure aucune alliance. Nous sommes des amis de passage dans votre pays. Nous avons besoin de provisions, de bétail, etc., et nous entendons les avoir ; mais nous payons tout ce dont nous avons besoin, et cela à des prix que l'imagination du propriétaire de troupeaux d'Abyssinie n'avait jamais imaginé auparavant, même dans ses rêves les plus fous.

De nombreuses rumeurs courent dans le camp selon lesquelles les chefs formeraient une alliance contre nous et qu'ils entendent mettre leurs forces en mouvement pour nous attaquer. Mais de tout cela, je ne peux pas dire que j'en crois un seul mot. Je ne considère pas non plus que cela soit important d'une manière ou d'une autre, car s'ils arrivent, ils repartiront à une vitesse bien plus grande qu'ils n'avancent, et seront ensuite beaucoup plus civilisés. Après le débarquement du chef hier, je suis monté à bord du Gomta , qui a amené de Bombay dix-neuf éléphants, chargés du capitaine Annesley, du train de transport terrestre. Ils arrivèrent tous en excellente condition, ayant été parfaitement bien pendant tout le voyage, sauf pendant deux jours où il y eut un vent fort qui les rendit très mécontents. Le débarquement devait commencer dès le débarquement du commandant en chef. En conséquence, un groupe de marins et de marines monta à bord de l'Octavia. Le palan était déjà fixé et la barge était à quai. On avait d'abord proposé que les animaux soient descendus dans l'eau par-dessus le flanc du navire et autorisés à nager jusqu'au rivage ; mais la difficulté de les débarrasser des élingues aurait été si grande qu'il fut décidé, en tout cas, de faire l'expérience avec la barge. Les animaux étaient descendus dans la cale, qui était largement assez haute, même pour les plus grands d'entre eux. Ils étaient alignés de chaque côté, avec de solides poutres entre chacun. Ils pouvaient s'allonger ou se lever à leur guise. L'opération de débarquement était supervisée par le capitaine Annesley et par l'un des officiers de l'Octavia. De gros blocs étaient attachés à la cour principale, qui était renforcée par des haubans supplémentaires. L'un des animaux qui se trouvaient dans la stalle immédiatement sous l'écoutille a été sélectionné pour la première expérience. La première difficulté consistait à placer sous lui la fronde qui était de la toile la plus solide, avec des cordes solides de chaque côté. Il était déposé sur le sol et le cornac s'efforçait de faire reculer l'animal dessus. Encore et encore , il le mettait dans la bonne position, mais à l'instant où les marins tiraient sur les cordes pour soulever la fronde, l'éléphant se précipitait en avant. Finalement, le sergent Evans, qui est l'un des inspecteurs de première classe du train de transport, réussit à placer l'élingue sous lui dans sa cabine, puis à se mettre sur le dos, à le soutenir sous les poulies, les matelots gardant l'élingue dans son emplacement. place jusqu'à ce qu'ils puissent obtenir les crochets rapidement. Même alors, tout n'était pas fini, car l' éléphant alarmé continuait de claironner et de s'efforcer de retourner en toute hâte à sa stalle. Le sergent Evans a réussi à mettre rapidement en place les cordes de poitrine et les cordes arrière, et il ne restait plus aux hommes sur le pont qu'à actionner le cabestan. Le fifre éclata, et l'éléphant, protestant fortement mais inutilement, fut peu à peu soulevé. Une fois en l'air, la force de la grande bête était inutile, et il balançait une masse inerte, sauf qu'en passant par l'écoutille, il appuyait ses pattes arrière contre elle et la poussait avec tant de force, qu'on craignit un instant que il se poussait la tête en avant pour sortir des écharpes. Cependant, une minute plus tard, il s'élevait au-dessus de l'écoutille et se trouvait désormais hors de toute possibilité de se faire du mal ou de faire du mal à quelqu'un d'autre. Il monta, de plus en plus haut, puis il fut balancé hors des pavois et descendu dans la barge. Ici, son cornac et son accompagnateur le reçurent, lui caressèrent la trompe et l'apaisèrent, et il laissa ses écharpes être retirées tranquillement, et resta tout à fait tranquille jusqu'à ce que deux autres de ses compagnons soient soulevés de la cale et descendus à son côté. Jusqu'à présent, rien ne pourrait être plus satisfaisant. Certains des autres qui ont débarqué plus tard dans la journée ont causé plus de problèmes, et sans le sergent Evans, il y aurait eu de très grandes difficultés avec eux ; mais il est, sans exception, l'homme le plus résolu et le plus intrépide que j'aie jamais vu au travail. Sans lui, on peut se demander si les éléphants auraient été embarqués à Bombay le jour fixé pour leur embarquement, et il fut élevé de la position d'inspecteur de troisième classe à celle d'inspecteur de première classe sur le place pour sa bravoure.

Lorsque ces animaux seraient sur la barge, il était décidé de les débarquer avant d'en descendre d'autres, afin de voir s'ils marcheraient jusqu'au quai. Une vedette à vapeur prit donc la barge en remorque et s'éloigna vers le lieu d'atterrissage. Ces petits lancements à vapeur sont les choses les plus pratiques et les plus utiles ici ; quelle que soit la taille de la barge ou la longueur du chapelet de bateaux chargés, une de ces petites embarcations s'en empare et s'enfuit avec elle sans la moindre difficulté. En arrivant au quai , je vis tout de suite que nous aurions une difficulté. Les autorités navales chargées du débarquement avaient complètement méconnu la nature et les instincts des animaux ; et tout enfant qui a jamais lu quoi que ce soit sur les éléphants a entendu dire que ces animaux à l'air maladroit peuvent monter et descendre dans les endroits les plus difficiles, mais qu'ils ont une objection invincible à se fier à n'importe quelle plate-forme ou pont, et ne peuvent que être incité à le faire après de nombreuses expériences quant à sa force. La barge était à près de quatre pieds au-dessus du niveau de la jetée, et comme les côtés de cette dernière étaient quelque peu inclinés, le côté de la barge était éloigné d'environ un pied de la jetée. Mais un éléphant aurait réussi à s'en sortir aussi facilement qu'un homme. Au lieu de lui permettre de faire cela, quelques rails qui avaient été posés pour la ligne furent posés du rivage à la barge, la passerelle utilisée par les mules fut placée dessus, et les éléphants durent descendre à pied. Ils s'y opposèrent naturellement, d'autant plus qu'ils n'étaient pas autorisés à s'arrêter pour l'examiner, mais qu'ils étaient invités à marcher tout droit. Ils refusèrent catégoriquement de le faire, malgré les efforts du cornac et les bousculades et les coups des serviteurs derrière eux. Ils n'avançaient pas, mais se couchaient pour exprimer leur détermination. Enfin l'un d'eux, poussé près de la passerelle, s'agenouilla et, de la tête, donna à toute la structure une poussée qui la fit bouger de plusieurs centimètres . Il se releva ensuite et s'éloigna, après avoir prouvé à sa propre satisfaction que nous étions idiots de nous attendre à ce qu'un animal de sa taille marche le long d'une structure aussi branlante que celle-là. Pourtant, les chefs du débarquement étaient réticents à abandonner leur idée favorite de plate-forme. La passerelle a été enlevée, et les marines et les marins ont apporté des rails et les ont posés étage sur étage, à la manière d'un grillage, et ont placé la passerelle dessus ; et ayant ainsi formé une sorte de marche ou de plate-forme haute de deux pieds, ils invitèrent les éléphants à y monter. Une fois de plus, les éléphants déclinèrent positivement, et tout fut de nouveau essayé, sauf la patience, la seule chose nécessaire. Heureusement, au moment où les autorités navales discutaient diversement de la nécessité de remettre les animaux à l'élingue et de les abaisser à la mer pour marcher à terre, le capitaine Moore, interprète du commandant en chef, apparut sur les lieux. À sa suggestion, les animaux furent autorisés à s'approcher tranquillement, à s'agenouiller et à inspecter et essayer la structure sur laquelle ils devaient se fier ; et au bout d'un autre quart d' heure , ils furent tous trois débarqués sains et saufs.

Un ordre du jour est apparu hier remerciant la force pionnière et le colonel Field de Senafe pour leurs efforts. Il y a ici de nombreuses remarques sur le fait que, même si les officiers et les hommes qui ont marché jusqu'à Senafe et y ont passé un moment relativement calme et agréable ont été remerciés, il ne devrait y avoir aucun mot d'éloge pour les hommes qui ont été je travaille presque jour et nuit ici. S'il fallait faire des éloges, ils ont certainement été mérités par les hommes qui ont supporté la chaleur et le fardeau des temps difficiles à Zulla . Ce matin, les canons de montagne, fabriqués à Woolwich, étaient sortis pour s'entraîner. Ces canons ont été décrits en détail dans les colonnes de la presse anglaise, je n'ai donc pas besoin d'entrer dans aucun détail. L'entraînement aux obus était très juste, les petits canons lançant les obus, qui font près de la moitié de leur longueur, avec une grande précision, à 2000 mètres. Ils me parurent cependant lancer plutôt à droite. Les troupes étaient également en exercice, et un ordre a été donné que tous les régiments sortiraient chaque matin. C'est ce qui devrait être : cela maintiendra les hommes en bonne santé et les préparera, dans une certaine mesure, au dur travail qu'ils auront probablement à accomplir une fois qu'ils commenceront.

Zulla , le 19 janvier.

Cela a été une semaine totalement dépourvue d'événements. Aucun mouvement d'aucune sorte n'a été fait, ou ne sera probablement fait, avant quinze jours au plus tôt. Le train de transport est exclusivement employé à transporter des provisions vers le front, ce qui est un processus très fastidieux. Les mulets et les poneys portent nominalement un fardeau de deux cents livres chacun, les chameaux quatre cents livres ; mais il y en a en effet très peu parmi les premiers capables de supporter leur propre fardeau, et je pense pouvoir dire aucun des seconds. Si l'on tentait de les charger de tout leur poids, le résultat serait qu'un tiers au moins des animaux tomberaient en panne dans les deux premiers milles. Un grand nombre d'animaux sont hospitalisés ; mais une proportion bien plus grande est encore capable d'effectuer une certaine quantité de travail, mais rien de comparable à son quota complet. Ceux-ci sont atteints de toux et d'affections pulmonaires qui les amèneront tôt ou tard à l'hôpital, et de là dans leurs tombes, victimes du surmenage, lorsqu'ils sont affaiblis, à cause d'un approvisionnement irrégulier et insuffisant en nourriture et en eau. Le train de transport est aujourd'hui si essentiellement le corps dont dépendent les mouvements de l'armée, qu'il ne serait pas déplacé d'expliquer un peu longuement la constitution et les devoirs du corps et de ses officiers. Le train de transport est commandé par le major Warden et est divisé en quatorze divisions, dont chacune, une fois complète, contient deux mille animaux et douze cents hommes, y compris les conducteurs, les maréchaux-ferrants et les forgerons, les selliers, etc. Chaque division est commandée par un capitaine, qui a deux subalternes. Il a quatre inspecteurs ou sergents-majors, deux inspecteurs de seconde classe, sergents ; cinq inspecteurs de troisième classe, caporaux, tous soldats européens. Il a aussi deux seconds inspecteurs et cinq troisièmes inspecteurs, indigènes ; et une centaine de soldats indigènes, censés servir d'assistants.

On verra que chaque division est aussi forte que trois régiments de cavalerie ; elle est entièrement composée de conducteurs rassemblés à la hâte de toutes parts, Égyptiens, Arabes, Italiens, Grecs, Hindous , etc., tous hommes sans la moindre conception de discipline militaire ; et pour diriger ce vaste corps d'hommes et d'animaux, il y a un capitaine, deux officiers et onze sous-officiers blancs. Si chaque division était stationnaire, ou si elle se déplaçait en un seul corps, la tâche serait relativement facile ; mais il est dispersé sur le col, en convois de 200 personnes jusqu'en petits groupes de deux ou quatre, avec les bagages des officiers. Les règles qui ont été rédigées pour réglementer le corps sont admirables sur le papier, mais absolument impraticables en service. Chaque soldat indigène est censé avoir le contrôle de douze conducteurs et de vingt-cinq mules, et est lui-même soumis à un chef muccadum , ou quatrième inspecteur, lui à un troisième, le troisième au deuxième, etc. "Chaque homme responsable d'une escouade doit veiller à ce que chaque animal ramené du service soit soigné, que ses pattes soient cueillies et nettoyées, que la nourriture soit placée devant lui, que le dos soit bien éponngé avec de l'eau chaude." « Les selles seront invariablement, une fois retirées des animaux, placées à l'envers pour sécher, les coussinets vers le soleil, puis soigneusement empilées avec les équipements apposés sur chacune, à l'arrière de chaque escouade, en s'habillant depuis la droite de la ligne. » Toutes ces règles, et bien d'autres similaires, sont admirables en théorie ; absolument impraticable sur le terrain. Un convoi arrive tard dans la nuit. Sa première tâche est de décharger, puis de placer la nourriture devant les animaux, et de les abreuver si l'eau est accessible ; puis les conducteurs et les animaux se couchent également épuisés, et le toilettage, le ramassage des pieds et le rangement des équipements , l'habillage par la droite, sont également ignorés. Les officiers de ce corps ont une charge de travail presque impossible à accomplir. Ils sont censés voir abreuver leurs animaux, faire défiler ceux qui doivent partir, les voir nourris, les voir toiletter, examiner leur dos, veiller à ce que les nombreux convois partent au bon moment, soigner la variété polyglotte. de chauffeurs, pour la plupart parlant arabe et d'autres langues inconnues. Ensuite, ils doivent s'occuper des soldats indigènes, envoyer d'innombrables rapports et tenir des livres de bureau ; ils doivent remplir des fonctions de quartier-maître et de payeur ; ils ont les feuilles de paie, les rôles de paiement des familles, les retours de magasins, d'équipements , les feuilles de défaillants, etc. à faire de leurs propres mains, à moins qu'ils ne prennent l'un des rares inspecteurs européens de son travail pour faire office de commis. "Ils sont en outre responsables du bon ordre et de la condition du bétail, ainsi que de la préservation et de l'intégralité de leur équipement , et doivent veiller à ce que chaque soldat, sous-officier et inspecteur, fasse son travail." En plus de tout cela, ils doivent actuellement être sur le quai, voir les animaux débarquer, inspecter le montage et l'ajustement des selles et des équipements , ainsi que la fourniture de vêtements chauds aux conducteurs.

Ceci est une légère esquisse des tâches que doivent remplir ces trois officiers pour 2000 animaux et 1200 hommes, avec pour les assister une demi-douzaine de sous-officiers européens. Les inspecteurs aussi ont été, dans de nombreux cas, choisis par les officiers commandant les régiments, sans la moindre référence à leurs connaissances. Un grand nombre d'entre eux parlent à peine un mot d' hindoostanee et sont bien entendu parfaitement inutiles. Tout cela augmente considérablement le travail et les difficultés de l'officier. Dire que ces derniers travaillent du matin au soir n'est rien. C'est un travail incessant, de cinq heures du matin à sept heures du soir, puis des rapports et des comptes. Si les officiers pouvaient faire leur travail à leur manière, chacun pour sa division, ils le feraient — grossièrement peut-être, mais efficacement ; mais c'est cette demande constante de rapports et les changements qui sont constamment apportés aux arrangements qui rendent le travail beaucoup trop difficile à accomplir. La grande erreur qui fut commise fut d'envoyer des inspecteurs et des soldats hindous à moins que tous, ou du moins la plus grande partie, des chauffeurs n'aient été également hindous. Les conducteurs hindous auraient obéi aux inspecteurs et aux soldats hindous ; les Arabes et les Egyptiens, qui forment la grande proportion des conducteurs, rient au nez. Un Hindou non plus n'est pas un homme inventif : donnez-lui ses ordres, soyez bien sûr qu'il les comprend, et il les exécutera tant que tout se passe bien ; mais c'est un homme très impuissant si les choses tournent mal. Ces muletiers sont les hommes les plus téméraires. Si une mule tombe en panne, ils le laissent avec son chargement sur la route. Si l'un d'entre eux tombe en panne dans un endroit étroit, il leur faudra une bonne heure avant de prendre la résolution de l'écarter du chemin et de continuer leur voyage. Si une roue de charrette cède, elle peut rester là. Si un animal a mal au dos, ou s'il souffre d'une maladie ou de toute autre maladie, il ne lui viendra jamais à l'esprit d'en dire un mot jusqu'à ce qu'il tombe impuissant. Dans l'ensemble, les conducteurs du train sont très imprudents et veulent avant tout être surveillés. La rémunératiu offerte aux inspecteurs des différentes classes est très bonne, et il n'aurait eu aucune difficulté à obtenir des volontaires des régiments anglais de toute l'Inde, étant bien entendu une condition *sine qua non* qu'ils aient une certaine connaissance familière de l'Hindouostanee . Il aurait dû y en avoir au moins cinquante par division, et alors aucun convoi de plus de vingt mules ne serait jamais sorti sans un Européen pour s'occuper d'eux. Si l'un des animaux était malade ou boiteux, l'inspecteur le signale ; si une mule tombait, il veillerait à ce que le fardeau soit partagé entre les autres ; si une roue était cassée, il effectuait un changement ou un autre pour la réparer. Il aurait dû porter des armes de poing, veiller à ce que les animaux restent ensemble sans se disperser et empêcher tout pillage de la part des indigènes. En fait, il aurait économisé vingt fois son salaire. C'est cette imprudence totale de la part des conducteurs qui a largement contribué à la grande mortalité des animaux. Ils travailleront les pauvres bêtes avec les maux de dos les plus terribles, jusqu'à ce que dans leur agonie, ils ne puissent plus aller plus loin ; puis ils les lâcheront et en voleront un autre dans les lignes, de sorte que les vétérinaires ne découvrent que les animaux sont malades que lorsqu'ils sont complètement hors de travail. Si les maux de dos, les boiteries et les maladies n'étaient signalés qu'au bon moment, quelques jours de repos et un peu de soins mettraient la plupart des animaux sur pied ; or, souvent, le premier avertissement vient de quelqu'un qui, chevauchant, a vu mourir la pauvre bête couchée au bord de la route.

Il y a eu un grand mécontentement parmi ces officiers du train de transport qui travaillent dur, dont certains sont à l'œuvre en Egypte ou en Inde depuis août dernier ; d'autres ont subi les pires moments ici – lors de l'introduction d'un certain nombre d'autres officiers au-dessus de leurs têtes. Le corps a été constitué en corps depuis quelques mois, et les officiers ont été placés d'après leur grade régimentaire. Selon toutes les règles et précédents, chaque officier publié dans le corps d'armée par la suite occuperait un grade, c'est-à-dire un grade local, selon la date de sa publication dans le corps. Au lieu de cela, ils ont été placés selon leur date d'entrée en qualité de capitaine, par conséquent tous les capitaines qui ont travaillé ici depuis le débarquement de l'expédition, et qui ont supporté le labeur et l'anxiété dès le premier, en trouvent deux ou trois officiers placés au-dessus de leurs têtes, et, en effet, si cette procédure continue, ils seront à la fin de la campagne six ou sept de moins sur la liste qu'auparavant. Ceci est d'autant plus inexcusable que quatorze divisions devaient être formées et quatorze capitaines furent publiés , rendant ainsi le corps complet ; et chacun espérait, et avait le droit d'attendre, d'avoir une division. En fait, au début, même les autorités l' ont reconnu ; et ces capitaines, qui souhaitaient se rendre en Abyssinie, mais ne pouvaient obtenir d'autre nomination, furent publiés comme subalternes dans le train de transport ; et comme c'était postérieur à la gazette formant le corps, les autres officiers supposèrent naturellement qu'ils étaient arrivés comme des cadets de ce grade. Cependant, quand la première vacance se produisit parmi les capitaines, au lieu que le lieutenant supérieur obtienne la promotion comme il s'y attendait, un de ces capitaines subalternes fut promu au poste vacant ; et comme il était un vieux capitaine, il sauta non seulement par-dessus la tête de tous les subalternes, mais aussi par-dessus celle de tous les capitaines qui étaient ici lorsqu'il débarqua, et devint ainsi commandant en second du train de transport. Depuis lors, d'autres nominations ont été faites, et les capitaines d'origine se retrouvent actuellement à descendre progressivement au lieu de monter dans leur corps. Ceci, après le travail qu'ils ont accompli, n'est pas un peu difficile et est, je crois, tout à fait sans précédent dans le service.

Les dispositions concernant la position des divisions ont été si fréquemment modifiées au cours de la dernière quinzaine, que je suis tout à fait incapable de dire où elles sont actuellement postées. Il avait été initialement convenu par le capitaine Twentyman — à l'époque où il commandait — que chaque division aurait une station et transmettrait les magasins de station en station. Cela fut ensuite entièrement modifié, et il fut ordonné que chaque division travaillerait depuis Koomaylo jusqu'à Senafe , et un capitaine fut envoyé pour envoyer les animaux à cet effet. Quarante- huit heures après, un autre capitaine fut envoyé pour annuler entièrement ces ordres et prendre des dispositions parfaitement nouvelles, et celles-ci ont encore été modifiées au cours des deux derniers jours. Je n'ai pas besoin de dire que ces changements constants et inutiles ajoutent beaucoup aux difficultés avec lesquelles les officiers du train ont à lutter. À l'heure actuelle, les provisions d'ici à Koomaylo sont transportées par des chameaux, et de là transportées par des mulets, des bœufs et des poneys de station en station.

Curieusement, le système de passage, comme on l'appelait, c'est-à-dire l'envoi d'animaux pendant des jours avec les mêmes charges, a été persévéré jusqu'à la toute fin de la campagne, même s'il a été possible de prouver mathématiquement que le système de relais était en bon état. à tous égards grandement supérieur. Le capitaine Ellis, du train de transport, envoya aux autorités un tableau qui prouvait de manière concluante que le même nombre de mulets transporterait un sixième de plus de marchandises dans un temps donné par le système du «relais» que par le «travers». Mais les autres avantages étaient encore plus grands ; un officier stationné à un endroit donné avait toujours sous ses yeux les hommes et les animaux de sa division. Il apprendrait à connaître l'homme et la bête ; il découvrirait bientôt quels hommes faisaient leur travail et lesquels échouaient. Les cochers et les mulets auraient chacun leur place, et une confusion infinie serait évitée ; les dispositions pour puiser le fourrage pour les animaux et la nourriture pour les hommes, pour la cuisine, etc. tout aurait été simple et réalisable. En effet, à tous égards, le système de relais possède d'immenses avantages. Il n'aurait bien sûr pas pu être adopté au-delà d' Antalo , mais l'économie de travail et de vies, l'augmentation de l'efficacité, de la régularité et de la discipline, depuis son introduction entre Zulla et Antalo , auraient été énormes.

Je ne saurais dire combien d'animaux sont actuellement à l'œuvre — probablement neuf ou dix mille, et ce nombre, entièrement consacré au transport des provisions du commissariat comme elles le sont actuellement, rapporterait des sommes vraiment considérables, si ce n'était qu'ils transporter leur propre fourrage, et étaient-ils suffisamment forts ; mais malheureusement un très grand nombre d'entre eux souffrent de maladies pulmonaires, provoquées par une eau et une nourriture insuffisantes et irrégulières. Le nombre d'hospitalisations est terrible. Il y a actuellement environ 700 mulets et 700 chameaux hospitalisés, et plus de 200 décès par semaine. C'est une mortalité terrible ; mais si tous les autres étaient en bon état de fonctionnement, cela importerait relativement peu ; le pire est que beaucoup sont malades et rempliront les rangs des hôpitaux bien plus vite que la mort ou la sortie ne les videra. Il y a nominalement dix vétérinaires dans la force sous la direction du vétérinaire Lamb, un officier de grande expérience ; seuls cinq sur dix sont arrivés, et ceux-ci sont terriblement surchargés de travail, car ils n'ont pas de personnel et doivent inspecter, prescrire et administrer eux-mêmes les médicaments. Il ne faut pas perdre de temps à remplir les rangs des vétérinaires et à leur prêter assistance, car lorsque les effectifs seront complets , ils auront chacun au moins 100 animaux de ce type à s'occuper, et ce ne sont pas des cas insignifiants, mais de terribles maux de dos. , les derniers stades de la maladie pulmonaire et la peste locale. Les autorités semblent avoir pensé que la vie des chauffeurs, officiers et sous-officiers indigènes n'avait aucune conséquence, car bien qu'il y ait 280 Européens et 18 000 chauffeurs indigènes lorsque le corps sera au complet, aucun chirurgien n'est nommé. pour eux! Et cela, même si la grande partie des forces sera stationnée dans de petites stations le long de la route, où il n'y aura aucune troupe, et bien sûr aucun médecin. Les hommes sont très sujets aux fractures et aux blessures causées par les coups de pied des animaux, ainsi qu'aux maladies causées par les épreuves et l'exposition ; et pourtant, parmi ce corps nombreux d'hommes, presque égal en nombre à tout le reste de l'expédition, aucun médecin n'a été nommé !

Les animaux qui semblent supporter le travail pénible et l'alimentation irrégulière avec le moins de détérioration sont les bœufs. Parmi eux, un très petit nombre a effectivement été malade et les décès ne s'élèvent qu'à une ou deux fois par semaine . Ils ont l'air en très bon état et font admirablement leur travail. En effet, la plupart des mulets et des poneys paraissent en assez bon état, et ils ne manquent certainement pas de nourriture, sauf aux gares d'amont. Un très grand honneur est dû au commissariat, qui a très bien fait, et contre lequel on n'entend jamais de plainte. Depuis le premier débarquement, ils disposent d'abondantes provisions pour les hommes ; et aucun cas, autant que j'ai entendu dire, ne s'est produit où des hommes n'ont pas pu obtenir leurs rations appropriées. Le commandant en chef met tout en œuvre pour renforcer le train de transport et a publié un certain nombre de subalternes non attachés à ce sujet. Il a également, je crois, demandé aux régiments indigènes d'ici des volontaires pour ce corps ; parmi les subalternes, j'ai entendu dire, il y a eu peu de réponses affirmatives, voire aucune. Je comprends que les régiments européens ont également été sollicités pour recruter des volontaires parmi les sous-officiers et hommes de troupe, pour agir comme inspecteurs dans le train. Parmi ceux-ci, comme parmi les officiers, j'ai entendu dire que l'appel n'avait pas reçu de réponse. Le travail du train est extrêmement dur ; et les hommes s'imaginent, et peut-être avec raison, qu'ils ont moins de chances d'aller au front en train qu'ils n'en auraient dans leurs propres régiments. Il n'y aurait eu aucune difficulté à l'origine à obtenir un certain nombre d'hommes des régiments qui ne viendraient pas en Abyssinie, car les hommes se seraient portés volontaires pour la raison même qui fait que les hommes d'ici refusent de le faire, à savoir qu'ils souhaitaient voir la guerre ; en plus, comme je l'ai dit, la paie dans le train est vraiment très bonne.

Mais après tout, ce dont le train de transport a le plus besoin, c'est d'un commandant d'un grade bien supérieur à celui d'un major. Le train de transport est, comme je l'ai montré, un ensemble de quatorze divisions, chacune aussi nombreuse que trois régiments de cavalerie, le tout égalant en hommes seuls le reste de l'expédition. Pour commander cet immense corps, il aurait fallu choisir un général de brigade énergique et digne de ce nom, un homme qui verrait le travail accompli et qui insisterait en même temps pour pouvoir exécuter ses plans à sa manière, sans interférence des autres. . Dans l'état actuel des choses, chacun a des conseils à donner au train de transport et, tout en rejetant sur ses épaules la responsabilité de tout ce qui ne va pas, les hommes ne font pas grand-chose pour les aider ; n'hésitez pas à envoyer des animaux de transport et à les faire attendre pendant des heures ; commencer à des heures qui rendent impossible l'abreuvement des animaux ; envoyer leurs réquisitions à toutes sortes d'heures bizarres ; et, en fait, ne montrent aucun respect pour autre chose que leur convenance personnelle. Le major Warden fait de son mieux et travaille sans relâche ; mais il faut pour cela un officier d'un rang bien plus élevé, d'une grande fermeté et d'une grande décision. Ce cadeau serait une excellente occasion pour un officier de se faire un nom. Avoir dirigé avec succès un corps aussi énorme que le train de transport, dans des difficultés aussi extrêmes, qui l'ont déjà visité et qui le visiteront à l'avenir, serait une plume dans le chapeau de l'officier le plus distingué.

On peut se demander s'il n'aurait pas été bien préférable de faire ici, comme en Inde, c'est-à-dire de confier le train de transport au commissariat ; et l'écrasante majorité de l'opinion est que cela aurait été une solution très préférable. En premier lieu, le commissariat n'a aucune responsabilité. Il leur suffit de remettre à Zulla tant de milliers de sacs de riz, de sucre, de biscuits, etc., et de leur dire : « Livrez-les en certaines proportions à telles et telles stations de la route ». Ceci fait, leur responsabilité cesse. S'il y a un manque quelque part, ils n'ont qu'à dire : « Nous avons livré les magasins de Zulla à temps et s'ils ne sont pas arrivés, ce n'est pas notre faute. » Je ne peux m'empêcher de penser qu'il vaudrait bien mieux que le commissariat dispose de son propre train de transport. En Inde, ils ont prouvé à maintes reprises qu'ils étaient capables d'effectuer admirablement leurs opérations de transport. Au cours de la mutinerie, il n'est guère arrivé que le commissariat ne parvienne pas à préparer la nourriture pour les hommes à la fin de la marche de la journée. Pour le transport du matériel et des bagages militaires, le train de transport doit être parfaitement distinct de celui de l'intendance. Tant de mules et de conducteurs devraient être confiés à chaque régiment, et ce régiment devrait en être responsable. L'un des officiers et un ou deux sergents seraient chargés de s'occuper d'eux et de veiller à ce qu'ils soient correctement nourris, abreuvés et soignés. L'officier du train de transport de la division serait chargé des mules de rechange et les échangerait en cas de besoin contre des mules régimentaires qui auraient pu tomber malades en cours de route ; en outre, une certaine proportion de mulets de rechange pour les blessés pourrait être remise à chaque régiment. En cas d'arrêt de quelques jours seulement, les mulets resteraient à la tête des troupes ; mais si la halte devait se prolonger, les mules seraient remises à l'officier des transports, et celui-ci les utiliserait pour aider le commissariat ou pour tout service pour lequel elles pourraient être nécessaires. [2]

Les éléphants ont été remis au train du commissariat. Ils font des allers-retours entre cet endroit et Koomaylo et font avancer de grandes quantités de magasins. Les indigènes ne se lassent jamais de regarder les énormes bêtes au travail et de s'étonner de leur obéissance à notre égard. Cela les étonne, en effet, plus que tout ce qu'ils ont vu de nous, à l'exception de notre eau de mer qui se condense. L'un d'eux parlait l'autre jour à un officier qui connaît parfaitement l'arabe. « Vous dites que vous êtes chrétiens », dit le Shoho ; cela ne se peut pas, car vous ne portez pas de cordons bleus autour du cou. Vous êtes fils de Sheitan. Vous êtes plus puissant que les afrits d'antan. Ils pouvaient déplacer des montagnes et voler dans les airs, mais ils ne pourraient jamais boire de la mer, ils ne pourraient jamais transformer l'eau salée en eau douce. Vous devez être fils de Sheitan.

Aucune troupe n'a avancé cette semaine, à l'exception de deux compagnies du 25e d'infanterie indigène, qui se sont rendues à Koomaylo pour y fournir des gardes et des équipes de fatigue. Aucune troupe n'a débarqué, à l'exception d'un nombre considérable de chevaux Scinde . J'avais hâte de voir ce régiment, que j'ai vu très vanté dans les livres, mais dont les officiers indiens avec lesquels j'ai conversé sur le sujet ont généralement parlé en termes contraires à ceux de compliments. J'avoue que leur apparence n'est pas imposante. Les hommes sont vêtus de longues redingotes vertes, de pantalons verts, de ceintures et sabretasches noires , d'une ceinture rouge autour de la taille et d'un turban rouge. Un uniforme pittoresque en soi ; mais le long poil a un effet maladroit à cheval. Leurs chevaux sont, sans exception, l'ensemble d'animaux le plus laid que j'aie jamais vu. Un plus grand contraste entre ces hommes et ces chevaux et l'intelligente 3e cavalerie de Senafe pourrait difficilement être conçu ; et pourtant, les hommes individuellement forment un bel ensemble de gars, et sont même presque trop lourds pour la cavalerie. Le grand point qui a toujours été soutenu en faveur des chevaux Scinde est qu'ils portent leurs propres bagages et sont indépendants du commissariat ou du train de transport. C'est, bien sûr, une qualité des plus précieuses ; et dans l'Inde, où le fourrage et les provisions s'achètent assez facilement, il est probable que le régiment pourra se déplacer dans une large mesure avec ses propres ressources. Ici, c'est tout à fait différent, et le régiment a chargé sur le train de transport autant d'animaux à bagages que les autres corps de cavalerie en auraient besoin. La seule utilité des troupeaux de poneys qu'ils ont amenés avec eux est de transporter de très gros kits pour l'usage des hommes, ce qui ne présente aucun avantage pour le service public et, au contraire, entraîne de grandes dépenses, car ces poneys ont été importés de l'Inde aux frais de l'État et doivent maintenant être nourris et abreuvés. Je devrai probablement revenir sur ce sujet au cours de la campagne, car ce système a été fortement préconisé et tout aussi fortement attaqué parmi les officiers indiens. Le chemin de fer continue d'avancer, et la première locomotive a fait aujourd'hui un essai sur celui-ci. Bien qu'il ne reste plus qu'à poser les traverses dans le sable et à fixer les rails, il ne reste actuellement qu'un mile à parcourir. Un cours d'eau asséché a été traversé, et ici des poutres de fer ont été posées ; mais ces nullahs ne devraient constituer aucun obstacle au progrès des travaux, car des équipes devraient être envoyées en avant pour que les petits ponts, ou toutes les petites tranchées qui pourraient exister, soient terminés et prêts, afin qu'aucune pause ne puisse être occasionnée dans la pose. la ligne. Le pays, à l'exception de ces petits cours d'eau asséchés, qui ont de trois à cinq pieds de profondeur, est parfaitement plat ; et le chemin de fer pourrait, en tout cas, être temporairement construit avec une grande facilité et rapidité, surtout avec le nombre d'hommes qui y sont employés. Comme les travaux se poursuivent actuellement sans méthode, ni plan, ni jugement, il est même impossible de prédire quand ils seront terminés à Koomaylo .

Il est vraiment dommage que l'affaire n'ait pas été confiée à un entrepreneur ferroviaire régulier, qui aurait amené son matériel, ses wagons et ses poseurs de tôles d'Angleterre, *via* l'Egypte, dans les trois semaines à compter de la date de signature du contrat. et qui aurait, avec la main-d'œuvre indigène , eu la ligne ouverte vers Koomaylo , sinon vers Sooro , avant cela. Je ne blâme pas les officiers ingénieurs qui sont responsables du chemin de fer. Ils font de leur mieux et n'ont aucune aide sous forme de gangers ou de poseurs de plaques pratiques, et n'ont ni outils ni commodités d'aucune sorte. En effet, la pose même d'une ligne peut difficilement être considérée comme un travail d'ingénieur. Un ingénieur fait les relevés et les plans, et veille à ce que les ponts, etc., soient construits avec des matériaux appropriés ; mais il n'est pas un constructeur de chemins de fer de profession et est mal calculé pour diriger un certain nombre d'indigènes, qui ne comprennent ni sa langue ni n'ont une idée de ce qu'il vise. Il fallait un corps de terrassiers minutieux , fort de quelques centaines d'hommes, comme nous en avions en Crimée, pour montrer aux indigènes ce qu'il fallait faire et pour effectuer eux-mêmes la pose des plaques et la partie habile du travail. Quand je dis que le chemin de fer n'a été et ne sera d'aucune utilité à l'expédition qui avance, j'exception bien entendu la ligne de rails qui descend sur le quai et monte jusqu'aux magasins, car elle a été de la plus grande utilité. [3]

Le groupe de photographes est au col et a réalisé d'excellentes vues de la gorge. Les ingénieurs ont réussi à couler des pompes dans la plaine des pintades, ou, comme on l'appelle maintenant, à Undel Wells, et ont obtenu une réserve abondante d'eau de bonne qualité. C'est une nouvelle très importante et très gratifiante. Le voyage de Sooro à Rayray Guddy , trente milles, sans eau, était la partie éprouvante du voyage, et si les animaux pouvaient parler, bon nombre d'entre eux attribueraient leurs maladies à ce long et pénible voyage. Il est vrai qu'il y avait généralement un peu d'eau au vieux puits, mais celui-ci était si profond et si difficile d'accès, que, bien qu'on pût y abreuver un groupe de trois ou quatre animaux, il était tout à fait impossible que un grand convoi pourrait être arrosé. Maintenant un grand dépôt de provisions et de fourrages y sera établi, et le voyage sera désormais divisé en cinq journées de marche, à peu près égales. Des animaux frais arrivent ici tous les jours, et la quantité de provisions de toutes sortes qui sont déversées sur le rivage est vraiment surprenante. Rien ne pourrait fonctionner mieux ou de manière plus égale que tous les départements ici. Il n'y a aucune confusion d'aucune sorte, et la question des rations et des provisions, ainsi que les dispositions générales, fonctionnent aussi bien qu'à Aldershot . Les musiques militaires jouent matin et soir, et tout est aussi calme et conforme aux règles que si nous avions passé six mois et avions l'intention de rester six mois de plus dans cette plaine, séjour de vingt-quatre heures au cours duquel nos prophètes du mal ont déclaré. être fatal à un Européen. La seule chose qui nous différencie d'un camp stationnaire est qu'il n'y a pas de défilés. Tout le monde est au travail en service de fatigue. Chaque homme disponible reçoit l'ordre d'accomplir un travail quelconque, et comme nous l'avons fait avec les pionniers, les coolies, les indigènes et les soldats, quatre ou cinq mille hommes ici, nous devrions réellement faire des progrès considérables avec notre chemin de fer, qui est maintenant le seul. travaux d'importance, à l'exception de la jetée en bois de l'intendance et du travail incessant de réception et de débarquement des provisions. Il y a trois jours, il y avait un travail en cours qui était une bonne plaisanterie au camp. J'ai mentionné dans une lettre précédente que les magasins du commissariat ayant été inondés, les ingénieurs ont construit un barrage qui était destiné à empêcher la mer d'entrer, mais qui aux premières fortes pluies maintenait l'eau et provoquait une crue d'eau douce au lieu d'une crue de sel. un. Le colonel Wilkins se résolut alors à un travail de grande envergure ; à une telle échelle, en effet, que des rapports circulaient dans le camp selon lesquels « il avait décidé d'élever toute la côte africaine de trois pieds », tandis que d'autres, plus modérés, niaient l'exactitude de cette proposition et disaient qu'il était simplement « saisi d'un désir de montrer aux habitants de Bombay comment les réclamations sur la mer doivent être effectuées. Le dernier rapport était plus proche de la vérité que le premier, car son intention était d'élever le rivage d'une jetée à l'autre, sur une distance d'environ 400 yards, le rivage à élever ayant trente ou quarante yards de largeur et ayant besoin de trois pieds. de hauteur supplémentaire au minimum. Le matériau à utiliser était du sable. En conséquence, environ un millier d'hommes travaillèrent pendant une semaine avec des paniers à ce que leurs officiers appelaient le mudlarking , et si la mer ne s'était heureusement interposée, ils auraient pu travailler encore six mois de plus, avec le résultat certain que la toute première fois, une marée haute, accompagné de vent, mis dans l'œuvre disparaîtrait complètement ; le sable ayant - comme le savent parfaitement la plupart des enfants qui ont construit des châteaux sur les sables de Ramsgate - le don gênant de fondre lorsqu'il est battu par la mer. Heureusement, avant que l'on ait fait autre chose que de construire une sorte de digue au bord de la mer, et lorsque le travail consistant à remplir tout le rivage au même niveau commença à être apparent même aux plus obstinés, la mer monta, déborda le barrage. , a couvert le terrain bas derrière trois pieds de profondeur, est entré dans les magasins du commissariat et, comme il ne pouvait pas s'échapper, a fait beaucoup plus de dégâts qu'il n'en aurait fait si le rivage était resté tel qu'il était avant que le travail d'un millier d'hommes pendant une semaine ne soit terminé. dépensé dessus.

La saison des pluies, comme la plupart des autres choses liées à l'Abyssinie, est devenue un mythe. Cela devait avoir lieu en novembre, puis cela a été reporté à décembre, puis le 1er janvier a été désigné comme date limite, et pourtant, à l'exception d'une forte averse, nous n'avons eu aucune pluie. La poussière souffle à nouveau en nuages parfaits. Nous le goûtons dans tout ce que nous mangeons et dans tout ce que nous buvons. Le grain est perpétuellement entre nos dents. Quant à nos cheveux, entre bains de mer et poussière, ils se rapprochent à grands pas de l'aspect d'un dos de hérisson. S'il n'y avait pas eu le bain du soir, je ne sais pas comment nous pourrions nous en sortir. Une grande amélioration a été réalisée à cet égard au cours des dix derniers jours. L'extrémité de la jetée est désormais réservée aux seuls officiers, le reste étant consacré aux hommes. C'est une grande aubaine et fait de l'extrémité de la jetée un lieu de rassemblement très agréable le soir. Tout le monde est là, et tout le monde se connaît, si bien que c'est le grand rendez-vous de la journée. Notre salle de réunion est la mer, nos toilettes sont strictement déshabillées. Je souhaiterais seulement que l'eau que nous utilisons en interne soit aussi agréable que l'eau salée pour le bain, mais le fait est qu'elle est presque imbuvable. Pourquoi il en est ainsi, personne ne semble le savoir ; mais cela ne fait aucun doute. Il est extrêmement salé et a en outre un fort goût terreux et parfois une odeur désagréable. Pourquoi ce devrait être du sel, je l'ignore, mais je ne peux que supposer que les condenseurs travaillent trop fort et que l'eau salée passe avec la vapeur. La saveur terreuse et l'odeur désagréable qu'elle a parfois, j'attribue au fait que l'eau qui arrive à terre en provenance des navires doit être mauvaise. J'ai senti exactement la même odeur dans l'eau à bord du navire. Le mauvais goût est si fort qu'il ne peut être déguisé ou maîtrisé par le plus fort mélange d'alcool. La meilleure eau ici est de beaucoup produite par le condenseur situé à la tête de la jetée, et elle est distribuée aux régiments européens, qui campent plus près de lui que ne le sont les régiments indigènes. Les filtres éliminent dans une certaine mesure le goût terreux, mais ils n'altèrent pas la solution saline. Un problème plus grave encore que la mauvaise qualité de l'eau est le fait que l'approvisionnement a été insuffisant à plusieurs reprises au cours des dix derniers jours et que des centaines d'animaux ont dû se rendre au travail le matin ou au lit le soir. sans une goutte d'eau. C'est cela qui pose les bases des maladies pulmonaires, qui remplit nos hôpitaux d'animaux malades, sans parler des souffrances qui leur sont infligées. Lorsque les Scinde Horse, avec leurs nombreux animaux de bagages, auront avancé, il faut espérer que les autorités navales seront en mesure de fournir suffisamment d'eau potable pour le reste du camp. Le groupe des ingénieurs vient de commencer un travail qui, une fois terminé, permettra de débarquer quotidiennement une quantité de provisions beaucoup plus grande que ce qui peut être fait actuellement. Ils enfoncent des pieux de manière à allonger la jetée de vingt ou trente mètres et à former une tête de jetée, de tous les côtés de laquelle les briquets et les bateaux peuvent se trouver le long du quai pour décharger, au lieu d'être seulement d'un côté, comme actuellement. Le quai du commissariat fait également des progrès considérables, et lorsque celui-ci et le nouveau quai seront terminés, la quantité de marchandises qui pourront être débarquées quotidiennement sera très grande. Dans l'état actuel des choses, il est merveilleux de voir quelles immenses quantités de provisions sont débarquées et acheminées vers le quai dans les camions par le commissariat, l'intendant, les trains de transport et les services du génie. De nombreux ouvriers effectuent un travail léger, et le travail est abondant ici, et un bateau accoste, et son contenu est vidé et placé sur un wagon de chemin de fer en très peu de minutes. Si une double ligne était aménagée sur le quai - spécialement construit à cet effet - et si deux ou trois connexions ou passages à niveau étaient prévus, de manière à ce que les camions pleins puissent sortir et que les vides entrent sans s'attendre, la capacité du quai serait bien plus grand qu'il ne l'est. Pourquoi cela n'est-il pas fait, personne ne semble le savoir. Avec l'abondance de travail disponible, cela pourrait être réalisé en un jour sans interférer avec le fonctionnement de la ligne actuelle. Une grande amélioration s'est produite dans le transport du poste entre celui-ci et Senafe . Les poneys sont prêts aux différentes gares, et les courriers sont pris en charge en deux jours. En effet, les choses s'améliorent dans toutes les branches du service, et, à l'exception de l'approvisionnement en eau et de la lenteur ridicule du chemin de fer, il n'y a pas grand-chose à souhaiter. Les pionniers du Pendjaub , dont j'ai mentionné l'arrivée dans ma dernière lettre, forment un groupe d'hommes d'une rare qualité. Leur robe ample de coton et leurs turbans marron bordeaux foncé, et leurs pioches et pelles en bandoulière sur leurs épaules, en plus de leurs armes et accessoires, leur donnent l'apparence d'un corps prêt à tout travail ; et cela, ils l'ont tout à fait confirmé. Ils ont amené avec eux un certain nombre de poneys et sont aptes à tout service. Les corps arrivés jusqu'ici du Bengale et de Madras ont certainement fait un très grand honneur à ces présidences, et font regretter que Bombay se soit efforcé de conserver autant que possible le monopole d'une immense expédition comme celle qui se présente dans son pays. propres mains. La division Lahore du train muletier arriva ici dans l'ordre le plus parfait. Les selles, accessoires, etc., arrivèrent avec les mules, ainsi que l'effectif approprié de conducteurs, complets avec des vêtements chauds, etc. Cette division était donc prête à prendre son chargement et à remonter dès le lendemain de son débarquement, sans le moindre désordre ni retard. Bien sûr, les animaux d'Egypte et de Méditerranée ne pouvaient pas arriver dans cet état d'ordre, mais il n'y avait aucune raison pour que la division Bombay n'arrive pas en parfait état d'efficacité, au lieu que les animaux arrivent par un seul navire, les conducteurs dans un autre, les officiers et inspecteurs, dans un troisième, et les accessoires et vêtements dispersés sur toute une flotte. Madras s'en sort également bien, même si son contingent est très réduit. Les sapeurs et mineurs de Madras se sont grandement distingués, et le corps de dhoolie de Madras , qui a été levé et organisé par le capitaine Smith, du commissariat, s'est révélé de la plus grande utilité. Ils ont travaillé admirablement et ont été tout à fait disposés à accomplir n'importe quel travail pour lequel ils étaient chargés, aussi étranger qu'il puisse être au but pour lequel ils étaient engagés. Un certain nombre d'entre eux ont été transférés sur le train de transport ; et, en effet, le corps s'est montré si utile, que des ordres ont été envoyés à Madras pour en demander un autre de force égale.

Nous avons eu un joli spectacle ici l'autre soir. Le pacha à bord de la frégate turque, qui avec deux petites épouses repose dans le port , a invité Sir Robert Napier et les autres généraux, avec leurs états-majors respectifs, ainsi que les commandants des régiments et des départements, à dîner. La frégate était éclairée par des centaines de lanternes accrochées le long de ses haubans et de ses vergues. Le dîner était étalé sur le pont arrière, qui avait des auvents sur le toit et sur les côtés, de sorte qu'il formait une tente parfaite. Le dîner fut très bon, et les garnitures et ornements de la table admirables. Pour les hommes qui, depuis un mois, mangeaient de l'étain et buvaient dans des tasses en étain, la vue d'une pile d'assiettes en porcelaine, qui étaient évidemment quelques-unes des meilleures œuvres de Minton ou de Copeland, serait presque alléchante , et le dîner fut apprécié. proportionnellement à ce qu'il s'agit d'une circonstance si exceptionnelle. Il n'y eut pas de discours ni de salutations , mais les vaisseaux de guerre et autres bateaux, en quittant la frégate avec leurs invités, acclamèrent chaleureusement le Pacha pour son hospitalité. Il y a encore un grand besoin de bateaux dans le port , et il est très difficile de se rendre sur un bateau pour voir un ami ou acheter des magasins. De nombreux navires ne déchargent pas et les hommes n'ont rien à faire. Ce serait un excellent projet que d' autoriser certains de ces navires à envoyer des bateaux à terre pour naviguer en location, à un tarif régulier. Les hommes aimeraient cela, car ils gagneraient un bon salaire, et ce serait une grande aubaine pour nous à terre.

Il n'y a aucune nouvelle du front, à l'exception de celles arrivées au moment du départ du dernier courrier, à savoir que Théodore se dirigeait vers Magdala et que le Waagshum avec son armée le surveillait. Comme Waagshum n'avait ni la force ni le courage de tenir les passages entre Debra Tabor et Magdala — que, selon tous les témoignages, une centaine d'hommes pourraient facilement tenir contre mille armés de la même manière — je ne pense pas que la nouvelle selon laquelle il surveillait Théodore » n'avait pas plus d'importance que s'il s'agissait « d'une troupe de babouins qui surveillent Théodore ». Je n'ai pas la moindre confiance en nos alliés barbares. Ils ne feront rien et exigeront de grands cadeaux en échange. Sauf que cela amuse notre « agent politique », je ne vois pas que la moindre utilité possible puisse venir de ces chefs indigènes. Le seul roi qui ait une réelle importance est le roi du Tigre, sur le territoire duquel nous campons déjà à Senafe . J'ai entendu dire que le but du message apporté par l'ambassadeur ou l'envoyé arrivé avant Noël était de demander qu'un envoyé lui soit envoyé pour entamer des négociations et organiser une rencontre entre lui et le commandant en chef. . En conséquence, le major Grant, célèbre sur le Nil, part demain, avec M. Munzinger , notre consul à Massowah , qui fait office de conseiller politique et d'interprète. Ils partiront, je crois, de Senafe avec une petite garde de huit ou dix cavaliers. Ils feront appel au roi de Tigre comme envoyés officiels, l'assureront de notre amitié et l'informeront que Sir Robert Napier est impatient de le voir et qu'il le rencontrera à Attegrat dans peu de temps. J'ai maintenant terminé les nouvelles de la semaine, à l'exception seulement d'une aventure qui est arrivée au capitaine Pottinger, du département du quartier-maître. Il reçut l'ordre de reconnaître les cols menant de Senafe jusqu'à la tête d'Annesley Bay. Il partit avec huit hommes et avait parcouru environ quarante milles lorsqu'il fut accueilli par un groupe de Shohos armés , forts d'une centaine de personnes. Ils lui ordonnèrent de retourner à Senafe sous peine d'une attaque instantanée. Bien sûr, le capitaine Pottinger, avec ses huit hommes, n'aurait eu aucune difficulté à vaincre les 100 Shohos , mais si le sang avait coulé, de graves complications auraient pu s'ensuivre, et il a très sagement décidé qu'il valait mieux se retirer, car sa mission n'était pas un d'une extrême importance. Cette petite affaire n'a en soi aucune conséquence, mais mérite d'être notée car c'est la première fois depuis notre arrivée ici que les indigènes interviennent de quelque manière que ce soit dans une force armée, si petite soit-elle. Dans ma prochaine lettre, j'espère pouvoir parler au moins d'une probabilité d'avancée.

Zulla , le 22 janvier.

Trois jours seulement se sont écoulés depuis la dernière fois que je vous ai écrit, mais ces trois jours ont complètement changé les perspectives des choses ici. Ensuite, un pas en avant est apparu comme un événement qui, nous l'espérions, pourrait se produire quelque part dans un avenir sombre, mais qui, avec les rapports selon lesquels les provisions ne s'accumulaient guère à Senafe , mais étaient consommées aussi vite qu'elles étaient prises, semblait être un événement. affaire en effet très lointaine. Maintenant, tout cela a changé, et « en avant » est le cri. La 25e Infanterie autochtone est déjà en mouvement, la 4e, « King's Own », doit partir dans un jour ou deux, et la 3e Infanterie autochtone doit suivre dès que possible. Sir Robert Napier monte demain ou après-demain. Qu'il reste là-haut et s'en aille immédiatement, ou qu'il revienne ici pour une courte période, c'est une question discutable. J'incline à la première opinion. D'après ce que j'entends et ce que je vois dans les journaux anglais, de fortes pressions sont exercées sur Sir Robert Napier pour qu'il aille de l'avant. Maintenant, avec la plus grande déférence pour les autorités intérieures et pour les principaux auteurs de la presse londonienne, je soutiens qu'ils se forgent des opinions sur des questions sur lesquelles personne qui n'a pas visité cet endroit n'est compétent pour juger. Personne, je le répète, ne peut se faire une opinion sur les difficultés auxquelles le commandant en chef est ici confronté. Le premier besoin est le manque d'eau, le deuxième le manque de fourrage, le troisième le manque de moyens de transport. Fin décembre, vingt-huit mille animaux devaient s'y trouver ; pas plus de la moitié de ce nombre sont arrivés, et sur les 12 000 débarqués, 2 000 sont morts et 2 000 autres sont inaptes au travail. Les autres font tout ce qu'on peut attendre d'eux et travaillent bien et sans problème ; mais 8,000 ne suffisent pas pour transporter les provisions et les provisions d'une armée jusqu'à soixante-dix milles, et pour transporter aussi son propre fourrage. Autrement dit, ils peuvent transporter suffisamment de provisions pour leur approvisionnement quotidien, mais ils ne peuvent pas accumuler suffisamment de provisions pour la suite du voyage. Les difficultés sont tout simplement écrasantes, et je ne connais pas de poste de plus grande responsabilité que celui de Sir Robert Napier à l'heure actuelle. S'il maintient les troupes ici, dans la plaine, la chaleur croissante peut à tout moment produire une épidémie ; et, en outre, le public anglais fermentera d'indignation. En revanche, s'il continue avec quelques milliers d'hommes, il le fait au prix d'énormes risques. Il peut emmener avec lui un nombre illimité d'animaux chargés ; mais si nous arrivons, comme nous le ferons selon toute probabilité, dans un pays où pendant des jours il n'est pas possible d'obtenir de fourrage, que deviendront les animaux ? Ce n'est pas l'ennemi que nous craignons : l'ennemi est méprisable ; c'est la distance, et les questions de ravitaillement et de transport. Si une colonne continue, elle se détache de sa base. A l'exception des animaux chargés qui partent avec lui, il ne peut recevoir aucun ravitaillement de l'arrière ; il doit être autonome. Lorsque Sherman quitta Atalante, il traversa l'un des pays les plus fertiles du monde. Nous, au contraire, traversons une série de ravins et de passages, et bien qu'il y ait de nombreux endroits intermédiaires où nous pouvons compter sur l'achat de bétail, il n'est en aucun cas sûr que nous puissions nous procurer du fourrage suffisant pour que les animaux traversent la prochaine période stérile. passer. Dans l'ensemble, c'est une affaire des plus difficiles, et dans laquelle les plus sages hésiteraient à donner une opinion sur la meilleure voie à suivre. Je suis sûr que le général Napier avancera s'il voit une chance d'aboutir à une issue favorable ; et s'il ne le fait pas, il restera là où il est, malgré les critiques impatientes de ceux qui ne peuvent deviner la moindre dîme de ses difficultés. Depuis que j'ai écrit ce qui précède, j'ai reçu des informations fiables selon lesquelles l'aile du 33d avancerait vers Antalo (cent milles à l'avance) dans quelques jours. C'est une preuve palpable que, de toute façon, nous allons avancer à tâtons. Personnellement , je n'ai pas besoin de dire combien je suis heureux, car vivant avec un thermomètre de 104° à 112°, dans une tente, entouré et recouvert d'une fine poussière, l'existence ne peut guère être appelée ici un plaisir.

Sir Robert Napier fait de grands efforts pour réduire le poids à transporter, et en cela il mérite sans aucun doute de grands éloges. La grande malédiction de cette armée réside dans le nombre énorme de ses partisans. Les régiments européens ont une assez petite armée de balayeurs, de Lascars, de porteurs d'eau, etc. etc. Même les régiments indigènes comptent de nombreux partisans. Si des troupes anglaises venues directement d'Angleterre avaient été employées, le poids à transporter aurait été bien moindre qu'il ne l'est actuellement, et les hommes, habitués à travailler par équipes et à leur compte, auraient été plus pratiques . On dit que l'équipement du soldat, aujourd'hui très lourd, serait à réduire ; mais à l'heure actuelle, les efforts sont dirigés presque exclusivement contre les officiers. Un officier, quel que soit son grade, n'a droit qu'à une seule mule, et le bruit court que même cette allocation devrait être réduite. Je n'hésite pas à dire que ce montant est insuffisant. Si un officier avait sa mule uniquement pour porter ses bagages, ce serait suffisant, mais c'est bien loin d'être le cas. Il doit y transporter les bagages et les vêtements chauds de son palefrenier, ainsi que ceux de son serviteur. Il doit porter ses ustensiles de cuisine, etc., et les couvertures, etc., pour son cheval ; par conséquent, il aura de la chance s'il lui reste quarante ou cinquante livres pour son propre kit. Il ne s'agit pas d'une campagne d'une semaine ou d'un mois ; cela peut, selon toute probabilité humaine, durer un an, peut-être plus longtemps, et il doit transporter des vêtements, de la literie, etc., pour un climat chaud et froid. Il est tout simplement impossible de le faire dans la limite de cinquante livres. Les officiers du régiment reçoivent l'ordre de renvoyer leurs serviteurs à Bombay, un seul pour trois officiers. Bien entendu, ces officiers pourront faire exécuter par leurs propres hommes la majeure partie du travail dont ils ont besoin ; mais, en même temps, c'est une épreuve tant pour les officiers que pour les domestiques. Dans tous les cas, un officier a fait une avance de deux à trois mois de solde à ses domestiques ; dans tous les cas, il leur a fourni des vêtements chauds ; et il est très dur qu'il perde tout cela et soit obligé de renvoyer à la dérive les domestiques qu'il a peut-être eus pendant des années.

Senafe , 31 janvier.

Après la chaleur et la poussière de Zulla , cet endroit est délicieux. La chaleur de la journée est tempérée par un vent frais et les nuits très froides nous préparent à fond. Surtout, nous n'avons pas de poussière. Nous sommes propres. Il faut s'arrêter un mois sur la plaine de Zulla pour bien apprécier le plaisir de se sentir propre. Ici aussi, il y a de l'eau, non seulement pour boire, mais aussi pour se laver. Après avoir été souillé de poussière et incapable de se laver, la sensation d'être libéré de la poussière et de pouvoir se laver à volonté est délicieuse. Ayant réussi, avec beaucoup de difficultés , à acheter des animaux-bagages, je partis tôt de Zulla et arrivai à Koomaylo suffisamment à temps pour pouvoir examiner les merveilleux changements qui s'y sont produits au cours des trois dernières semaines. Il y avait alors quelques centaines d'animaux ; maintenant il y en a des milliers. Les lignes des mulets et des poneys s'étendent dans toutes les directions ; en outre, des bœufs, des chameaux et des éléphants. Koomaylo est en effet le quartier général des transports-trains d'animaux. Les divisions chameaux sont ici. Ils descendent un jour au débarcadère, y sont nourris et reviennent chargés le lendemain, ne prenant leur eau qu'ici. Les éléphants fonctionnent de la même manière, mais il faut les abreuver à chaque fin de voyage. La division bœufs est ici et monte jusqu'à Rayray. Guddy , trois jours de marche, faisant des provisions et abattant l'herbe Senafe quand il y en a en réserve. Quatre divisions de mulets et de poneys sont ici ; ceux-ci, comme les bœufs, travaillent pour Rayray Guddy et retour. Les animaux malades de ces six divisions sont également ici, et sont au nombre de près de douze cents, y compris les chameaux. L'abreuvement de tous ces animaux matin et soir est un spectacle des plus intéressants. Il y a de longues auges dans lesquelles l'eau est continuellement pompée par les petites pompes américaines. Les différents animaux ont chacun leur auge qui leur est attribuée. A mesure qu'ils arrivent , ils se forment en lignes, et à mesure qu'une ligne a bu, la suivante avance. Il n'y a ni agitation ni confusion, car il y a suffisamment d'eau pour tous. L'eau est très claire et bonne, mais assez chaude, et la plupart des animaux s'y opposent dès la première dégustation. Bien que les mules soient en meilleur état qu'elles ne l'étaient autrefois , un grand nombre d'entre elles sont encore très faibles, notamment celles qui ont été stationnées à Rayray . Guddy , où ils ne trouvent rien d'autre à manger que le foin grossier de Senafe , et ont dû très souvent s'en passer. La plus grande difficulté du train de transport à l'heure actuelle réside sans aucun doute dans ses conducteurs. La plupart étaient , comme je l'ai déjà dit, rassemblés au hasard dans les rebuts de Smyrne, de Beyrout , d'Alexandrie, du Caire et de Suez. Ils n'ont absolument aucune idée de discipline, sont parfaitement imprudents à l'égard des magasins du gouvernement et sont brutalement cruels envers leurs animaux. Par cruel, je n'entends pas activement cruel, mais passivement cruel. Ils ne battent pas beaucoup leurs mulets, ils sont trop indifférents à la vitesse à laquelle ils marchent pour se donner la peine de les presser. Mais ils sont horriblement cruels et passifs. Ils continueront à faire travailler leurs animaux avec les plus terribles maux de dos. Ils ne prendront jamais la peine de desserrer la chaîne qui fait partie du couvre-chef de Bombay et qui, si elle n'est pas soigneusement surveillée, coupe la chair sous le menton, et cela a été le cas dans des centaines de cas. Ils secoueront les rênes de leurs mulets de trait jusqu'à ce que le mors maladroit soulève de terribles gonflements dans la bouche ; ils ne diront rien des maladies de leurs bêtes jusqu'à ce qu'ils ne puissent absolument pas faire un pas de plus, puis, au lieu de les emmener à l'hôpital, ils les envoient à la dérive et rapportent à leur arrivée la nuit que les mules sont mortes. en route. Cependant, cela se produit beaucoup moins aujourd'hui qu'autrefois, car un inspecteur à cheval accompagne chaque train, et beaucoup de grands convois ont des officiers qui les dirigent. Mais ces conducteurs égyptiens, levantistes et turcs ne sont pas seulement répréhensibles en raison de leur cruauté et de leur insouciance ; ils sont constamment mutins. J'ai vu l'autre jour à Zulla une cinquantaine de personnes arrivées quelques jours auparavant refuser délibérément de travailler. Cet endroit ne leur plaisait pas et ils y retourneraient. Tout a été tenté avec eux ; ils ont été soumis à moins de la moitié de rations et à de l'eau pendant des jours, mais ils ont catégoriquement refusé de faire quoi que ce soit. Le parti tout entier aurait bien sûr pu être fouetté, mais cela ne l'aurait pas fait fonctionner ; et le premier jour où ils sortaient avec des mulets, ils auraient jeté leurs fardeaux et déserté avec leurs animaux. J'étais présent lorsque le colonel Holland, directeur général des transports, essaya de les persuader de travailler. Ils refusèrent constamment, et même lorsqu'il promit qu'ils seraient renvoyés à Suez par le premier navire, ils refusèrent de faire quelque travail que ce soit jusqu'au moment de l'embarquement. Alors qu'ils formaient un cercle autour de lui, certains gesticulant, mais la plupart se tenant avec une obstination hargneuse, je pensais n'avoir jamais vu une telle collection de voyous aussi purs de ma vie – les canailles choisies par la population la plus anarchique de la terre. Je m'arrêtai un jour à Koomaylo , puis remontai rapidement le col. La route est maintenant vraiment une route très équitable sur toute la distance, à l'exception des quatre milles entre Koomaylo et le bas Sooro . Ce morceau de route n'a pas encore, par quelque étrange oubli, été touché ; mais j'ai entendu dire que le 25e d'infanterie indigène, dont une aile du régiment est à Koomaylo , doit s'y mettre immédiatement au travail. Il se trouve le long du plat de la vallée et ne demande qu'à aplanir et à enlever des rochers, de sorte que quelques jours verront ce dernier morceau de route achevé. Sur le reste de la distance, la route est partout aussi bonne qu'une route secondaire dans un quartier isolé de chez nous. Dans de nombreux endroits, la situation est bien meilleure. Dans les cols de Sooro et Rayray Guddy c'est vraiment une excellente route. Les vastes rochers que j'ai décrits lors de mon premier passage à travers cette ville sont soit brisés en morceaux par le dynamitage, soit surmontés par la route qui s'élève d'une pente graduelle. On ne saurait trop féliciter les sapeurs et mineurs de Bombay qui ont réalisé ces travaux. Le même groupe, après avoir terminé ces cols, vient d'achever une large route en zigzag depuis le bas du col jusqu'à la plaine de Senafe . C'était autrefois la partie la plus éprouvante de tout le voyage, maintenant c'est une route qu'on peut parcourir en calèche et à deux, et qui rappelle les derniers zigzags sur les sommets des cols du Mont-Cenis et du Saint- Gothard . L'ensemble des travaux que j'ai décrits sont à la fois des échantillons d' une ingénierie habile et d'un effort incessant. Aucun de ceux qui sont passés par là il y a six semaines n'aurait cru que tant de choses pourraient être réalisées en si peu de temps. Après seulement les Bombay Sappers, il faut attribuer le mérite au régiment Beloochee , dont une aile sous les ordres du major Beville à Sooro et l'autre sous les ordres du capitaine Hogg à Rayray. Guddy , ont tracé la route le long des endroits où le dynamitage n'était pas nécessaire.

Les Beloochees forment un régiment remarquablement bon et travaillent avec une volonté et une bonne volonté au- delà des éloges. Un grand regret est exprimé de toutes parts qu'ils n'aient pas été sélectionnés pour accompagner le 33e régiment dans son avance, d'autant qu'ils sont armés de fusils Enfield.

Les Beloochees sont, à juste titre, l'un des régiments les plus populaires du service indien, et il y règne un *esprit de corps* , un sentiment d'attachement personnel entre les hommes et les officiers, et une fierté de la part de ces derniers d'appartenir à un si bon régiment. ce que l'état actuel extraordinaire et insatisfaisant du service indien rend complètement hors de question dans les régiments indigènes réguliers. Là, un officier ne fait pas partie du régiment. Il en fait partie pour le moment, mais s'il rentre chez lui en congé, il sera, selon toute probabilité, à son retour affecté dans un autre régiment. Ainsi tout *esprit de corps* , toute trace de bon sentiment mutuel entre hommes et officiers, est entièrement supprimé. Comment un tel système a-t-il pu être conçu, et comment, une fois conçu, il a pu continuer à perdurer, est une de ces choses extraordinaires qu'aucun civil ni aucun militaire ayant le grade de colonel ne peut comprendre.

A la gare de Sooro et Rayray Il n'y a eu que peu de changements depuis que je les ai décrits pour la dernière fois, et à peu près le même nombre d'hommes y sont stationnés ; mais à Undel Wells, ou plaine des pintades, comme on l'appelait autrefois, l'endroit a été changé au point de devenir méconnaissable. La dernière fois que j'y suis allé, c'était une vallée tranquille, avec quelques Shohos abreuvant leur bétail dans un puits rare et sale. Mon propre groupe était la seule preuve de l'expédition britannique. Maintenant, tout avait changé. Aucune ville n'a jamais surgi plus soudainement à l'époque de la ruée vers l'or en Australie. Ici de longues files d'animaux de transport, ici des tentes de commissariat et des magasins, ici un camp de pionniers. La totalité des arbres et des broussailles ont été déblayés. Voici l'abreuvoir, avec ses abreuvoirs pour les animaux et ses baquets pour les hommes, celui alimenté par une des pompes à chaîne de Bastier , dont un gigantesque exemplaire déversait une cataracte d'eau pour la délectation des visiteurs de la Exposition de Paris, l'autre par un des petits escarpins américains. Tout fonctionne aussi silencieusement et facilement que si l'âge de la station devait être compté en mois plutôt qu'en jours.

J'ai constaté que le télégraphe fait des progrès rapides. Le câble fonctionne maintenant jusqu'à Sooro et est également érigé dans les quartiers de Senafe à Rayray. Guddy . C'est un fil de cuivre très fin et, au milieu des hautes roches perpendiculaires du col de Sooro , il ressemble, alors qu'il s'étend sur de longues étendues d'un angle à l'autre, avec le soleil qui brille sur lui, comme le fil scintillant de quelque grand fil de cuivre. araignée.

Il aurait été déposé depuis longtemps à Senafe , mais la plus grande difficulté s'est produite pour obtenir des perches, toutes celles envoyées de Bombay ayant été jetées par-dessus bord pour alléger le navire dans lequel ils étaient embarqués à l'occasion de son échouage. Il s'est avéré impossible de se procurer les poteaux pour le reste de la distance ; et j'ai entendu dire qu'un fil enduit de caoutchouc indien devait être posé à quelques centimètres sous le sol.

Senafe lui-même n'est que peu modifié. Le 10th Native Infantry est toujours dans son ancien camp. La 3e cavalerie indigène s'est éloignée d'environ huit milles d'ici jusqu'à un endroit appelé Goose Plain, et les sapeurs et les mineurs campent dans les anciennes lignes de la 3e. Les lignes du 33e sont dans une plaine voisine, mais un peu au-delà, de l'ancien camp, et cachées aux regards jusqu'à ce qu'on l'ait dépassé.

A mon arrivée au camp , je constatai qu'une profonde tristesse pesait sur tout le monde et j'appris la triste nouvelle que le colonel Dunn, commandant du 33e, s'était tiré la veille accidentellement d'une balle en tirant. Le domestique indigène qui était seul avec lui rapporte qu'il se baissait lui-même en ce moment pour verser de l'eau, qu'il entendit le bruit d'un fusil et, se retournant, il vit son maître reculer en chancelant, puis s'asseoir avec le bras. du sang coulait de sa poitrine. L'homme a immédiatement couru vers le camp, sur une distance de cinq milles, pour obtenir de l'aide, et les chirurgiens ont immédiatement galopé avec des bandages, etc., suivis de dhoolie . wallahs , avec un dhoolie pour le ramener au camp. Lorsque les chirurgiens sont arrivés, ils ont trouvé le colonel Dunn allongé sur le dos, mort. Sa gourde était ouverte à ses côtés, sa casquette rabattue sur son visage. Il s'est vidé de son sang quelques minutes après l'accident. On suppose que le fusil était plein, et que le léger choc provoqué par la mise à terre de la crosse a dû faire tomber le marteau. Il y a très peu d'hommes qui auraient pu être moins épargnés que le colonel Dunn ; aucun n'a été plus profondément regretté. En tant qu'officier, il était l'un des hommes les plus prometteurs du service, et s'il avait vécu, il aurait probablement obtenu les plus grands honneurs et la position. Il était avec le 11th Hussars dans la charge de Balaclava, et lorsqu'on demanda aux hommes de choisir l'homme qui, de tout le régiment, était le plus digne de la Croix de Victoria, ils nommèrent à l'unanimité le lieutenant Dunn. Jamais la Croix de Victoria n'a été placée sur la poitrine d'un soldat plus valeureux. Lorsque le 100e régiment fut levé au Canada, il enrôla un très grand nombre d'hommes et fut classé comme major. Après avoir atteint le grade de lieutenant-colonel, il passa au 33e, dont, au moment de ce triste accident, il était colonel à part entière, et était le suivant sur la liste pour son grade de général de brigade. Il n'avait que trente-cinq ans, c'était le plus jeune colonel du service britannique et, selon toute probabilité humaine, il aurait été général de brigade avant l'âge de trente-six ans. Connu comme un officier fringant, distingué par sa bravoure personnelle, colonel à un âge où d'autres hommes sont capitaines, il n'y avait aucun grade ou poste dans l'armée qu'on n'aurait pu lui prédire avec certitude qu'il obtiendrait, et sa perte est une perte pour toute l'armée britannique. Mais pas moins qu'en tant que soldat, tous ceux qui ont connu le pauvre Dunn le regrettent en tant qu'homme. Il était le plus populaire des officiers. Sans prétention, franc, bon à l' extrême, compagnon charmant et ami chaleureux, personne ne le rencontra qui ne fut irrésistiblement attiré par lui. C'était un homme essentiellement à aimer. Dans son régiment, sa perte est irréparable, et alors qu'ils se tenaient à côté de sa tombe solitaire au pied du rocher de Senafe , ce n'est pas une honte pour leur virilité de dire qu'il y avait peu d'yeux secs parmi les officiers ou les hommes. Il a été enterré, conformément à un souhait qu'il avait autrefois exprimé, dans son uniforme, et les lignes de Wolfe sur l'enterrement de Sir John Moore s'appliqueront presque mot pour mot à « la tombe où nous avons enterré *notre* héros ».

Sir Robert Napier est arrivé ici avec son personnel personnel avant-hier, après avoir été *en route pendant cinq jours* , passant une journée à examiner soigneusement chaque station, à s'enquérir, comme à son habitude, de chaque détail et à voir comment fonctionnait chaque département. Jamais commandant n'a été plus prudent dans cette enquête dans les moindres détails que Sir Robert Napier. Rien ne lui échappe. Il voit tout, entend ce que chacun a à dire, puis décide fermement de ce qui doit être fait. L'armée a, à juste titre, une confiance illimitée en lui. Il est essentiellement l'homme d'une expédition de ce genre. Sa réputation d'audace et de bravoure est bien connue, mais il possède en même temps une prudence et une sagacité qui l'adapteront à la situation extrêmement difficile dans laquelle il se trouve. S'il est possible de s'élancer en Abyssinie centrale, il le fera sans aucun doute ; si, d'un autre côté, cela ne peut se faire sans risques et difficultés extraordinaires – si c'est presque impossible – aucune protestation dans son pays ne le poussera à le tenter.

On croit ici que, poussés par les autorités intérieures, un élan rapide est sur le point d'être effectué, et des paris sont librement échangés sur le fait que l'expédition sera terminée le 1er avril. Pour ma part, j'avoue que même face à l'avancée prochaine de la première division, je n'ai aucune prévision que tel soit le cas. Sir Robert, je crois, a l'intention d'essayer. Poussé à une action immédiate depuis chez lui, il enverra deux ou trois régiments, avec de la cavalerie et de l'artillerie, et avec les bagages les plus légers possibles. Mais si le pays ressemble un peu à celui que nous avons déjà parcouru, s'il présente une dîme aussi difficile et aussi déficiente en nourriture et en fourrage que nous l'ont dit les voyageurs abyssins , je suis convaincu que la colonne devra s'arrêter et attendre approvisionnements, et devra procéder de manière militaire régulière. J'espère que je peux me tromper; J'espère sincèrement que la colonne qui avance ne rencontrera aucun obstacle insurmontable ; mais, me rappelant qu'il n'est nullement certain que lorsque nous arriverons à Magdala nous y trouverons Théodore et les captifs, je suis bien plus enclin à nommer neuf mois que trois comme le temps probable qui s'écoulera avant que nous ayons atteint les objectifs de notre voyage. notre expédition, c'est-à-dire en supposant toujours que Théodore ne livre pas les captifs à mesure que nous avançons. Il est bien certain que la colonne qui avance doit dépendre entièrement d'elle-même. Ils ne pourront recevoir aucun ravitaillement de l'arrière, car d'autres régiments remplaceront ceux qui partent de Senafe , et le train de transport ne peut pas faire grand-chose d'autre que d'approvisionner Senafe en provisions à l'heure actuelle, même complétées au fur et à mesure de leurs efforts. par ceux de milliers de petits bovins indigènes. En fait, sans la quantité de provisions apportées par les indigènes pour leur propre bétail, il n'y aurait pas eu suffisamment de provisions à Senafe pour approvisionner les troupes qui partent maintenant. Comme quelque 1 500 animaux seront retirés du train de transport pour marcher avec la brigade avancée, il est évident que les provisions envoyées pendant un certain temps ne seront pas beaucoup plus que suffisantes pour approvisionner Senafe et qu'aucun animal ne sera disponible. pour envoyer du nouveau ravitaillement au front. La brigade qui avance doit donc dépendre entièrement d'elle-même. Elle ne doit espérer aucune aide. C'est pour le moins une expédition comme celle que peu d'hommes ont jamais entrepris. Il nous reste 330 milles à parcourir, à travers un pays réputé exceptionnellement montagneux et difficile. Nous avons déjà appris qu'à l'exception du bétail, le pays ne nous fournira aucune nourriture. Les rois ou les chefs à travers lesquels nous traverserons le territoire ne seront que neutres, et même s'ils sont activement amis, ce qui n'est certainement pas le cas, ils ne pourraient nous apporter aucune aide pratique. Pour couronner le tout, il se peut que, vers la fin de la marche, nous ayons à nous frayer un chemin à travers des passages difficiles, défendus par des hommes qui, s'ils sont mal armés, sont au moins guerriers et courageux. L'histoire ne rapporte guère d'exemple d'une telle accumulation de difficultés. La conquête du Mexique par Pizarro occupe peut-être la première place parmi les entreprises de ce genre, mais Pizarro s'est frayé un chemin à travers le pays le plus riche du monde et n'a jamais pu avoir de difficultés quant à ses approvisionnements. Il n'y a aucun doute sur notre capacité à conquérir ; la grande question concerne notre alimentation. Si nous étions toujours certains de trouver du fourrage, nos difficultés seraient légères en comparaison. Malheureusement, nos mulets doivent manger aussi bien que nous, et nous savons que nous aurons de longs passages où il n'y aura aucun fourrage. Si les mules étaient sûres de leur nourriture , ce serait une simple question arithmétique : combien de mules faut-il pour transporter la nourriture de 2 500 hommes pendant quarante jours ? Dans l'état actuel des choses, nous ne disposons d'aucune donnée sur laquelle nous appuyer, et le succès ou l'échec de nos progrès actuels dépend presque entièrement de notre capacité à obtenir du fourrage pour nos animaux. Si nous y parvenons, nous arriverons à Magdala ; mais si nous nous trouvons obligés de parcourir de longues distances sans fourrage, cela devient impossible, et nous devons recourir à la méthode militaire régulière consistant à former des dépôts et à avancer étape par étape. Dans ce dernier cas, on ne peut prédire la limite probable de l'expédition.

Le général Napier prend les mesures les plus strictes mais nécessaires pour réduire les bagages au minimum. Aucun officier, quel que soit son grade, ne doit avoir droit à plus d'une mule. Trois officiers doivent dormir dans chaque tente cloche, et un mulet est autorisé pour deux tentes cloche. Une mule est autorisée à chacun des trois officiers pour les ustensiles de cuisine et les provisions. Un seul domestique indigène sera admis pour trois officiers. Aucun officier, à l'exception de ceux qui ont droit à des chevaux en Angleterre, ne doit être monté à cheval ; ils pourront cependant, s'ils le désirent, prendre leur propre cheval comme bête de somme au lieu du mulet auquel ils ont droit, auquel cas un bât leur sera délivré. Des réductions similaires sont en cours parmi les bagages régimentaires et les suiveurs. Ces derniers, dont le nom était légion, et qui étaient au moins aussi nombreux que les combattants, seront fortement réduits. Les Lascars, balayeurs, porteurs d'eau, etc. doivent soit être renvoyés, soit être transformés en coupe-herbe pour la cavalerie et les animaux de bagages. Les soldats européens doivent être limités à 35 livres. poids des bagages, dont ils devront en transporter une partie pour eux-mêmes. Tout cela est comme il se doit. En Inde, il est de la politique autant que de l'humanité de prendre le plus grand soin possible du soldat britannique. C'est une machine très coûteuse, et bien que, comme on l'a constaté lors de la mutinerie, il puisse travailler au soleil en cas d'urgence sans que sa santé en souffre , en temps ordinaire, il est de loin préférable de le décharger autant que possible de toutes ses tâches. quoi qu'il en soit, sauf l'exercice et la garde. La main-d'œuvre et la nourriture sont si bon marché en Inde que les dépenses de cette foule de partisans du camp sont relativement minimes. Ici, c'est tout à fait différent. On savait bien avant notre départ que le terrain serait exceptionnellement difficile, que les difficultés de transport seraient énormes et que chaque bouche supplémentaire à nourrir était importante ; et pourtant, malgré cela, les régiments européens arrivèrent ici avec un peu moins de 500 partisans ; et les régiments indigènes ont aussi une foule de parasites. Comme je l'ai dit, il convient désormais de supprimer tout cela. L'armée marchera le plus près possible avec le matériel et la suite européens, et le train de transport sera débarrassé de l'incube de milliers de bouches inutiles à pourvoir. En parlant du train de transport, je dois mentionner que Sir Robert Napier n'est en aucun cas responsable de son organisation absurde et des pannes qui en résultent. Les autorités de Bombay sont seules responsables. Lorsque l'on parla sérieusement de l'expédition pour la première fois, en août dernier, Sir Robert Napier élabora un projet de train de transport, que ceux qui l'ont vu m'ont assuré qu'il était excellent. Il l'envoya le 23 août. On n'en parla qu'à la mi-septembre, lorsque Sir Robert fut informé qu'un projet serait préparé par le commissaire général. Un autre mois précieux s'écoula, et puis, à la mi-octobre, le projet absurde actuel fut élaboré. Il fut envoyé à Sir Robert pour obtenir son avis, et il le renvoya avec un mémorandum indiquant qu'il était parfaitement impraticable. Les autorités persistèrent cependant, malgré son opinion, à faire exécuter leur projet ; et ce n'est que suite aux remontrances répétées et sincères de Sir Robert qu'ils consentirent à augmenter le nombre des inspecteurs européens et des surveillants indigènes jusqu'au nombre ridiculement insuffisant actuel. Le résultat a abondamment prouvé la sagesse du général et la fatuité des hommes qui voulaient intervenir dans les moindres détails et passer outre l'opinion de l'homme à qui tout devait être confié dès le jour de son départ de Bombay. Les événements ont abondamment prouvé l'erreur de confier la direction de l'expédition à des civils et à des hommes de bureau .

Et maintenant, parlons de la brigade avancée. Ni sa composition ni sa date d'avance ne sont encore connues avec certitude. Le chef n'est pas homme à dire quoi que ce soit sur ses projets jusqu'au moment où il faut donner les ordres nécessaires. Il comprendra probablement tout ou partie du 33e régiment, le 4e régiment, dont une partie devrait arriver ici aujourd'hui, le 10e Native Infantry, les Beloochees , les Punjaub Pioneers, les Bombay Sappers and Miners, le 3e Cavalerie indigène et cheval Scinde . Parmi elles, deux compagnies du 33e régiment et deux du 10e d'infanterie indigène sont déjà à Attegrat , trente-cinq milles en avant. Trois autres compagnies de chaque régiment ont commencé aujourd'hui. Le brigadier-général Collings les suit et commandera pour le moment l'avance. Une partie des Pionniers sont ici, tout comme les Bombay Sappers. Ceux-ci s'étendent en un jour ou deux pour faire la route à proximité et au-delà d'Attegrat , la partie intermédiaire ayant déjà été faite par le 33e régiment. Le cheval Scinde est à environ huit ou neuf milles de là, et à proximité se trouve la 3e cavalerie indigène. J'ai omis dans ma liste des troupes pour la brigade avancée de nommer les trains de montagne et trois canons d'artillerie qui seront portés par des éléphants. Ces animaux sont attendus ici dans un jour ou deux. Je serais fâché de les rencontrer à cheval dans une partie étroite du passage, et je m'attends à ce qu'ils causent une terrible confusion parmi les animaux de transport, car ils ont tous une parfaite horreur de l'éléphant - c'est la première fois que ils en voient un. Lorsqu'ils apprennent qu'il est, comme eux, un animal soumis, ils cessent d'éprouver la moindre terreur à son égard.

Il y a un changement agréable qui s'est produit depuis mon dernier départ de Senafe et dont je n'ai pas encore parlé. J'ai mentionné que Sir Charles Staveley, lorsqu'il était ici, avait ordonné que des cabanes soient construites pour les muletiers par le 10e d'infanterie indigène. Ceux-ci sont désormais terminés. Ce sont de longues tonnelles feuillues qui s'étendent en lignes régulières entre les rangées d'animaux. Ils sont très bien et proprement construits, si réguliers en effet qu'il est difficile, à courte distance, de croire qu'ils sont réellement construits avec des branches. Ils ne sont peut-être pas aussi chauds que les maisons, mais ils protègent du vent et offrent une grande protection aux muletiers pendant la nuit. La division ici, celle du capitaine Griffiths, est la première à débarquer. Elle est désormais en très bon état et accompagnera la brigade avancée. La maladie ici est, je suis heureux de le dire, en diminution. Les animaux malades sont à Goose Plain avec l'artillerie.

Hier, dans l'après-midi, il y a eu un défilé des 33e et 10e d'infanterie indigène ; de petits groupes du Royal Engineers, du 3d Native Cavalry et du Scinde Horse étaient également présents. Sir Robert Napier longeait la ligne et les régiments défilaient ensuite. Le petit groupe du 3e de cavalerie arriva en premier, suivi du cheval Scinde , et offrant un contraste aussi fort qu'on pouvait l'imaginer. L'une était basée sur le modèle européen, l'autre sur le modèle asiatique. Les cavaliers Scinde étaient des hommes beaucoup plus lourds et plus puissants ; et bien qu'ils n'aient pas le siège militaire ni l'air fringant du 3e, ils avaient dans leurs robes sombres et leur regard calme et déterminé, l'apparence d'hommes qui seraient les plus redoutables antagonistes. Leurs chevaux, quoique laids, sont forts ; et dans une charge, l'opinion de beaucoup de ceux qui regardaient était qu'ils seraient bien plus qu'un adversaire de taille pour leurs rivaux les plus voyants . Les Scinde Horse sont plus discutés que n'importe quel régiment ici ; et, en effet, c'est un régiment si célèbre, et il est toujours tellement stationné sur les frontières, que sa venue était attendue avec une grande curiosité. Son apparence est certainement contre elle ; c'est-à-dire que ses chevaux sont des animaux très laids ; mais ce n'est pas la faute du régiment, car sa station est si éloignée dans le nord de l'Inde qu'il ne peut se procurer, sauf à très grands frais, que les chevaux indigènes. Je crois que c'est à peu près la seule objection qu'on puisse faire contre le régiment ; les hommes vont remarquablement bien ; en effet, comme je l'ai déjà dit, ils sont trop lourds pour la cavalerie. Ils sont, dans leur ensemble, issus d'une classe d'indigènes beaucoup plus élevée et plus riche que les hommes de tout autre régiment ; ils s'enrôlent dans le Scinde Horse tout comme un jeune noble prend une commission dans les Gardes. Il y a un très grand esprit *de corps* et une bonne entente mutuelle entre officiers et hommes ; et tous sont fiers de leur régiment. L'uniforme, comme je l'ai dit dans une lettre précédente, est un long manteau vert foncé avec un turban rouge. C'est le choix des hommes et c'est un uniforme tout à fait oriental ; leur longue courbe les sabres sont aussi assez asiatiques. Les hommes fournissent leur propre voiture ; et à partir de ce point, le train de transport ne sera plus appelé à les aider d'aucune manière, au-delà du transport de leurs provisions. J'ai déjà fait allusion aux misérables poneys qu'ils amenaient avec eux ; mais le cas m'a été expliqué, et il n'y a aucun blâme à attribuer au corps sur ce point. Les hommes reçurent des chameaux pour transporter leurs bagages, et on leur dit que ceux-ci feraient l'affaire pour l'Abyssinie. Alors qu'ils marchaient vers la côte, un télégramme arriva, déclarant que les chameaux ne feraient pas l'affaire ; et les hommes étaient obligés de vendre leurs chameaux en sacrifice et d'acheter tous les poneys qu'ils pouvaient se procurer. Je parle des hommes qui le font, parce que les chevaux, etc., ne sont pas la propriété du gouvernement, mais des hommes, ou plutôt de quelques-uns parmi les hommes.

Les chevaux Scinde sont, et ont toujours été, une cavalerie irrégulière, selon ce qu'on appelle le système « sillidar » . Le gouvernement passe des contrats avec les hommes pour trouver leurs propres chevaux, équipements, armes, nourriture et voiture. C'est le système de cavalerie irrégulière, sur lequel sont désormais placés tous les régiments de cavalerie indigènes. La somme versée est de trente roupies par mois. Ici, cependant, seulement vingt roupies doivent être payées, car le gouvernement trouve de la nourriture et du fourrage. Les avantages de ce système pour le travail frontalier sont énormes. Les hommes sont dispersés par dizaines ou par douzaines sur une vaste étendue du pays , et il serait manifestement impossible d'avoir une série de commissariats pour les approvisionner. Que le système soit bon pour les régiments stationnés pendant des mois ou des années dans une grande ville de garnison est une question très controversée et sur laquelle il existe une immense divergence d'opinions. Ces régiments n'auraient aucune nécessité de transport. S'ils devaient déménager dans une autre ville, il leur reviendrait moins cher d'envoyer leurs bagages dans des charrettes que d'entretenir un train de bagages suffisant. Quand donc vient l'ordre de marcher en service, il n'y a aucun moyen de transport. La 3D Native Cavalry en est exactement un bon exemple. Il y a quatre ans , ils sont passés d'un régiment de cavalerie régulier à un régiment de cavalerie irrégulier ; mais, comme tous les régiments, le 3e avait ses traditions et s'y tenait. Ils conservent leurs anciens uniformes et équipements et ne se distinguent pas, à courte distance, d'un régiment de hussards européen. Ils accordent une attention extrême à leur exercice et constituent à toutes fins pratiques une cavalerie régulière. Ils sont montés sur d'excellents chevaux et sont certainement des soldats merveilleusement bon marché, gagnant trois livres par mois, tout compris. Mais ils sont restés longtemps en poste à Poonah et, par conséquent, n'ont pas eu besoin d'acheter des animaux à bagages et sont venus ici sans eux. Lorsqu'on apprit que le régiment était arrivé ici sans bagages, il y eut, bien sûr, un sentiment de colère considérable dans l'esprit officiel ; et si les animaux n'étaient pas en train de mourir dans la plaine, et qu'aucun autre régiment de cavalerie n'était disponible pour monter avec la brigade avancée, il est probable qu'ils auraient été retenus à l'arrière de l'armée. Cependant, ils étaient très recherchés et le transport leur fut donc confié. J'ai déjà parlé dans les termes les plus élevés de leur tenue et de leur efficacité. Il y a cependant un point dans le système sillidar qui me paraît particulièrement répréhensible. Ce n'est pas toujours avec les hommes eux-mêmes que ce contrat se fait ; c'est avec les officiers indigènes. Certains hommes fournissent leurs propres chevaux, etc. ; mais les officiers indigènes s'engagent chacun à fournir autant d'hommes et de chevaux au complet, achetant les chevaux et l'équipement, et payant aux hommes dix roupies par mois. Ceci, je ne peux m'empêcher de penser, est un mal sans mélange. L'homme a deux maîtres : celui qui le paie et le gouvernement qu'il sert. Ce mal s'est répandu dans une large mesure dans les jours qui ont précédé la mutinerie ; et j'ai entendu parler d'un régiment à cette époque dont presque tous les chevaux et les hommes appartenaient alors à un seul officier indigène. Si cet homme avait été hostile au gouvernement, il aurait pu faire disparaître tout le régiment. Des efforts ont depuis été faits pour mettre un terme à cette sous-traitance excessive, et aucun officier n'est désormais autorisé à posséder plus de six chevaux. Il me semble qu'il faudrait le supprimer complètement et que chacun devrait trouver son propre cheval.

Mais je me suis éloigné très loin du terrain d'armes de Senafe . Après avoir défilé devant les régiments formés en ordre serré, le général adressa alors quelques mots à chacun. Il dit au major Pritchard, du génie , combien il était heureux d'avoir de nouveau son propre corps avec lui, et qu'il espérait un jour les employer à faire sauter les portes de Magdala. Au 33, il dit quelques mots les complimentant sur leur efficacité et regrettant qu'ils ne voulaient pas être conduits par le vaillant officier dont lui et eux déplorèrent la perte. Le général s'est ensuite adressé au 10e régiment d'infanterie autochtone, le félicitant pour sa conduite et son efficacité. Sir Robert parlait en hindoostanee , langue dont ma connaissance se limite malheureusement à environ huit mots ; rien de tout cela n'est apparu dans le discours et je ne suis donc pas en mesure de donner le texte. Les régiments qui continuent sont ravis à la perspective d'un mouvement, et la 10e infanterie autochtone les applaudissait vigoureusement alors qu'ils s'éloignaient avec leur fanfare à leur tête. De nouvelles troupes arrivent aussi vite que d'autres avancent. Pendant que j'écrivais ceci, une partie du 4e King's Own est arrivée, ainsi que la batterie de mulets avec les canons rayés légers de Woolwich. Mais le plus important des arrivages d'aujourd'hui a été celui d'une centaine de chars à bœufs. Une file de chameaux est également entrée, comme je peux le constater aux beuglements et aux rugissements lugubres qui remplissent actuellement l'air. Le passage s'avère donc praticable, et les chameaux et les chars à bœufs nous seront d'une grande aide. Les indigènes doivent être étonnés de voir cette file de charrettes arriver dans un lieu que toute leur tradition doit représenter comme presque infranchissable même pour leur propre bétail, qui, comme les chèvres, peut aller presque partout. Leurs idées sur nous doivent être plutôt curieuses ; et comme nous savons par expérience comment une histoire se développe et se modifie au fur et à mesure qu'elle avance, les rapports qui doivent parvenir jusqu'aux confins extrêmes de l'Abyssinie doivent être quelque chose d'étonnant. Même ici, ils ne se contentent pas des faits. Il y a un bruit parmi eux que le bétail que nous achetons est destiné à servir de nourriture à un train d'éléphants que nous allons venir nous aider à combattre Théodore, et que nous avons aussi un train de lions, qui va bientôt arriver. Nos nouvelles de Magdala sont les mêmes. Théodore avance lentement, très lentement. Il possède des canons lourds et insiste pour les emporter avec lui. Waagshum , le roi qui assiégeait Magdala, s'est enfui et les tribus autour de Magdala ont toutes prêté allégeance à Théodore. Théodore écrit à Rassam comme s'il était son ami le plus cher, et Rassam lui répond comme s'il était l'esclave rampant de Théodore . La lettre de Théodore est rédigée dans ce style : « Comment vas-tu ? Est-ce que tu vas bien ? Je vais plutôt bien. N'ayez crainte. Je viens à votre aide. Gardez la tête haute. Je serai bientôt avec toi. J'ai deux gros canons . Ils sont terribles, mais très lourds à déplacer. Rassam répond quelque peu dans ce style : « Illustre et le plus clément des potentats, moi, votre dernier des esclaves, me réjouis à l'idée que votre venue jettera une lumière sur nos ténèbres. Nos cœurs se gonflent d'une grande joie ; » et des trucs plus complets du même personnage. Les lettres que nous adresse le Dr Blanc sont à la fois pleines d'entrain et viriles. « Nous sommes ravis, dit-il, à l'idée de votre venue. Comment cela se terminera, personne ne peut le dire. Nous sommes tous préparés au pire ; mais nous avons au moins la satisfaction de savoir que notre mort sera vengée. Jusqu'au dernier moment, nous n'avons pas de jour fixé pour l'avancée de Sir Robert Napier sur Attegrat . Le 5 est désigné comme la date la plus rapprochée à laquelle un messager peut revenir du groupe de Grant et dire quand Kassa , le roi de Tigre, sera à Attegrat pour rencontrer le général. Il est probable que le roi partira presque aussitôt que Grant arrivera, et dans ce cas Sir Robert devra avancer immédiatement pour arriver le premier au lieu du rendez-vous. Je pars demain, à moins qu'une circonstance ne vienne modifier mon projet.

Les scientifiques et les membres généraux de l'expédition arrivent très vite. Le Dr Markham, le géographe de l'expédition, est ici depuis longtemps. M. Holmes, du British Museum, est arrivé hier comme archéologue ; il s'en va demain dans une église éloignée de quelques milles pour examiner quelques manuscrits qui y existent, dit-on. Les officiers hollandais arrivent aujourd'hui, et j'entends arriver demain deux officiers français. A propos de ces officiers étrangers, un officier d'état-major, à qui je regrettais qu'on n'ait pas fait davantage pour eux, m'assure aujourd'hui qu'ils ne sont pas vraiment des commissaires. Il se peut que ce soit le cas ; mais comme, en tout cas, ce sont des officiers payés par des gouvernements étrangers et autorisés à accompagner l'expédition, j'avoue que je ne vois aucune différence essentielle. L'officier d'état-major m'a assuré, comme preuve des intentions bienfaisantes des autorités, que ces officiers étrangers ne seraient pas facturés pour leurs rations. John Bull est effectivement libéral. Il est beaucoup plus pointu quant aux « spéciaux » ; car un ordre général a en effet été émis l'autre jour, disant que "les messieurs étrangers à l'armée devaient payer leurs rations pour un mois d'avance". À l'exception des scientifiques, qui sont tous envoyés par le gouvernement et doivent, je suppose, être considérés comme des personnes officielles, il n'y a ici que quatre messieurs « sans rapport avec l'armée » , à savoir trois autres envoyés spéciaux et moi-même. Je disais en souriant à un officier du commissariat, lorsqu'on lui demandait de payer mon mois d'avance, que « je pensais que j'aurais pu être considéré comme aussi bon pour le paiement de chaque fin de mois que les officiers. "Ah," dit l'astucieux officier, "mais si quelque chose vous arrivait, à qui devrions-nous nous tourner pour être payés ?" La réponse était évidente : « Mais, d'un autre côté, si une éventualité désagréable se produisait, à qui mes représentants pourraient-ils réclamer le montant des jours payés mais non consommés ? Sur la suggestion de qui cet ordre général a été émis, je ne le sais pas ; mais je sais que rien de plus mesquin et de plus indigne n'a jamais été donné à l'ordre général d'une grande armée. Je ne sais pas qui a émis cet ordre, car je ne peux que répéter que personne ne peut être plus gentil et plus attentionné que Sir Robert Napier et tous les membres de son personnel envers nous tous.

Je dois maintenant fermer ma lettre, car il se fait tard et ma main est si froide que je peux à peine tenir une plume. Je peux simplement mentionner que les rhumes sont très répandus ici et que la nuit, parmi les indigènes dans les tentes alentour, il y a une quantité de toux qui est même plus grande que celle qu'on pouvait entendre dans une église anglaise par une matinée humide de novembre lors d'une sermon ennuyeux.

Senafe , 3 février.

Lorsque j'ai terminé ma lettre le 31 au soir, j'avais l'intention de partir tôt le lendemain matin. Mon plan était de continuer jusqu'à Attegrat , de m'y arrêter un jour ou deux, et de revenir à temps pour remonter avec Sir Robert Napier. Cependant, après avoir fermé ma lettre, j'appris qu'il partirait probablement le 5 ; Je n'aurais donc pas eu le temps de mettre à exécution mon plan et j'ai décidé, en conséquence, d'attendre ici encore un jour ou deux, puis de partir tranquillement devant le général, afin de pouvoir consacrer un court moment le temps de l'examen du pays aux alentours de chacune des stations. J'avais un autre cours ouvert à moi. Le parti extrêmement avancé avance au-delà d'Attegrat , sur la route d' Antalo . Dois-je les accompagner, ou dois-je rester près du quartier général et rendre compte régulièrement du déroulement des événements ? C'était bien sûr plus amusant d'avancer ; mais il me semblait que l'intérêt du public ne résidait pas dans la route, mais dans la marche des troupes sur cette route. Je me suis donc résolu à courir tranquillement avec le gros de l'armée, d'autant plus que la rencontre entre Sir Robert Napier et le roi du Tigre sera l'un des événements les plus intéressants de toute l'expédition.

M. Speedy est arrivé au camp. Il doit agir comme conseiller politique du général Napier, et son arrivée constitue une satisfaction générale. M. Speedy était autrefois officier du 81e régiment d'infanterie ; il fut ensuite échangé dans le 10e Punjaubees , dont il fut quelque temps adjudant. Il quitta ensuite le service et se rendit en Abyssinie , où il entra au service de Théodore et l'aida à organiser et à entraîner son armée. Constatant qu'il risquait de partager le sort des autres Britanniques employés par ce potentat et d'être jeté en prison, M. Speedy a renoncé à sa nomination et vit depuis en Australie. Le général Napier, ayant entendu parler de lui, lui écrivit pour le prier de venir ; et M. Speedy a reçu la lettre juste à temps pour être expédiée par la poste, avec un kit, selon la rumeur populaire, composé uniquement de deux couvertures. Il n'est pas, je suis heureux de le dire, un fidèle abyssin. C'est le cas du Dr Krapf , conseiller du colonel Merewether. Il semble penser que le Noir est un spécimen d'humanité bien meilleur que l'homme blanc ; et que les actes qui seraient punis dans le second sont hautement excusables, sinon louables, lorsqu'ils sont perpétrés par le premier. Le Dr Krapf n'est pas singulier dans ses idées. Si ses lignes avaient été établies en Angleterre, je suis convaincu qu'il aurait été l'un des principaux persécuteurs du gouverneur Eyre. Je suis très heureux qu'un ton plus sain soit susceptible d'être introduit dans nos relations avec les indigènes. M. Speedy s'est rendu hier, à la demande du général, dans certains villages des environs, a rendu visite aux prêtres et a offert un présent en argent pour le soulagement des pauvres et des affligés. La réponse dans chaque cas était la même. Les prêtres ont dit que sans notre venue, une période de grave détresse et de souffrance aurait probablement eu lieu. Les récoltes ont été dévastées par les criquets et la sécheresse actuelle affectera sérieusement la prochaine récolte. Cependant, grâce à l'argent que les Anglais avaient distribué à travers le pays pour payer le bétail acheté par le commissariat, le foin, le bois, le lait, etc., et pour le loyer des transports, le peuple se trouvait dans une meilleure situation que d'habitude ; et par conséquent, à l'exception de trois ou quatre dollars pour les personnes âgées et infirmes, ils refuseraient avec remerciements le cadeau du général Napier.

Le Corps du Génie ici a été très occupé ces derniers jours en pratiquant signalisation . La méthode utilisée est le système du capitaine Bolton, utilisé dans la Royal Navy. La méthode de gestion de ces signaux sur terre est cependant moins connue et est particulièrement intéressante car c'est la première fois qu'ils sont utilisés dans une guerre réelle. Le présent est en effet une sorte d'expérience ; et s'il s'avère efficace et utile, il est probable que le système sera généralement introduit dans l'armée. Les ingénieurs donnent des leçons dans l'art de la signalisation aux soldats du 33e régiment, et enseigneront ici aux hommes de chaque régiment, afin que le système puisse être équitablement testé. Les signaux de jour sont véhiculés par des drapeaux ; il y a du blanc, du blanc et noir et du noir, selon l'alphabet ou la méthode à utiliser. Une seule vague vers la droite en signifie une ; deux vagues, deux ; et ainsi de suite jusqu'à cinq ; les quatre nombres restants sont constitués soit par des vagues vers la gauche, soit par une combinaison de vagues de chaque côté. Ces numéros, comme les drapeaux à bord des navires, font référence à un numéro figurant dans un livre dont chaque signaleur est muni. Supposons, par exemple, qu'un général situé sur une colline veuille faire un signal à une division donnée de son armée. Il fait le signal, disons « cinq ». Le signal est transmis par la ligne des signaleurs à la cinquième division, qui tous, en agitant leurs drapeaux, témoignent de leur disponibilité. Le signal est alors transmis, « 1015 ». Cela signifie « passer au soutien de la quatrième division », ce qui se fait instantanément et sans perte de temps. Ou bien les drapeaux pourront être adressés à tous les corps de l'armée ; et l'ordre, diffusé sur trente milles de pays, pourrait être : « Concentrez-vous sur la division centrale ». Il est en effet étonnant de constater combien de temps on gagnerait en utilisant cette méthode au lieu d'envoyer une vingtaine d'aides de camp parcourant le pays.

La nuit, les signaux sont transmis au moyen de feux clignotants. Ceux-ci sont extrêmement ingénieux dans leur construction. Le signaleur , qui est toujours accompagné d'un compagnon muni d'un carnet de signaux, a un tube de cuivre long d'environ huit pieds, à l'extrémité duquel est une lanterne ; dans cette lanterne brûle une lampe à esprit ; au-dessous de cette lampe à alcool se trouve un réceptacle dans lequel est placée une poudre composée de magnésium, de résine et de lycopodium, très semblable au mélange avec lequel les charpentiers de scène produisent la foudre en la soufflant dans une bougie. Cette lampe agit exactement selon le même principe. Un soufflet est fixé sur le tube en laiton. Ce soufflet fait fonctionner le signaleur , soit en pressions courtes, soit en pressions longues ; et l'air, en s'élevant, traverse la poudre et en force une petite quantité à travers une paire de buses placées près de la flamme de l'esprit. Le résultat est un éclair brillant, long ou court selon la pression exercée sur le soufflet. Cette lumière peut être vue à une très grande distance, et deux ou trois groupes de signaleurs placés au sommet des collines pourraient transmettre un ordre sur une distance de cinquante milles en très peu de minutes. La difficulté réside bien entendu dans la possibilité d'erreurs. Une seule bouffée pourrait plus ou moins changer complètement l'ordre. 1021 pourrait signifier « Concentrez-vous sur votre flanc gauche » ; 1022 "Concentrez-vous sur votre droite." C'est bien beau de dire que chaque signal est répété, et donc qu'une erreur serait instantanément corrigée ; mais nous savons tous quelles erreurs se produisent dans les messages télégraphiques, même si nous payons pour qu'elles se répètent. Le système semble aussi bon et aussi peu susceptible d'erreurs qu'une chose de ce genre pourrait l'être ; mais si l'on considère qu'une erreur de comptage des éclairs ou de l' agitation d'un drapeau pourrait altérer entièrement l'ordre donné, il est évident que le risque est si grand qu'un général préférerait, si possible, envoyer un officier à cheval avec un écrit écrit. instructions. Dans le même temps, le système de communication à distance est sans aucun doute adapté pour accélérer les mouvements d'une armée sur une vaste étendue de pays. Le général Napier a pris un grand intérêt aux expériences, et je suis convaincu que le système sera testé à fond au cours de la présente expédition. L'appareil de chaque signaleur est singulièrement complet et maniable ; il est transporté dans deux paniers ou paniers-mules, et comprend tout ce qui peut être nécessaire, comprenant une tente lumineuse, une cantine, des drapeaux, des lanternes, une réserve d'alcool et de poudre, un petit étui pour écrire sous la pluie, un signal. livres, etc. Chacune de ces sacoches doubles contient en effet tout ce qui est nécessaire aux signaleurs ; et avec douze appareils de ce type, répartis entre des groupes placés au sommet des collines, des signaux pourraient être lancés la nuit de Londres à Édimbourg.

Les éléphants pour les canons ne sont pas encore arrivés, mais ils sont attendus demain, et dans ce cas ils continueront avec Sir Robert Napier ; qui, je crois, partira définitivement dans l'après-midi. Comme plusieurs autres corps de troupes se déplacent le même jour, son entrée à Attegrat sera une affaire assez imposante. En fait, je ne serais pas surpris si la vue des éléphants provoquait une véritable bousculade parmi les indigènes. En parlant d'éléphants, un triste accident s'est produit il y a quelques jours à Sooro . Ces animaux se rencontrent dans les montagnes entre cet endroit et la mer, et trois ont été tués par des officiers des Beloochees . En conséquence, le major Beville et le lieutenant Edwards sortirent pour tenter leur fortune et réussirent à en trouver un troupeau en train de paître dans une vallée. Les animaux les flairent avant qu'ils puissent s'approcher et commencèrent à s'enfuir rapidement ; sur quoi Edwards se précipita dehors, croisa un petit nullah intermédiaire et suivit leurs talons. Les éléphants, cependant, ne sont pas des animaux qui aiment être suivis, c'est pourquoi l'un d'eux s'est retourné et a chargé son poursuivant. Edwards lui a tiré dessus, mais, ne parvenant pas à le contrôler, a pris la fuite. L'animal le rattrapa dans sa descente du nullah, le saisit dans sa trompe, le projeta à terre et essaya de le piétiner, mais heureusement la pente du terrain rendait l'opération difficile. A ce moment critique, le major Béville arriva et tira sur l'animal, qui, fort heureusement, se trouvant blessé, quitta sa victime et s'enfuit. Chose extraordinaire, le pauvre Edwards n'a pas été tué ; mais il a subi de graves blessures internes et repose maintenant à Sooro dans un état très précaire.

Les chars à bœufs, arrivés avant-hier, ont suscité, comme je l'avais prévu, l'admiration et l'émerveillement des indigènes au plus haut point. Je crois qu'ils n'ont jamais vu de véhicule à roues auparavant ; et l'apparition de la longue file de charrettes, tirées par le splendide bétail brahmane, arrivant chargées de provisions, d'un défilé que toutes leurs traditions, depuis des temps immémoriaux, leur ont représenté comme impraticable même pour leur propre petit bétail au pied sûr, ils ont complété leur assurance que les Anglais sont véritablement fils de Sheitan. Notre énergie et nos ressources doivent en effet apparaître comme quelque chose de tout à fait surnaturel à ce peuple primitif.

L'une de mes principales objections à l'égard des Abyssins est qu'ils constituent une race extrêmement paresseuse. Or, si les gens aiment être paresseux et manger le maigre pain de l'oisiveté au lieu du gros pain gagné par un dur labeur, c'est leur propre affaire et une simple question de goût, en faveur de laquelle il y a beaucoup à dire. . Mais l'Abyssin, bien qu'extrêmement paresseux, ne se contente en aucun cas de manger le pain de l'oisiveté. Le noble sauvage est parfaitement conscient de la valeur du travail et insiste pour que tous les membres de sa famille, à l'exception seulement de lui-même et de ceux de ses fils qui peuvent être assez grands pour suivre leur propre voie, travaillent comme de véritables esclaves. Vous verrez un grand voyou marcher paresseusement vers le camp, armé de sa lance et de son bouclier, tandis que devant lui chancellent sa vieille mère, sa femme, sa sœur et ses quatre ou cinq enfants, portant d'énormes bottes de foin. Je n'exagère pas lorsque je dis que vous verrez fréquemment des petites filles de sept ans au plus portant des bottes de foin pesant quarante-cinq livres au camp ; et les pauvres petits acariens de trois ou quatre ans portent un fardeau proportionné. Le poids n'est jamais porté sur la tête, toujours sur le dos, retenu par une lanière de cuir qui passe sur les bras juste en dessous de l'épaule et sur la poitrine. L'enfant ou la femme, selon le cas, marche penché en avant, presque en double. Les hommes ne portent jamais de charges ; c'est au-dessous de la dignité d'un noble sauvage. L'ensemble du travail est fait par les femelles et par les petits garçons de la famille. Mon sang a bouilli bien des fois, et j'ai eu très envie de poser ma cravache sur les épaules de ces scélérats paresseux, qui sont trop paresseux pour travailler, mais pas trop fiers pour conduire leurs petits enfants au travail et pour vivre de leur vie. le résultat. Les garçons le font, comme je l'ai dit, dans une certaine mesure. Quand ils sont tout petits, ils en font presque autant que leurs sœurs, mais à mesure qu'ils grandissent, ils en font de moins en moins, et il est rare de voir un garçon de plus de douze ans porter un fardeau. Les femmes ici portent leurs bébés sur le dos, et non sur la hanche comme le font toujours les femmes hindoostaniennes . Les enfants sont tenus dans une sorte de petit châle de cuir qui entoure étroitement la mère, et on ne voit généralement que le sommet de la tête de la petite chose. De cette façon, la mère a les bras libres et peut transporter son fagot de bois ou d'herbe à vendre ; mais dans ce cas, le fardeau est bien sûr porté dans ses bras devant elle. Je me suis souvent demandé si les enfants survivaient au double risque : celui de l'étouffement, dû à la pression exercée sur le dos de leur mère, et celui de l'insolation, dû au soleil qui se couche en plein sur le dessus non protégé de leurs petites têtes chauves. Cela ne semble pas les déranger, et je ne pense pas avoir entendu plus d'un ou deux nourrissons pousser un gémissement lorsqu'ils étaient portés dans cette position. Je ne peux que supposer que la chaleur naturelle du dos nu de leur mère leur est agréable ; mais, avec notre style vestimentaire actuel, ce n'est pas une expérience que je recommanderais à une nourrice anglaise de tenter avec un enfant agité, à moins qu'elle ne souhaite qu'une enquête du coroner soit menée sur lui, avec peut-être d'autres procédures plus désagréables à suivre.

Les magasins de la cour du commissariat continuent ici à s'accroître, grâce à l'apport du bétail indigène. À l'heure actuelle, je comprends, il y a environ un mois de consommation pour les troupes ici et à l'avance. Les dispositions de la cour du commissariat sont très bonnes ; comme d'ailleurs la plupart des dispositions prises par ce département l'ont été tout au long de l'expédition. Parfois, cette cour offre un spectacle des plus intéressants. Ici se trouvent de grandes piles de sacs de riz et de farine, et à côté d'eux les Parsis qui pèsent les rations des nombreux candidats. Un peu plus loin se trouve la boucherie où les rations de viande sont découpées et distribuées. Voici un grand enclos entouré de buissons et contenant du bétail acheté aux indigènes pour les troupes. Voici quelques centaines de mulets déchargeant les provisions qu'ils ont amenées d'en bas. Plus loin, d'autres sont chargés d'herbe, pour descendre pour la subsistance des animaux du col. Ici encore, des centaines de femmes et d'enfants chargés d'herbe, qu'un officier du commissariat pèse et paie ; cependant, donner l'argent aux hommes ; qui, dès que les femmes ont apporté l'herbe, les renvoient et s'efforcent de recevoir l'argent. A proximité se trouve la cour à bois, où se joue une scène similaire. De retour près de la cour du magasin se trouvent une multitude de bétail indigène qui attend de recevoir des provisions pour être transporté à Attegrat . Le prix du contrat est d'un dollar et demi par personne ; et je suis heureux de dire que nous pouvons obtenir autant de bétail que nous le souhaitons à cet effet. Ici nous avons des hommes ; la seule occupation, en effet, que les hommes Abyssins entreprennent est de conduire le bétail, ou plutôt de le suivre, car ils ne tentent jamais en aucune façon de guider ou d'influencer leurs mouvements, mais traînent après eux avec leurs lances et leurs boucliers éternels, sachant bien que le le petit bétail sagace suivra toujours les sentiers battus. A proximité se trouve un espace délimité pour un marché. Ici, nous avons des groupes d'hommes accroupis partout au milieu de leurs bœufs, moutons et chèvres : il y a aussi beaucoup d'ânes et quelques mulets. Pour ces derniers, ils ont beaucoup augmenté le prix le mois dernier : alors une bonne mule pouvait s'acheter pour quinze dollars, maintenant ils en demandent trente-cinq et quarante. Ils sont également très indépendants et refusent de réduire d'un seul dollar le prix qu'ils demandent : s'ils n'obtiennent pas la somme exacte qu'ils demandent, après un certain temps, ils monteront à cheval et repartiront vers leurs villages pour y revenir ensuite. jour, le prix étant probablement supérieur de deux ou trois dollars à celui demandé la première fois.

Je dois maintenant terminer ceci, car je suis sur le point de partir pour Attegrat . Je m'efforcerai d'envoyer quelques lignes de Goun-Gonna , la prochaine gare ; car comme le prochain courrier part dans quatre jours, et que je m'éloignerai à chaque marche, une lettre d' Attegrat n'a pas pu arriver ici à temps pour le courrier.

―――――――――

Goun-Gonna , le 4 février.

Je me sens assez heureux de pouvoir à nouveau aller de l'avant. Senafe a été mon poste avancé pendant si longtemps qu'il semblait que nous n'allions jamais dépasser ce point. Cependant, maintenant que je suis de nouveau *en route* , j'espère ne m'arrêter plus, au-delà de quelques jours à Attegrat , pour voir la rencontre du roi de Tigre et du général, jusqu'à mon arrivée à Antalo . Antalo sera à une dizaine de journées de marche d'ici, et, une fois là-bas, la moitié de la distance jusqu'à Magdala aura été parcourue. Mon trajet d'hier après-midi a été l'un des plus agréables que j'ai eu ici. La température était délicieuse : un soleil éclatant et un vent fort et frais ; la route aussi, sur une certaine distance, à travers une plaine ondulée, descendant brusquement dans une vallée magnifique, était un changement charmant après la monotonie des longues vallées que j'ai parcourues pendant les six dernières semaines, et les larges vallées. étendue de la plaine sablonneuse de Zulla . Après avoir quitté Senafe, la plaine s'abaisse sur une certaine distance, et après environ cinq milles de route, nous sommes descendus au point le plus bas, où, en temps ordinaire, un petit cours d'eau traverse la route, mais qui est actuellement parfaitement sec, sauf là où il s'est accumulé dans de grandes mares. A côté de l'un d'eux, à environ deux milles sur notre gauche, nous vîmes le camp de cavalerie et d'animaux malades. Je dois mentionner, en passant, que, bien que la maladie parmi les mulets soit en grand déclin et ait complètement perdu la virulence qui la caractérisait d'abord , il y a encore, d'après le dernier relevé hebdomadaire, deux mille six cents animaux, y compris chameaux, inaptes au travail, pour une cause ou une autre.

Dans cette vallée arrosée se trouvent d'immenses troupeaux de bétail. La plaine est couverte d'une herbe épaisse et grossière, qui a été maintenant partout coupée, soit par les troupes elles-mêmes pour leurs chevaux, soit par les indigènes pour nous les vendre. En traversant la plaine, nous avons une montée raide sur le flanc de la colline, puis, surmontant la montée, nous nous retrouvons au fond d'une vallée s'étendant presque plein sud. C'est là que nous descendons ; et d'après le nombre de villages perchés sur les éminences des deux côtés, il est évident que l'eau se trouve généralement dans cette localité. Elle était probablement, à une époque pas très lointaine, beaucoup plus peuplée qu'elle ne l'est aujourd'hui, car beaucoup de villages sont en ruine et déserts. Cette vallée est très jolie, et, après la plaine sans arbres de Senafe , elle est doublement agréable, car les flancs des collines sont partout recouverts de gigantesques cactus candélabres. Ceux-ci sont maintenant en train de fleurir. Les fleurs poussent à l'extrémité de chacun des innombrables bras du candélabre ; et comme leur couleur varie du blanc, en passant par de délicates nuances de rose, jusqu'au rouge foncé, l'effet est très bel ; en effet, avec leur croissance régulière et leur masse parfaite de fleurs, on dirait qu'ils viennent d'être transplantés des terres de MM. Veitch dans ce pays pour une gigantesque exposition de fleurs. Il y a une église dans cette vallée, qui est très vénérée comme étant le théâtre du martyre de huit ou dix chrétiens au temps de la persécution. Mes connaissances de l'histoire de l'Abyssinie sont, je l'avoue, trop maigres pour que je puisse vous donner une date approximative de cette affaire. Leurs os sont cependant encore visibles ; et de là je dois dire que l'événement ne pouvait pas être très lointain, car dans un climat sujet à de grandes chaleurs et à de fortes pluies comme celui-ci, il est probable que les os se décomposeraient très rapidement. L'église est à une certaine distance de la route et, comme la plupart des églises d'ici, sur une colline. Je ne me suis donc pas détourné pour l'examiner, car j'aurai par la suite de nombreuses occasions d'examiner les églises, et, à l'exception des ossements des martyrs, il ne présente aucun trait d'intérêt particulier. En descendant la vallée, nous constatons qu'elle n'est qu'une nourrice d'une large vallée s'étendant d'est en ouest. La vallée était, comme Goose Plain, couverte d'herbes grossières et contenait d'immenses troupeaux de bétail. Le côté opposé à celui par lequel nous y étions entrés était très raide ; les montagnes sont presque nues, et près de leurs sommets présentent un aspect qui, si je ne l'avais pas vu aussi sur le rocher de Senafe , j'aurais dit qu'il avait été causé par une très légère chute de neige. J'apprends cependant que c'est un très petit lichen qui abonde sur les rochers. Je présume que ce lichen est actuellement en fleur ou en graine ; car je n'ai pas observé cette apparence particulière lors de ma première visite à Senafe , et elle est si remarquable que je n'aurais pas pu manquer de la remarquer si elle avait existé à cette époque. Nous savons maintenant que nous sommes près de notre destination, car nous voyons les coupeurs d'herbe qui nous accompagnent avec de grosses bottes de foin. Nous traversons la vallée et entrons dans une vallée plus petite, qui bifurque légèrement avec la grande. En y entrant, nous vîmes près de son extrémité le camp de Goun-Gonna . On aurait difficilement pu choisir une situation plus jolie. Les collines à droite sont presque perpendiculaires, et sur une corniche, à mi-hauteur, est niché un village. Le ruisseau qui le descend a été utilisé pour l'irrigation, et le vert éclatant des jeunes récoltes était un délicieux soulagement pour nos yeux. Sur la gauche, les collines sont moins escarpées, mais restent très raides. La vallée a moins d'un quart de mille de largeur et se termine brusquement par un demi-cercle à une courte distance au-dessus de l'endroit où le camp est établi. Ce qui ajoute beaucoup à la beauté de la vallée, c'est qu'elle contient plusieurs de ces immenses arbres aux troncs déformés et au feuillage vert vif, dont le vrai nom est un point discutable, mais qui sont également prétendus appartenir au banian, Inde -caoutchouc. , ou espèces de tulipiers. En tout cas, quelle que soit leur espèce, c'est une des espèces d'arbres les plus pittoresques que j'aie jamais vues. Ils couvrent une immense étendue de terrain, et leurs troncs reposent tantôt sur le sol, tantôt s'élèvent sous d'étranges formes contorsionnées. Leur écorce est extrêmement rugueuse et gris blanchâtre, et si on la voit sans le feuillage, on la prendrait certainement plutôt pour d'étranges blocs et piliers de pierre que pour des troncs d'arbres. Dans le camp, nous trouvâmes une compagnie du 33e et le quartier général de ce régiment, qui sont en route pour rejoindre l'escadre à Attegrat , et qui venaient d'arriver, ainsi que la batterie de canons d'acier de montagne du colonel Milward. tous deux ayant quitté Senafe deux ou trois heures avant nous. Il y avait aussi un convoi du train de transport en route vers le front, ainsi qu'une troupe du cheval Scinde . Cette station doit être à quinze cents pieds au-dessous de Senafe , et la différence de température est surprenante. La nuit dernière, je n'ai pas eu froid du tout, alors qu'à Senafe il était presque impossible de se réchauffer, si nombreux que soient les emballages dont on s'enveloppait. Ce matin, j'ai parcouru une très jolie petite et large vallée, longue d'environ un quart de mille. Cette bifurcation part de la plus grande vallée juste en face du camp, et c'est par là que vient le petit ruisseau d'eau. La vallée est couverte d'arbustes et de petits arbres, et l'eau y tombe sur un rocher perpendiculaire haut de cinquante pieds à son extrémité supérieure. Cela m'a beaucoup fait penser à un vallon de Westmoreland, avec un peu de « force » à l'extrémité. Ici aussi, pour augmenter la ressemblance, j'ai retrouvé quelques vieux amis que je n'ai pas revus depuis mon départ d'Angleterre, à savoir des églantines, des ronces communes et du chèvrefeuille. Au bord de l'eau, sur les rochers maintenus humides par les embruns, poussaient des cheveux de vierge et d'autres fougères. L'air était doux de fleurs d'arbousiers, et le clapotis de l'eau était des plus reconnaissants pour l'oreille après les plaines sèches de Zulla et de Senafe . Ici aussi, nous avons eu l'aloès en fleur, avec ses longues têtes de fleurs rouge orangé. Nous avions ici une espèce de scabie de dix pieds de haut, et un jonc ou herbe aquatique de vingt pieds de haut, avec son roseau plumeux. Ici, au-dessus des arbustes, se glissaient les clématites familières, avec ses grandes touffes de roseaux duveteux blancs. Il y avait là une sorte d'ivraie, avec ses fleurs roses, qui poussaient droites et fortes jusqu'à une hauteur de quatre ou cinq pieds. Sur les arbres étaient perchés des palombes et des tourterelles qui s'appelaient de leur doux roucoulement. Dans l'ensemble, c'était un joli petit coin, et c'est avec la plus grande réticence que je l'ai quitté pour revenir au camp afin d'écrire cette lettre avant de partir pour Fokado , la station suivante.

Vous verrez que, bien que le courrier ne parte qu'une fois par semaine, je suis, tant que j'avance, obligé d'écrire tous les trois jours, car pour chaque jour que j'avance le courrier met un jour de plus à descendre. Il n'est d'ailleurs pas facile de trouver le temps d'écrire en marche. On se lève au point du jour, soit un peu avant sept heures, et, avec la plus grande diligence, il faut près de deux heures avant que la tente puisse être levée et que les mules soient chargées et en route. Je leur donne généralement un départ d'une heure, puis je continue, je les dépasse et je vois que tout va bien. Si tel est le cas, j'avance et j'utilise la tente d'un ami jusqu'à ce que la mienne arrive, ce qui, si la distance est de quatorze milles, ne sera que vers quatre heures de l'après-midi ; car mes mules, avec des arrêts pour réajuster les bagages, etc., ne font pas plus de deux milles à l'heure. Ensuite, il faut planter la tente, tirer les rations et voir les chevaux abreuvés et nourris ; et au moment où le dîner est prêt et notre travail terminé, il est six heures passées. On met généralement ses rations avec celles des amis ; et une fois le repas terminé et la pipe et le verre d'arack et d'eau discutés, on est bien plus apte à se coucher qu'à s'asseoir pour raconter les événements de la journée. Ma prochaine lettre viendra d' Attegrat , où je compte rester quelques jours.

Attegrat , le 7 février.

J'ai attendu si longtemps d'arriver à Attegrat , qu'étant ici, j'ai l'impression d'avoir fait une longue étape dans l'intérieur de l'Abyssinie. J'avoue cependant que je suis déçu par Attegrat . C'est stupide, je l'avoue. J'aurais dû à ce moment-là comprendre le vide et le vide absolu de toutes les déclarations liées au pays ; et tout ce qu'on nous a dit, tout ce qu'on nous a fait espérer, s'est également révélé complètement faux. Parfois on nous a dit des choses agréables, parfois on nous a menacé de terribles calamités ; mais dans les deux cas, les vaticinations se sont révélées également incorrectes. Les vers de Guinée et les ténias, la fièvre et le choléra, la variole et la dysenterie, la mouche tétsé et l'insolation, tout cela s'est distingué par son absence ; mais en contrepoids, les champs verts du colonel Phayre et les sources jaillissantes à Zulla se sont également distingués . son eau vivace entre Sooro et Rayray Guddy et son magasin de commerce à Senafe , qui a donné naissance à un village de six huttes en terre. Pourtant, malgré les déceptions précédentes, j'avoue que je m'accrochais à l'idée de trouver à Attegrat une ville de taille considérable . L'endroit était marqué en majuscules romaines sur les cartes. On avait parlé d'elle comme d'une ville où coulent le lait et le miel ; ce devait être l'une de nos principales haltes ; et au total on s'attendait certainement à trouver plus de vingt masures, une grange appelée église, et une autre grange en ruine qui était autrefois un palais. Mais avant de décrire Attegrat , permettez-moi de détailler mon voyage ici depuis Goun-Gonna . J'expédiai mes bagages à sept heures du matin, en même temps que partaient les bagages du quartier général du 33e et de la batterie de canons de montagne du colonel Penn. J'ai ensuite exploré la jolie vallée que j'ai décrite dans mon dernier, puis je suis allé dans la tente d'un ami et j'ai terminé ma lettre pour vous. À midi, je partis pour ce qu'on m'avait dit être un trajet de onze milles ; mais il s'est avéré que c'était le seize le plus long que j'ai jamais monté. Tous les officiers et hommes à qui j'ai parlé - et entre autres je peux citer le colonel Milward et le colonel Penn de l'artillerie, le major Cooper et tous les officiers du 33e - ont convenu avec moi que c'était plus de seize milles. La grossière erreur de calcul des distances par le colonel Phayre et les services du quartier-maître devient une nuisance très sérieuse. C'est absolument cruel envers les hommes. Si l'on dit aux soldats qu'ils doivent parcourir seize milles à travers un pays accidenté et sous un soleil brûlant, ils parcourront la distance. Cela peut être un travail difficile ; mais ils savent quand ils commencent ce qui est devant eux, et ils se décident à le faire. Mais quand on leur dit que c'est onze milles, au bout de cette distance, ils commencent à chercher anxieusement leur emplacement de camping. Ils deviennent mécontents et impatients, et sont infiniment plus fatigués qu'ils ne l'auraient été si on leur avait dit la véritable distance qui les attendait.

Je reprends maintenant mon récit de ma journée de marche. Pendant les deux premiers milles, la route montait très raide, jusqu'à ce que nous soyons à au moins mille pieds au-dessus de Goun-Gonna et que nous ayons gagné le grand plateau d'où la vallée est découpée. Cela a dû être une ascension très difficile avant que la route ne soit tracée par les sapeurs, les mineurs et les pionniers du Pendjaub . Je ne sais pas quels tronçons de route entre Senafe et Attegrat seront attribués à chaque régiment ; mais je crois que la route entre Senafe et Goun-Gonna a été exécutée principalement par le 33e, assisté du 10e d'infanterie indigène, et qu'au-delà de ce point elle a été entièrement l'ouvrage des sapeurs, des mineurs et des pionniers. La route de Goun-Gonna à Attegrat n'a pas été formée de manière continue, comme c'est le cas de Zulla à Goun-Gonna . On ne le fabrique que dans des endroits très difficiles, où il aurait été quasiment impossible à une mule de passer sans que son fardeau ne dépasse ses oreilles ou sa queue. Dans d'autres endroits, nous avons de simples traces portées par les habitants du pays ; mais là où nous montons ou descendons des ravins ou des ravins, ou là où la route serpente sur le flanc d'une colline, alors qu'un faux pas aurait entraîné un roulis de mille pieds plus bas, là une bonne route a été tracée, qui, bien que fréquemment raide, est toujours sûr et praticable. La route, prise dans son ensemble, depuis Goun-Gonna jusqu'à cet endroit, est à peu près aussi bonne qu'une route cavalière parmi les collines galloises ou écossaises. Il y a des endroits extrêmement escarpés, où la chute d'une mule arrêterait toute une troupe, et où les charges bougent terriblement ; mais il n'y a pas d'endroits qui ne puissent être surmontés avec soin, même par un train de mulets. Mais cela a été la partie la plus facile du voyage. De cet endroit à Antalo, les difficultés seront bien plus grandes ; au-delà d'Antalo, encore plus grand. C'est pour cette raison que j'attends avec impatience le moment où mon sac à dos contiendra tous mes bagages, et où dormir en plein air sera la règle pour tout le monde. En arrivant assez haut au sommet de la colline venant de Goun-Gonna , un plat d'une étendue apparemment presque illimitée s'étendait devant nous. Deux ou trois des curieuses collines coniques qui abondent dans ce pays s'élevaient à une distance considérable, et à l'horizon se trouvaient les sommets de la chaîne de montagnes la plus fantastiquement déchiquetée que j'aie jamais vue. Rien dans les Alpes ne peut donner une idée du contour varié de cette chaîne de sommets. Ils sont dentés et irréguliers sous toutes les formes imaginables. Des pics simples et des pics doubles, des pics comme une selle de cavalerie et de grands blocs au sommet carré et aux côtés perpendiculaires. La plaine elle-même était parsemée de buissons bas et couverte partout d'une végétation luxuriante d'herbe, ou plutôt de foin, qui atteignait la sangle des chevaux. Le sol était jonché de pierres meubles qui, avec les nombreux petits trous, rendaient difficile et même dangereux tout progrès au-delà du pas du pas. Les pierres, et même toute la formation de ce plateau supérieur, sont composées d'un grès très blanc. Dans la passe qui monte jusqu'à Senafe, la formation était entièrement schiste, brisée et fissurée d'une manière merveilleuse, avec de nombreuses veines de quartz et des murs occasionnels de pierre volcanique très dure qui la traversaient. Dans la plaine de Senafe , et dans tout le pays de ce côté-là, nous avons un lit dominant de grès, qui a évidemment été exposé pendant très longtemps à l'action de l'eau. Les grands rochers de Senafe sont partout usés par l'eau, et étaient des îlots qui s'élevaient au-dessus du niveau d'une grande mer et résistaient à l'action de l'eau, qui a emporté le grès autour d'eux jusqu'au niveau général régulier du plateau. En traversant la plaine, nous constatâmes que le niveau apparemment presque illimité était plus apparent que réel, car la route serpentait constamment pour éviter de grandes vallées qui partout pénétraient profondément dans la plaine. La sensation de tomber soudainement sur une vallée de 1 000 ou 1 500 pieds de profondeur alors qu'on voyageait apparemment sur une plaine plate était très singulière. Cela a bouleversé toutes nos idées préconçues sur le décor. On découvrit que les montagnes à notre gauche, qui semblaient s'élever d'environ mille pieds au-dessus de la plaine, étaient en réalité le double de cette hauteur depuis le fond de la vallée auparavant invisible qui s'interposait entre nous et eux, et que la plaine dans laquelle nous nous trouvions était la traversée n'était pas du tout une plaine, mais une succession de sommets plats. Parfois ces vallées s'enfonçaient si loin dans le plateau que la route devait s'écarter trop de la ligne droite pour contourner leurs têtes, et dans ces cas nous descendions de quelques centaines de pieds et remontions de l'autre côté. La vue sur certaines de ces vallées était extrêmement belle, les montagnes au-delà s'élevant fréquemment sur des kilomètres en une paroi perpendiculaire ininterrompue de deux ou trois mille pieds. Cependant, la plus belle vue était à environ deux milles de notre halte ; et bien que j'aie vu de nombreux paysages splendides au cours de mes diverses pérégrinations, c'était certainement la scène la plus belle et la plus frappante que j'aie jamais vue. Notre chemin serpentait le long d'une haute montagne, le long de laquelle nos pionniers avaient tracé un chemin de dix à douze pieds de large. Nous étions peut-être à cent pieds au-dessus du niveau général du plateau, mais nous contournions le fond d'une vallée qui s'étendait à environ quinze cents pieds au-dessous de nous. Cette vallée n'était qu'une courte branche d'une vallée plus large qui s'étendait à angle droit avec elle, et au-delà et au milieu de laquelle s'élevaient un certain nombre de collines isolées comme des îles ; celles-ci étaient toutes plates et s'élevaient exactement au niveau du plateau général. Certains avaient des côtés inclinés, d'autres étaient parfaitement perpendiculaires ; et il ne fallait pas un effort d'imagination pour imaginer l'époque où un puissant fleuve balayait cette grande vallée, et où ces montagnes insulaires encerclaient et divisaient ses eaux. À notre droite, cette vallée avait dix ou douze milles de largeur, et les nombreuses îles offraient une vue extraordinaire de précipices et de pentes. De l'autre côté de la vallée, le plateau s'étendait sur un mille ou deux, puis s'élevait en hautes montagnes arrondies ; plus à gauche, elle s'étendait sur plusieurs kilomètres, et la vue était limitée par l'extraordinaire chaîne fantastique de sommets dont j'ai déjà parlé. C'était une vue des plus magnifiques et, brisée par les lumières et les ombres projetées par un soleil couchant, elle restera toujours dans mon souvenir comme le paysage le plus extraordinaire et le plus magnifique que j'aie jamais vu.

Nous arrivâmes à Fokado à quatre heures et demie, arrivant une demi-heure avant nos bagages, qui avaient mis huit heures et demie de route, et bien décidés qu'à l'avenir, quel que soit le travail que cela impliquerait, nous ne les laisserions plus sortir. de notre vue. La panne d'un animal à bagages, si l'on est là soi-même pour veiller à ce que ses domestiques le rechargent instantanément et correctement, est une affaire de dix minutes au plus ; mais si les domestiques sont livrés à eux-mêmes, cela prendra plus d'une demi-heure. Il y a d'abord dix minutes perdues à déplorer le désastre, dix autres à défaire les cordes, et encore au moins vingt minutes à remballer et à se mettre en route. Fokado , comme tous nos campings, s'étend dans une légère cuvette ; ce bassin est, comme le reste du plateau, couvert d'herbes hautes. Une douzaine d'hommes armés de faux pouvaient couper suffisamment en une journée pour approvisionner un régiment de cavalerie ; mais il faudrait qu'ils choisissent avec beaucoup de soin les parties de la plaine qui ne soient pas couvertes de pierres. Actuellement, les coupe-herbe sont munis de très petites faucilles, qui font très bien pour couper un tas d'herbe, mais qui sont de peu d'utilité pour en obtenir une grande quantité. Heureusement, les indigènes en coupent et en rapportent des quantités considérables, et je peux en acheter en abondance ; car aucun fourrage n'est délivré par le commissariat pour nos animaux de bagages, et il serait hors de question de s'attendre à ce que nos services sortent couper l'herbe après une longue et fatigante journée de marche. Il y a un puits à Fokado d'où l'on tire beaucoup d'eau fraîche et moyennement pure. Après avoir vu ma tente dressée et mes rations tirées et allumées, je continuai ma route avec deux ou trois officiers du 33e pour voir l'église. Elle se dressait, comme la plupart des églises d'ici, sur un terrain légèrement surélevé et était entourée d'un haut mur, avec une porte d'entrée sous une sorte de tour. Après avoir payé mon dollar – le modeste tarif exigé ici pour l'entrée – j'entrai dans l'enceinte. C'était dans le plus grand désordre ; des rochers et des pierres étaient éparpillés partout et je n'ai vu aucun signe de tombes. Ce fut le cas dans les trois autres églises que j'ai visitées depuis, et cela est d'autant plus singulier que les cimetières que j'ai vus et décrits en remontant le col, et qui étaient ceux des tribus mahométanes qui habitent cette partie du pays, étaient tellement soigneusement construit et si religieusement préservé. Je n'ai pas vu une seule tombe depuis que je suis entré dans la partie chrétienne de l'Abyssinie. Près de la porte de l'église se trouvait une charpente de trois poteaux transversaux, à laquelle étaient suspendues, par des cordes de paille, deux grosses pierres aux qualités sonores. C'étaient les cloches des églises. L'église elle-même était un édifice bas, construit en pierres brutes, avec de gros blocs formant l'encadrement de la porte. En entrant, je me trouvai dans une chambre basse, dont le toit était soutenu par quatre colonnes de pierre brute. Le sol était jonché de joncs et avait exactement l'apparence d'une écurie. Sur le mur se trouvait une fresque grossière à mi-corps de la Vierge, louchant terriblement ; et sur la porte menant à la chambre voisine se trouvait une peau ou un parchemin avec une peinture à peu près similaire. Après m'être profondément incliné devant chacun de ces portraits, à la demande du prêtre officiant, je fus admis dans la chambre suivante, qui était exactement semblable à la première, mais, n'ayant pas de fenêtres, elle ne recevait que la lumière qui entrait par les fentes de la porte. les portes. Il y eut quelques hésitations quant à mon entrée dans la chambre voisine, ce qui en effet avait été refusé à tous les officiers qui s'y trouvaient auparavant ; mais j'ai montré mon chapeau solaire blanc ; et cela et le fait que je ne portais pas d'uniforme les ont convaincus, je crois, que j'étais prêtre ; car je dois mentionner que les prêtres abyssins se distinguent par le port de turbans blancs, tout le reste de la population se portant tête nue. J'ai donc été admis dans le saint des saints. C'était une chambre plus haute que les autres, et éclairée par une fenêtre située en hauteur sur le mur latéral. De l'autre côté de la pièce, à environ un mètre de la porte, était suspendu un paravent d'environ six pieds de haut ; ce paravent était fait de toile grossièrement brodée et était apparemment destiné à empêcher les yeux des fidèles de la deuxième chambre d'apercevoir les *pénétrales* lorsque la porte était ouverte. En regardant au bout de ce rideau, j'ai vu une érection ressemblant à un chevalet de peintre. Un parchemin ou une peau était tendu sur la partie supérieure, et il y avait probablement dessus une sorte de peinture ; mais comme il était enveloppé dans un tissu, je ne pus l'examiner, car je n'avais pas le droit de dépasser la ligne du paravent. En revenant, je remarquai dans un coin de la première chambre de longs bâtons, avec une double courbure au sommet ; c'est-à-dire ressemblant à une croix, avec la partie supérieure cassée. Ceux-ci sont utilisés dans le service. Près d'eux, dans une niche du mur, se trouvaient des morceaux de fer attachés ensemble de manière à faire un tintement lorsqu'on les secouait. Celles-ci remplacent sans doute la cloche lors du lever de l'hostie. J'ai omis de dire que dans le cimetière se trouvaient deux fonts baptismaux grossiers ; c'étaient des blocs de pierre ronds, d'environ deux pieds et demi de haut et dix-huit pouces de diamètre ; le creux au sommet pour l'eau avait environ huit pouces de profondeur. Je n'ai vu aucune police dans les autres églises dans lesquelles je suis entrée.

Le lendemain matin , je partis pour Attegrat , une marche d'environ onze milles. Sur une certaine distance, la route longeait le sommet du plateau, qui était ici ondulé, et la route était en de nombreux endroits très accidentée. Enfin nous arrivâmes au bord d'une vallée au fond de laquelle il nous fallut descendre . Comment quelque chose qui ressemble à un animal chargé ait pu tomber avant que la route ne soit construite, c'est presque impossible à imaginer. Nous arrivâmes par un sentier battu jusqu'au sommet de la vallée, et nous revoyâmes du bas le sentier qui continuait tout droit au-dessous de nous ; mais il n'y avait aucune trace d'une quelconque piste ou sentier dans la descente extrêmement raide ; et je suppose que les petits bœufs, qui ont le pied aussi sûr que les chèvres, et les ânes, étaient autorisés à descendre comme bon leur semblait. Heureusement, nous n'en étions pas réduits à cette alternative, qui aurait certainement abouti à ce que trois de nos quatre animaux-bagages se cassent le cou, même si le quatrième — un robuste petit mulet Massowah , avec des marques de zèbre sur le dos et les jambes — avait réussi à atteindre le fond en toute sécurité. Une route a été tracée le long de la colline par les sapeurs et les pionniers ; et cette route, quoique extrêmement raide par endroits, est pourtant parfaitement praticable. Elle n'a pourtant que six pieds de largeur, et même à deux ou trois endroits moins, et par conséquent un train de mulets met beaucoup de temps à descendre ; car si la charge de l'un d'entre eux se déplace et lui dépasse les oreilles, tous les autres doivent attendre qu'elle soit réajustée, ce qui n'est pas une tâche facile sur une pente raide. Si quelqu'un tombait de faiblesse ou de maladie, il n'y aurait d'autre ressource que de le faire rouler immédiatement par-dessus le bord du chemin dans la vallée en contrebas. Heureusement, aucune de ces éventualités ne nous est arrivée. Les charges atteignaient toutes le cou des animaux, mais nos hommes et nous-mêmes parvenions à les maintenir en équilibre jusqu'à ce que nous atteignions le pied de la colline, où il fallut alors enlever toutes les charges et les remballer entièrement. Juste au pied de la pente se trouvait un village. Au cours de notre voyage à travers le plateau depuis Goun-Gonna jusqu'à ce point, nous n'avions dépassé que Fokado et un autre village. Nous en vîmes beaucoup dans les vallées profondes autour desquelles nous avions contourné les têtes, mais sur le niveau plat du plateau nous ne vîmes pas une seule habitation. Il y avait de nombreux troupeaux de bétail, mais ceux-ci venaient probablement paître dans l'herbe épaisse pendant la journée et descendaient dans les vallées pour chercher de l'eau la nuit. Nous croisâmes également quelques curieux tas de pierres sur le plateau, que j'avais omis de mentionner dans la description de cette partie de mon voyage. Ces pieux avaient trente ou quarante pieds de diamètre et cinq ou six pieds de haut ; ils étaient faits de pierres grossièrement jetées ensemble, et si je les avais rencontrés en Angleterre, j'aurais supposé qu'ils avaient été simplement enlevés des champs ; mais ici il n'y avait aucun signe de culture, et les pierres étaient trop épaisses éparpillées partout pour rendre probable qu'un cultivateur abyssin aurait entrepris le travail d'enlever des tas de pierres de cette taille de sa terre, travail qui, sans véhicules à roues, serait très génial. Ces tas se trouvaient toujours à proximité de la piste et étaient généralement entourés de buissons. J'en ai réussi au moins une vingtaine. Il est possible que ces cairns soient des lieux de sépulture ; mais la position déserte, le fait qu'ils étaient loin des villages et le travail qu'ils ont dû faire, tout semble contredire cette supposition. D'ailleurs, leur forme n'avait guère la régularité qu'on rencontre dans les cairns funéraires des nations les plus sauvages. J'avoue qu'ils sont pour moi un parfait mystère. Dans le village au pied de la descente se trouvait une église exactement semblable à celle de Fokado . Il n'y avait pas de fonts baptismaux que j'ai pu observer, mais il se vantait d'un gong en plus des pierres sonores pour appeler les fidèles à la prière. Dans l'enceinte, posée parmi les pierres, se trouvait une grosse bombe volcanique, la première du genre que j'aie vue dans le pays ; il avait apparemment été amené là-bas comme quelque chose d'étrange, et peut-être surnaturel, et avait donc été placé en terre sainte ; car l'enceinte intérieure des murs est sainte aux yeux siniens d'Abys, et nous sommes toujours tenus d'ôter notre chapeau en franchissant les portes extérieures.

De ce village à Attegrat , la route continue au fond d'une large vallée, dont la grande partie est labourée et prête à recevoir les graines, qui sont, je suppose, semées avant les pluies de juin. Le sol est léger et bon, dans de nombreux endroits un riche loam léger, qui ravirait le cœur d'un jardinier anglais. Les charrues sont tirées par des bœufs et sont exactement semblables à celles que j'ai vues dans certaines parties de l'Italie, sauf que la part de celles-ci est plus large et fait certainement plus de travail. En effet, il n'est pas du tout mal adapté au labour superficiel sur terrain léger. Une promenade d'environ cinq milles dans la vallée nous amena à une légère élévation du terrain, et en la surmontant, Attegrat se trouvait devant nous. Ma première impression fut celle de la déception, car, à l'exception du fait qu'il contenait deux ou trois bâtiments plus grands, il ne différait en rien des autres villages que nous avons vus. La vallée, à l'endroit où se trouve Attegrat , a environ deux milles de large, et les vingt ou trente cabanes à toit plat qui, avec l'église et un palais en ruine, constituent la ville, se dressent sur un terrain surélevé presque en son centre . A gauche de cette vallée, près du versant, se trouve le camp britannique. Derrière lui, le terrain s'élève graduellement, offrant un terrain de camping, si nécessaire, à une force considérable. En effet, à l'exception de quelques champs labourés autour de la ville, toute la vallée se prête bien à un campement. La force actuelle ici est constituée des cinq compagnies du 33e régiment, dont le camp, avec celui de la batterie de canons d'acier de Penn et des Royal Engineers, est le premier auquel nous arrivons. A côté des lignes 33d se trouvent les magasins du commissariat. Quelques centaines de mètres plus loin dans la vallée se trouve le camp des six compagnies de la 10e Infanterie indigène. Leurs tentes, comme celles des troupes européennes, sont sur la pente. Au-delà d'eux, cette pente devient beaucoup plus raide, et en conséquence la 3e cavalerie indigène campe au fond. À côté d'eux vient le Mule Train. Les divisions ici sont le Lahore Mule Train et la Division A dirigée par le capitaine Griffiths. Ce fut cette division qui débarqua la première et qui fit monter la force pionnière. Depuis, il est resté à l'avant et se trouve aujourd'hui dans un état admirable. Les chauffeurs égyptiens, arabes, italiens et, en fait, tous les chauffeurs, à l'exception seulement des chauffeurs hindous , ont été envoyés ces derniers jours sur la côte pour être renvoyés dans leur propre pays, et leurs places ont été occupées par les Les porteurs de dhoolie hindous et d'autres dont les services ne seront plus requis, maintenant que les régiments doivent tous marcher sans partisans. Il est à peine besoin de dire que cela améliorera considérablement l'efficacité de la division, car l'Hindou, s'il a moins de force que l'Arabe, l'Égyptien ou le Persan, est néanmoins disposé à la discipline et fera de son mieux. , exécuter les ordres qu'il reçoit ; tandis que les autres hommes étaient totalement imprudents et désobéissants, et on ne pouvait pas leur faire confiance hors de la portée des yeux de leurs officiers. Le camp du Cheval Scinde se trouve encore plus loin dans la vallée, au-delà des lignes de transport. Sir Robert Napier est arrivé hier après-midi. Son camp avait été dressé pour lui sur un terrain légèrement surélevé, en face des lignes du 33e, et éloigné de trois ou quatre cents mètres. Aujourd'hui cependant, les tentes sont frappées et seront alignées avec les 33e tentes et formant une liaison entre elles et l'artillerie. Sa tente est donc exactement au centre de la ligne européenne, avec l'artillerie à sa droite, la 33e sur son flanc gauche.

Je passe maintenant à la description d'Attegrat . Le bâtiment le plus remarquable, vu de notre camp, est une sorte de forteresse isolée, qui ne ressemble en rien au château de Barbe Bleue dans une pantomime. Il se dresse sur une colline et se compose d'un bâtiment carré de deux étages. Au sommet, et surplombant considérablement de chaque côté, se trouvent quatre constructions d'apparence extraordinaire, comme de grands chenils ou des pigeonniers, mais qui doivent avoir six ou sept pieds carrés. La quasi-totalité de ces constructions dépassent les murs. A quoi peuvent servir ces curieux appendices de la tour, il est impossible de le dire. A côté de cette tour carrée se dresse un édifice aussi incongru dans sa construction qu'il est possible de le concevoir. Il est rond et possède un haut toit de chaume, comme une ruche. A ces structures principales s'ajoutent plusieurs hangars bas. Le tout est enfermé dans un haut mur surmonté d'une tour, au-dessous de laquelle se trouve la porte d'entrée. Les bâtiments sont sans doute en pierre, mais ils sont tous recouverts de boue et semblent faits de cette matière. Comme je l'ai dit, c'est exactement l'idée qu'on se fait du château de Barbe Bleue, et on s'attend à voir sœur Anne agiter son mouchoir hors d'un des pigeonniers au sommet. Certes, si la porte s'ouvrait, et qu'un gros personnage dans une immense tête de carton, avec une barbe bleue traînant sur le sol, et entouré d'une foule de serviteurs également à grosse tête, que leur chef, bien entendu, harcelerait de temps en temps . avec son bâton, s'il sortait, il serait en si admirable harmonie avec le lieu, qu'on n'en éprouverait aucun étonnement. Et pourtant cette forteresse a son histoire et a résisté à son siège. Il semble que le roi ou le chef de cette partie du pays habitait rarement son palais dans la ville même, et que son frère y avait sa demeure. Le frère en prit trop sur lui, et la jalousie et la colère du chef furent éveillées, et il ordonna à son frère de quitter le palais. C'est ce qu'il fit, mais il construisit ce château à un demi-mile de la ville pour en faire un château moyen. Un désaccord éclata et le roi attaqua le château, qu'il prit après vingt heures de siège. Le château est actuellement habité par la femme d'un chef — je ne saurais dire s'il s'agit du même chef, car les dates en Abyssinie sont un peu confuses — qui est prisonnière de Gobayze , roi de Lasta . Elle a, paraît-il, fait le vœu de ne jamais sortir pendant que son mari est en captivité. En passant devant le château de Barbe Bleue, la ville se trouve à 800 mètres. A droite, sur un rocher montant, se trouve l'église qui, de loin, ressemble exactement à un châlet suisse . Il est bien sûr entouré de son mur, et à l'intérieur de l'enceinte poussent de gigantesques cactus candélabres. L'église elle-même est plus haute que toutes celles que j'ai jamais vues. Il est carré et couvert d'un haut toit de chaume dont les avant-toits s'étendent tout autour sur une distance considérable et sont soutenus par des poteaux. Après avoir payé les frais habituels, je fus admis dans l'enceinte, et vis immédiatement que cette église avait des prétentions bien plus grandes que toutes celles que j'avais encore vues. L'entrée se faisait par une porte en poutres carrées, avec deux arceaux, chacun taillé d'une seule pièce, et chacun orné de cinq rouleaux de bois en dessous. En entrant, nous étions dans une sorte de hall ou de hall. Les murs de celle-ci étaient recouverts de fresques représentant les exploits du fondateur de l'église, qui était soit le père, soit le grand-père du chef actuel. Ici, ce guerrier redoutable est représenté en train de transpercer un éléphant ; il est à nouveau agenouillé et vise un lion dont les griffes sont de dimensions vraiment formidables. Ici, il y a deux ou trois scènes de bataille dans lesquelles il bat ses ennemis avec un immense massacre. A en juger par ses portraits, le fondateur de l'église était un homme blond, au visage rond, aux cheveux courts et légèrement moustache. Je passai de ce vestibule dans l'église elle-même. Sa construction diffère entièrement des autres que j'ai vues, dans la mesure où au lieu que la chambre sacrée soit placée au-delà de deux autres, elle était au centre de l'édifice, et était entourée d'un passage dont les murs étaient recouverts de fresques représentant des événements. dans les écrits de l'Ancien et du Nouveau Testament et dans la vie des saints. Ici, nous avons Saint Georges lançant noblement le dragon, tandis que la fille du roi d'Égypte et ses jeunes filles se tiennent là, les mains jointes et les yeux admiratifs. Nous avons ici saint Pierre souffrant du martyre en étant crucifié la tête en bas ; avec un grand nombre d'autres martyrs. Les événements bibliques suivent tous strictement la description scripturaire ; la seule différence remarquable est qu'à la Dernière Cène, treize apôtres sont représentés comme étant présents. Dans toutes celles-ci, comme dans les premières fresques, les visages des acteurs sont représentés en blanc ; tandis que dans la Tentation, le tentateur a sa teinte sable traditionnelle. Ces fresques sont toutes du style byzantin primitif, et si elles étaient vraiment anciennes, elles seraient extrêmement curieuses et précieuses ; mais comme l'église n'a pas plus de soixante ou soixante-dix ans au plus, il est évident qu'elles sont l'œuvre de quelque artiste égyptien ou grec abattu à cet effet. Je n'avais pas le droit de voir ce qu'il y avait dans la chambre centrale. En sortant de l'église, je traversai la ville à soixante ou soixante-dix mètres, jusqu'à l'endroit où, à son autre extrémité, se trouve le palais en ruine. Il est entouré d'un mur qui renferme une étendue de terrain considérable. La partie principale du palais ressemble beaucoup plus à une église qu'aucune des églises actuelles du pays. Il se compose d'une salle de cinquante pieds de long sur vingt-cinq pieds de large, avec une petite pièce ronde au fond opposé à la porte. L'entrée se fait sous un porche ; et le long de celle-ci, à environ huit pieds du sol, est construite une rangée de cornes de bœufs, avec leurs pointes saillantes vers l'extérieur. La salle mesurait trente pieds de haut jusqu'aux ressorts du toit, et devait être vraiment une belle salle, compte tenu du pays et du lieu. Cependant, la plus grande partie d'un mur latéral est tombée ; et le toit a entièrement disparu. Certaines des grandes poutres qui la traversaient reposent sur le sol, et il serait d'un intérêt considérable de rechercher d'où, dans un pays sans arbres comme celui-ci, ont été obtenues ces poutres massives. La partie la plus intéressante de la ruine est la pièce située au-delà de la grande salle et qui était probablement la chambre du roi. On y entre par une porte à double arc, de fabrication et de conception semblable à celle que j'ai décrite à l'église ; les deux bâtiments étant contemporains, et les boiseries travaillées sans aucun doute par quelque artisan étranger amené ici à cet effet. La chambre elle-même mesure environ quinze pieds de diamètre, avec trois niches profondes, chacune éclairée par une petite fenêtre à double arche du même motif que la porte. La pièce mesurait environ douze pieds de haut et était recouverte d'un toit en arc circulaire, qui existe encore. Il est fait de roseaux ou de joncs cousus côte à côte, comme la vannerie du pays, et teint d'un motif en bobine et en bleu. Tout cela valait la peine d'être décrit dans le palais ; il y avait plusieurs autres bâtiments qui y étaient rattachés, mais aucun ne méritait une attention particulière.

À environ un mille au-delà d'Attegrat , de l'autre côté de la vallée, il y a une autre église, dont l'emplacement aurait bien pu être choisi par les moines d'autrefois pour un monastère, tant le bosquet dans lequel elle est située est charmant. Ce bosquet est d'une étendue considérable et se compose de plusieurs espèces d'arbres très élevés : il y a un sous-bois épais, avec cependant de nombreux sentiers pour se promener, de toutes sortes de plantes. Il y a quelques grands bananiers aux feuilles larges et gracieuses, les premiers que j'ai vus depuis mon départ de Bombay. Il y a des roses et des chèvrefeuilles, des figues sauvages et des acacias ; sur le tout, un épais cordage de diverses lianes s'enroule en grappes. Pour ajouter au plaisir, l'air tout entier est chargé du parfum du jasmin sauvage, qui pousse en grands buissons, couverts de grappes de ses fleurs blanches en forme d'étoile. Pendant qu'ils s'asseyaient avec un groupe de trois ou quatre officiers du 33e, profitant de l'ombre délicieuse et du parfum charmant, le prêtre et plusieurs indigènes s'approchèrent de nous et s'assirent, ou plutôt s'accroupirent - je ne pense pas qu'un Abyssin sache comment s'asseyaient : à côté de nous, ils entraient avec nous dans une espèce de conversation, demandant particulièrement, comme le font tous les indigènes, si nous étions chrétiens. Bientôt, ils ont fait signe qu'ils aimeraient voir quelques croquis que j'avais pris ; mais quand ils les prirent en main, ils furent complètement perplexes, les retournèrent et les détournèrent, et regardèrent même derrière eux au dos du papier : ils ne pouvaient évidemment rien en tirer. Bientôt, le prêtre, d'un air très satisfait, fit signe qu'il savait écrire et me demanda si je pouvais le faire. Je n'avais pas d'écrit sous la main, mais j'avais dans mon carnet de croquis une colonne de votre papier que j'avais découpée pour référence ; je le remit gravement, et il fut reçu avec un cri parfait, d'abord d'étonnement, puis de joie. Ils n'avaient jamais vu un manuscrit aussi uniforme et parfait de leur vie. Le prêtre a évidemment pensé que je devais être un prêtre de haut rang, et il a immédiatement proposé de nous montrer l'église, ce qu'il a fait sans exiger le dollar habituel de quiconque parmi les invités . Il était si semblable à ceux que j'ai décrits précédemment, que je n'ai rien besoin d'en dire, sinon que dans le saint des saints, au lieu d'un cadre semblable à un chevalet de peintre, le sanctuaire était composé de trois poteaux de sept ou huit pieds de long. , inclinés l'un vers l'autre, et se rejoignant au sommet comme un trépied : un morceau de tissu était enroulé autour de la partie supérieure de ce cadre. Je ne saurais dire s'il cachait quelque chose, mais il ne me semblait pas le cacher. Au-dessous, une peau était tendue entre les trois pieds, de manière à former une sorte de tablette, sur laquelle étaient placées un certain nombre de fleurs fanées. Je dois mentionner que, dans la chambre intérieure de la plupart de ces églises, ceux qui sont entrés avec moi ont convenu qu'il y avait une légère mais distincte odeur d'encens. Il se peut cependant que dans chacune d'elles se trouvent des fleurs, comme le jasmin, dont les parfums ont pu nous tromper. Il est assez singulier que le raisin n'ait pas été introduit dans un pays qui semblerait par son climat lui convenir bien. Il n'y a pas de vin à obtenir ici ; et la Sainte-Cène est administrée en pressant un raisin sec dans un calice d'eau. Les raisins secs sont cependant très rares ; et dans certaines églises, des années se sont écoulées sans l'administration de la Sainte-Cène, entièrement à cause de l'absence même d'un seul raisin.

Dans ma description d' Attegrat, j'ai omis de dire que, bien que la ville elle-même ne contienne pas plus de vingt ou trente maisons, la population à proximité est cependant très nombreuse ; car sur le flanc de la colline, derrière l'église que je viens de décrire, il y a de nombreux villages, qui sont probablement connus dans la langue locale comme Attegrat inférieur et supérieur , nouveau et ancien, Attegrat oriental et occidental . Attegrat , en tout cas, est leur centre ; et à en juger par le nombre d'indigènes qu'on voit dans et autour du camp, et par le nombre de maisons dans les différents villages, il doit y avoir une population de six ou huit mille personnes regroupées dans un cercle de trois ou quatre milles de la ville.

J'ai maintenant décrit les caractéristiques générales de l'endroit, et je vais fermer et envoyer cette lettre, bien que cela ne fasse que quatre jours depuis que j'ai posté ma dernière, et que le prochain courrier ne soit pas annoncé pour commencer avant huit jours. J'écrirai à nouveau pour ce post ; mais mon expérience m'a appris que le courrier est ici une de ces charmantes incertitudes sur lesquelles il est impossible de calculer. En outre, je peux à tout moment me trouver obligé d'avancer ; et, dans ce cas, on ne saurait dire quand ma prochaine lettre vous parviendra. J'espère cependant pouvoir vous donner une description complète de la visite du roi de Tigre, attendue demain ou après-demain.

Attegrat , le 13 février.

Notre grand farcio -pantomime de Noël, intitulé « Arlequin et le Durbar magique » ; ou l'ambassadeur, l'archevêque et le cortège barbare », a été joué devant un public extrêmement amusé et nombreux . Le titre avait été annoncé comme « Le roi, l'archevêque, etc. » ; mais, en raison de l'absence inévitable de l'acteur principal, l'ambassadeur fut au dernier moment substitué au roi. La scène d'ouverture peut être décrite comme "Le camp du chevalier errant, Sir Robert Napier, avec le château de Barbe Bleue au milieu, et la ville d' Attegrat et les montagnes en arrière-plan". Flambée de trompettes ! Un héraut arrive, le rôle étant joué par le major Grant, qui déclare que le roi ne peut pas venir en personne servir le vaillant chevalier, mais qu'il a envoyé son cher frère, le grand vizir, avec son archevêque, pour assurer le chevalier de son amitié. Agitation et excitation dans le camp. Une pause. Bruit d'une musique étrange et barbare au loin. Celui-ci s'approche progressivement, puis, de l'arrière du château de Barbe Bleue, dont une description complète a été donnée dans mon dernier, entre la tête du cortège, composé de trois hommes soufflant sur des cornes de vache. Celles-ci étaient insérées aux extrémités de longs bâtons et ressemblaient beaucoup aux longues cornes utilisées par les hérauts d'autrefois. Leur son est extrêmement lugubre. Suit ensuite un homme de grande taille, frappant violemment un tam-tam. Suivez ensuite les mousquetaires des gardes du corps ; robe – vêtements sales drapés de diverses manières ; têtes nues crépues et huilées ; les armes — toutes les propriétés scéniques qui pourraient venir commodément à portée de main ; de vieilles mèches portugaises et des pièces d'abattage neuves de Liège ; les fusils à double canon et les fusils à canon long et souvent tordu, dont la grande proportion est tout à fait incapable de tirer. Suit ensuite l'ambassadeur du roi sur une mule, aux magnifiques caparaçons de cuir estampillé vert et rouge, portant le tigre rampant, les armes du grand potentat son maître. L'ambassadeur est vêtu, comme son garde du corps, d'un drap blanc -brun de gros coton à bouts rouges. Avec cela, en signe de dignité, il enveloppe non seulement son corps, mais aussi sa bouche et son menton, tout comme les chefs derrière lui. Il porte autour du cou un col de fourrure à longues queues. L'ambassadeur du grand roi est tête nue. Ses cheveux sont disposés, comme le font les chefs de son peuple, en une série de petites nattes qui courent en lignes parallèles depuis son front, en passant par la tête, jusqu'à la nuque. Ce style semble être copié des bas-reliefs assyriens du British Museum. A côté de l'ambassadeur du grand roi monte l' archevêque , sur une mule également caparaçonnée. L' archevêque est vêtu d'une robe absolument blanche, avec un turban assorti. Ces dignitaires ont à leur selle les deux étriers, dans lesquels sont placés seulement les gros orteils, pour, devrais-je dire, le danger imminent de ces membres si le mulet trébuchait. Derrière ces grands personnages chevauchent les chefs inférieurs. Ceux-ci, soit par pudeur, soit par manque d'animaux, montent à deux sur chaque mulet. Derrière suivent les lanciers de la garde à pied. Ils sont au nombre d'une trentaine et sont armés de lance, de faucille et de bouclier. Lorsque cette procession a fait le tour du château de Barbe Bleue, elle s'arrête pour attendre l'arrivée d'un héraut du bon chevalier. Pendant tout ce temps, la musique barbare continue de résonner, à laquelle répondent sœur Anne et Fatimah au château, ainsi que les femmes de tout le pays, par un cri prolongé sur une seule note, soutenu par une modulation chevrotante pendant un temps considérable. . C'est un accueil de la part du peuple du pays envers l'ambassadeur du grand Roi. Pendant que le cortège s'arrête, les soldats du Chevalier Errant se rassemblent pour les inspecter. Chœur irrégulier de soldats : « Mon œil, Bill, si c'est le genre de gars que nous sommes venus combattre, nous n'aurons pas beaucoup de problèmes avec eux. Par souci de brièveté, je décrirai le reste de la pantomime comme s'il s'agissait d'un événement réel de l'expédition ; mais le lecteur doit garder à l'esprit que la pièce entière, ses accessoires et ses aménagements, étaient infiniment drôles et amusants. Après avoir conféré avec le commandant en chef, le major Grant et M. Speedy sortirent à la rencontre du cortège et le conduisirent à travers le camp jusqu'à la tente du général Merewether. Pendant leur progression, la musique sauvage continuait à retentir et faillit provoquer une bousculade de tous les animaux du camp. Pendant ce temps, trois compagnies du 33e régiment, deux du 10e NI, avec les musiques des deux régiments, étaient alignées devant et face à la tente de Sir Robert Napier, un intervalle d'environ cinquante mètres étant laissé. Sur les flancs de la ligne, deux escadrons du 3e N. Cavalry et du Scinde Horse étaient rangés. Quand tout fut prêt, le cortège s'avança, au son des cors et des tam-tams. À leur tête se tenait M. Speedy, qui mesure près de six pieds six pouces et qui portait à la main une épée presque aussi haute que lui. A l'approche du cortège, les fanfares militaires se sont mises à sonner et les troupes ont salué. Le vacarme à ce moment était stupéfiant. Les orchestres jouaient des airs différents, et les cors de vache et les tam-tams ne jouaient aucun air du tout. M. Speedy, avec quelques difficultés, rassembla ses irréguliers en haillons en ligne et, ceci accompli, conduisit les deux ambassadeurs à la tente du chef. La tente était une de ces tentes longues et étroites appelées routes indigènes , et, étant bordée d'écarlate, elle constituait une très bonne tente pour la réception. Sir Robert Napier était assis avec son casque à une extrémité. Les ambassadeurs furent présentés par M. Speedy, qui servait d'interprète, et après s'être très profondément inclinés, ils serraient la main du chef. Ils prirent alors place par terre à côté de lui ; Tous les officiers qui purent trouver de la place sans se presser se rangèrent le long des côtés de la tente et prirent également place derrière sir Robert Napier, l'arrière de la tente étant ouvert aussi bien que l'avant. La conversation commença par l'un des ambassadeurs déclarant « que le roi du Tigre, son frère, l'avait envoyé pour assurer le commandant en chef britannique de son amitié. Le roi serait venu en personne accueillir Sir Robert, mais il venait d'être solennellement proclamé roi, et l'étiquette stricte lui interdisait de quitter sa capitale pendant trente jours.

Sir Robert Napier répondit qu'il était très heureux de recevoir l'assurance de l'amitié du roi ; que nous étions nous-mêmes venus avec les intentions les plus amicales envers tous les habitants d'Abyssinie, à l'exception seulement de ceux qui retenaient nos compatriotes captifs ; que dans notre progrès nous ne devrions interférer violemment avec personne ; et que, notre entreprise terminée, nous retournerions immédiatement dans notre propre pays. L'ambassadeur a déclaré « que le roi et tout le monde dans le pays souhaitaient bonne chance à notre cause ; car Théodore était un tyran qui avait ravagé tout le pays et assassiné des milliers de personnes, y compris ses propres proches. Il espérait donc que nous le punirions pour sa méchanceté. Il dit ensuite « que le roi était très impatient de voir Sir Robert et qu'il serait très heureux s'il lui faisait savoir combien de temps il resterait probablement à Attegrat ». Le général répondit « qu'il ne pouvait pas dire quand il devait partir ; que ses préparatifs n'étaient pas encore terminés ; mais que lorsqu'il serait en mesure de fixer un jour pour son départ, il enverrait, si le roi le voulait, un message pour le faire savoir ; mais qu'il craignait de ne pas pouvoir donner un préavis suffisant pour que le roi arrive à temps. L'ambassadeur fit alors une déclaration qui montrait que sa dernière question n'était pas *de bonne foi* et que le roi n'avait en réalité aucune intention de venir. Il dit « que le roi avait une grande armée et que tant qu'il était avec eux, ils se comportaient bien, mais qu'il ne pouvait pas les quitter, car s'il le faisait, ils se répandraient dans tout le pays et opprimeraient la paysannerie ». Le chef répondit que « dans ces circonstances, il pouvait tout à fait comprendre la réticence du roi à quitter son armée, mais qu'il espérait qu'à son retour de Magdala il aurait le plaisir de rencontrer Sa Majesté ». Il y eut alors une pause dans la conversation, et l'ambassadeur demanda quand il pourrait être autorisé à partir. Sir Robert répondit que tôt le matin, il lui montrerait nos soldats et qu'après cela il pourrait partir quand il le voudrait. Quelques objets insignifiants furent alors présentés à l'ambassadeur et à l'archevêque en gage d'amitié, et après s'être de nouveau inclinés et serrés la main de Sir Robert Napier, ils prirent congé et, entourés de leurs gardes, s'éloignèrent au milieu du vacarme de la musique qui avait été entendue. salua leur arrivée. Le lendemain matin, à sept heures, toutes les troupes se rendirent au défilé général. Les ambassadeurs étaient présents. Après avoir parcouru toute la ligne, le général et l'état-major prirent position en tête, et le 33e régiment fut soumis à l'exercice de la baïonnette, auquel ils s'acquittèrent extrêmement bien, surtout si l'on considère que cela fait près de quatre mois qu'ils ne l'ont pas fait. il. Ils ont ensuite participé à l'exercice de peloton ; mais les indigènes ne le comprirent pas du tout. Ils entendirent le claquement des serrures alors que les Sniders étaient censés tirer en volées rapides. Lorsqu'ils furent informés de ce qui se passait, ils n'y croyèrent absolument pas et le dirent clairement, affirmant qu'aucune arme à feu ne pouvait être tirée aussi rapidement. Il est très dommage qu'un petit nombre de cartouches n'aient pas été brisées et servies comme cartouches vierges ; ou mieux encore, cent cartouches à balles auraient été distribuées à dix hommes, pour être tirées le plus rapidement possible contre un rocher à flanc de colline. Le poids est bien sûr précieux, mais la leçon que ces centaines de cartouches auraient enseignée aurait été achetée à moindre coût à tout prix. Il s'agissait clairement d'une économie insensée. Les batteries de canons en acier du colonel Penn furent ensuite examinées et celles-ci tirèrent quelques coups avec des cartouches à blanc.

Nos sauvages visiteurs, cependant, furent plus impressionnés par l'artillerie que par l'infanterie. Les canons, disaient-ils, étaient petits et ne faisaient pas beaucoup de bruit ; l'infanterie était jolie à regarder, mais d'aucune utilité dans un pays vallonné, et ses longues lignes seraient très faciles à tirer. Ces critiques sont très amusantes de la part des sauvages en haillons, dont j'ai entendu un soldat irlandais du 33e dire : « Et putain, j'aurais honte de devoir tirer avec mon fusil sur une si misérable bande de diables . entièrement . Ce serait comme tuer une brute sans fin . En effet, le sentiment général dans le camp à ce sujet était celui de la déception. C'était exactement l'inverse de « la joie austère que les guerriers ressentent face à des hommes ennemis dignes de leur acier ». Nous espérions que si nous devions lutter, ce serait contre quelque chose de redoutable, d'une manière ou d'une autre. Nous avions beaucoup entendu parler de l'armée de Théodore, dont on disait qu'elle était armée de fusils et entraînée, et nous avions un faible espoir que notre ennemi ne serait pas tout à fait méprisable. Mais la première apparition de soldats abyssins a complètement dissipé cette idée. M. Speedy et nos interprètes nous assurent qu'ils constituent un bon échantillon des troupes abyssiniennes. Eh bien, le régiment en lambeaux de Falstaff constituait un corps discipliné et régulier pour cette bande de sauvages. Quant à leurs fusils, je dois dire par leur aspect qu'au moins les deux tiers éclateraient à la première volée tirée, et seraient infiniment plus dangereux pour eux-mêmes que pour quiconque.

Si cependant nos visiteurs pensaient peu à l'infanterie et à l'artillerie, ils étaient très impressionnés par la cavalerie. Le Scinde Horse et la 3e Native Cavalry lancèrent plusieurs charges, et celles-ci, reconnurent-ils, seraient irrésistibles sur un terrain plat. Les chevaux eux-mêmes les ont particulièrement frappés. En Abyssinie, il n'y a rien qui puisse, par la plus grande courtoisie, être appelé cheval. Ils n'ont que de petits poneys décharnés, des mulets et des ânes. Les animaux de cavalerie et ceux de l'état-major leur semblent donc des prodiges de force et de beauté. Il est satisfaisant de savoir qu'une branche du service a au moins trouvé grâce aux yeux de nos critiques militaires, qui ont cependant nuancé même ce moyen d'approbation en ajoutant qu'il était peu probable que Théodore nous combatte sur un terrain où la cavalerie Je pourrais facturer du tout. Notre spectacle, en tant que spectacle, fut donc complètement gâché, et ils ne virent rien de la seule chose qui les aurait impressionnés, à savoir une démonstration des pouvoirs du fusil Snider.

Le lendemain, l'ambassade partit avec sa musique barbare et les étranges cris chevrotants des femmes qui y répondaient à travers le pays. Il est encore possible que le roi du Tigre vienne lui-même rencontrer le commandant en chef soit à Antalo , soit à un endroit de notre marche vers cette destination. Mais je ne pense guère qu'il le fera. Ces rois indigènes sont généralement si infidèles et si traîtres entre eux qu'ils n'aiment pas confier leur personne entre les mains de quelqu'un d'autre. Pourtant, comme l'ambassadeur a été autorisé à partir indemne, il est tout à fait probable que le roi rassemblera son courage et entrera.

Voici un résumé des nouvelles du front, telles que nous les avons communiquées par ordres du général Napier :

« Des lettres ont été reçues le 9 instant par le général Merewether de M. Rassam et du Dr Blanc, datées de Magdala, le 17 janvier, avec des pièces jointes de M. et Mme Flad , datées de King's Camp, le 9 janvier. Tous les prisonniers sont signalés à jour. Un détachement de troupes, parti de Magdala le 8 janvier, avait rejoint le roi dans son camp et avait reçu la charge d'un groupe d'environ 400 prisonniers à escorter du camp à Magdala. Les Européens emprisonnés étaient parmi eux. Leurs entraves aux jambes avaient été retirées et les menottes leur avaient été remplacées pour qu'ils puissent marcher. On dit que M. Rosenthal les accompagnerait. Le roi mettait tout en œuvre pour faire construire la route, travaillant de ses propres mains et se faisant aider par les Européens libres. Il avait fait quelques légers progrès et était arrivé au fond de la vallée de la rivière Djedda . M. Rassam estime qu'il atteindrait Magdala vers la fin février avec son camp, mais qu'en abandonnant ce dernier, il pourrait y arriver d'un jour à l'autre. Les habitants de Dalanta restent soumis ; mais ceux de Davout s'étaient encore rebellés. Ses soldats avaient souffert du manque de provisions et de moyens de transport. On rapporta à Magdala que Ménilek , le roi de Shoa , était reparti pour Magdala, mieux préparé à agir contre Théodore que lors de sa précédente visite. Une communication détaillée d'un des captifs, envoyée à ses amis en Angleterre et publiée là-bas, est parvenue par quelque moyen au camp du roi et est entre les mains de M. Bardel . On craint que cela puisse y causer des dommages.

Ces lettres n'ajoutent que peu de choses à ce que nous savions auparavant. Notre dernier conseil nous disait que Théodore n'était qu'à une journée de marche de Magdâla, — qui d'ailleurs s'écrit Magdalla tout au long du résumé, mais qui se prononce Māgdālā , le *a* étant toujours long en amharique, — et qu'il pouvait à tout moment il pouvait venir chercher les captifs enfermés dans cette forteresse, ou il pouvait envoyer ceux qui l'accompagnaient à

Magdala sous garde. Il semble avoir choisi cette dernière alternative. Les captifs ont au moins la mélancolique satisfaction d'être ensemble. La nouvelle de notre arrivée n'a en aucune manière influencé le traitement que le tyran leur a réservé, comme le montre le fait que, bien que leurs chaînes aux jambes aient été retirées pour leur permettre de marcher, des menottes ont néanmoins été remplacées à leur place.

D'après les rumeurs parmi les indigènes, on apprend que ses cruautés sont plus atroces que jamais. Les femmes sont mises à mort en étant jetées dans des puits au fond desquels sont fixées des lances pointées vers le haut. Les hommes sont exécutés en se faisant couper d'abord les pieds, puis les mains, puis les jambes au niveau des genoux, puis en les laissant comme pâture aux bêtes sauvages. Je ne garantis pas la véracité de ces histoires ; mais ils ont été amenés par des déserteurs du camp de Théodore et sont généralement crus. J'espère sincèrement qu'en aucun cas nous ne ferons un traité avec ce démon qui puisse le sauver du châtiment qui lui est dû.

La grande question ici est, premièrement, de savoir si Théodore se battra ; et deuxièmement, que ferons-nous si, à notre arrivée, il nous propose de nous livrer les prisonniers comme prix de notre départ instantané ? Quant au premier point, je ne peux que répéter ce que j'ai dit précédemment, à savoir que je suis d'avis qu'il combattra, et je pense combattre à Magdala. L'énorme peine qu'il prend à transporter des canons avec lui à Magdala indique de manière concluante ce résultat. S'il voulait seulement transporter ses bagages et son trésor à Magdala, il pourrait facilement, avec les forces dont il dispose, construire un chemin muletier en quelques jours au plus tard ; mais il s'accroche à ses fusils, et il ne peut les exiger que si impérieusement qu'il supporte des mois de privations pour les défendre afin de pouvoir défendre Magdala contre nous. Ces sauvages mesurent la puissance offensive d'un fusil entièrement à sa taille et au bruit qu'il fait. Ainsi l'ambassadeur du Tigre considérait notre train de montagne comme de simples pistolets à pop ; et sans aucun doute Théodore croit qu'avec les gros canons que ses ouvriers européens ont construits et avec la force naturelle de la forteresse, il peut facilement résister aux attaques des Anglais. Je crois que nous retrouverons le roi à Magdala, y arriverons quand nous le trouverons ; et que comme il ne proposera aucune condition que nous puissions accepter, et comme il n'acceptera pas la demande de reddition inconditionnelle que nous sommes certains de faire, nous devrons finalement prendre la place d'assaut. La question suivante, celle de savoir quelle sera notre conduite s'il propose de livrer les captifs à la condition de notre retraite immédiate, est une question sur laquelle il est très difficile de se prononcer. Il ne fait aucun doute que Sir Robert Napier a des instructions de chez lui pour le guider dans une telle éventualité ; mais je ne peux pas me résoudre à croire que ces conditions seraient acceptées.

Et maintenant, parlons de potins sur cet endroit. Les Abyssins sont célébrés par les voyageurs dans leur pays comme étant un peuple intelligent. Intelligent n'est en aucun cas le mot, ni pointu ni mignon ; ce sont tout simplement les voleurs les plus extorqués que la lumière du soleil ait jamais brillé. Autrefois, les produits de première nécessité étaient ici extrêmement bon marché. Mercher , le chef Tigre qui fait office d'interprète, me raconte que, par exemple, les volailles pouvaient s'acheter à quarante pour un dollar. J'ose dire qu'à l'heure actuelle, c'est l'endroit le plus cher du globe habitable. J'ai vu trois œufs offerts pour un dollar. Mais c'était trop cher pour être supporté, et actuellement le tarif est de sept ; c'est-à-dire, autant que possible, huit pence pièce pour très peu d'œufs. Une volaille de taille ordinaire coûte un dollar ; et en négociant beaucoup, on peut en obtenir deux très petits et maigres pour cette somme. Deux citrouilles peuvent être achetées pour un dollar : pour un litre de lait, on demande un dollar, et je l'ai vu donner. Le commissariat donne un dollar pour environ dix-sept livres de grain : si nous l'achetons pour nos chevaux dans le camp, ce que nous sommes obligés de faire, car il n'y a pas de rations distribuées pour nos animaux de bagages, nous devons donner un dollar pour environ dix-sept livres de grain. douze livres. Le prix d'une bonne mule avant notre arrivée ici était de sept ou huit dollars ; celui-ci était monté à trente-deux ou trente-trois, prix auquel le 3e de cavalerie en achetait un nombre considérable, et à trente-sept, prix moyen auquel le capitaine Griffiths, du train de transport, en achetait un bon nombre. Cependant le général Merewether, par un de ces *coups magistral* pour lesquels il est si distingué, a soudainement augmenté le prix du marché de 25 pour cent, en donnant cinquante dollars chacun pour un lot de quarante, parmi lesquels se trouvaient des animaux très indifférents. Après cela, bien sûr, le prix actuel sera de cinquante, jusqu'à ce que le général Merewether fasse un autre achat pour le service public, après quoi il n'est plus possible de prédire le prix auquel ils arriveront probablement. C'est très bien de dire qu'ils sont moins chers ici qu'en Egypte ; cela n'a, à ma connaissance, rien à voir avec la question, pas plus que ce ne serait le cas de dire qu'ils sont moins chers qu'au pôle Nord. Les gens étaient prêts à les vendre trente-sept dollars pour des animaux cueillis ; pourquoi donc gâcher le marché en en donnant cinquante ? On prétend que nous avons besoin de mulets, et qu'en leur offrant encore plus que ce qu'ils demandent, nous les inciterons à en envoyer de plus grandes quantités ; mais je ne peux pas admettre qu'il en soit ainsi. Nous payions auparavant 700 pour cent de plus que leur prix ordinaire, et cela serait une tentation suffisante pour les propriétaires de mules dans un rayon de cent milles (et les bonnes mules ne sont pas courantes) de les faire venir. entrez, et en payant 900 pour cent, nous ne pouvons pas obtenir davantage. Une source d'irritation a été, je suis heureux de le dire, sinon réprimée, du moins réprimandée. Après le défilé de l'autre jour, le commandant en chef s'est rendu à cheval à l'église, en compagnie de la plupart des officiers à cheval. La demande habituelle d'un dollar d'avance fut faite, que Sir Robert refusa très justement de payer, et par l'intermédiaire de l'interprète, il dit quelques mots appropriés au prêtre concernant les changeurs d'argent dans le temple. Il refusa, dit-il, pour ce motif, de permettre le paiement d'un dollar d'avance, mais promit qu'à son retour de Magdala, il présenterait une nappe d'autel à l'église.

Je n'ai pas mentionné que les bœufs, pour lesquels, même aux prix énormément augmentés à Senafe , nous avons payé six dollars et demi, sont ici facturés seize et dix-sept dollars ; et cela avec des plaines qui en contiennent dans de nombreux cas des milliers et des milliers. Bien entendu, la grande question est de savoir dans quelle mesure nous devons tolérer une telle extorsion. Il est certain que les Français, dans des circonstances pareilles, ne le feraient pas ; mais alors le succès des Français contre les populations indigènes n'a pas été dans l'ensemble brillant ; leur cas ne constitue donc pas un argument en sa faveur . Si nous choisissions de prendre ce dont nous avions besoin et d'offrir en paiement le juste prix du pays, ou même le double, nous pourrions bien sûr le faire, et écraser tout Tigre si nécessaire ; mais, en le plaçant sous un angle purement pécuniaire, serait-ce payant ? Même si je déteste l'extorsion, même si j'aimerais punir profondément la nation de voleurs que nous traversons, je ne pense pas que cela paierait. Il est difficile de se laisser tromper par un sauvage à moitié nu ; mais il vaut mieux le supporter que de subir la quantité de travail , d'anxiété et de perte que les sauvages pourraient, dans nos circonstances actuelles, nous entraîner. Ils mènent actuellement un commerce florissant en nous vendant une partie des toits de leurs maisons. Cela semble étrange, mais c'est absolument le cas. Entre cela et Senafe , distance de quarante milles, on ne rencontre pas un seul arbre qui puisse servir de poteaux télégraphiques : les ingénieurs étaient complètement dans une impasse. Finalement , nous avons trouvé l'opportunité d'acheter des poteaux aux indigènes, et nous avons proposé de leur donner un dollar pour six poteaux. Depuis lors M. Speedy, qui a entrepris la négociation, a une levée complète des indigènes avec des perches. Ces poteaux sont parfaitement droits et doivent avoir quatorze pieds de long ; ils sont légers, beaucoup plus légers que les houblonnières anglaises ordinaires, et ils sont très minces vers l'extrémité supérieure. Les indigènes les utilisent pour les toits de leurs maisons ; mais d'où ils les tirent, ou quel arbre les fournit, c'est actuellement un mystère ; certes , je n'ai vu aucun arbre depuis mon arrivée dans ce pays qui pousse de la même manière. Certains de ces poteaux semblent fraîchement coupés, mais d'autres sont vieux et ont manifestement été utilisés sur les toits des maisons. Ils ne seraient pas assez solides pour un fil télégraphique ordinaire, mais pourraient facilement supporter le fil de cuivre fin utilisé ici.

M. Speedy a été prié par le commandant en chef de porter la tenue indigène ; et son apparence, bien que sans doute très imposante pour l'esprit indigène, est pourtant extrêmement comique pour un œil européen. Imaginez un gentleman de six pieds et demi de haut, portant des lunettes, portant un mouchoir rouge sur la tête et s'abritant d'un parapluie en paille indigène. Il porte autour du cou le col de fourrure à queues, auquel j'ai déjà fait allusion comme élément de l'insigne d'un chef ; sur ses épaules se trouve l'enveloppe indigène en tissu blanc, avec des extrémités rouges ; en dessous se trouve un long vêtement en soie colorée ; et au-dessous de tout cela, les pantalons et les bottes britanniques. M. Speedy est un homme capital et un favori général de tout le monde ; mais son apparence actuelle incite presque irrésistiblement au rire.

Le climat de cet endroit est aussi parfait que possible. Il ne fait pas aussi chaud qu'à Senafe pendant la journée, bien que même ici, dans une seule tente à cloche, le thermomètre indiquait aujourd'hui 110° à onze heures. Mais il y a presque toujours une brise fraîche ; et sauf de neuf heures à midi, quand le vent tombe généralement, il ne fait jamais trop chaud pour se promener. La nuit, il ne fait pas aussi froid qu'à Senafe ; car quoique le verre descende à 36° ou 37°, il n'y a pas de vent la nuit et très peu de rosée, de sorte qu'on n'éprouve pas le froid comme on ressentait à Senafe . C'est vraiment un climat délicieux ; et bien que 110° dans une tente semble chaud, la sensation de chaleur n'a rien à voir avec celle d'une journée étouffante de juillet en Angleterre. Il n'y a pas de gibier ici, à l'exception des lièvres, qui sont très nombreux. Le major Fanshawe, du 33e, sortit l'autre après-midi avec son fusil et revint au bout de deux heures avec un sac de dix-neuf lièvres, un sport presque sans précédent pour deux heures de tir dans un pays non préservé. Les indigènes apportent des peaux de léopard à la vente : où ils les abattent Je ne peux pas dire. Ils ne trouvent pas d'acheteurs, car la quantité de bagages autorisée est si petite, et sera plus petite au-delà d' Antalo , que personne ne s'encombrera d'un kilo de poids inutile.

Le 33e jour s'est avancé il y a trois jours, et Sir Robert Napier lui-même part pour Antalo le 17e instant. Si le 4ème régiment arrive à temps , il l'accompagnera. Je ferme ma lettre un peu précipitamment, car je viens d'apprendre qu'un courrier devrait arriver trois jours avant le paquet régulier.

Le commandant en chef a montré, depuis qu'il est parti de la mer, tout le désir de faire avancer nos objets par tous les moyens. Nous fûmes invités à assister à la réception de l'ambassadeur du Tigre, et Sir Robert nous envoya très aimablement un *précis* des informations reçues de Magdala. Je suis très heureux, pour le bien de mes lecteurs ainsi que pour moi-même, de n'avoir à l'avenir aucune crainte d'être tenu dans l'ignorance ou d'être empêché d'accompagner une expédition qui pourrait être à pied. Je suis encore plus heureux de pouvoir dire que la situation des commissaires étrangers s'est également améliorée. Ils sont maintenant tous en avant ici, et un des officiers prussiens a été placé dans l'état-major personnel du chef. C'est bien plus que ce qu'il devrait être. Maintenant que nous avançons assez bien, les paris s'échangent librement sur la date de notre arrivée à Magdala. Le premier mai est la période préférée . Je ne pense pas que nous y serons dès maintenant, mais je dois retarder la discussion des avantages et des inconvénients jusqu'à mon prochain.

Attegrat , le 17 février.

Depuis que j'ai envoyé ma lettre, il y a trois jours, il ne s'est rien passé de très important ; en même temps, il ne se passe presque pas un jour ici sans qu'un événement plus ou moins intéressant ne se produise. Une aile et le quartier général du 4e régiment sont entrés et ont remplacé le 33e régiment. Les Beloochee sont là, et une partie d'entre eux ont déjà travaillé pour améliorer la route. Le 15, nous avons eu toute une sensation au camp. Deux éléphants sont arrivés et 2 000 ou 3 000 indigènes se sont rassemblés en très peu de minutes. Au début , ils se tenaient à une distance prudente, mais, enhardis par la vue des Européens debout et donnant aux animaux des morceaux de biscuit, ils se rapprochèrent peu à peu et parlèrent sur un ton d'admiration et d'émerveillement, montrant toutes leurs dents blanches, comme c'est le cas. leur coutume. Bientôt, cependant, l'un des éléphants, n'approuvant pas tout ce brouhaha, se retourna brusquement, la trompe haute en l'air, et barrissant bruyamment. Une dispersion instantanée des indigènes eut lieu, la foule volant dans toutes les directions comme si une machine infernale avait explosé au milieu d'eux. Ils se rassemblèrent progressivement, mais n'osèrent plus jamais s'approcher des éléphants à une distance familière. Hier, la batterie d'artillerie G-14 est arrivée et a suscité parmi les indigènes une admiration que nos canons de montagne n'avaient pas réussi à susciter. Les canons sont de douze livres et ont été amenés jusqu'ici sur leurs roues, fait qui témoigne également de la praticabilité de la route et de l'énergie et de la persévérance de ses officiers et de ses hommes. Dans de nombreux endroits, les canons ont dû quitter la route et être hissés avec difficulté à l'aide de palans et de piques. Lors de la descente dans cette vallée, que j'ai décrite dans une lettre précédente, la route tracée le long de la colline n'était pas d'une largeur suffisante pour les roues, et les canons devaient être descendus dans la descente raide dans le fond de la vallée avec un palan. . Il fallut trois heures pour abattre les six canons. Ils n'iront probablement pas plus loin qu'Antalo sur leurs voitures, mais trois de là seront embarqués sur des éléphants ; les trois autres resteront ici, du moins pour le moment. Ce camp est en train de se transformer en une position retranchée. Les lignes ont été tracées par le major Pritchard du génie, et le 4e y travaille actuellement. Ce régiment repart demain, mais le prochain qui prendra place au camp continuera le travail. Les retranchements n'incluent pas la totalité du camp actuel, car le nombre d'hommes stationnés ici en permanence sera bien entendu beaucoup plus petit qu'actuellement. Les lignes entoureront les magasins du commissariat et une partie des bassins d'eau ; ils courent également autour du sommet d'un plateau rocheux escarpé à l'arrière du camp, et qui, ainsi renforcé, pourrait être défendu par 200 hommes contre 500 hommes également armés et disciplinés, et donc contre un nombre quelconque d'Abyssins. Même maintenant que nous avons ici une force importante, les gens sont extrêmement arrogants, et je suis convaincu qu'il y aura une dispute plus ou moins importante lorsqu'ils verront seulement un petit corps de troupes stationné ici.

Il ne se passe presque pas un jour sans qu'ils ne poussent leur cri de guerre sur une question ou une autre. Certaines querelles surviennent à propos de notre coupe d'herbe ; d'autres sur le bois ; d'autres à propos de leur insistance à errer dans le camp ; et des coups ont été échangés à coups de poing et de bâton sur tous ces points et sur plusieurs autres points. Le noble Abyssin est tout prêt à couper et à nous vendre n'importe quelle quantité de foin, et à nous en exiger un prix extrêmement rémunérateur. Mais bien que nous ayons promis, et effectivement payé, une somme rondelette pour ce privilège, ils s'opposent fortement à ce que nos propres hommes coupent le foin, bien que cela ne leur soit d'aucune utilité. Par conséquent, une garde est toujours obligée d'être envoyée avec le gros des coupeurs d'herbe. Tous les petits groupes qui pourraient sortir à la recherche de fourrage plus près du camp que les plaines herbeuses habituelles sont avertis et repoussés par les indigènes. Il y a eu de nombreuses querelles à ce sujet, et dans certains cas, les indigènes ont même mis le feu à l'herbe plutôt que de nous permettre de la couper. S'ils l'osaient, ils ne permettraient pas qu'un brin d'herbe soit coupé, sauf par eux-mêmes. Les mêmes questions se posent pour le bois. Ils apporteront eux-mêmes de grandes quantités de bois de chauffage pour les vendre, mais ils s'opposent très fortement à ce que nos hommes le ramassent eux-mêmes, même s'il n'y a bien sûr pas l'ombre d'une prétention pour dire que notre collecte de bois sec peut les endommager de quelque manière que ce soit. . Il y a eu un grand brouhaha hier à ce sujet. Deux hommes étaient sortis chercher du bois sec, et un prêtre et deux ou trois indigènes sortirent et leur ordonnèrent de partir. Le prêtre leur a dit que le bosquet où ils ramassaient le bois était sacré et qu'ils ne devaient donc pas le prendre. Les hommes, bien entendu, ne comprirent pas un mot de ce qu'il disait et exprimèrent leur détermination à emporter leur bois. Il les a ensuite appelés en tant que chrétiens à renoncer, et les hommes, étant hindous , ont fait quelques gestes de mépris ou d'horreur au nom des chrétiens. Une attaque fut alors lancée contre eux ; mais beaucoup de ces Syces sont des camarades remarquablement forts et actifs, et en très peu de temps les Abyssins découvrirent qu'ils avaient rencontré bien plus que leur rival. Ils lancèrent leur cri de ralliement, et un certain nombre d'autres indigènes se précipitèrent, et les Hindous auraient eu le pire si un autre coupe-herbe n'était pas venu avec un fusil. Les Hindous se retirèrent alors, suivis d'une foule d'Abyssins enragés. Lorsqu'ils atteignirent le camp, les Abyssins tentèrent de les suivre, et il fallut que les coups fussent librement échangés avant que le point de leur exclusion ne soit maintenu. Le curé seul fut admis, et au lieu de se conduire tranquillement, il courut en criant et en gesticulant jusqu'à ce qu'un des agents du camp le saisisse et, après une lutte, le fasse prisonnier. Lorsque sir Robert Napier, qui était en promenade, arriva au camp, il enquêta sur toute l'affaire ; et, trouvant que les Syces avaient eu tort d'insulter la religion du peuple, il leur ordonna de porter chacun une douzaine de coups de fouet. Mais ici les Abyssins se montrèrent véritablement chrétiens, car le prêtre et ses témoins, qui portaient tous la marque d'avoir souffert dans l'escarmouche, s'agenouillèrent et dirent qu'ils ne se relèveraient pas tant que les coupables ne seraient pas pardonnés, ce qui fut donc le cas. C'était certainement un trait remarquable. C'étaient des hommes qui pensaient qu'eux-mêmes et leur religion avaient été insultés, et qui avaient certainement été bien battus, réellement et véritablement, alors que leurs blessures étaient encore fraîches, demandant pardon pour leurs ennemis. Je pense que très peu de chrétiens européens l'auraient fait. Il est agréable de trouver un point rédempteur dans le caractère de cette nation d'extorqueurs. Il faut aussi dire pour eux qu'ils sont un peuple très joyeux et qu'ils arborent constamment un large sourire. Les querelles entre eux sont extrêmement rares ; du moins, je n'ai pas entendu une seule dispute depuis mon arrivée dans ce pays.

Les Abyssins sont également des hommes à forte tendance sportive. Ils parient librement sur la vitesse d'un cheval ou sur la précision de son tir. Ils pariaient également dans des conditions dans lesquelles très peu d'Anglais feraient un pari. Ils choisissent un juge, et le juge, quel que soit le vainqueur, prend la mise, le perdant payant bien sûr. Ce système de paris, où l'on peut perdre et ne peut pas gagner, est, à ma connaissance, sans précédent, et ferait plus, s'il était introduit en Angleterre, pour réprimer le jeu que ne le feraient toutes les lois que le Parlement pourrait adopter. dans cent ans. Une autre chose à dire à leur sujet est que ceux qui les connaissent le mieux les aiment le plus, et un argument plus solide en leur faveur pourrait difficilement être utilisé. Pourtant, sans aucun doute, ils aiment se battre, en partie peut-être pour le plaisir en soi, et en partie parce qu'il leur serait manifestement impossible de mettre tout le dur travail de la région sur les épaules des femmes et des enfants, sous le prétexte de étant des guerriers, et donc privilégiés de ne rien faire, à moins qu'ils ne se battent réellement un peu de temps en temps.

Ce matin, il y a eu une autre dispute qui, à un moment donné, a vraiment menacé de dégénérer en combat. Un des indigènes est entré dans nos lignes alors que les hommes travaillaient sur les retranchements. Le policier, un soldat armé d'un bâton, l'a prévenu ; mais il a refusé d'y aller. Après avoir parlé plusieurs fois, la sentinelle le poussa. Sur quoi l'indigène tira son épée et se précipita sur le soldat, qui le rencontra cependant avec un terrible coup de bâton, qui le jeta en arrière dans le fossé avec la tête cassée. L'homme lança son cri de guerre et les indigènes accoururent en criant et en brandissant leurs lances. Ils ont refusé de se retirer lorsque l'officier leur a ordonné de le faire et ont continué à menacer d'attaquer jusqu'à ce que le colonel Cameron ordonne à cinquante de ses hommes de charger et de réparer les baïonnettes, et dit aux indigènes qu'à moins qu'ils ne se retirent , il devrait ordonner à ses hommes d'avancer. C'était suffisant ; et l'endroit fut rapidement dégagé. Ces petites bagarres , quoique insignifiantes en elles-mêmes, montrent suffisamment que les indigènes sont une race extrêmement indépendante et qu'ils sont tout à fait prêts à se battre dès la moindre provocation. À l'heure actuelle, nous sommes assez forts pour faire de toute attaque ouverte de leur part une démarche désespérée ; mais quand ce poste ne compte plus que quatre ou cinq cents hommes, je ne serais pas du tout surpris si les indigènes en venaient aux mains avec nous sur une question insignifiante ou autre. Les trois canons qui resteront ici auront sans doute un effet salutaire. Les indigènes s'en étonnent et disent qu'ils sont bien plus grands que ceux de Théodore.

Trois des officiers du 4e régiment ont vu, l'autre jour, à Fokado , une opération qui a été décrite par Bruce, mais qui a été démentie par tous les voyageurs ultérieurs et par les Abyssins eux-mêmes. Il s'agissait de l'opération consistant à couper un steak du corps d'un bœuf vivant. Ils tombèrent sur les indigènes au moment où ils étaient en train de l'exécuter. Le malheureux taureau fut renversé et ses quatre pattes furent liées ensemble. L'opérateur pratique ensuite une incision dans la peau près de la colonne vertébrale, juste derrière l'articulation de la hanche. Il souffla dedans pour séparer la peau de la chair, puis fit deux autres incisions perpendiculaires à la première, puis souleva un lambeau de peau de quatre ou cinq pouces carrés. Il en découpa un morceau de chair, en coupant avec le couteau sous la peau, de sorte que la quantité de chair retirée était plus grande que la partie découverte. L'opérateur remplit alors le trou avec de la bouse de vache, replaça le lambeau de peau, l'enduit de boue, détacha les pattes du pauvre animal, qui avait poussé un faible gémissement pendant l'opération, lui donna un coup de pied. pour le faire se lever, et tout était fini. Je dois mentionner que l'opérateur a coupé deux ou trois entailles au voisinage de la plaie, apparemment comme signe que l'animal avait été opéré dans cette partie. Les agents ont observé que plusieurs autres bovins du même troupeau étaient marqués d'une manière exactement similaire. Ils revinrent au bout d'une demi-heure et trouvèrent l'animal se promenant et se nourrissant tranquillement. Je n'ai pas dit qu'il saignait très peu au moment de l'opération. Il est certainement très singulier qu'après tant d'années, l'histoire de Bruce, qui a toujours été considérée comme un récit de voyage , ait pu se confirmer. Tous les voyageurs l'ont nié. M. Speedy, qui était parmi eux depuis un an, nous dit qu'il n'a jamais vu ni entendu parler de cela, et que les Abyssins, auprès desquels il s'était enquis de la véracité de la déclaration de Bruce, l'avaient toujours nié avec la plus grande indignation, et en fait avaient affirmé qu'il serait entièrement contraire à leur religion, car ils observent strictement la loi mosaïque, de ne manger de viande que si la gorge de l'animal a été tranchée et si le sang a pu s'échapper. Les anatomistes ont nié la possibilité pour un animal de pouvoir marcher après une telle opération. Mais voici le fait incontestable. L'opération fut effectuée et le bœuf marcha ensuite. Il est vrai que cela n'a peut-être pas été fait par les Abyssins proprement dits. Le groupe était peut-être une tribu errante appartenant aux basses terres et susceptible d'être venue à des fins commerciales. Il est très regrettable que ni M. Speedy ni aucun des interprètes n'aient pu connaître la tribu exacte à laquelle appartenaient ces sauvages.

Je ne suis pas en mesure de vous donner un récit fiable de la visite du major Grant au roi de Tigre. Il fut, je le sais, reçu avec hospitalité, et les cavaliers du roi accomplirent divers exploits, tels que passer et sortir entre des poteaux et les couper ; mais je ne peux pas en dire davantage, car Sir Robert Napier, sans doute pour une bonne raison que j'ignore, a refusé de nous permettre de voir le rapport du major Grant, ou d'en recevoir un résumé . On rapporte encore que le roi lui-même vient rencontrer le général, et un endroit situé à deux jours de notre marche vers Antalo est mentionné comme lieu fixé. On apprend même que le roi est parti d'Adowa pour cet endroit ; mais j'avoue que tant que je n'aurai pas vu Sa Majesté noire , je n'aurai pas beaucoup confiance en sa venue. Pourtant, ces hommes très insaisissables font toujours exactement ce qu'on pourrait s'attendre à ce qu'ils ne fassent pas ; et sur cette seule théorie, il est tout à fait possible que Kassa apparaisse *in propriâ personne* . S'il vient, ce sera sans aucun doute une affaire bien plus majestueuse que la pantomime que j'ai décrite dans ma dernière lettre, et j'espère que nos éléphants et nos canons ouvriront les yeux de Sa Majesté sur le fait que nous sommes un peuple qu'il serait beaucoup plus sûr de le laisser seul.

Je suis allé aujourd'hui à la foire hebdomadaire d' Attegrat . J'y étais également lundi dernier, mais je n'avais pas de place pour en faire la description dans ma dernière lettre. Un spectacle plus amusant que j'ai rarement ou jamais vu. Deux ou trois mille personnes devaient être présentes. La foire ou le marché, comme je suppose qu'il faut l'appeler, se tient sur une pente rocheuse plate de l'autre côté du village, et elle est si serrée qu'on se déplace difficilement parmi les groupes accroupis et debout. A une extrémité se trouve la foire aux bestiaux. Le nombre que chaque éleveur apporte au marché n'est pas grand (rarement plus de deux ou trois), et ils se tiennent là en petits groupes tranquilles, entourés de leur maître et de plusieurs de ses amis, et se soumettant à être palpés, pincés et examinés ainsi que les une vache anglaise la mieux élevée ferait l'affaire. Ici aussi se trouvent les ânes, petites bêtes robustes, à peine plus grosses qu'un chien de Terre-Neuve, mais qui peuvent porter un poids presque aussi lourd qu'un mulet. Je me demande si notre corps des transports n'en achète pas beaucoup pour transporter les magasins de l'intendance. Ils prendront chacun deux sacs, soit un poids de 150 livres, et n'auront pas besoin de selles, car les sacs sont simplement posés sur leur large petit dos et y sont attachés avec quelques bandes de peau ; ils ne nécessitent pas de grain et très peu de foin et ne coûtent que cinq ou six dollars. N'importe quel nombre d'entre eux peuvent être achetés. Ceux-ci, comme les bœufs, se tiennent très tranquillement et semblent parfaitement indifférents quant à tout changement éventuel de propriétaire. Il n'est pas rare qu'ils aient à leurs côtés des petits, de petites bêtes rondes et rudes, aux oreilles disproportionnées et au pelage hirsute. Les chèvres semblent prendre les choses avec moins d'indifférence. Leurs maîtres s'efforcent de les maintenir en petits cercles, la tête vers le centre ; mais ils cherchent continuellement à échapper à cet arrangement et à y parvenir. Ils continuent de bêler constamment en signe de protestation contre toute cette procédure. A proximité se trouve le marché aux grains. Voici des hommes et des femmes avec leurs sacs à grains, faits de peaux de chèvres cousues, et n'ayant qu'une ouverture au cou. Ils sont assis partout, tandis que les acheteurs se promènent parmi eux et inspectent les échantillons avec une gravité et une attention qui ne discréditeraient pas Mark-Lane. Leurs achats ne dépasseront probablement pas le poids de deux ou trois livres , mais ils sont aussi prudents en la matière que le serait un brasseur qui va faire une offre pour la cargaison d'un navire. Le grain est presque entièrement de l'orge, et de l'orge splendide aussi. Il existe cependant une variété d'autres céréales dont j'ignore les noms. Les indigènes distillent un spiritueux à partir de leur orge, dont on dit qu'il a une saveur entre le gin et la Hollande . Je n'en ai pas encore goûté. La foule est très épaisse autour d'un Parsi appartenant au commissariat, qui achète tout ce qu'il peut obtenir pour le gouvernement à un dollar pour dix-neuf livres. Près de lui se trouve une autre petite foule : ici un autre *employé du commissariat* est également occupé à acheter du ghee, c'est-à-dire du beurre clarifié ou bouilli, pour les troupes indigènes. Cela n'a pas l'air très joli, et ce qui ne rend pas le spectacle plus agréable, c'est que les femmes, lorsqu'elles ont vidé les jarres dans les tonneaux de l'intendance, les essuient invariablement avec leurs mains, puis se collent le reste sur la tête. Un Abyssin ne se considère pas convenablement habillé à moins que ses cheveux ne soient brillants d'huile, non appliqués ou frottés, mais plaqués, et coulant le long de son cou à mesure que le soleil les fait fondre. L'idée n'est pas, selon nos idées, agréable, mais c'est une question de goût. Lorsqu'un Abyssin veut vraiment faire un grand effet, il utilise du beurre, pas du ghee, et l'applique jusqu'à ce que sa tête soit aussi blanche que celle d'un valet de pied londonien. Il est alors conscient qu'il l'a effectivement fait et marche avec une dignité qui convient à son apparence. Il y avait plusieurs houles de l'époque ainsi levées au marché, et comme elles se tenaient à l'abri de leurs parapluies de paille - car le soleil les ferait fondre et détruirait tout l'effet - je ne pouvais m'empêcher de m'étonner et d'admirer les différentes formes qui se formaient. la vanité humaine prend.

Plus loin se trouvait le marché aux draps. Ici se trouvaient des femmes et des hommes vendant les couvertures noires que portent presque toutes les femmes d'ici, en plus des peaux ornées, qui constituent les seuls vêtements des femmes Senafe . Ces couvertures, très grandes, se portent enroulées autour du corps et fixées sur une épaule par une grosse épingle de fer. Les couvertures sont grossières et fines et ont peu de chaleur. Les officiers en ont cependant acheté en grande quantité pour leurs domestiques, qui ressentent beaucoup le froid la nuit. Lorsque nous restons à l'arrêt pendant quelques jours, les partisans construisent des sortes de tentes avec des sacs de jute et des vêtements, mais pendant la marche, ils doivent bien sûr dormir en plein air. Près des vendeurs de couvertures pour les femmes se trouvent les vendeurs de draps en coton blanc pour les hommes. Ce sont toujours des hommes ; Je n'ai vu aucune femme vendant du tissu. Je n'ai aucun doute qu'ils le transportent au marché, mais les hommes prennent la vente en main. C'est peut-être la partie la plus fréquentée de la foire. Mais au-delà de cela, nous arrivons à la partie la plus grande et de loin la plus amusante de toutes. C'est le marché divers. Les légumes et les herbes aromatiques en occupent de loin la plus grande part. Voici des femmes et des filles avec des herbes de toutes sortes et de toutes sortes, très rares en effet dont je connaissais auparavant. Ici aussi, il y a des femmes avec du tabac très grossier et brisé grossièrement au lieu d'être coupé. Le tabac, bien entendu, est transporté dans les peaux, qui semblent être le réceptacle de tout dans ce pays. Voici des hommes avec du sel, dont la forme et l'apparence ressemblent extrêmement à la pierre à aiguiser d'une tondeuse. Ceux-ci servent de monnaie et sont disposés sur le sol à un prix de tant pour un dollar, mais si le vendeur voit un Européen approcher , il en prélèvera une partie et exigera un dollar pour moins de la moitié du nombre qui devrait être donné pour cela. montant. Voici des hommes qui vendent le cordon bleu que tous les chrétiens portent autour du cou en signe de leur foi. Voici des hommes qui vendent de grosses épingles de fer, avec une tentative grossière d'ornement sur la tête, dont toutes les femmes se servent pour attacher leurs couvertures sur leurs épaules. Voici des femmes avec des colliers de perles, des citrouilles, des cressons , des herbes séchées, des piments , du miel, de l'ail, des pommes de terre et des jeunes oignons à vendre. Un catalogue divers, et vendu tout aussi diversement, car les marchandises se vendent plus par troc que contre argent, et chaque vendeuse apportera une demi-douzaine de petits paniers, qu'elle place devant elle pour contenir les divers articles qu'elle pourra recevoir. en échange. Ainsi, pour ses perles, elle peut obtenir des céréales, quelques bulbes d'ail et une ou deux barres de sel. Elle en troquera certains contre une citrouille, un poulet et des herbes séchées ; et ainsi le commerce continue. Imaginez un grand nombre de ces gens au visage sombre, peu vêtus, très graves dans leurs achats, mais très joyeux, comme ils ont l'habitude de parler entre eux, les hommes se promenant généralement, les femmes accroupies derrière leurs marchandises, toujours en groupe, riant, bavardant et s'occupant de leurs enfants, d'étranges petits personnages noirs ventrus, la moitié de la tête rasée, et pour tout vêtement un tout petit morceau de peau de chèvre sur l'épaule. Certaines filles sont, comme je l'ai déjà dit, très jolies, avec de beaux yeux marrons. Ils n'ont aucune objection à être regardés et admirés. Bien entendu, ils font semblant d'être très timides, cachent à moitié leur visage et détournent le regard ; mais ils sont en réalité très amusés et très satisfaits lorsqu'un Européen s'arrête pour les regarder. Il est singulier de voir à quel point la constitution de l'esprit féminin est semblable dans les pays sauvages et dans les pays civilisés . Une beauté anglaise ne trahit certainement pas le sentiment d'être regardée et admirée, sauf, bien entendu, si elle est laitière ; mais elle est sans doute tout aussi consciente, et peut-être tout aussi heureuse – sauf que la sensation est plus naturelle – que l'est la jeune Abyssinienne aux yeux sombres et à la peau foncée, assise dans son maigre vêtement de cuir et son pagne orné de coquillages dans la chambre. marché à Attegrat .

Je ne sais pas quand commence la saison des pluies ; en fait, c'est un point discutable, les autorités variant dans leurs dates d'avril à juillet ; mais je sais que nous avons eu un orage ici l'autre jour qui nous a presque emportés hors du camp. Elle a commencé à trois heures de l'après-midi et nous a trouvés tout à fait pris au dépourvu, car nous avons eu tellement de ciels menaçants que nous ne croyions plus à la pluie. Cependant, cette fois, il n'y avait aucune erreur. Il est apparu dans un nuage noir dense derrière la montagne au-delà d'Attegrat . Le tonnerre gronda, les éclairs furent terribles pendant un moment, et pendant environ une heure une énorme tempête de pluie et de grêle s'abattit sur nous. Étant un vieux militant, un de mes premiers soins, en plantant ma tente, avait été de faire creuser une tranchée autour ; mais beaucoup d'officiers, comptant sur le beau temps, avaient négligé de prendre cette précaution. Sachant quel serait l'état des choses, aussitôt la pluie cessa, je sortis. Le camp était complètement sous l'eau. Comme je l'ai mentionné dans une lettre précédente, il est dressé sur la pente graduelle d'une colline, et le long de cette pente, un courant d'eau parfait arrivait à près de deux pouces de profondeur. Pendant que la pluie persistait, on pouvait observer quelques silhouettes sortant de leurs tentes pour scruter le ciel, et dès qu'il fut tout à fait certain que la pluie était terminée, le camp, qui cinq minutes auparavant paraissait parfaitement désert, était comme une fourmilière fut soudainement dérangée. Grande était la dévastation que le déluge avait provoquée. À travers de nombreuses tentes, il avait balayé une inondation de deux pouces de profondeur, imbibant tout ce qui était posé sur le sol. Ici, nous vîmes les domestiques apporter un lit qui, posé à terre, était trempé d'eau ; voici un autre groupe qui apportait du foin avec lequel un homme en particulier avait soigneusement tapissé sa tente ; voici un officier qui vidait ses malles pour voir si les choses au fond avaient souffert. En me promenant, j'ai rencontré le major Minion, le principal officier du commissariat ici. Il se hâtait de demander au chef l'autorisation de distribuer aux troupes de la farine de première qualité au lieu de la farine de seconde qualité, car une grande partie de la première qualité avait été mouillée et devait être distribuée immédiatement pour éviter qu'elle ne se gâte. Bien entendu, ce sont les indigènes et ceux qui n'avaient pas de tente qui ont le plus souffert ; et le camp présenta bientôt l'apparence d'une journée de lessive générale, tant les vêtements étaient mis à sécher. Bien sûr, conformément au vieux proverbe selon lequel on ferme la porte après le vol du cheval, il y eut aussitôt une grande demande de pioches et de pelles, et tous ceux qui ne l'avaient pas encore fait se mirent au travail pour creuser une tranchée autour de leurs tentes. La nuit qui a suivi la tempête a été beaucoup moins froide que la précédente, et le pays tout entier paraît plus frais et plus lumineux pour le lavage. Passons maintenant à notre sujet le plus passionnant, l'avancée. Cela se passera positivement demain. Sir Robert Napier lui-même continue et est accompagné de l'artillerie, du 3e Native Cavalry, de cinq compagnies du 4e King's Own et des trois autres compagnies du 10e Native Infantry. Les Beloochees devaient également avancer, mais les transports ne sont pas suffisants et ils suivront dans un jour ou deux. Le petit groupe des Ingénieurs avance également avec les appareils photographiques et de signalisation . Les deux éléphants feront également partie du train. La marche jusqu'à Antalo dure huit jours, répartis comme suit : Mai Wahiz , 13 milles ; Ad Abaga , 15 ans; Dongolo , 12 ans; Agula , 14 ans; Dowlo , 19 ans ; Haig Kullat , 9 ans; Afzool , 9 ; Antalo , 5 : total, 96 milles. Le colonel Phayre , qui a de nouveau pris les devants, rapporte que la route ne présente pas de grandes difficultés ; mais il ne semble pas que la première journée de marche ait été une affaire facile, car le garde-bagages du 33e régiment, parti d'ici à neuf heures du matin, n'est arrivé à destination qu'à six heures du matin. 'horloge le lendemain matin. Le commandant en chef partit le lendemain et trouva la route vraiment impraticable à deux ou trois endroits. Il était extrêmement en colère que le corps qui avait entrepris nominalement de construire cette route l'ait laissée dans un tel état. Un groupe de Beloochees fut immédiatement lancé, et il faut espérer que demain ils auront rendu la route praticable. Le groupe des sapeurs et des mineurs de Bombay, qui ont fait un si bon travail dans la passe, est parti aujourd'hui, avec pour instructions de garder une journée de marche devant le chef. Ils amélioreront, autant qu'ils le pourront, les endroits très difficiles ; mais comme ils devront progresser aussi vite que les troupes, ils ne pourront bien entendu que très peu de choses. Même le colonel Phayre rapporte que la marche des deux derniers jours a été extrêmement difficile, car, au lieu des plaques plates de grès sur lesquelles se déroule une grande partie du voyage de la journée précédente, nous devons ici traverser des plaques de calcaire nu, sur lesquelles les chevaux peuvent se tenir debout. difficulté. Il déclare qu'il sera nécessaire de répandre de la terre ou du sable sur les rochers pour les rendre praticables. Il est donc évident que nous aurons de sérieuses difficultés à rencontrer même entre ceci et Antalo ; néanmoins, nous pouvons nous attendre à être dans cette ville d'ici la fin du mois. De là à Magdala, il y a environ 160 milles ; car il est impossible de compter à vingt milles dans un pays où les montagnes et les gorges nécessitent des détours aussi constants. J'ai mentionné dans ma dernière lettre que des paris étaient librement offerts et pris pour que nous arrivions à Magdala le 15 avril. Toute la question est une question d'approvisionnement et de transport ; et l'examen le plus simple de la question montrera qu'il faudra beaucoup de temps avant que les provisions pour la poursuite de la marche puissent être rassemblées à Antalo . J'ai raconté dans mes lettres il y a un mois combien il était difficile de nourrir les troupes à Senafe et le long du col, et d'accumuler des provisions pour notre avance vers Attegrat . Senafe n'est qu'à cinq journées de marche de Zulla ; Antalo a seize ans ; et, en supposant que les mules s'arrêtent un jour à Senafe , et un autre à Attegrat , pour se reposer, ce qui serait absolument nécessaire, il y a dix-huit jours de Zulla . Nous aurons deux fois plus de troupes à nourrir à Antalo qu'à Senafe ; et comme le voyage est trois fois plus long, il faudra maintenant six fois plus d'animaux de transport pour nourrir les troupes d' Antalo qu'il n'en fallait pour nourrir l'ancienne force de Senafe . En outre, nous aurons un corps de troupes à Attegrat et un autre à Senafe , pour nous nourrir. Le Train de Transport est plus efficace maintenant qu'il ne l'était il y a un mois, mais il n'est pas beaucoup plus nombreux, car le nombre de nouveaux arrivants est presque contrebalancé par le nombre de mules qui se rendent quotidiennement à l'hôpital, en panne de surmenage, de mauvaise alimentation. , et des maux de dos provoqués par les bâts. Le fait que la route soit désormais praticable pour les charrettes jusqu'à Senafe est également une aide au Train de Transport ; mais j'avoue que je ne vois pas comment ils parviendront à approvisionner toute la ligne, encore moins à accumuler des provisions. Il y a, nous venons de le voir, dix-huit jours de Zulla à Antalo . En supposant que les mulets montent et descendent régulièrement, s'arrêtant deux jours à chaque extrémité pour se reposer, il leur faudra quarante jours pour faire le tour. En évaluant le nombre d'animaux de transport disponibles à 16 000, ce qui est excessif, il n'y en aurait que quatre cents par jour partant de la côte. Quand on pense que ces quatre cents animaux devraient porter leur propre nourriture pour les endroits où l'on ne peut se procurer du grain, qu'ils devraient porter les rations de leurs conducteurs pour les quarante jours, qu'ils devraient approvisionner les différents petits postes. , avec Senafe et Attegrat , on verra que la quantité de provisions qui parviendra quotidiennement à Antalo ne sera en aucun cas excessive. Et pourtant, avant de pouvoir partir d' Antalo , dans un voyage qui, aller et retour, et avec une pause d'une semaine à Magdala, peut difficilement être calculé comme inférieur à deux mois, il faut y avoir accumulé une somme suffisante. de provisions pour tout le temps où nous pouvons être absents ; et cela non seulement pour les troupes et les animaux qui partent, mais pour la force qui y restera pendant notre absence. Nous devons également avoir un approvisionnement accumulé aux postes le long de la route, car nous prendrons une si grande partie des animaux de transport dans notre progression ultérieure, que nous devons être sûrs qu'un stock a accumulé suffisamment pour durer un certain temps. J'ai entendu dire que le nombre de mulets qui nous accompagneront d' Antalo sera d'environ 6,000, avec deux mois de provisions pour la colonne et une certaine somme pour eux-mêmes. Suite au calcul que j'ai fait, nous prouvons mathématiquement que nous ne pourrons jamais accumuler ces 6000 chargements de mulets à Antalo . Heureusement, les preuves mathématiques sont parfois falsifiées par les faits. Il a été mathématiquement prouvé qu'aucun bateau à vapeur ne pourrait jamais traverser l'Atlantique. L'exploit a cependant été accompli d'une manière ou d'une autre ; et je n'ai aucun doute que, malgré les mathématiques, nous accumulerons d'une manière ou d'une autre des provisions à Antalo , et que nous marcherons vers Magdala ; mais cela doit d'abord prendre un certain temps. Je pense que le 1er mai est la date la plus rapprochée à laquelle nous pouvons espérer quitter Antalo . Bien entendu, beaucoup dépendra de la fécondité du pays dans le voisinage immédiat de cette ville. Si seulement nous pouvons obtenir suffisamment de céréales pour nourrir nos animaux et leur constituer une réserve de fourrage pour l'avance, cela réduirait considérablement nos difficultés. D'après ce que nous avons pu voir, tel n'a pas été le cas. Même les prix extrêmes que nous avons indiqués ont à peine permis d'acheter suffisamment de céréales pour l'approvisionnement quotidien, et les animaux sur la route doivent être nourris avec des céréales apportées de Bombay. Il faut néanmoins espérer des choses meilleures. La date de notre avance dépend presque entièrement de l'état du marché aux céréales à Antalo . Nous partons demain matin à six heures et demie, ce qui veut dire que nous devons être debout avant cinq heures. Je dois donc clore cette lettre, mais je vous réécrirai à temps pour sauver le courrier d'Ad Abaga , où je crois que nous nous arrêterons un jour.

Ad Abaga , 20 février.

Je ne peux pas dire que démarrer un convoi de mulets à bagages à six heures et demie du matin soit une opération agréable. L'ordre était « que tous les animaux qui ne seraient pas partis à six heures et demie attendraient après le départ de la colonne à sept heures » ; c'est-à-dire, compte tenu des retards, qu'ils ne pourraient commencer qu'à huit heures. J'acceptai la suggestion de mon compagnon de voyage de descendre nos mules de bonne heure. À cinq heures, nous nous sommes levés, avons terminé nos bagages, avons pris une tasse de chocolat et nous sommes rapidement lavés, puis nous avons atteint notre tente, qui était entièrement mouillée par l'abondante rosée. Le plier et le mettre dans un sac destiné à le contenir seulement une fois sec, était une opération longue, éprouvante et très destructrice pour les ongles. Cependant, cela ainsi que tous nos derniers préparatifs, y compris le chargement des animaux, furent terminés à temps, et nous étions pratiquement *en route* à six heures vingt. Nous sommes depuis longtemps arrivés à la conclusion que la seule façon de transporter nos bagages est d'être notre propre gardien de bagages, et que l'un ou l'autre d'entre nous, généralement les deux, l'accompagnent tout au long du trajet. De cette façon, nous arrivions au camp dans l'après-midi, une heure et demie à deux heures plus tôt que si nous l'avions confié uniquement aux domestiques et aux chauffeurs, et si nous avions continué à notre rythme, nous n'aurions eu qu'à attendre. sans rien faire, et sans abri, pendant trois ou quatre heures. Cette fois-ci, mon ami partit avec les bagages et je restai en arrière pour voir la colonne partir. C'était un joli spectacle, et cela n'a pas dû étonner peu les indigènes. Vint d'abord la 3e cavalerie indigène, forte d'environ trois cents hommes, dans leurs uniformes militaires bleu et argent . Ce régiment n'a pas eu une vie facile depuis son arrivée à Attegrat , car nous manquons excessivement de cavalerie, et depuis que le Scinde Horse a continué, le 3e a dû fournir toutes les gardes et escortes. Pendant quelques jours, il ne leur resta plus que dix-huit hommes au camp. J'apprends que deux cents chevaux sont arrivés à Zulla pour remonter à la place de ceux qu'ils ont perdus à cause de la maladie. L'effectif du régiment sera alors porté à son effectif initial de près de cinq cents sabres . J'ai mentionné dans une lettre, quelque temps depuis, que ce régiment avait été considéré avec quelque défaveur par les autorités pour être parti de Bombay sans les animaux-bagages dont, selon les termes de leur accord, ils auraient dû se munir. Ce défaut, ils ont fait de leur mieux pour remédier en achetant toutes les mules qu'ils pouvaient se procurer. Ils ont maintenant presque reconstitué leur nombre et n'ont eu, pour la marche actuelle, qu'à tirer trente-cinq animaux de transport, dont ils espèrent pouvoir se passer dans quelques jours. A côté de la 3e cavalerie indigène venait l'artillerie, qui avait reçu au dernier moment l'ordre de prendre quatre canons au lieu de trois. Les canons étaient tous tirés par huit chevaux. La plupart des chevaux de cette batterie sont gris très clairs, et deux des canons sont entièrement montés par des gris. Ils sont dans un état admirable et semblent extrêmement bien. Vint ensuite le petit groupe d'ingénieurs. Derrière eux venaient les 4th King's Own, dans leurs costumes marron clair, ou plutôt couleur poussière, avec leur orchestre jouant du « Rouge, Blanc et Bleu ». Le colonel Cameron donne un excellent exemple à ses hommes et à ses officiers en faisant conduire son cheval et en marchant toujours en tête. La ligne a été fermée par le 10th Native Infantry, leur groupe jouant « Nelly Bligh ». Après les troupes venait la tête d'une longue file d'animaux de bagages. Après avoir vu passer la colonne, je poursuivis ma route et rejoignis mes bagages.

La route, comme d'habitude, traverse le plateau, avec parfois des montées et des descentes raides. Deux de ces ascensions se sont révélées tout à fait impraticables pour l'artillerie, et la route telle qu'elle a été tracée jette un grand discrédit sur ceux qui ont continué à commander la force de pionniers pour ouvrir la voie. Les routes sont faites de zigzags courts et pointus, où il est impossible aux chevaux de tirer. Si l'artillerie n'avait pas été accompagnée d'une forte force d'infanterie, il aurait été impossible de lever les canons. En fait, les canons étaient tirés en ligne droite par les chevaux aidés par les hommes, puis les chevaux étaient sortis, les canons dételés, et le canon était d'abord traîné, autour de la courbe, par l'infanterie avec des cordes. et les avant-bras furent repris par la suite. Le travail de mise en place des canons lors d'une de ces ascensions a duré plus de deux heures. Sir R. Napier est naturellement extrêmement en colère, car, s'il n'avait pas été informé à l'avance par l'officier que la route était parfaitement praticable, il aurait naturellement envoyé un groupe de travail important quelques jours auparavant. J'arrivai à Mai Wahiz à midi et demi, la 3e de cavalerie étant arrivée une demi-heure avant moi. Dans l'après-midi, nous avons eu un autre orage violent, accompagné de fortes pluies, qui n'a heureusement duré qu'une demi-heure environ. Notre camp à Mai Wahiz , au lieu d'être, comme d'habitude, sur une plaine, ou plutôt sur une légère élévation près de la plaine, était placé sur une colline. J'ai entendu dire qu'à l'avenir nous devrons toujours camper sur une colline, ou du moins, autant que possible, dans une position défendable. Cela montre que notre chef accorde extrêmement peu de confiance aux protestations que le roi Tigre pourrait faire, et qu'il pense que, même s'il vient au durbar à cet endroit, il ne faut pas lui faire confiance hors de vue. À Mai Wahiz , tout est très rare et le fourrage est plus cher que jamais. J'ai dû payer deux dollars pour environ dix-huit livres d'orge pour mes animaux de bagages, soit seulement six pence la livre. Le foin est également cher. Le commissariat ne servait pas de foin aux animaux de transport, et tout ce qu'ils avaient après une dure journée de travail, avec la perspective d'une autre également pénible le lendemain, c'était trois livres de grain chacun.

Du pied de la colline , nous avons parcouru une certaine distance le long d'une large vallée, avec de l'eau en plusieurs endroits et beaucoup de terrain cultivé. Puis, après trois ou quatre milles de plaine vallonnée, nous arrivâmes à notre camping un peu après trois heures. Les indigènes ici doivent être soit un peuple plus guerrier que ceux dont nous avons traversé les villages depuis notre entrée dans le pays, soit ils doivent avoir des voisins beaucoup plus guerriers . Car les villages sont presque toujours entourés de fortes murailles, et un ou deux étaient perchés sur des éminences et défendus par des murs et des tours. Nous avons croisé un château très curieux qui ressemble fortement aux vieux châteaux baronnials que l'on rencontre dans le sud de l'Écosse et dans le nord de l'Angleterre. Celui-ci était situé au bord d'un précipice, et les rochers descendaient à pic sur trois côtés de ses murs sur cinquante ou soixante pieds. Il doit être imprenable dans un pays comme celui-ci, où les canons sont pratiquement inconnus. Un autre fort, qui ressemblait certainement à une construction européenne, et s'il ne l'était pas, devait sans aucun doute avoir été construit à partir d'une image d'un fort européen, était perché au sommet de la montagne près de l'endroit où nous sommes descendus dans la vallée. Le précipice à son pied était au moins à mille pieds de profondeur, mais, chose curieuse, le fort se trouvait dans une sorte de rochers creux et plus hauts, à une distance de seulement cent mètres de chaque côté qui le commandait. Si un Européen l'a conçu, il n'a certainement pas choisi sa position. C'était un fort rond, d'une cinquantaine de pieds de haut, mais il était difficile de juger de sa hauteur d'après notre position dans la plaine, tellement en contrebas. Son diamètre était à peu près égal à sa hauteur. Elle avait des rangées régulières de meurtrières et semblait avoir été construite par quelque chef voleur pour lui permettre de fondre sur les caravanes de commerçants qui parcouraient la route que nous venions de parcourir. Ce camp est à peu près à la même altitude que celui de Mai Wahiz , et le climat est encore plus charmant que celui d' Attegrat , car la chaleur est moindre pendant le jour, et le froid de la nuit dernière n'était pas du tout égal à celui que nous avons éprouvé. là. Le *problème est* que le roi ne peut pas arriver aujourd'hui, mais qu'il viendra demain, et que nous partirons de bonne heure et établirons notre camp dans une plaine à six milles d'ici, et là nous le recevrons comme il se doit.

Dongolo , le 26 février.

Le Roi du Tigre s'est révélé être une entité vivante et non un être mythique, comme nous avions commencé à le considérer. Il devait nous rendre visite à Attegrat , mais il nous envoya un ambassadeur à sa place, et personne ne pensait que nous n'entendrions plus jamais parler du roi. Cependant, il nous fit dire qu'il nous rencontrerait dans une plaine près d'Ad Abaga , et nous nous y rendîmes, plutôt incrédules mais toujours pleins d'espoir. Le roi devait être à l'endroit désigné le lendemain de notre arrivée à Ad Abaga ; mais des messagers envoyés apportèrent la nouvelle que, même si l'on rapportait actuellement qu'il était parti d'Adowa, il n'était certainement arrivé nulle part dans les environs . Comme il était très important que nous voyions le roi et restions avec lui en bons termes, et qu'il était certain que s'il avait commencé à nous rencontrer et constaté que nous avions continué sans nous arrêter pour le voir, il se sentirait Gravement offensé, le commandant en chef résolut d'attendre. Heureusement, tout retard que nous pourrions rencontrer pourrait n'avoir aucune importance pour nous, car il sera impossible d'avancer depuis Antalo jusqu'à ce qu'un stock important de provisions y soit accumulé, et que nous attendions une semaine à Ad Abaga ou à Antalo était parfaitement sans importance. . Nous avons donc attendu trois jours avant qu'une nouvelle fiable ne nous parvienne. Enfin nous apprîmes avec certitude, comme nous le croyions, que le roi était à Hanzein , à douze milles de là. C'était samedi, et le messager dit que bien sûr le roi ne bougerait pas dimanche, mais qu'il se présenterait lundi matin à Mai Dehar , le lieu de rendez-vous désigné.

Le dimanche, le major Grant, le capitaine Moore et M. Speedy partirent à la rencontre du roi et l'accompagnèrent au lieu de rendez-vous. Ils se rendirent à Hanzein et y trouvèrent un corps considérable d'hommes armés, ainsi que quelques princes. On leur dit que le roi était cinq milles plus loin, et ils parcoururent cinq bons milles, et, s'enquérant de nouveau où se trouvait Sa Majesté, ils découvrirent que les milles devaient être irlandais, car le roi était encore cinq milles plus loin. Ils décidèrent de revenir et eurent à Hanzein un nouvel entretien avec les hommes en autorité. Ces dignes s'efforcèrent de leur faire admettre, de la part de sir Robert Napier, qu'il viendrait jusqu'à Hanzein pour rencontrer le roi. Leur but était, bien entendu, de rehausser la dignité du roi aux yeux de son propre peuple, en nous obligeant à nous éloigner le plus possible de notre chemin pour le rencontrer ; Le major Grant, cependant, refusait catégoriquement d'admettre ce point. Il déclara que nous avions déjà attendu quatre jours, et que si le roi ne s'avançait pas immédiatement, sir Robert Napier continuerait son voyage sans le voir. Le major Grant partit alors avec le major Pritchard du génie, parti à Hanzein avec le lieutenant Morgan et son groupe de signaleurs , pour retourner au camp. Comme il faisait nuit au moment du départ, ils s'égarèrent naturellement et errèrent pendant quelques heures, conduisant leurs chevaux, qui firent deux ou trois chutes maladroites. Ils arrivèrent au camp à deux heures du matin. Ils ne dépassèrent aucun des postes de signaleurs sur leur chemin, et par conséquent le lieutenant Morgan et ses hommes restèrent éveillés toute la nuit pour annoncer à travers les collines la nouvelle de l'heure du départ du roi de Hanzein . Le capitaine Moore et M. Speedy restèrent à Hanzein jusqu'au lendemain et furent reçus avec hospitalité, sinon agréablement, avec un repas composé d'un grand plat de pain à moitié cuit, sur lequel de la graisse fondue avait été versée d'une main libérale. . Tandis qu'ils étaient occupés à chercher un morceau moins saturé de graisse que les autres, deux ou trois chefs leur montrèrent comment on devait manger la nourriture, en mettant dans le désordre quelques mains extrêmement sales, en roulant une grosse boule, et le fourrant dans leur bouche. Le capitaine Moore a subi une forte lutte interne, mais a vaincu son désir de se précipiter en plein air, a noblement fermé les yeux et a suivi l'exemple. M. Speedy, dont la résidence en Abyssinie l'a rendu peu délicat en matière de nourriture, s'était déjà mis à l'œuvre avec la grave complaisance d'un homme qui aime son repas.

Lundi, un messager arriva qui rapporta que le roi était réellement arrivé à Hanzein et qu'il se rendrait à Mai Dehar tôt le lendemain matin. Un indigène à notre solde ayant vérifié ce rapport, des ordres furent donnés pour un déménagement au petit jour le lendemain matin. Le groupe devait comprendre les quatre canons de la batterie de Murray, un escadron du 3e de cavalerie autochtone, quatre compagnies du 4e régiment, une compagnie du 10e d'infanterie autochtone, le groupe du génie avec son appareil de signalisation et de photographie et deux éléphants. Bien que Mai Dehar ne soit qu'à huit kilomètres de là, les troupes reçurent l'ordre de prendre leurs tentes et leurs bagages, car on ne savait pas à quelle heure les débats pourraient se terminer ; et comme la prochaine marche vers cet endroit n'était que de dix milles, ils pourraient marcher directement le lendemain et ne perdraient donc pas de temps en dormant à Mai Dehar .

À sept heures, nous étions tous hors d'Ad Abaga , et à neuf heures et demie, les tentes étaient dressées à Mai Dehar , qui n'était qu'à six kilomètres de distance. Mai Dehar est un bassin d'environ un demi-mile de diamètre, avec des côtés en pente douce, et qui ne possède aucun effet pittoresque. Un petit ruisseau le traverse, et tout le bassin est couvert d'une longue et épaisse végétation de foin. Des ordres furent immédiatement émis pour qu'aucun feu ne soit allumé ni aucun tuyau autorisé jusqu'à ce que l'herbe soit entièrement coupée dans le voisinage immédiat des tentes et sur une petite distance autour des chevaux. Ceci, bien sûr, était un travail qui a pris du temps ; et vers onze heures, avant que les feux soient bien allumés, M. Speedy, qui était allé directement à la rencontre du roi, arriva au camp avec la nouvelle qu'il l'avait quitté une demi-heure auparavant et que dans très peu de minutes il arriver. Au bout de dix minutes , une masse sombre de personnages apparut sur la crête de la montée opposée de la vallée, et bientôt une tente d'une couleur écarlate brillante s'élevait au milieu d'eux, et montrait que le roi était présent parmi eux. M. Speedy repartit à cheval pour dire que le commandant en chef irait à sa rencontre dans une heure. A ce moment-là, les hommes avaient déjeuné, et à midi et demi, lorsque le clairon sonna l'assemblée, tous étaient prêts à accomplir toute tâche qui pourrait leur être demandée. Ils étaient alignés à quelques centaines de mètres derrière la tente qui avait été dressée près du petit ruisseau pour le durbar. Le major Grant, le capitaine Moore et M. Speedy se dirigèrent de nouveau vers la tente du roi, accompagnés d'une escorte de la 3e cavalerie indigène. Plusieurs officiers qui n'étaient pas de service, mais venus en permission du camp d'Ad Abaga , montèrent également sur le flanc de la cavalerie, et parmi eux je pris ma place.

L'armée indigène était rangée en ligne des deux côtés de la tente royale ; ils n'étaient pas formés dans un ordre régulier, mais étaient serrés les uns contre les autres, avec les extrémités de leur ligne avancées en forme de croissant de jeune lune. Il n'y avait ni pression ni bruit ; tout restait parfaitement silencieux tandis que nous avancions, et il fut immédiatement évident que nous étions en présence d'un corps d'hommes bien plus formidable que celui que nous avions attribué à l'Abyssinie . Le seul bruit qui rompait le silence était le battement de plusieurs tambours. J'ai ensuite eu l'occasion de les examiner, et j'ai trouvé qu'ils avaient la même forme et autant que possible la même taille que nos propres timbales. Au lieu d'être en métal, ils étaient en bois mince et recouverts de peaux avec des poils à la place du parchemin. Ils étaient portés un de chaque côté d'une mule. Il y avait six mules ainsi chargées, et les tambours étaient battus, certains avec de petits bâtons, d'autres avec de gros et lourds bâtons. Ces derniers servaient de gros tambours, et gardaient le tempo au rythme constant des petits tambours. Ils jouèrent une sorte d'air qui, bien qu'un peu monotone, n'était pas du tout dénué de musique. Le batteur principal avait un parapluie rouge au-dessus de sa tête – une distinction dont personne d'autre que Sa Majesté elle-même ne jouissait. Arrivés à quarante ou cinquante mètres de la tente du roi, nous nous arrêtâmes. Le major Grant et son groupe descendirent de leurs chevaux et entrèrent dans la tente royale, et la cavalerie fut alignée parallèlement à la route que le roi emprunterait pour se rendre au ruisseau. La mission du major Grant était d'informer le roi que Sir Robert Napier était prêt et qu'il s'avancerait à sa rencontre dès qu'il verrait que le roi avait quitté sa tente. Quelques personnages en autorité donnèrent alors quelques ordres, et un corps de quatre ou cinq cents hommes prit place à peu de distance devant la tente royale. Certains de ces hommes étaient à pied, d'autres à cheval ; la grande majorité était armée de fusils, de quelque sorte que ce soit, et portait en outre un bouclier et une épée. Les autres avaient des lances. Il y avait parmi leur corps une bien plus grande variété de costumes et beaucoup plus d'éclat de couleurs que nous n'avions eu l'idée de voir en Abyssinie. La majorité, bien sûr, possédait le tissu de coton brun blanc du pays, avec généralement les extrémités rouges et les pointes de fourrure aux longs bouts qui sont caractéristiques d'un guerrier de haut rang. Beaucoup aussi avaient une crinière de lion sur les épaules, signe qu'ils ont tué de nombreux ennemis au combat. Un grand nombre aussi portaient de longues chemises de cérémonie, arrivant jusqu'aux genoux, et faites de soies richement brocardées, généralement vertes, bleues ou rouges, à fleurs jaunes. Certains, les plus grands dandys, portaient des manteaux de velours, le violet étant la couleur dominante . Ceux-ci atteignaient un peu au-dessous de la taille, et étaient ensuite coupés en longues queues d'un motif particulier, qui d'ailleurs était toujours similaire. Ceux-ci, qui donnaient des ordres et qui étaient probablement des généraux, n'étaient pas tête nue, comme tous les autres Abyssins, mais avaient un mouchoir de soie colorée sur et autour de la tête, à la mode bédouine, et tombant sur le cou, avec un une sorte de filet ou de couronne de métal, qui ressemblait à de l'étain, mais qui pouvait être de l'argent, autour de leur front. De ce corps, qui était évidemment composé de chefs et de guerriers distingués, un nombre à peu près égal était à cheval et à pied. Un grand nombre de mules portaient double, ce qui n'est ici nullement considéré comme une *infra-fouille.* méthode de déplacement. Devant ce corps d'hommes se plaçait la fanfare des tambours, et en queue cinq ou six hommes soufflant sur un instrument qui ressemblait un peu à une clarionette en apparence, sauf qu'il n'avait qu'une seule note. Quelques-unes cependant étaient plus hautes que les autres, de sorte que le résultat général, bien que moins musical que celui des tambours, n'était pas pour autant discordant.

Le roi sortit alors de sa tente et monta sur une mule. Une douzaine de princes et de serviteurs personnels montaient ou marchaient près de lui, et deux serviteurs marchaient un de chaque côté, appuyés contre le mulet et le soutenant, pour ainsi dire, sur sa selle. L'un d'eux tenait un grand parapluie en soie magenta au-dessus de la tête du roi. Kassa est un homme de vingt-sept ou vingt-huit ans. Il était simplement vêtu d'une bande de tissu indigène, la seule différence entre lui et un guerrier ordinaire étant qu'au lieu d'une large extrémité écarlate, elle avait une sorte de motif en cachemire. Les princes avaient des bordures similaires sur leurs robes. Le roi portait un tippet de fourrure, et le tissu était enroulé autour de lui, de sorte que ses bras ne soient pas visibles, et il avait l'air d'un simple tas lorsqu'il était assis sur sa mule. Le tissu était remonté autour de son menton et de sa bouche. Il était tête nue ; ses cheveux étaient tressés en lignes depuis le front jusqu'à l'arrière de la tête, de la manière particulière que j'ai déjà décrite, et qui ressemble exactement à celle de certaines des peintures murales assyriennes du British Museum. Ces tresses sont chacune nouées à leur extrémité et forment un petit bouquet de queues à la nuque. Kassa a un visage doux et plutôt indécis, et était visiblement nerveux face à la cérémonie inhabituelle qu'il s'apprêtait à subir. Je crois que son visage ne dément pas son caractère, et qu'il est tout à fait guidé par trois ou quatre de ses principaux conseillers. Les rois fantoches ne se limitent pas à l'Abyssinie. Le major Grant chevauchait aux côtés du roi et conversait avec lui par l'intermédiaire de Mercher , l'interprète. La mule montée par le roi et celles des principaux personnages portaient toutes les gaies garnitures de cuir gaufré vert et rouge que j'ai décrites comme ornant la mule montée par l'ambassadeur qui venait à Attegrat . Il y avait dans le cortège plusieurs prêtres, distingués comme d'habitude par leurs turbans et la blancheur de leurs robes. Dans ma description de l'habillement du roi, je n'ai rien dit de ses jambières ou de ses chaussures, car lui, ainsi que tous les membres de sa nation, avaient les jambes et les pieds nus. Immédiatement que le roi eut commencé, je me rapprochai des officiers non attachés derrière lui, et la 3e cavalerie indigène arriva derrière nous. Derrière eux, et gardant une ligne parfaite, venait le gros des troupes indigènes : cavaliers en tête, fantassins derrière eux. L'ensemble était extrêmement pittoresque et, vu du côté opposé de la vallée, devait être des plus frappants. Dès que nous fûmes en mouvement, nous vîmes Sir Robert Napier approcher du camp opposé. Il montait dans un howdah sur un éléphant aux atours écarlates ; derrière lui suivait l'autre éléphant, et son bâton le contournait. Les troupes restèrent en ligne à quelque petite distance derrière la tente durbar, la 10e infanterie indigène étant disposée en garde d' honneur devant la tente. Lorsque nous fûmes environ aux trois quarts de la distance en bas de la pente, de notre côté de la colline, les gardes du corps qui se trouvaient devant le roi s'arrêtèrent et se replièrent de chaque côté, laissant une route par laquelle le roi et sa suite personnelle roulé. La 3e cavalerie indigène suivit, mais les indigènes formèrent à nouveau une ligne à l'arrière et s'arrêtèrent. Sir Robert Napier arriva le premier au ruisseau, mais l'éléphant refusa de traverser, et le général descendit alors et monta à cheval, et s'avança de nouveau à la rencontre du roi, qui avait alors traversé le ruisseau. Sir Robert et le roi se serrèrent la main, puis se rendirent ensemble à la tente durbar. Là, tout le monde descendit de cheval, et entrèrent autant de personnes que la tente pouvait en accueillir. J'ai eu la chance d'en faire partie. Le roi et le commandant en chef prirent place sur deux chaises. Cinq des principaux princes étaient assis par terre. Le porteur du bouclier et de la lance du roi se tenait derrière lui, et plusieurs autres serviteurs indigènes se tenaient à proximité . Une douzaine d'officiers européens se sont rangés sur les côtés de la tente. Au moment d'entrer dans la tente, la garde d' honneur et l'artillerie tirèrent un salut qui causa un grand tumulte parmi les chevaux, et j'ai sans doute un peu surpris et alarmé l'armée du roi du Tigre, qui était toutes restées de l'autre côté. côté du ruisseau. Pendant toute la journée, la plus grande discipline régna sur ce point, pas un seul homme ne traversant le ruisseau, à l'exception seulement de la suite personnelle du roi.

La conversation entre Sir Robert Napier et le roi fut interprétée par Mercher et par son frère, qui faisait partie de la suite du roi. Ces deux frères sont des chefs Tigres, qui furent curieusement envoyés à Bombay pour y être instruits et apprendre la langue anglaise. La conversation fut des plus formelles. Sir Robert a exprimé l'espoir que le roi n'était pas fatigué de son voyage. Le roi répondit qu'il n'était jamais fatigué lorsqu'il venait voir ses amis. Ici, la conversation languissait un peu, puis Sir Robert exprima le plaisir que nous, Anglais, qui envoyions des missionnaires dans toutes les parties du monde, éprouvions à trouver une nation chrétienne ici au milieu de l'Afrique. A cela le roi répondit qu'il ne voulait pas voir d'étrangers dans son pays, mais que si des étrangers venaient , il préférait qu'ils fussent chrétiens. Ce fut un véritable frein ; mais Sir Robert, après une pause, se ressaisit noblement et dit que nous avions des sentiments très amicaux pour tous les Abyssins, à l'exception seulement des méchants hommes qui retenaient nos compatriotes captifs. Le roi répondit que Théodore était notre ennemi commun et qu'il espérait que nous le punirions comme il le méritait. Le général demanda alors les noms des princes présents, et trouva que l'un était un frère aîné et que deux étaient des oncles du roi. C'étaient tous des hommes d'apparence intelligente, avec de beaux visages pour les Abyssins. Le frère aîné du roi est un homme beaucoup plus résolu et déterminé que le roi. Ces hommes, ainsi que le roi, comme nous pouvions maintenant le voir, en s'asseyant et en détachant un peu leurs bras des enveloppes de tissu, avaient de très grands brassards d'or, ou plutôt des ornements de poignet, exactement de la même forme qu'un gant de dame. Sir Robert dit maintenant qu'il souhaitait offrir au roi quelques cadeaux, pour démontrer notre amitié. Il s'agissait d'un fusil à double canon de Purday , de beaux vases en verre de Bohême et du cheval sur lequel il montait lui-même lorsqu'il rencontra le roi. À propos, je me demande beaucoup si le roi se fiera un jour au cheval, qui est un animal plein d'entrain et plutôt rétif, et qui, à notre sortie de la tente, a complètement maîtrisé l'indigène à qui il avait été livré, et a finalement être emmené à la tente royale par son propre siège. La réunion était maintenant terminée, c'est-à-dire qu'elle était terminée en tant que réunion publique, et tous se retirèrent de la tente, à l'exception de deux ou trois officiers de confiance de chaque côté. Ce qui avait précédé n'était qu'une ouverture formelle, et l'entretien était désormais vraiment intéressant. Je ne suis évidemment pas en mesure de donner les détails, mais la substance générale était que le roi abandonna désormais entièrement sa réserve et dit qu'il espérait notre soutien dans les disputes qui surgiraient après la défaite de Théodore. Sir Robert Napier « assura le roi de notre amitié, mais déclara que sa reine l'avait envoyé ici uniquement dans le but de sauver nos compatriotes, mais qu'elle lui avait donné l'ordre strict de ne prendre en aucun cas part aux malheureuses dissensions qui survenaient. qui se déroule dans le pays. Nous avons, en marchant vers cet endroit, vu partout les signes de ces malheureuses guerres, dans les champs incultes et dans les villages déserts, et il espérait entendre qu'avec la destruction du pouvoir de Théodore, ce plus malheureux cet état de choses cesserait. En même temps , il assura le roi qu'il pouvait compter que si nous ne pouvions lui apporter aucun soutien, nous devions également nous abstenir de fournir une quelconque aide à ses rivaux. Kassa ensuite, en réponse à une demande du chef, promit qu'il enverrait des messagers dans les principales villes de notre route, ordonnant aux habitants de faire tout ce qui était en leur pouvoir pour nous fournir des vivres et des approvisionnements. Après l'entretien terminé, le roi et les princes furent approvisionnés en vin et en spiritueux, non sans quelques difficultés, car il reste très peu de bouteilles de vin dans le camp de la colonne qui avance. Il y eut alors une pause d'une heure ou deux, après quoi nos troupes furent défilées et effectuèrent quelques manœuvres devant le roi. Celles-ci n'avaient pas beaucoup d'intérêt, car aucune poudre n'était dépensée, et le terrain, plein de trous profonds, cachés par de hautes herbes, était très défavorable aux mouvements de l'artillerie ou de la cavalerie. L'action des Armstrong fut également expliquée au roi. Après cela, les troupes retournèrent au camp et Sir Robert Napier et son état-major traversèrent le ruisseau avec le roi pour rendre une nouvelle visite à la tente royale. Les indigènes, regroupés près du ruisseau, se levèrent tous à son approche, et les tambours entonnèrent leur musique étrange. Nous étions maintenant en mesure, chevauchant parmi une foule dense d'indigènes, de juger avec plus de précision de leur nombre et de leur apparence que nous n'avions pu le faire jusqu'à présent. L'opinion générale était qu'il devait y en avoir environ trois mille, dont les trois quarts étaient armés de fusils. Ils formaient un groupe d'hommes remarquables, à l'air actif, et, dans un pays difficile, ils feraient de redoutables antagonistes, même pour des soldats entraînés. Ces hommes sont connus pour être courageux et assez bien armés, mais l'armée de Théodore les a toujours vaincus. L'armée de Théodore ne devait donc en aucun cas être des antagonistes méprisables ; et bien que cette armée soit maintenant réduite à quatre ou cinq mille hommes, il est probable que ces quatre ou cinq mille soient les personnages les plus désespérés et les guerriers les plus guerriers de sa force originelle. Aussi forte que soit Magdala, et avec en garnison quelques milliers d'hommes comme ceux-là, elle pourrait être difficile à résoudre, même pour une armée britannique.

Arrivé à la tente du roi, qui est de taille considérable, Sir Robert Napier entra avec le roi, les princes et autant de membres de son personnel que la tente le permettait, et prirent place sur le tapis. Ici, des rafraîchissements, des petits pains plats, des liqueurs indigènes de miel et d'herbes fermentées, ainsi que des spiritueux indigènes, étaient servis. Sir Robert Napier fut déclaré par le roi bon guerrier, et le roi lui présenta sa propre crinière de lion, sa propre épée, son bouclier et sa lance, la mule qu'il avait lui-même montée lors de l'entretien, avec sa selle et des ornements et un gantelet en argent. Après environ une demi-heure, le commandant en chef prit congé.

Tandis que je me dirigeais vers la tente , je fumais un cigare, ce qui attira la plus grande attention et le plus grand étonnement de la part des indigènes qui se pressaient autour. Il était évident qu'ils n'avaient jamais vu de cigare auparavant. J'en ai donné plusieurs aux chefs, qui, cependant, ne savaient absolument pas quoi en faire une fois qu'ils les auraient reçus. Je leur ai offert mon cigare pour allumer ceux que je leur avais donnés ; mais ils ne savaient qu'en faire, et étaient sur le point de le mettre dans une de leurs bouches, lorsque je le sauvai et allumai une lumière avec un vésuvien. Cela les étonna encore plus que le cigare. Cependant, ils allumaient leurs cigares et les fumaient avec un contentement manifeste, les prêtant parfois à leurs amis pour les humer. De nombreuses demandes m'affluèrent alors, que je dus cependant refuser, car les cigares sont ici des articles très précieux. Je suis parti au moment où Sir Robert Napier est parti, car il était près de six heures, et je souhaitais regagner Ad Abaga , où j'avais laissé ma tente et mes bagages, avant qu'il ne devienne trop sombre pour suivre la piste.

L'opinion du roi et de ses principaux guerriers concernant nos troupes est semblable à celle exprimée par les indigènes lors de la revue d' Attegrat , à savoir que nos troupes seraient invincibles dans une plaine, mais qu'elles n'auraient aucune crainte de nous sur une montagne. côté. Nos canons ne sont pas aussi gros qu'ils s'y attendaient ; mais ils disaient qu'ils avaient entendu beaucoup de choses sur nos fusées, qui s'élancent dans l'air avec un bruit épouvantable, et détruisent ceux qui ne sont pas tués par leur explosion par une vapeur nocive et mortelle aux hommes et aux bêtes. Ils sont profondément convaincus que nous possédons un grand pouvoir d'enchantement ; et cela contribuera probablement plus à conserver leur neutralité que ne le ferait la crainte de nos armes. On dit que par enchantement nous avons apprivoisé les éléphants ; par enchantement, nous avons empêché la pluie de tomber près du bord de la mer et d'interrompre notre travail dans la passe ; par enchantement, nous avons fait disparaître les sauterelles dès notre arrivée sur les hauteurs ; et c'est pourquoi , si nous étions offensés, nous pourrions également, par enchantement, empêcher la pluie de tomber sur tout le pays, et créer ainsi une terrible famine dans le pays.

Comme les indigènes sont impressionnés par l'enchantement et ne sont pas du tout impressionnés par nos soldats, je proposerais que dans toute guerre future du même genre, il y ait un officier nommé sous le titre de magicien des forces, et qu'il ait officiers subordonnés en tant qu'assistants magiciens et assistants magiciens adjoints. Le devoir de ces officiers devrait être de montrer des signes et des prodiges. M. Anderson pourrait peut-être être amené à se charger du contrôle des tours de machine et de la magie générale ; M. Home s'occuperait des affaires spirituelles et pourrait étonner l'esprit indigène avec la vue d'éléphants flottant dans les airs, ou pourrait terrifier un potentat noir en tordant son nez sur un durbar avec des doigts invisibles. L'un des assistants magiciens adjoints devrait être un pyrotechnicien , dont la tâche serait d'éclairer le camp avec un feu surnaturel et de placer d'étranges présages dans le ciel de minuit. Certes, si ce département avait été organisé avant le début de l'expédition et si quelques-uns de ses officiers avaient été présents, nous aurions pu nous passer de plusieurs régiments, et le coût de l'expédition aurait été considérablement diminué, si généreuse que soit la rémunération des chefs. du ministère aurait pu l'être. Si le gouvernement adopte cette suggestion, et je suis convaincu qu'il le fera, je m'attendrai à une nomination précieuse dans le corps.

Le lendemain du départ du dernier courrier , nous reçumes un résumé *des* lettres de Magdala arrivées trois jours auparavant. Ils ne contenaient rien de très important. Gobayze et Menelek étaient tous deux proches du roi Théodore ; si près, en effet, que les feux de camp des premiers pouvaient être vus du camp de Théodore. Ils avaient visiblement tous deux peur de l'attaquer ; mais Gobayzé lui avait envoyé un message insultant, et Théodore avait aussitôt mis à mort le malheureux héraut. Théodore progressait très lentement ; et on pensait qu'il n'arriverait que fin mars à Magdala. Il était à dix heures de route de cette forteresse, ce qui signifierait environ vingt-cinq milles. Même s'il voyage à la moitié de la vitesse indiquée, il sera là avant nous. L'opinion générale est désormais que nous aurons une bagarre à la fin de notre voyage.

Doullo , 29 février.

Nous sommes arrivés ici hier après-midi, après trois jours de marche. Le 26, les troupes allèrent de Mai Dehar à Dongollo , quinze milles ; le 27 à Agula , neuf milles ; et le 28 à Doullo , quinze milles. La route traverse un pays beaucoup plus vallonné que celui que nous avons traversé auparavant. Le premier jour de marche, nous avons eu une descente très longue et raide. Cela essaya les mules ; et nombreux furent les bouleversements des meutes, nombreux les animaux fatigués qui se couchèrent et refusèrent de bouger jusqu'à ce qu'ils soient dessellés, sur l'étroit rebord. Heureusement, cependant, bien que longue et raide, elle était droite, et l'artillerie descendit donc avec une relative facilité et sans aucun accident. Le camp était situé dans une vallée où l'eau était très bonne et où il y avait un bassin d'eau profonde de près de 200 mètres de long, qui permettait une excellente baignade. Il y avait beaucoup de poissons dedans, et plusieurs pesaient plus d'une livre. C'est curieux, car cela montre que les Abyssins ne sont en aucun cas d'habiles pêcheurs ; car M. Speedy me dit que pendant sa résidence à la campagne, il n'a jamais vu ni entendu parler d'un poisson de plus de trois pouces de long étant capturé.

La marche du lendemain fut courte et plutôt facile. La dernière était non seulement longue, mais elle comportait des montées et des descentes très longues et difficiles ; en fait, c'était une succession de collines sur toute la distance. Le pays a toujours été peu peuplé. Nous avons rencontré plusieurs villages en ruine, probablement détruits par les guerres incessantes qui font rage dans ce pays. Les églises, cependant, ont généralement été respectées ; et chaque fois qu'on aperçoit un très beau bouquet d'arbres, il y a toujours une église à leur ombre. Là où les villages ont été détruits, les églises sont bien entendu désertes et tombent plus ou moins en ruines. Ce camp est établi dans une large vallée, et nous nous approvisionnons plus que d'habitude auprès des indigènes. Hier, nous avons acheté 1 500 livres. de céréales, et aujourd'hui nous en obtenons une quantité encore plus importante. Cependant, l'herbe est relativement rare et l'eau n'est en aucun cas bonne. Le bétail, comme d'habitude, est abondant. Nous repartons demain, et atteindrons le camp au-delà d'Antalo dans deux jours. J'entends de très bons récits sur l'état des approvisionnements là-bas, et on me dit que nous avons acheté, outre du grain, etc., des quantités considérables de farine et de pain.

C'est de loin la nouvelle la plus satisfaisante que nous ayons reçue depuis notre débarquement en Abyssinie, et si ces approvisionnements continuent à arriver, cela réduira considérablement la durée de notre campagne. La grande question est d'accumuler des provisions suffisantes pour pouvoir marcher vers Magdala. Tant que nous devons consommer les provisions apportées par les mules, le processus d'accumulation doit être très long. La farine et la viande sont les deux seuls articles de régime qui aient un poids matériel. Les légumes conservés, le thé, le sucre et le sel, représentent ensemble moins de six onces par jour et par homme ; et une mule porterait donc les rations de 500 hommes de ces articles. Lorsque nous atteindrons Antalo et rejoindrons les forces avancées, notre nombre ne dépassera pas 1 200 Européens, et 50 mules leur transporteront des rations pour trois semaines, sans compter la viande, que nous pourrons toujours acheter, la farine et le rhum. Actuellement, la ration de rhum est d'une drachme par jour, mais il est possible qu'à tout moment elle soit arrêtée ; et il est en tout cas probable qu'aucun rhum ne sera transporté au-delà d'Antalo . Si donc nous pouvons acheter de la farine et de la viande tout au long de la marche, et que les Européens de la force avancée soient au nombre de 3 000, nous n'aurons besoin que de six mules par jour pour transporter leurs rations, ou de 186 mules pour un mois de ravitaillement. Bien entendu, ce calcul ne sera pas valable pour notre voyage, car il est très improbable que nous parvenions à trouver de la farine ou du pain en cours de route ; mais si nous pouvons seulement acheter des quantités suffisantes pour notre consommation pendant que nous nous arrêtons à Antalo , ce sera un immense soulagement pour le train de transport. Le pain indigène n'est pas mauvais du tout. Il est cuit en gâteaux d'environ un pouce d'épaisseur et huit pouces de diamètre. Il est de couleur foncée et parfois aigre ; mais j'ai goûté du pain aussi bon qu'on pourrait désirer en manger. Le prix que j'ai payé ici est d'un dollar pour cinq de ces pains, pesant environ une livre et demie chacun. Le bois est très rare, un dollar étant facturé pour quatre fagots de bois pesant moins de dix livres chacun.

La pause d'aujourd'hui est faite en partie pour permettre à l'artillerie de réparer une roue d'un de leurs wagons-magasins, qui s'est cassée en descendant la dernière descente, en partie pour reposer les animaux, qui maintenant, après quatre jours de travail, ont grandement souffert. avait besoin d'une journée de repos. Nous avons besoin de plus de cavalerie avec nous. La 3e Cavalerie Native a eu un travail extrêmement dur ; entre les marches et les piquets de grève, les hommes ne passent jamais plus de deux nuits par semaine au lit, et parfois pas plus d'une. Il est surprenant de voir comment les animaux, malgré un si grand travail et une nourriture insuffisante, se maintiennent dans une si bonne condition qu'ils le sont actuellement. Tous les animaux seront cependant améliorés par un court séjour à Antalo .

Le temps a beaucoup changé depuis notre départ d'Ad Abaga . Nous avons un vent du nord fort et très froid qui souffle toute la journée, et entre cinq et huit heures du soir il est très coupant. La nuit, ça tombe ; et la température n'est alors pas aussi froide qu'à Senafe ou à Attegrat . Les indigènes sont généralement atteints de toux et de rhumes ; et la quantité de toux qui se produit la nuit dans le voisinage de notre tente est à la fois étonnante et désagréable.

Sir Charles Staveley est venu de Zulla et nous a rejoint le jour de notre départ d'Ad Abaga . Il a pris le commandement de la brigade avancée. J'ai entendu dire qu'en raison des quantités de provisions emportées par les trains qui accompagnaient la colonne du général Collings et la nôtre, les approvisionnements à Senafe et ailleurs le long de la ligne étaient très faibles ; à tel point que les troupes commandées ont été retenues à Zulla jusqu'à ce que d'autres provisions puissent être accumulées. J'espère qu'à ce moment-là, un stock important a été rassemblé à Senafe , car le capitaine Griffiths , qui commandait la partie du train de transport qui avançait avec la colonne du général Collings, venait de descendre avec ses mules pour aller chercher un autre ravitaillement.

Antalo , le 4 mars.

Quand j'ai écrit, il y a quatre jours, de Doullo , j'ai mentionné que nous avions des nouvelles de farine et d'autres provisions achetées en quantités considérables à Antalo , et que si les fournitures continuaient à arriver, les perspectives de l'expédition seraient complètement modifiées. Mais je ne m'attendais certainement pas à ce que nous puissions avancer en moins de trois semaines ou d'un mois. Deux jours avant notre arrivée ici, en effet, des rumeurs circulaient selon lesquelles un déménagement beaucoup plus précoce que prévu ; et un ordre fut émis selon lequel, selon toute probabilité, nous serions obligés d'avancer sans rhum, ni thé, ni sucre. Bien entendu, chacun est prêt à faire de grands sacrifices et à se soumettre à toutes les épreuves qui peuvent s'avérer absolument nécessaires. Chaque réduction de matériel, le renvoi des adeptes indigènes et la diminution du transport ont été reçus non seulement sans murmure, mais avec une réelle satisfaction de la part de tous. Les réductions ont été jugées nécessaires; car il ne serait pas possible autrement de pénétrer dans ce pays inhospitalier. On jugeait probable qu'au-delà de Lât nous devions partir sans tentes, et avec seulement une couverture et un vêtement de rechange ; et je n'ai entendu aucune expression de répugnance ou de plainte à cette perspective : mais cet ordre de procéder sans rhum, sans thé ni sucre, fut reçu avec le plus grave mécontentement par les hommes et les officiers de tous grades. Ce n'est pas pour des raisons de confort qu'on s'y oppose, mais pour des raisons de santé. Le rhum est un article difficile à transporter et dont on peut se passer ; le sucre pourrait également être supprimé; mais le thé est, dans une campagne comme celle-ci, une nécessité absolue, si l'on veut que les hommes n'aient pas de rhum. Ce n'est pas que le thé soit bon, car il ne l'est certainement pas ; c'est franchement méchant. Elle n'a aucune ressemblance avec l'herbe que nous buvons en Angleterre sous forme de thé ; en même temps , c'est un incontournable absolu. Les matinées et les nuits sont très froides ; les troupes sont en marche à cinq heures et demie du matin, quand tout est saturé de rosée ; ils travaillent dur toute la journée ; leur service de piquetage est très sévère ; et leur donner au petit-déjeuner le matin et au dîner à la fin de leur journée de travail rien d'autre que de l'eau froide à boire, c'était simplement envoyer toute l'armée à l'hôpital. Si l'eau était bonne, les résultats n'auraient peut-être pas été si désastreux, mais elle est presque toujours puisée dans des mares stagnantes et est le contraire de la santé. Les officiers boivent généralement l'eau seulement après l'avoir filtrée, mais les hommes ne songent jamais à s'en donner la peine. Faire bouillir l'eau est sans doute encore plus efficace que la filtrer ; mais les hommes ne feraient certainement pas bouillir l'eau s'ils n'avaient rien à y mettre. Ils ne boiraient que de l'eau impure, qui, dans un pays où les changements de température sont si grands et si brusques comme ici, provoquerait très certainement la dysenterie en très peu de temps. La privation de leur rhum serait en soi très ressentie parmi les hommes. Ils ont tous passé quelques années en Inde, où le rhum fait partie de la ration habituelle des soldats. Ils sont habitués à son usage et ressentiraient sans doute quelque peu sa privation soudaine. S'il s'agissait de troupes fraîchement arrivées d'Angleterre, cela aurait relativement peu d'importance. Notre adjudant général, le colonel Thesiger , est totalement abstentionniste ; Je crois que c'est l'expression polie pour un abstinent . Bien sûr , sa théorie est que les hommes sont bien meilleurs sans esprits ; et le présent sera une excellente occasion de tester les effets d'une loi du Maine. Je crois cependant que les officiers et les hommes renonceraient sans murmurer à leur rhum et à leur sucre là où le thé leur est seulement permis ; mais je suis sûr que l'eau mauvaise à elle seule immobilisera la moitié des troupes. Il n'y aura pas non plus d'économie de transport en laissant du thé derrière soi. Nous devrons prendre plus de médicaments que de thé. La raison invoquée pour abandonner ainsi ce que tout le monde considère comme étant, si mauvais soit-il, la partie la plus précieuse de nos magasins, était que nous pouvons nous procurer n'importe quelle quantité de voitures indigènes, mais que les indigènes ne transporteront que de la farine et des céréales, et refusez d'entreprendre le transport du rhum, du sucre et du thé, en partie à cause de la plus grande responsabilité, et en partie à cause de la forme des tonneaux et des tonneaux, qui sont peu pratiques à charger sur les petits bœufs et les ânes. Tout le monde demande : n'avons -nous donc pas de voiture propre ? N'avons-nous pas de mules de transport disponibles en dehors de celles qui portent les tentes ? Une mule peut transporter de 150 à

200 livres, ce qui donnerait à 500 hommes leur ration quotidienne de thé. La brigade avancée ne contiendra pas beaucoup plus de 3,000 hommes, et par conséquent cinquante mulets leur transporteront des rations de thé pour deux mois ; et c'est une chose extraordinaire si, sur les 15 000 animaux-bagages du train de transport, on ne peut en épargner cinquante pour transporter un objet que chacun estime essentiel tant pour la santé que pour le confort des troupes. Je suis sûr que Sir Robert Napier lui-même a consenti avec la plus grande réticence à cette proposition, et qu'il partage la satisfaction générale que l'on éprouve en apprenant que le commissariat constate que certains indigènes consentent à prendre du thé, s'il le faut. emballés dans des peaux ou dans des sacs robustes, et que par conséquent une partie du thé sera en tout cas emportée.

J'ai commencé cette lettre en disant que la nouvelle de l'achat de farine et de céréales, si elle était vraie, changerait complètement toute la perspective de l'expédition. Je suis heureux de dire que les nouvelles que nous avons entendues sont maintenant plus que vérifiées et que le commissariat achète au tarif de 12,000 livres. ou 14 000 livres. de farine par jour. En outre, ils achètent suffisamment de pain pour la consommation quotidienne des troupes. De très grands convois d'animaux de bagages indigènes sont également arrivés ces derniers jours, et nous nous trouvons déjà avec deux mois de provisions de toutes sortes et quatre mois de provisions de farine déjà en main pour toute la division avancée. Il s'agit là d'un état des choses plus avancé que ce à quoi je m'attendais dans deux mois, et cela modifie complètement les perspectives de la campagne. Si nous avions rencontré ici la même pénurie de nourriture que nous avons connue tout au long de la ligne, nous aurions dû attendre si longtemps qu'il aurait été impossible de revenir avant la pluie. Nous avons désormais la possibilité de le faire.

Les esprits sanguins mentionnent même le 1er avril comme jour probable pour atteindre Magdala. Si nous y sommes à la fin de la première semaine d'avril, si Théodore nous attend et qu'aucun accroc ne se produit, nous commencerons notre marche de retour le 15, traverserons cet endroit le 7 mai et serons à Zulla en encore un mois, c'est-à-dire avant le début des pluies. J'ai pourtant vu tant d'obstacles imprévus, tant de retards inévitables survenir depuis notre premier atterrissage, que je ne peux accorder aucune confiance à cette soudaine rapidité express. Lorsque nous sommes arrivés ici il y a deux jours, notre intention était de marcher le 6. J'apprends que notre avance est maintenant reportée, en tout cas, au 9 ; et je ne serais pas surpris si nous restions ici une semaine après cette date. Le fait est que personne ne sait rien des routes qui se trouvent devant nous. Tous les voyageurs , à une exception près, qui ont voyagé ici ont tourné à droite à Antalo et ont descendu la vallée jusqu'à Socota . La seule exception est le Dr Krapf , et son rapport sur la route est beaucoup trop vague pour être d'une quelconque utilité pratique. Il suffit de jeter un coup d'œil vers le sud de ce camp pour avoir une idée du pays que nous allons traverser. Une chaîne de montagnes escarpées avec un sommet s'élevant au-delà du sommet s'étend en une ligne ininterrompue. Nous devons parvenir d'une manière ou d'une autre à les surmonter, et à l'heure actuelle nous ne savons presque rien d'eux.

Une force de pionniers composée de deux compagnies du 33e, certains des Beloochees , des pionniers, des sapeurs et des mineurs du Pendjaub , ainsi que le cheval Scinde , sont allés en avant pour construire des routes, et les rapports que nous avons reçus actuellement d'eux sont à l'opposé de ceux du 33e. favorable .

Lât est notre prochaine halte ; et jusqu'à ce que nous sachions que la route vers cet endroit est praticable pour les mulets, il ne sert à rien d'avancer d'ici, où nous vivons à la campagne et ne consommant pas de provisions.

Je reviens maintenant au récit de notre marche ici. De Doullo à Icullot, il n'y avait qu'une marche de huit milles à travers un pays loin d'être difficile. La marche suivante vers cet endroit était de douze milles, et le pays était très vallonné ; mais une route si excellente avait été tracée par la brigade avancée, que les mulets n'eurent aucune difficulté à la traverser. Cette route était meilleure que tout ce que nous avons traversé depuis notre départ de Senafe . Le commandant en chef cependant ne suivit pas le même chemin, mais s'éloigna pour visiter Chalicote , une ville considérable située à peu de distance de la ligne de marche.

Chalicote est plus joliment située qu'aucune ville que nous ayons vue jusqu'ici. Il se trouve dans une vallée bien boisée. L'église est exactement du même style que celle d' Attegrat , avec des fresques dessinées apparemment par la même main. J'ai décrit si complètement l'église d' Attegrat que tout détail à ce sujet serait superflu.

Le chef était accompagné de certains de ses collaborateurs et de M. Holmes, du British Museum, qui avait espéré y acquérir quelques manuscrits anciens, d'autant plus qu'il avait entendu parler d'un manuscrit réputé de grande valeur et relié en argent doré. . Il s'est cependant avéré assez moderne ; et jusqu'à présent M. Holmes, bien qu'il ait été infatigable dans ses recherches, n'a réussi à trouver aucun manuscrit d'une grande antiquité ; il en a cependant entendu parler dans un endroit un peu éloigné de notre ligne de marche, qu'il espère acquérir à notre retour, et qui, s'ils correspondent à la description qu'on en a donnée, seront d'une très grande valeur. Il ne fallait guère s'attendre à ce que, longeant comme le fait la ligne de marche la limite même du plateau d'Abyssinie, une partie du pays éloignée des principales villes et exposée à la dévastation constante de la guerre de frontière, quelque on y rencontrerait des vestiges d'une très grande antiquité. Si notre route avait traversé Axoum , qui était la capitale de cette étrange possession grecque dont Adulis ou Zulla était le port de mer, nous aurions pu nous attendre à des découvertes intéressantes. Il existe encore une possibilité que nous puissions voir Axoum ; car même si, s'il y a une chance de sortir du pays avant la saison des pluies, nous ferons bien sûr tout notre possible pour remonter le temps, le bruit court que , si nous sommes obligés de passer ici la saison des pluies, un Une partie de la force repartira par Axoum et Adowa.

Ce camp s'appelle Antalo , mais ce n'est qu'un simple nom de courtoisie, comme celui de bon nombre de gares anglaises. Elle se trouve à environ six milles de la ville d' Antalo , par la route la plus directe et la plus difficile ; huit milles entièrement par le chemin le plus accessible. La position d' Antalo a certainement été choisie davantage en vue de sa défense que pour sa commodité. Il se trouve sur une petite plaine ondulée à six ou sept cents pieds au-dessus du niveau général de la vallée, et au pied d'une colline très élevée et escarpée qui s'élève à près de quinze cents pieds au-dessus. Cette colline n'est accessible qu'à un ou deux endroits, et des murs sont construits à travers eux ; de sorte qu'il constitue une retraite sûre pour les habitants d' Antalo au cas où ils seraient attaqués par une force supérieure. Cette forteresse de colline s'appelle Amba Antalo . Une telle position ne constitue pas une protection inutile dans cette partie du pays, car Antalo se trouve à la limite même du territoire des guerriers Gallas . Ces tribus, chaque fois que leur récolte est mauvaise, se rassemblent et font une incursion dans les villages de la plaine, et emportent les récoltes et le bétail. Partout dans la plaine se trouvent des villages en ruines, qui attestent de la fréquence et de la férocité de ces incursions ; et Antalo lui-même a évidemment, et à une époque peu lointaine, contenu une population quatre fois plus nombreuse qu'aujourd'hui. J'y suis allé avant-hier pour la foire hebdomadaire.

J'ai décrit en détail le marché d' Attegrat dans une lettre précédente ; et comme c'était précisément la même scène sur une échelle un peu plus grande, j'ai peu de choses à ajouter à ce que j'ai dit alors. De très grandes quantités de farine furent apportées et le commissariat s'en procura un approvisionnement considérable. De nombreux mulets, ânes et bovins étaient également présents. Le marché aux petites marchandises était également bondé, et des herbes et des céréales de toutes sortes - oignons, piments , tissus et la plupart des autres articles que j'ai mentionnés comme ayant vu à Attegrat - étaient là, à l'exception seulement des citrouilles, dont j'ai parlé. je n'ai pas vu un seul spécimen. J'ai cependant acheté trois livres de café, que je considère comme une grande récompense, car cela me changera de l'herbe excessivement amère qu'on appelle thé de courtoisie. Le commissariat a acheté une quantité considérable de café, et on me dit que nous le trouverons beaucoup plus abondant à mesure que nous avançons. Ce sera une très grande aubaine pour les hommes.

Je pense que les gens d'ici sont plus joyeux et plus amusants que ceux d' Attegrat ; ils entrent, ou plutôt tentent d'entrer dans la conversation beaucoup plus librement, et semblent vraiment désireux de faire n'importe quoi pour eux. J'en ai eu au moins une douzaine hier, tous discutant ensemble et s'efforçant de comprendre ce que je voulais savoir sur quelques petits paquets de minerai de plomb qui servaient de moyen d'échange. C'était un riche minerai feuilleté, contenant pas moins de quatre-vingts pour cent de plomb et du papier marquant librement. J'avais très envie de savoir de quelle partie du pays il venait ; mais ni ma pantomime ni les efforts conjugués des spectateurs pour me comprendre ne parvinrent à obtenir les informations requises.

Au cours de ma progression à travers le pays , je n'ai vu aucun signe de terrain minéral, à l'exception de quelques échantillons très riches de ferrifères. Au cours des trois ou quatre derniers jours de marche, la formation a changé plusieurs fois du grès au calcaire dur bleu, et *vice versa* . Sur les faces de ces collines dénudées , il serait facile, même de loin, de déceler le changement de couleur ou les crêtes montantes qui indiquent généralement l'existence d'une veine de minéral ; mais, comme je l'ai dit, bien que j'aie soigneusement examiné le pays en le traversant, je n'ai vu aucune indication minérale.

Pour revenir à la foire. La scène, comme à Attegrat , était très amusante ; et l'attitude des groupes - les femmes assises partout avec leurs paniers, les hommes appuyés sur leurs lances, le bétail debout en groupes - toute la scène me rappelait fortement une foire irlandaise, à l'exception seulement de l'absence du sympathique cochon. avec son cri angoissé de reproche et de dégoût.

Antalo se compose de quatre ou cinq villages, chacun se dressant au sommet de petites collines. Ils étaient autrefois reliés entre eux et sont encore aujourd'hui entourés de huttes en ruine. Le dernier coup subi par Antalo remonte à trois ans, lorsqu'elle fut attaquée par les Gallas , incités et dirigés par un rebelle contre Kassa , nommé Waldo Yasus . Antalo et les villages des plaines ont beaucoup souffert à cette époque ; et une terrible attaque de choléra, qui ravagea peu après le pays, acheva de les ruiner. Les maisons ont toutes de hauts toits coniques, recouverts de joncs. Chaque maison possède une cour entourée d'un haut mur. Les femmes d'ici sont moins pittoresques en tenue et moins agréables en traits que celles d' Attegrat . Leur moralité est extrêmement laxiste. « Une femme vertueuse est une couronne pour son mari : « Je crains qu'il n'y ait que très peu de têtes couronnées en Abyssinie. J'avais laissé mon cheval au pied de la montée de la plaine jusqu'à Attegrat et j'avais parcouru les deux derniers kilomètres à pied. C'était une journée très chaude et l'une de nos premières demandes en arrivant à la foire concernait « tedge ». Nous fûmes conduits à ce qui répondait à un pub. Ici nous sommes entrés et, après avoir traversé une sorte de passage extérieur, nous nous sommes retrouvés dans une obscurité presque extérieure. Il fallut un certain temps avant que nous puissions voir suffisamment pour profiter de l'invitation à nous asseoir, mais nous aperçûmes bientôt deux sièges ou canapés, construits en pierre et recouverts de peaux. La pièce était de forme semi-circulaire et très élevée, s'élevant jusqu'au toit de chaume bordé de bambous ; de chaque côté se trouvaient de petites chambres qui semblaient consacrées à des usages divers ; car après avoir été quelques minutes sur place et avoir pu voir un peu, nous avons constaté qu'un âne se tenait placidement à la porte d'une de ces chambres, et qu'une chèvre et une cheminée étaient les principaux meubles. dans l'autre. Les murs de la pièce étaient enduits d'un plâtre lisse et, en tant que demeure, elle possédait sans aucun doute l'avantage de la fraîcheur, même par temps le plus chaud. Le Tedge , comme je l'ai déjà dit, est une liqueur faite de miel fermenté et d'eau, avec des herbes, et a le goût d'un mélange de petite bière et de limonade faite à partir de citrons moisis , et a été introduite dans un flacon très semblable à un flacon d'huile de Lucques. , mais plutôt plus plat et avec un cou plus large. Au col de cette fiole, nous buvions tour à tour ; et comme il ne contenait pas plus d'une demi-pinte, et que nous étions quatre et que la journée était chaude, nous en demandâmes davantage. Il semble que rien de plus n'ait été tendu ; alors on apporta une grande jarre, la femme du propriétaire mit un pli de son vêtement très sale sur sa bouche, et passa la liqueur à travers elle dans la fiole, et nous la buvâmes. Dans des moments plus calmes et sous d'autres climats, il est probable que nous n'aurions pas fait cela, probablement même qu'un sentiment de mal-être nous aurait envahis. Je suis cependant heureux de dire que l'armée en Abyssinie a complètement surmonté tout sentiment de dégoût. J'ai vu boire du rhum dans lequel plusieurs cafards s'étaient suicidés ; et j'ai aidé à manger du miel noir de fourmis dont les appétits avaient causé leur mort prématurée. Quant à la cuisine, j'avoue que j'évite les feux de cuisine. J'ai vu des spectacles qui ont mis à l'épreuve ma philosophie, et je me contente maintenant de manger les très excellents dîners que nos domestiques préparent avec des rations, et de ne pas penser aux transformations que la viande a subies. Mon compagnon de tente et moi-même sommes très fiers de nos cuisiniers. Ce sont deux Portugais de Goa, et nous nous flattons qu'ils sont, sans comparaison, les meilleurs cuisiniers du camp. Leurs soupes sont excellentes, leurs côtelettes les meilleures que j'aie jamais goûtées, leurs pommes de terre confites, cuites en galettes, délicieuses. Ils ont envoyé des oiseaux avec le meilleur style possible dans un club de Londres. Leur tarte à la citrouille – alors que nous pouvions nous procurer des citrouilles – faisait parler d'elle au camp ; la renommée de leur tête de mouton cuite au four, accompagnée de côtelettes de cervelle, parvint aux oreilles de Sir Robert Napier lui-même. Imaginez donc ce que nous avons ressenti lorsque le décret sévère a été émis : tous les domestiques indigènes, quels qu'ils soient, doivent être renvoyés ; chaque officier doit transporter 75 livres de bagages, y compris le lit, les ustensiles de cuisine, les assiettes et la vaisselle ; et trois officiers seront affectés à chaque tente cloche. Seuls les chefs de département peuvent avoir droit à une tente cloche entre deux. Nous avions d' abord cru que cet ordre ne s'appliquait pas à nous ; qu'avoir nos propres animaux de bagages et fournir notre fourrage, etc. à nos frais, et la tente étant notre propriété, nous pensions que ce n'était une question qui ne concernait que nous-mêmes de savoir quoi ou qui nous emmenions avec nous. Mais nous avons été trompés. Les quartiers-maîtres généraux, désireux de procéder aux plus grandes réductions possibles, avaient les yeux rivés sur les envoyés spéciaux et les scientifiques qui accompagnent le camp ; et nous avons été officiellement informés que nous devons nous soumettre aux mêmes règles que les autres. Nous lui avons fait remarquer que nous avions trouvé notre propre voiture et que, par conséquent, le poids que nous transportions n'importait personne ; mais on nous informait sévèrement que si nous achetions du grain pour nos animaux, il y en avait d'autant moins disponible pour le service public. Dans une certaine mesure, c'était vrai ; Nous disâmes donc que nous étions prêts à continuer avec le poids permis aux autres officiers, mais que la tente en premier lieu était la nôtre et qu'il serait tout à fait impossible que trois hommes écrivent ensemble sous une tente. Nous étions donc prêts à transporter moins que les 75 livres autorisés. de bagages, afin d'avoir chacun une demi-tente ; afin que notre kit total, tente incluse, ne dépasse pas les 140 livres prescrites. Nos amis du département du quartier-maître ont été tout à fait incapables de nous accorder cette demande, et ce n'est que sur une demande personnelle adressée à Sir Robert Napier que nous avons obtenu gain de cause, car, après avoir exposé le cas, il a immédiatement consenti à ce que nous conservions notre propre tente pour nous-mêmes. La question suivante était celle des domestiques. "Tous les domestiques doivent être renvoyés, un coupe-herbe n'étant autorisé que pour chaque cheval." Nous crumes d' abord que nous serions obligés de renvoyer nos domestiques. Mais heureusement, un coupe-herbe est autorisé pour chaque cheval ; et comme nous avons chacun deux chevaux, nous avons retenu nos cuisiniers sous le titre de coupeurs d'herbe pour nos seconds chevaux. Nous ne sommes pas singuliers dans notre gestion, et il y a très peu d'officiers d'état-major qui ne soient parvenus de cette manière à retenir leurs domestiques. Le fait est qu'une règle de ce genre pèse beaucoup plus lourdement sur un officier d'état-major, ou sur un civil vivant comme nous, que sur un officier de régiment. Un soldat-serviteur est attribué à chaque officier sur demande, et les officiers du régiment qui choisissent des hommes pratiques dans leurs propres compagnies et qui vivent à trois dans une tente, ont leurs trois soldats-serviteurs entre eux comme d'habitude. Il en va tout autrement d'un officier d'état-major : il peut obtenir d'un régiment un soldat-serviteur ; mais ce soldat ne le connaît pas et ne travaillera pas pour lui comme il travaillerait pour son propre officier. Ensuite, le soldat a à accomplir certains travaux régimentaires qui l'éloigneront de la tente de son maître pendant une partie considérable de la journée ; et enfin, un officier d'état-major est susceptible d'être renvoyé en service du camp où est stationné le régiment auquel appartient son domestique. Dans notre cas, un soldat-serviteur serait inutile ; nous pourrions vouloir à tout moment nous diriger vers la force des pionniers, ou accompagner le commandant en chef dans une courte expédition, et nous nous retrouverions alors sans aucun serviteur. Quoi qu'il en soit, l'ordre est généralement éludé. S'il ne fallait pas que deux mois s'écoulent avant qu'une copie de cette lettre puisse nous parvenir, je ne parlerais pas aussi librement sur ce point, car nous aurions un comité spécial d'officiers du département du quartier-maître général se réunissant pour se pencher sur la question du « contournement de l'ordre général relatif aux domestiques par les officiers et civils attachés à l'armée ».

Antalo , le 7 mars.

Je suis heureux de dire que le major Minion, du commissariat, est arrivé ici tôt ce matin avec un grand convoi, transportant entre autres provisions une grande quantité de rhum ; et il est maintenant définitivement décidé qu'une certaine quantité de rhum et de thé serait servie quotidiennement aux troupes en marche. Cet heureux état de choses a été principalement provoqué par les remontrances énergiques de tous les officiers médicaux, et par leur représentation de l'effet désastreux que la privation soudaine de thé et de rhum aurait sur la santé des troupes, surtout dans les circonstances de la guerre. l'eau étant si mauvaise. Sir Robert Napier lui-même était, je le sais, très opposé à une mesure aussi extrême ; et seul le sentiment le plus urgent de la nécessité d'avancer de la manière la plus légère et la plus rapide aurait pu le décider à y consentir ; et je suis sûr qu'il est aussi heureux que quiconque de pouvoir poursuivre la question de ce qui est réellement essentiel aux soldats.

Il est toujours prévu que nous marchions le 9 instant ; en effet, des ordres ont été donnés pour un mouvement en avant, hier comme aujourd'hui. Ces ordres furent cependant annulés, car la route n'est praticable qu'à une journée de marche. Quant à l'état de la route au-delà, nous recevons des rapports contradictoires. Le colonel Phayre , avec sa manière habituelle de voir les choses, joyeuse et optimiste, déclare, à ce que j'entends, que ce n'est pas une très mauvaise route ; tandis que l'officier du génie, au contraire, rapporte qu'il faudra beaucoup de travail pour le rendre praticable aux animaux de bagages, notamment aux éléphants avec les fusils. La raison pour laquelle l'ordre fut donné aux troupes d'avancer immédiatement était que le colonel Phayre envoya dire que Waldo Yasus , le destructeur d' Antalo , avait envoyé dire qu'il devait s'opposer à notre passage. Cela a provoqué une certaine excitation pendant un certain temps. Mais j'apprends aujourd'hui que le général de brigade Field, qui commande les forces pionnières, a envoyé une lettre pour dire que tout cela est une erreur, que Waldo Yasus est parfaitement amical et que certains Scindees sont déjà partis. sur.

M. Munzinger , dont j'ai souvent eu l'occasion de citer le nom comme consul de France à Massowah , et comme accompagnant la force comme conseiller politique et interprète, a continué sa mission à Gobayze . M. Munzinger est depuis quelques années dans le pays ; il a épousé une Abyssinienne et possède des villages et des terres à proximité d'ici. Il est donc bien connu des indigènes, parle leur langue et est à tous égards très bien préparé pour une expédition de ce genre. En revanche, il existe un certain mécontentement parmi les membres de l'état-major, qui estiment qu'un officier aurait dû être choisi pour une mission d'une telle importance et aurait dû bien sûr être accompagné d'un interprète. On prétend aussi que les Français regardent avec une grande jalousie nos démarches et que leurs intérêts sont totalement opposés aux nôtres ; et que donc un gentleman, si éligible à d'autres égards, qui est un fonctionnaire français, n'aurait pas dû se voir confier une mission aussi importante. D'après tout ce que j'ai entendu parler de M. Munzinger , je pense qu'il n'y a aucune objection à avoir sur ce dernier point ; mais j'avoue que je suis d'accord avec ceux qui pensent qu'un officier britannique, le major Grant, par exemple, aurait dû venir comme notre ambassadeur, ou du moins accompagner M. Munzinger . M. Munzinger a été, je crois, envoyé en avant par le colonel Merewether à l'insu de sir Robert Napier. Tandis que M. Munzinger avançait, il eut un entretien avec Waldo Yasus , qui exprima une certaine crainte que nous, en tant qu'amis de Kassa , puissions avoir l'intention d'attaquer son amba, ou fort, qui se dresse sur un rocher élevé immédiatement à côté du défilé à travers le défilé. que nous passons. M. Munzinger le rassura cependant sur ce point et l'assura que nous ne devions en aucune manière intervenir dans les dissensions du pays. Waldo s'est déclaré parfaitement satisfait. M. Munzinger a maintenant presque atteint le lac Ashangi , et son rapport sur la route est décidément favorable .

Le monsieur à qui cette expédition doit le plus, et qui a fait infiniment plus avec les indigènes que l'ensemble de nos soi-disant politiques et interprètes réunis, est M. Speedy. J'ai déjà mentionné que M. Speedy avait été mandé de Nouvelle-Zélande pour accompagner l'expédition, Sir Stafford Northcote l'ayant fortement recommandé à Sir Robert Napier. La convocation est arrivée de manière quelque peu inattendue à M. Speedy, car il avait déjà écrit au colonel Merewether pour lui proposer ses services, ce que cet officier avait refusé. Cependant, M. Speedy est reparti trois jours après avoir reçu la communication du général Napier. Ses services ici ont été tout simplement inestimables. Presque toutes les négociations utiles avec les indigènes ont été menées par lui. Il parle extrêmement bien la langue et est infatigable dans son travail. Il entend les plaintes, reçoit les chefs et est en fait actuellement notre grand moyen de communication avec les indigènes. On peut dire qu'il a complètement éteint le peu de lumière de nos anciennes politiques . Sans doute aurait-il été l'homme à envoyer à Gobayze ; mais même si le colonel Merewether n'avait pas envoyé son émissaire, M. Munzinger , sans consulter sir Robert Napier, le commandant en chef ne se serait pas séparé de M. Speedy, qui est maintenant son bras droit dans toutes ses communications avec le indigène. Parmi les autres magasins arrivés aujourd'hui, il y a du tabac. La quantité est tout à fait insuffisante pour les besoins des troupes pendant leur avance ; mais même une petite quantité de tabac par homme serait une très grande bénédiction, car à l'heure actuelle il ne reste presque plus de tabac parmi eux. Même les provisions des officiers commencent à manquer, et eux et les hommes seront bientôt réduits à fumer le tabac de campagne, qui est un mélange répugnant de tabac et de bouse de vache façonné en galettes.

Les généraux de la force avancée sont le général de brigade Field (qui vient tout juste d'être promu), qui commande la force pionnière ; le général de brigade Schneider, qui dirige la première brigade ; et le brigadier-général Wilby le second. Le général de brigade Collings, qui commandait jusqu'ici la brigade avancée, doit être laissé ici. Cela a naturellement donné lieu à des commentaires très vifs. Le général Collings est de loin le plus ancien dans le service de tous les hommes qui ont été ainsi choisis pour le poste d' honneur , et il a probablement connu autant de service actif que les trois autres officiers réunis. C'est à tous égards un excellent soldat et un homme très populaire ; et il y a un sentiment général que le fait qu'il soit ainsi ignoré est un affront des plus immérités, pour le dire sous la forme la plus douce. Il y a une autre raison pour laquelle il aurait dû certainement faire partie de l'avancée. La première division est composée presque entièrement d'Européens ; et pourtant deux des trois officiers choisis sont des officiers indiens qui n'ont jamais commandé un soldat anglais pendant tout leur service. Le général Collings n'a, autant que j'ai entendu dire, négligé en aucune façon son devoir ; et son cas est une question de regret et de sympathie pour tous les officiers avec lesquels j'ai parlé – je veux dire, bien sûr, en dehors du cercle charmé du cercle officiel.

La santé générale des troupes reste excellente. Il y a eu quelques cas de dysenterie, mais les hôpitaux sont pratiquement vides.

Antalo est bas, c'est-à-dire en comparaison avec certains des endroits que nous avons traversés : il se trouve à un peu plus de 6 000 pieds au-dessus de la mer, soit 3 000 pieds plus bas qu'Ad Abaga . Les nuits sont donc bien plus douces que celles que nous avons connues ces derniers temps. Le soleil est chaud entre huit et dix heures du matin ; mais à la dernière heure se lève une brise qui continue à souffler avec violence tout le jour, et rend la chaleur du soleil, qui autrement serait grande, supportable et même agréable. L'état d'esprit des troupes n'est pas moins bon que leur santé. Les hommes qui marchaient avec les premières ailes des 4e et 33e souffriraient de douleurs aux pieds plutôt que de dire un mot à ce sujet, de peur d'être laissés en arrière. Un cas illustre ce sentiment encore plus fortement. Le jour où nous quittâmes Attegrat , trois des hommes du 4e obtinrent d'une manière ou d'une autre de l'alcool et furent reconnus coupables d'ivresse sur la ligne de marche. Il s'agit d'un délit militaire grave, passible de cinquante coups de fouet ; mais le colonel Cameron leur dit que, comme ils étaient tous des hommes de bonne conduite, il ne les punirait qu'en les renvoyant dans l'aile derrière. Les hommes se sont tous avancés et ont demandé en guise de faveur d'être fouettés au lieu d'être laissés pour compte. Rien ne pourrait en dire plus sur l'état d'esprit des troupes. Je suis heureux de dire que, compte tenu de leur bonne conduite antérieure, le colonel Cameron s'est senti en mesure de leur pardonner. Ce fait, en soi, constitue une meilleure réponse à ceux qui plaident en faveur de l'abolition des châtiments corporels dans l'armée que ne le seraient une centaine de brochures. La seule raison convaincante que peuvent alléguer les opposants aux châtiments corporels en faveur de la force est qu'elle dégrade le soldat à ses propres yeux et qu'il n'est plus bon à rien par la suite. Or, ce n'est pas le cas. J'ai à plusieurs reprises parlé de ce sujet à des centaines de soldats, et leur réponse est presque invariablement la même : « Ce n'est pas le châtiment qui est la honte ; c'est le crime. Si un homme est fouetté pour avoir volé, on lui jette ensuite aux dents qu'il a été fouetté pour avoir été un voleur ; mais s'il reçoit une goutte de trop, et s'il se montre peut-être impudent envers un sergent ou un officier, il peut être fouetté, mais cela ne lui sera jamais reproché par la suite comme une honte. Le cas présent le prouve. Ces trois soldats, tous hommes de bonne conduite, qui avaient fait sept ans de service, estimèrent tous qu'il y aurait bien plus de honte à être envoyés à l'arrière qu'à être fouettés.

Il n'y a pas beaucoup de tirs dans ce quartier ; quelques pintades et tétras, ainsi qu'un lièvre occasionnel, ont été capturés, mais même ceux-ci sont rares. Quant aux bêtes sauvages, que nous devions tant voir, elles ne le sont tout simplement pas. Les rhinocéros, qui devaient se disputer le passage des défilés ; les alligators et les hippopotames, qui devaient rôder autour des points d'eau et rendre le service d'aller chercher une cruche d'eau aussi dangereux que l'était de tirer un gobelet de la fontaine enchantée dans nos chers vieux contes de fées, tout cela les monstres sont inconnus ici. Nous entendons parler de lions, certes, mais, d'une manière ou d'une autre , on ne les trouve jamais dans les régions du pays que nous traversons. L'hyène et le chacal sont les seuls animaux rencontrés qui puissent, même par courtoisie, être appelés bêtes sauvages. Ceux-ci, en effet, pullulent ; et leurs nombreux trous constituent un sérieux obstacle et un danger pour les cavaliers ; au-delà, ils sont inoffensifs, et on penserait aussi bien à tirer sur un renard qu'à tirer sur un chacal. Les sportifs sont sérieusement déçus ; presque tout le monde a sorti soit un fusil, soit un pistolet, et beaucoup ont porté les deux. Or, lorsque nos bagages sont limités à soixante-quinze livres, le poids d'un seul fusil, avec son moule à balles et un bon stock de plomb et de poudre, est une considération très matérielle ; et, après le sacrifice de bien des petits conforts pour conserver le fusil, il est très difficile de constater qu'il est tout à fait inutile. Il reste encore un faible espoir de trouver du gros gibier près du lac Ashangi ; mais, étant donné qu'il se trouve à plus de 5,000 pieds au-dessus de la mer, je ne peux guère croire qu'il soit probable que nous y trouvions du gros gibier, sauf peut-être des éléphants. Les propriétaires de pièces d'oiseaux sont mieux lotis. Il y a eu peu de terrains de camping où un bon tir ne pouvait pas attraper une pintade ou deux en une heure de promenade ; et une pintade bien cuite est un des meilleurs gibiers à plumes que je connaisse. La poudre et la grenaille sont très précieuses ; en effet, on ne peut les acheter à n'importe quel prix, à moins qu'on ait le bonheur de trouver quelqu'un qui, en réajustant ses bagages, constate qu'il ne lui est pas possible de transporter tout son stock de munitions.

Les plaines ici sont singulièrement dépourvues de fleurs : je n'ai jamais voyagé dans aucun pays où il y ait une absence aussi complète de fleurs sauvages ; à l'exception, bien sûr, des petits vallons arrosés, que j'ai décrits dans des lettres précédentes. Il y a cependant une sorte de fleur solitaire que j'ai rencontrée dans les plaines des environs et qui diffère de toutes celles que j'ai jamais vues auparavant : c'est un pois. La fleur a la taille et la couleur du «pois éternel»; mais, au lieu de pousser comme une plante grimpante, la fleur pousse sur sa propre tige à partir du sol. Ces fleurs poussent en grappes ; mais il n'y a ni feuilles ni tiges, à l'exception de la tige florale elle-même, de trois ou quatre pouces de hauteur. La fleur a un parfum qui ressemble exactement à celui d'une violette, mais moins puissant : la graine est contenue dans une gousse longue et étroite, comme celle d'une giroflée.

Les scorpions sont plutôt abondants ici ; et ainsi, je suis désolé de le dire, les fourmis blanches. Ce n'est pas que l'on ait une objection particulière à l'égard des fourmis blanches. Ce sont certes des insectes d'aspect répugnant, avec leur corps blanc flasque et leur grosse tête jaune, mais cela n'a que peu d'importance ; et s'ils se contentaient de se promener autour des tentes et de grimper sur tout, comme le font les autres fourmis, avec des araignées de toutes tailles et quelques coléoptères, on ne voudrait pas gêner leurs plaisirs. Malheureusement, ils ne s'amuseront pas de cette manière inoffensive : ils fuient la lumière et travaillent dans l'obscurité, et leur travail consiste à creuser des trous dans le bas de sa valise, ou dans le drap imperméable sous son lit, ou dans ses selles, ou des livres, ou tout ce qui peut leur être utile.

Or, comme nous allons laisser ici la plupart de nos valises et bagages jusqu'à notre retour, cette propension de leur part devient un grave inconvénient. J'imagine que nous retrouverons nos bagages, à notre retour, dans un état très délabré. Il n'y a qu'une seule satisfaction : nos vêtements entrent rapidement dans un état au-delà duquel même les fourmis blanches ne peuvent plus causer de dégâts supplémentaires.

L'aile restante du 4e régiment est arrivée il y a deux jours et la deuxième aile du 33e a marché ce matin. Nous avons donc toutes les troupes maintenant rassemblées, prêtes à avancer, à l'exception seulement d'une partie des Beloochees , du 3e Dragoon Guards et des éléphants avec les mortiers de six pouces ; avec les éléphants pour porter les armes de Murray. Tout cela, dit-on, sera là dans deux ou trois jours. Il manque une autre chose d'une certaine importance : c'est l'argent.

Le commissariat a acheté des quantités si énormes de farine et d'autres provisions, que l'argent récolté est épuisé. Heureusement, un autre convoi de trésors est attendu dans un jour ou deux.

Ce matin, à six heures moins le quart, le général Staveley a fait sortir toutes les troupes pour une journée sur le terrain. Un village déserté sur un terrain élevé fut attaqué et emporté avec un excellent style ; mais les manœuvres n'auraient aucun intérêt pour un lecteur général au-delà de ceux d'une journée sur le terrain de n'importe quelle garnison.

Antalo , le 11 mars.

Lorsque le colonel Phayre nous précéda le jour de notre arrivée à Antalo et rapporta que la route était plutôt mauvaise, mais pas impraticable, tout le monde regarda la chaîne de sommets devant nous et eut de sérieuses appréhensions. L'ordre fut donné de marcher le 7, et un groupe de pionniers fut envoyé pour éliminer les légers obstacles qui pourraient survenir. Le rapport de leur commandant sur l'état de la route était des plus défavorables , et une aile du 33e fut envoyée pour aider. A la suite des rapports qui arrivaient, la marche fut reportée au 9, et le capitaine Macgregor, du département du quartier-maître, fut envoyé faire son rapport. Le 8 au soir, un rapport conjoint de cet officier et du capitaine Goodfellow, du génie, fut reçu. Il déclarait : « qu'ils connaissaient presque tous les cols en Inde, mais que d'après leur expérience, ils n'avaient rien rencontré de comparable à ce défilé, et que le col de Sooro était un jeu d'enfant en comparaison. Avec les 800 hommes au travail, il faudrait, calculaient-ils, encore dix jours de travail pour que cela soit praticable pour les mulets. Pendant tout ce temps, le colonel Phayre était toujours en tête, mais ses rapports ne nous donnaient aucune idée de l'état réel des choses. Entre-temps, nous recevions des rapports de M. Munzinger qui, comme je l'ai dit dans mon dernier, était allé voir Gobayze , et il disait que la route, bien que difficile par endroits, n'était en aucun cas mauvaise. Bien entendu, à la réception des rapports des capitaines Macgregor et Goodfellow, la marche fut de nouveau reportée. Tout le monde était indigné. Sir Robert Napier, j'ai des raisons de le savoir, était plus indigné que quiconque, car son cœur est déterminé à avancer le plus vite possible. Le 9, arriva un officier du front, avec l'information stupéfiante qu'il venait de prendre l'autre route dont on savait qu'elle existait ; qu'il était six milles plus court ; il passa la chaîne de montagnes à un point situé à 1,500 pieds plus bas que l'autre, et ne présenta sur toute sa distance aucune difficulté sérieuse. C'était, semble-t-il, la route même qu'avait parcourue Munzinger , et les divergences entre ses récits et l'état réel des choses furent immédiatement expliquées. Au début, la nouvelle fut accueillie avec une incrédulité absolue. Il semblait impossible que le quartier-maître général ait pu maintenir les troupes au travail pendant une semaine sur une route impraticable, alors qu'une bonne route était à portée de main. La route également que le colonel Phayre n'avait pas explorée s'appelle la route Royale , ce qui suffisait à montrer qu'elle était la meilleure et la plus fréquentée des deux. Mais le fait est que notre officier politique avait entendu dire qu'un chef rebelle possédait une forteresse sur cette route ; le même chef que j'ai mentionné dans mon dernier comme ayant été signalé par le colonel Phayre comme s'opposant à notre chemin. Cet homme est en réalité tout à fait amical et avait d'abord plus peur de nous que notre quartier-maître général n'en avait de lui. Cependant, le simple fait de sa présence était considéré comme une bonne raison pour que nous ne prenions pas la route. Ainsi , une semaine précieuse a été perdue et tout le travail gaspillé. La nouvelle route n'est bien sûr pas encore praticable pour les éléphants équipés de canons lourds, mais Sir Robert continuera avec le 4e régiment et les canons d'acier, et le 33e et la force pionnière se mettront au travail et la mettront en ordre. pour le reste de la force dès que possible. Il n'est pas fréquent de trouver une force pionnière occupée à tracer une route après le passage du quartier général et d'une partie de l'armée. Notre première marche ne fait que huit milles. La distance à partir de là jusqu'au col est de dix-neuf. Je crois que les troupes le feront en deux jours, mais que Sir Robert Napier, accompagné d'une escorte, se rendra directement à Attala pour juger par lui-même de l'état réel des choses.

Nos nouvelles de l'arrière ne présentent qu'un faible intérêt général. Le capitaine St. John rapporte, me dit-on, que les indigènes ont cessé d'endommager les fils télégraphiques ; mais en *revanche* , il dit que les fils sont fréquemment cassés par les babouins, qui grimpent sur les poteaux et s'accrochent aux fils par leur queue. Je suis assuré que c'est un fait absolu. L'autre jour, un des muletiers a abattu un indigène près d'Attegrat . L'homme, armé d'un fusil, tenta de voler la mule ; mais le conducteur a résisté, lui a arraché le pistolet des mains et lui a tiré dessus. Le voleur n'est pas mort, mais repose dans un état précaire. La leçon était grandement nécessaire ; mais au lieu d'être récompensé de sa conduite, le muletier reçut une douzaine de coups de fouet ! J'espère que le prochain conducteur dont la mule sera attaquée permettra qu'elle soit pillée, et que le fonctionnaire qui a si habilement ordonné aux muletiers de ne pas défendre le domaine public sera condamné à payer le prix des provisions volées. Des tentes ont été érigées ici pour recevoir les bagages qui ne peuvent être transportés en vertu du présent règlement. J'ai envoyé mon portemanteau ce matin, et j'ai eu le plaisir, en le déplaçant, de constater que les fourmis blanches avaient mangé un grand trou dans le fond. Je ne m'attends pas à en retrouver des restes, ni de son contenu, à mon retour. Le capitaine Moore, l'interprète du commandant en chef, a continué à apaiser les chefs locaux et à les assurer que nous n'avons aucune intention de les molester. Aucun meilleur homme n'aurait pu être choisi pour ce poste. Le capitaine Moore parle presque toutes les langues connues et a autant d'expérience avec les potentats indigènes que n'importe quel homme vivant. Le major Grant s'est rendu à Attala pour acheter des provisions, etc. Un officier de son expérience africaine et de sa réputation aurait été bien mieux employé comme ambassadeur auprès du roi Gobayze ; tandis que négocier avec les indigènes aurait été beaucoup plus conforme à l'expérience et aux pouvoirs de M. Munzinger . Du tabac est arrivé et a été distribué aux troupes, à leur grande satisfaction. Au cours des derniers jours, les troupes se sont exercées à se mobiliser rapidement dès que l'alarme était donnée. Les sentinelles ont également été placées et instruites comme devant un ennemi, qui pourrait à tout moment faire une attaque de nuit.

Les indigènes expriment ici unanimement leurs espoirs et leurs vœux que nous prenions possession du pays et devenions leurs maîtres. Notre façon de payer pour tout ce dont nous avons besoin les a complètement surpris. C'est tout à fait contraire à leur expérience. Il n'est pas douteux qu'ils soient extrêmement pauvres et terriblement écrasés, et plusieurs de leurs très nombreux vices sont, dans une certaine mesure, excusables à ce titre. Ils sont si pauvres qu'ils sont prêts à vendre n'importe quoi pour des dollars : leur maïs, leur farine, leurs ânes, leur bétail, leurs femmes ou leurs filles. C'est un peuple terriblement dominé par les prêtres. Je dois dire qu'aucun peuple au monde ne paie des cotisations aussi exorbitantes. Les prêtres réclament les deux cinquièmes du produit brut ; du reste, un tiers est réclamé par le roi ; puis vient le chef local : de sorte qu'à la fin le malheureux cultivateur reçoit moins d'un cinquième de la récolte qu'il a récoltée. Il n'est pas étonnant que les gens soient pauvres et qu'en période de sécheresse, ou lorsque les sauterelles envahissent le pays, ou que les rebelles, plus destructeurs encore, emportent les récoltes et les troupeaux, la famine sévit dans le pays. Il ne fait aucun doute que notre maîtrise serait pour eux une bénédiction sans mélange, mais ce serait certainement tout le contraire d'avantageux pour nous-mêmes. Depuis notre débarquement à Zulla jusqu'à nos jours, nous avons traversé un pays plus aride que tous ceux que j'ai jamais traversés. Sauf à des fins de pâturage , il n'a absolument aucune valeur. Çà et là, dans les vallées, se trouvent de petites parcelles de culture au bord des ruisseaux ; mais dans les deux cents milles que nous avons parcourus, en regardant à l'est et à l'ouest aussi loin que le regard peut atteindre, je ne pense pas que nous ayons vu, en tout, cinq cents acres de terre cultivée. En prenant les deux cents milles au nord et au sud par, disons, dix milles à l'est et à l'ouest – en tout, deux mille milles carrés – je ne prendrais pas le fief simple comme un cadeau. Bien entendu, je ne suggère pas que le terrain que nous avons traversé doive être considéré comme un échantillon équitable de l'Abyssinie. Ce n'est certainement pas le cas. Il serait tout aussi juste de débarquer dans le nord de l'Angleterre et de longer la côte de la mer, en gardant les collines de Cumberland, de Westmoreland, de Lancashire, de Welsh et de Cornwall, et de déclarer ensuite l'Angleterre comme un pays stérile. Cependant, d'après ce que nous avons vu, d'après les chaînes de sommets montagneux visibles partout à l'extrême ouest, il est évident qu'une très grande partie de l'Abyssinie n'est que de simples pâturages ; et il est probable que les vallées et les plaines basses, extrêmement fertiles, seraient malsaines pour les constitutions européennes. Quelles que soient les idées qu'on ait pu avoir à une certaine époque quant à notre prise de possession d'un pays aussi riche, aussi fertile et aussi salubre qu'on le représentait, l'expérience de cette expédition a dû entièrement dissiper cette idée. L'aspect général du pays est si nu, les parties fertiles si éloignées de la côte, les routes si impraticables, que toute idée de colonisateurs anglais s'installant ici, comme le suggèrent M. Dufton et d'autres, est tout simplement absurde ; et en plus de tout cela, il faudrait une force très nombreuse pour maintenir en ordre un peuple guerrier et turbulent. Nous voyons dans les journaux anglais que « A British Taxpayer

» a écrit avec indignation, demandant pourquoi deux ou trois mille hommes ne suffisaient pas pour cette misérable affaire. Si le contribuable britannique avait été là, il n'aurait pas posé une telle question. Les soldats britanniques ne sont en aucun cas hommes à surestimer les difficultés ou à valoriser leurs ennemis au-dessus de leur valeur réelle. Mais l'opinion universelle ici est que nous n'avons pas un homme de trop dans le pays. Les tribus de Shohos sur le littoral de la mer ; le roi du Tigre, qui peut appeler 20 000 ou 30 000 hommes sous sa bannière ; les féroces Gallas , que nous devons encore traverser, tous ont été et seront probablement amicaux. Mais pourquoi? Tout simplement parce que nous sommes assez forts pour les maintenir en ordre. Personne ne doute un seul instant que s'ils se croyaient assez forts, ils se jetteraient instantanément sur nous pour nous piller. Si les trois mille hommes qui, selon ce critique, auraient suffi amplement, avaient pu être doués de l'agréable faculté de rester trois mois sans nourriture, et si leurs chevaux avaient été pareillement doués, ils auraient sans doute été amplement suffisant. Trois mille soldats britanniques, à condition de rester groupés en un corps compact, pourraient marcher de la Méditerranée jusqu'au cap de Bonne-Espérance. Mais malheureusement, les hommes et les animaux qui peuvent rester trois mois sans nourriture sont rares en ces temps dégénérés. Notre expérience ici est qu'à l'exception de la viande, aucune nourriture n'est disponible entre Zulla et notre poste actuel le plus avancé, à la seule exception d' Antalo . Les céréales pour les animaux sont presque aussi rares. Nous avons effectivement acheté de petites quantités dans la plupart des stations, mais nous n'en recevons jamais pendant les premiers jours qui suivent notre arrivée. Ce n'est qu'après un court séjour dans un endroit et lorsque les gens découvrent le montant que nous payons pour cela, qu'ils en apportent même de petites quantités. Le problème se poserait alors : il faut nourrir ces trois mille hommes. Pour être nourris, ils doivent emporter des provisions avec eux. Ces ravitaillements doivent être transportés sur des animaux-bagages. Ces animaux-bagages doivent être nourris. Mais il n'y a aucune nourriture à obtenir alors qu'ils marchent directement. Il est donc évident qu'il faut former des dépôts , et qu'il faut les garder ; il faut maintenir les communications, construire des routes dans une certaine mesure, car il existe de nombreux endroits parfaitement impraticables pour les animaux chargés. Ainsi les trois mille hommes seraient dispersés dans tout le pays, harcelés à mort par le surmenage et la surveillance, et il est certain qu'ils ne pourraient jamais pénétrer jusqu'à Magdala . Un « contribuable » a -t-il déjà lu l'histoire de la campagne française en Espagne ? A-t-il une idée du nombre de cent mille hommes qui marchèrent dans ce pays et du nombre qui revinrent en France ? Une très petite proportion du déficit concernait l'acier et le plomb britanniques. Ils étaient représentés par la paysannerie. Ils mouraient, abattus sur le garde-bagages, isolés lorsqu'ils cherchaient des provisions, surpris en petits groupes, harcelés à mort par le surmenage. Tel aurait été le sort de trois mille hommes débarqués en Abyssinie. Les gens d'ici sont aussi courageux que les Espagnols, le pays est sans comparaison plus difficile, et les ressources qu'il offre à un envahisseur ne sont rien comparées à celles de l'Espagne. Notre force, telle qu'elle est actuellement constituée, est suffisante pour intimider le pays, et il est heureux qu'il en soit ainsi. Car je dis sans crainte, et il n'y a pas un officier ici qui ne me soutiendrait dans cette opinion, que si le peuple était hostile, nous n'aurions jamais pu, même avec nos forces actuelles, espérer atteindre Magdala. Cela aurait été une pure impossibilité. Une simple résistance passive, la chasse des troupeaux et le brûlage de l'herbe nous auraient arrêtés à Senafe ; tandis que la simple idée de défendre nos communications et de garder les énormes trains nécessaires à notre marche de trois cents milles à travers un pays aride, hostile et des plus difficiles, est si suprêmement ridicule qu'elle en est risible. L'expérience des trois mille hommes, si elle avait été tentée, aurait abouti à un désastre tel que, à l'exception de Cabul , les armes britanniques n'en ont jamais connu, et elle aurait dû ensuite être récupérée avec une force trois fois supérieure à celle de l'armée britannique. même de notre modèle actuel, et à une dépense qui aurait pu enseigner même au « contribuable britannique » que la sagesse d'un sou est l'équivalent d'une folie de l'argent.

Un arrêté général vient de paraître, réglant toute la répartition des troupes ; et comme c'est un arrangement définitif, il intéressera sans doute tous ceux qui ont ici des amis dans l'armée.

Première Division. — Major-général Staveley, KCB, aux commandes ; Colonel Wood, adjudant général adjoint ; Major Baigrie , sous-quartier-maître général. Force pionnière : Brigadier-général Field. Troupes : quarante sabres 3d Native Cavalry ; quarante chevaux Scinde ; 3e et 4e compagnies Bombay Sappers and Miners ; deux compagnies du 33e Régiment ; deux sociétés Beloochees ; une entreprise Punjaub Pioneers.

Première brigade, brigadier-général Schneider. — Troupes : quartier général de l'aile 3d Dragoon Guards, 3d Native Cavalry, Scinde Horse, batterie G, 14, Royal Artillery, batterie A 21e compagnie Royal Artillery, 4e King's Own, quartier général et huit compagnies 33d, 10e compagnie Royal Engineers, quartier général et deux compagnies Beloochees , quartier général aile 10e infanterie autochtone.

Deuxième brigade, brigadier-général Wilby . — Aile de la 12e cavalerie du Bengale, batterie B de la 21e Royal Artillery, deux mortiers de 8 pouces, avec détachement de la 5e batterie de la 25e Royal Artillery, Rocket Naval Brigade, compagnie K Madras Sappers, sept compagnies Punjaub Pioneers, aile des Beloochees .

On voit ainsi que la 1ère Division se compose de quatre régiments d'infanterie entiers - les 4e, 33e, Beloochees et Punjaub Pioneers - et d'une aile de la 10e d'infanterie indigène, de la 3e de cavalerie indigène, du Scinde Horse, une aile du des Dragoon Guards et une aile de la 12e cavalerie du Bengale, trois batteries de l'artillerie royale et deux mortiers de 8 pouces, ainsi que trois compagnies de sapeurs et de mineurs et une compagnie du génie royal ; une force admirablement choisie et qui, tant qu'elle resterait unie, serait invincible.

Un autre ordre général a également été promulgué, que j'ai un très grand plaisir à donner, car il rend pleinement justice à un corps d'officiers des plus méritants et des plus travailleurs. J'ai d'autant plus de plaisir à publier cet ordre qu'il confirme pleinement l' opinion que j'ai toujours exprimée selon laquelle les officiers des transports n'étaient en aucune façon responsables de la confusion qui a eu lieu à Zulla :

« Ordre Général. — Quartier Général, Camp Antalo , 4 mars. — Le Commandant en Chef a récemment reçu du Directeur Transport Train, Force de Campagne Abyssinie, un rapport complet et particulier du service rendu au corps par les officiers. sous son commandement. Son Excellence a parcouru ce rapport avec beaucoup de satisfaction, et il lui est très agréable de constater que, malgré les difficultés nombreuses et extraordinaires auxquelles les officiers du train de transport ont dû faire face, et malgré le travail dur et incessant ils ont dû performer, ils ont, presque sans exception, fait preuve d'une détermination constante à faire de leur mieux qui est au-delà de tout éloge. Le commandant en chef prie d'assurer le major Warden et les officiers sous son commandement que le travail accompli par eux n'a pas été négligé et ne sera pas oublié. Son Excellence espère que chacun se souviendra que le succès de l'expédition dépend dans une large mesure de ses efforts individuels. Le train de transport, pour des raisons bien indépendantes de la volonté de ses officiers, vient de commencer à adopter cette organisation militaire si nécessaire à son bien-être et faute de laquelle il souffrit d'abord si durement. Le commandant en chef sait bien à quel point les services des officiers du train de transport ont été dépréciés et à quel point on leur a injustement reproché des déficiences indépendantes de leur volonté. Son Excellence leur assure cependant qu'il n'a jamais perdu un seul instant confiance en eux, et qu'il n'a jamais douté que leurs efforts finiraient par ramener l'ordre et la régularité dans la confusion et l'indiscipline. du commandant en chef, et relativement peu peuvent accompagner la force avancée ; mais Son Excellence ne fera aucune distinction, une fois la campagne terminée, entre ceux qui étaient en tête et ceux qui étaient nécessairement en arrière. Tout bon travail peut contribuer matériellement au succès de la campagne, et ce sera par ce critère, et par cela seul, que Son Excellence sera guidée lorsqu'elle fera désormais son rapport sur les services rendus par les officiers sous son commandement . Par ordre de Son

Excellence le Commandant en chef. Fred. Thesiger , lieutenant-colonel, adjudant général adjoint.

Jamais les éloges libéraux n'ont été plus mérités, et ils seront des plus gratifiants pour les hommes qui ont travaillé presque nuit et jour face à tous les découragements possibles.

Méschec , 14 mars.

Nous avons avancé de deux jours de marche dans les collines abyssiniennes, et à chaque pas en avant nous voyons plus clairement les difficultés avec lesquelles nous avons à lutter. Le premier jour de voyage était à Musgee ; une marche facile de huit milles à travers une plaine vallonnée. A Musgee nous trouvâmes les deux compagnies du 33e, deux du 10e d'infanterie indigène, et les sapeurs et mineurs, qui constituent la force pionnière. Ils venaient d'arriver, rappelés du dur et inutile travail du défilé, et se préparaient maintenant à se remettre au travail sur la nouvelle route. Ils rapportent le col comme un défilé formidable et disent que le détachement de Scinde Horse n'a perdu pas moins de sept chevaux, soit à cause de chutes, soit à cause d'une fatigue excessive. Nous nous amusions des indigènes qui venaient et nous nous moquions absolument des soldats pour leurs tentatives infructueuses de construire des routes dans des endroits impraticables, alors qu'il y avait une bonne route à portée de main. Le quartier général et les trois autres compagnies du 33e, ainsi que la compagnie des pionniers du Pendjaub , étaient près de l'autre extrémité du défilé, et ils avaient ordre de pousser tout droit vers Attala et de commencer à améliorer la route de l'autre côté. fin. A Musgee nous avions de l'eau courante claire, ce qui était vraiment agréable après les trucs stagnants que nous avions bu à Antalo . Le 13 au matin, Sir Robert Napier partit avec son état-major et une escorte à sept heures. Le reste des forces est parti à dix heures précises. La marche était de huit milles — une courte distance apparemment ; mais quand je déclare qu'un grand nombre d'animaux ne sont arrivés qu'à huit heures du soir, on voit tout de suite que c'était un travail beaucoup plus dur qu'il n'y paraît à première vue. Les trois ou quatre premiers milles de cette route, ou plutôt de cette piste, longeaient le flanc de la colline, puis, à mesure que la vallée se rétrécissait et que ses flancs devenaient très escarpés, elle continuait le long du fond. Là, nous avons traversé et retraversé un petit ruisseau au moins une douzaine de fois ; et une grande partie du retard et de la confusion était causée par les mules qui insistaient pour s'arrêter pour boire, ce qui, bien sûr, arrêtait toute la file. Cette partie de la marche était de loin la plus jolie et la plus anglaise que nous ayons vue ici. Nous circulions dans un bosquet d'arbres, avec un sous-bois épais, sauf là où un chemin était creusé assez large pour le passage d'un seul mulet. Un ruisseau d'eau claire de très bonne taille serpentait ici et là, avec des bassins calmes et de petites cascades lumineuses et tumultueuses. Sous nos pieds se trouvait une pelouse fraîche et au-dessus de nos têtes un écran de feuillage ombragé. Imaginez le charme d'une telle scène pour nous qui, sauf dans un vallon isolé occasionnel, avons à peine vu un arbre, senti de l'ombre, ou entendu le claquement de l'eau qui tombe depuis des mois. Comme nous aurions aimé nous arrêter et profiter de la pelouse et de l'ombre pendant une heure ou deux ! Toute notre attention était cependant requise pour le travail à accomplir, car en de nombreux endroits nous avions des morceaux très grossiers, et les nymphes des bois et les dryades ont dû être très effrayées par les cris et le tumulte qui s'élevaient dans leurs ombres tranquilles. De chaque côté de nous, les montagnes s'élevaient à une grande hauteur, couronnées de précipices perpendiculaires, sur l'un desquels, apparemment accessible seulement à un oiseau, se trouvait la place forte de quelque chef frontalier. Bientôt, les flancs des montagnes reculèrent un peu et nous débouchâmes sur une petite plaine. Au centre coulait le ruisseau, et à ses côtés se trouvaient de très grands arbres, que je peux mieux décrire en disant qu'ils ressemblent à des chênes à feuilles de saule. Ici nous avons campé.

Les troupes avaient mis quatre heures pour parcourir les huit milles ; mais les animaux du commissariat, comme je l'ai dit, passèrent plus du double de ce temps sur la route. A Musgee comme ici, il y a un grand manque de céréales pour les animaux. Ils n'ont reçu qu'une livre de grain hier, et aujourd'hui, à midi, il va y avoir une émission aussi importante. Si ce genre de choses continue, les animaux tomberont inévitablement en panne. Les chauffeurs, une fois leur journée de travail terminée, montaient dans les collines et coupaient de l'herbe ; mais l'herbe grossière contient très peu de nourriture, et les chevaux refusent d'en manger. Les mulets en mangent, certes, mais cela ne leur fait que très peu de bien. J'ai toujours soutenu, dans mes calculs sur la durée probable de la campagne, que nous devions nous attendre à arriver dans des endroits où il n'était pas possible de se procurer du fourrage, et que si nous arrivions à un endroit où, pendant quatre jours de marche, nous ne pourrions obtenir aucun grain et que peu d'herbe, qu'il faut s'arrêter et former des dépôts . Bien sûr, la difficulté sera proportionnellement plus grande lorsque nous aurons avec nous toute la force avancée, avec ses milliers de chevaux de cavalerie et d'animaux de transport. Nous devions partir ce matin à sept heures ; mais un messager est arrivé ce matin à deux heures avec une lettre du commandant en chef au général Staveley, disant que la route était si mauvaise que nous devions nous arrêter un jour pour permettre à la force pionnière d'aplanir quelques-uns des endroits les plus impraticables. Nous avons aussi des nouvelles du quartier général et de trois compagnies du 33e qui avaient poussé par la route du « Phayre » vers Attala. Il leur restait quatorze milles à parcourir, dont quatre qu'ils avaient relativement parcourus. Ils partirent de bonne heure, et arrivèrent le lendemain à midi, après vingt-huit heures de route. La force des pionniers travaille dur sur la route à venir, et demain matin nous partons pour Attala. Il s'agirait d'une marche de huit milles ; mais j'ai entendu dire que l'opinion de ceux qui ont continué est que c'est un bon treize. A Attala, je prévois que nous attendrons quelques jours, si du fourrage est disponible. Tout doit désormais dépendre de ce point vital. Nous devons nous diriger vers un endroit où l'on peut obtenir du fourrage abondant, et nous devons alors attendre que le reste de la force arrive. Cela doit impliquer un arrêt de quelques jours, chaque fois que cela se produit ; car le 3e Dragoon Guards et le 12e Bengal Cavalry étaient tous deux à quelques marches d' Antalo lorsque nous sommes partis, et ils devront bien sûr faire une halte d'un jour ou deux à cet endroit au cours de leur avance, pour reposer leurs animaux. . J'entends dire qu'aux environs de Lât il y a beaucoup de fourrage ; dans ce cas, Lât sera probablement notre halte, si nous constatons que nous ne pouvons pas obtenir suffisamment d'herbe et de céréales à Attala. Les sportifs attendaient avec impatience notre arrivée au lac Ashangi , car le gibier devrait être abondant dans ce quartier , en particulier la volaille sauvage. Nous avons reçu une lettre de M. Massinger, qui montre que toute tentative de chasse à la volaille sauvage, soit tôt à l'aube, soit au crépuscule, comporte probablement un petit danger. Il est, dit-il, très difficile, et même dangereux, de s'approcher des rives du lac. Ils sont très plats et toute la surface du sol a été divisée en gouffres et crevasses, qui sont remplis de boue molle et ne se distinguent pas facilement du sol environnant. Un long bâton plongé dans la boue molle ne trouvait pas de fond, et une personne tombant dans l'un de ces bâtons, à moins d'une assistance immédiate, serait inévitablement perdue. Les indigènes disent que ces crevasses ont toutes été formées par un tremblement de terre survenu il y a environ trois ans. Auparavant, le lac possédait un exutoire par lequel l'eau de trop-plein se dirigeait vers le Tacazze . Cet exutoire est désormais bouché, et l'eau est montée et a comblé tous ces gouffres creusés par le tremblement de terre.

Ma dernière lettre était datée du joli terrain de camping portant la dénomination scripturaire de Méschec . De là, jusqu'à Atzala, il y avait une marche de treize milles. La route remontait la vallée, comme la veille, sur environ six milles, puis nous avons eu une longue, mais heureusement assez progressive, gravir la selle de la crête. A droite du sommet du col est l'Amba de Waldo : c'est considérablement le plus haut sommet du voisinage , isolé, à quatre côtés et apparemment perpendiculaire. D'après ce que nous avons pu voir, il n'y avait ni murs ni défenses artificielles . Les cabanes qui contiennent la garnison sont construites sur des corniches à flanc de rocher. Ledge n'est pas vraiment l'expression appropriée ; car une corniche est une saillie, tandis que les cabanes sont construites en rainures profondes qui courent autour de la face. Le rocher qui les surplombe les surplombe complètement ; de sorte qu'ils sont dans une certaine mesure à l'abri du vent, qui, à une altitude de 12 000 pieds au-dessus de la mer, serait autrement presque insupportable dans un tel état exposé. Waldo lui-même était au sommet du col lorsque nous sommes passés par là. C'est un homme d'environ trente-cinq ans, avec un visage très intelligent et agréable. Un certain nombre de ses guerriers l'accompagnaient et il était très intéressé par nos divers uniformes et nos nominations. Il causa quelque temps avec le général Staveley, qui tira un coup de revolver pour son édification. Mais les articles qui lui plaisaient le plus étaient les télescopes et les jumelles, et il en exprimait un vif désir. Il en connaissait évidemment l'usage, car il ferma un œil et examina le pays à travers mon télescope avec un air marin qui n'aurait pas discrédité l'aspirant le plus aspirant. Le commandant en chef lui offrit le lendemain un excellent verre ; et il sera désormais en mesure, depuis son aire, de voir tout ennemi qui avance suffisamment à temps pour faire ses préparatifs de défense .

La descente du haut du col était beaucoup plus raide et plus rude que la montée ne l'avait été, et le train de mules mettait beaucoup de temps à se diriger vers le bas. Chaque animal qui tombait, chaque charge qui bougeait immobilisait toute la ligne. Cependant, la patience et les soins feront des merveilles ; et nous arrivâmes au pied de la partie escarpée sans faire de victimes parmi les animaux.

A Attala, ou Atzala , comme je trouve qu'il est orthographié plus correctement, nous trouvâmes le commandant en chef campé avec l'aile du quartier général de la 33e et une petite escorte de Scinde Horse et de la 3e cavalerie indigène. Le commandant en chef a l'intention, je crois, d'accompagner à l'avenir la force des pionniers, de juger par lui-même de la capacité des routes et de diriger les travaux à faire pour les rendre praticables par le corps principal. Le colonel Phayre poursuivra cependant encore quelques jours de marche, avec une petite escorte. Sir Robert Napier accomplit une immense quantité de travail dans le cours d'une journée ; et l'ordre suivant, qui a été émis récemment, montre qu'il est incapable de se fier aux affaires politiques, telles qu'elles sont, de ses propres mains, mais qu'il est obligé d'être son propre officier politique, ainsi que son propre explorateur : « Le commandant en chef ordonne qu'à l'avenir, tous les rapports transmis pour son information par les officiers du département de renseignement puissent être envoyés au secrétaire politique, par l'intermédiaire du général ou d'un autre officier commandant la division ou le poste dans lequel ils peuvent servir. Dans les cas spéciaux, où une communication plus immédiate à Son Excellence semble opportune, des rapports peuvent être envoyés directement ; toutefois , des copies en étaient immédiatement fournies au supérieur militaire immédiat de l'officier. Toutes les instructions destinées à guider les officiers du service de renseignement leur seront envoyées par le capitaine Tweedie, secrétaire politique, qui doit être considéré comme le seul officier autorisé à leur transmettre les ordres de Son Excellence.

Atzala est située dans un vaste bassin, apparemment entouré de tous côtés par de hautes collines. L'abondance que nous avons trouvée à Antalo persiste encore et le commissariat peut acheter du grain pour les animaux. J'ai découvert à mon arrivée au camp que Sir Robert Napier avait l'intention de continuer immédiatement avec la Pioneer Force, laissant Sir Charles Staveley suivre, avec un intervalle d'un jour ou deux, pour permettre d'améliorer la route. Sir Robert a également renvoyé les canons légers du Twiss's Mountain Train et de la Naval Rocket Brigade, qui faisaient tous deux partie de la 2e brigade, selon la liste publiée. Il y a deux explications à cet ordre ; l'une étant qu'il trouve les routes si mauvaises qu'il pense qu'il sera peut-être impossible de faire avancer les canons lourds de la batterie de Murray sans une grande perte de temps ; l'autre théorie est qu'il est maintenant convaincu que nous devrons combattre à Magdala et souhaite y arriver avec une force d'artillerie aussi forte que possible. Les conseils de Magdala nous disent que Théodore avait reçu des renseignements exacts sur notre localisation et notre rythme de déplacement ; et que, nous croyant plus près, il avait décidé d'attendre à Dalante ; et il a maintenant poussé avec la plus grande énergie, et est arrivé avec ses canons et son convoi tout près de Magdala. C'est, je pense, la meilleure nouvelle que nous puissions recevoir. Théodore est évidemment décidé à nous attendre du moins dans sa forteresse. Il peut se battre, il peut feindre l'amitié et nous offrir les prisonniers ; mais, en tout cas, il sera là : alors que, s'il n'avait pas pu atteindre Magdala, il aurait pu se retirer à notre approche ; et s'il s'était jamais rendu dans les collines, notre expédition eût été presque interminable : une fois à Magdala et encerclés, nous sommes sûrs de lui. Magdala est peut-être, et je crois qu'elle est, très forte, et peut tenir des semaines ; mais nous savons que tôt ou tard nous devrons l'avoir. Je crois que les armes dont nous disposons seront inutiles, si ce n'est leur effet moral sur l'ennemi. Un obus lancé au sommet d'une forteresse rocheuse, alors que la garnison était abritée derrière de gros rochers, ou dans des grottes ou des crevasses, pourrait les alarmer, mais ne ferait probablement que très peu de mal. Notre stock de missiles est très limité et nous devrons probablement enfin prendre la place par l'assaut. Si Magdala s'approche en force de la forteresse de Waldo, un assaut face à quelques milliers d'hommes déterminés, commandés par un chef désespéré comme Théodore, ne sera pas un jeu d'enfant, même pour les troupes britanniques. Quelques pierres roulées balayeraient le chemin de toute une ligne d'assaut. Un parapet de gros rochers mis en place d'en haut déconcerterait les plus courageux. On parle à la légère de Magdala et de sa garnison sauvage ; mais s'ils se révèlent fidèles à leur roi, cela s'avérera aussi difficile que les prouesses britanniques n'ont jamais eu à résoudre. Les officiers qui m'ont parlé de ce sujet ont soutenu que Magdala n'est probablement pas aussi forte que la plupart des forts de colline en Inde que nous avons pris à notre époque. C'est sans aucun doute vrai ; de même que les défenseurs de ces forts étaient aussi courageux et, en outre, bien mieux armés que la garnison de Magdala. Mais, d'un autre côté, les défenseurs des forts indiens savaient ce qu'étaient les troupes britanniques ; ils savaient que notre pouvoir était presque infini ; que nous étions les maîtres de toute l'Inde ; et que tôt ou tard nous pourrions accumuler suffisamment de force pour capturer même la forteresse la plus imprenable. Ce n'était, ils le savaient, qu'une simple question de temps avec nous. Même si physiquement courageux, le fait de savoir que le renversement final est certain paralysera dans une large mesure les efforts de n'importe quel groupe d'hommes. C'est l'inverse qui se produit avec les soldats de Théodore. Ils n'ont jamais combattu que pour vaincre ; ils sont fanatiquement persuadés de la puissance de leur chef et croient en son étoile ; On leur a toujours dit que Magdala était imprenable. Ils n'ont ni crainte ni respect envers leurs ennemis. Les quelques hommes blancs qu'ils ont vus étaient des hommes de paix – des missionnaires et autres – qui ne vivaient que de souffrance et sont maintenant détenus depuis des années dans la position dégradante de captifs. Théodore les a impressionnés par la conviction que nous sommes une simple nation de commerçants et que, même si nous fabriquons de bons fusils et pouvons les utiliser à distance, nous manquons de courage et ne sommes pas à la hauteur de ses hommes. combat au corps à corps. Sans aucun doute aussi, il leur fera comprendre que nous ne pouvons pas avoir transporté un stock important de munitions pour nos canons par cette route longue et difficile ; et que par conséquent ses hommes n'ont qu'à se taire et à nous laisser dépenser nos missiles, et qu'alors notre pouvoir de nuire prendra fin. Il a également promis qu'ils partageraient entre eux tous nos trésors et notre butin ; et comme à ce moment-là ils ont probablement entendu dire que nous sillonnons le pays de dollars, leur idée de notre probable butin doit être quelque chose de magnifique.

Cependant, le problème de la guerre ou de la paix sera bientôt résolu. Au rythme où nous avançons, nous serons encore trois semaines devant Magdala. En effet, si nous continuons à avancer au rythme actuel, nous serions au terme de notre voyage dans quinze jours, ou plutôt nous y serions là si toutes les mules ne mouraient pas. La marche d'aujourd'hui a été de quinze des milles les plus longs et les plus lourds jamais parcourus, avec à peine un mille de terrain plat sur toute la distance. La difficulté commença dès le début, car nous devions immédiatement gravir une colline haute et raide et descendre de l'autre côté. Cela dura si longtemps, les arrêts et les pannes furent si nombreux que, bien que le premier du train partît avant sept heures, il fut dix heures avant que le dernier du convoi de six cents hommes n'eût même commencé son ascension. Le commandant en chef ne devait partir qu'à une heure, et un petit groupe de mulets partirait à cette heure-là avec sa tente, etc. J'avais donc, fort heureusement, résolu de ne faire démarrer mes animaux qu'au même moment. Après avoir franchi la première colline, nous arrivâmes à une autre, qui était la plus haute que nous ayons jamais atteinte, étant de deux cents pieds plus haute que le sommet du col de la veille. La montée, quoique très longue, n'était pas très raide ; en effet, toutes les collines que nous avons traversées sont beaucoup plus escarpées du côté sud que du côté nord. Ici nos difficultés ont commencé ; car au sommet de la colline se trouvaient les numéros des animaux qui étaient partis cinq heures avant nous. La descente était bloquée et, pendant dix minutes, tout le monde était arrêté. Le bruit était grand, les cris en différentes langues étaient formidables. Une fois à la descente de la colline, tout le monde se tenait en file indienne ; mais la confusion était la plus grande au sommet, chacun s'efforçant de mettre son propre animal en premier sur la piste. Ici se trouvaient les Beloochees , les Scinde Horse, les ingénieurs, le 33e homme et la 3e cavalerie indigène, tous essayant d'insinuer les animaux dont ils avaient la charge dans la ligne droite. Il n'est pas rare qu'une tentative injuste d'interlope se termine par une punition bien méritée, lorsque l'une des mules se retrouve coincée entre d'autres et que son chargement est ramené sur sa queue. Finalement , nous avons lancé nos animaux dans la descente, qui était très raide et sinueuse, et il n'y avait plus qu'à faire preuve de patience. Avec nos propres animaux, nous n'avions aucun problème, car nous avions découvert depuis longtemps que, même si une chaîne de quatre animaux parcourt assez bien une plaine, la seule façon de les faire descendre dans des endroits escarpés ou sur un terrain très accidenté est de les détacher. , et de faire aller un serviteur à la tête de chaque mulet. De cette façon, si les charges sont correctement emballées sur les selles Otago, elles iront n'importe où ; les mules peuvent se frayer un chemin sans être pressées, et les charges ne bougeront pas ; tandis que les mules du gouvernement, attachées par trois ou quatre en ficelle, sous la charge d'un seul conducteur, tombent continuellement en ruine. Le mulet de tête enjambe les pierres ou descend les endroits escarpés avec une relative facilité, et lorsqu'il se trouve sur un terrain plat, il avance hardiment ; tandis que les malheureux animaux derrière lui, qui sont encore sur le terrain difficile, ne peuvent pas se frayer un chemin, leur tête est tirée en l'air, ils restent en arrière et résistent en vain, et soit se couchent immédiatement, soit sont arrachés de leurs pattes. . L'état actuel des selles de Bombay contribue à aggraver le mal. Les boucles de cuir qui y étaient attachées et à travers lesquelles passaient les cordes qui attachaient les bagages, sont maintenant dans la plupart des cas arrachées, et la conséquence est que la charge glisse aussitôt en avant ou en arrière aussitôt que l'animal se pose sur un animal. s'incline et la selle reste sur le dos pendant que la charge roule. Le flanc de la montagne était couvert d'arbustes ; et tandis que nous descendions en une longue file confuse , avec les gardes-bagages dispersés de temps en temps le long de celle-ci, la plupart des hommes étant sans cesse occupés à remballer les chargements, les bras entassés près d'eux pendant qu'ils le faisaient, on ne pouvait que réfléchissez que nous devrons voyager d'une manière très différente lorsque nous approcherons de Magdala. Deux ou trois cents hommes, armés seulement de lances, cachés dans les buissons et s'élançant au signal donné, auraient pu anéantir tout le convoi avant qu'une baïonnette ait été pointée ou que la moindre résistance ait été opposée. Je crois qu'il est convenu que nous n'emporterons aucune tente avec nous pour les trois ou quatre derniers jours de marche ; et ceci, ajouté au fait qu'un nombre relativement petit de mules sera nécessaire pour les magasins du commissariat, réduira notre train à un quart de la taille actuelle. Si Théodore est décidé à se battre, il ne fait aucun doute qu'il commencera pendant que nous serons dans les cols. Il a toujours été célèbre pour ses attaques nocturnes, et nous avons été particulièrement avertis de nous méfier des attaques soudaines. Le Roi du Tigre s'est montré très impressionnant sur ce point. Waldo, l'autre jour, nous a également averti très sérieusement d'être sur nos gardes nuit et jour. Nous avons eu une mobilisation des troupes ce matin à Atzala . Cela eut lieu vers dix heures du matin et fut pendant quelques minutes une affaire assez passionnante. À l'exception de Sir Charles Staveley et de quelques membres de son équipe, personne ne savait s'il s'agissait d'une véritable alarme ou non. Nous étions maintenant dans le pays Gallas , où l'on nous avait annoncé des raids, et il était fort possible que le convoi, dont l'arrière montait toujours la colline, ait été subitement attaqué. C'est pourquoi, lorsque le premier clairon sonna l'alarme, et qu'après une pause, il retentit encore et encore, un frisson parcourut le camp. Tous les clairons du régiment répétaient les appels, et le camp présentait l'aspect d'une fourmilière brusquement dérangée. Les hommes sortirent en toute hâte de leurs tentes, boutonnant leurs tuniques et bouclant leurs ceintures ; les cuisiniers et les bouchers laissaient les carcasses à moitié découpées pour courir vers leurs tentes chercher leurs armes et leurs accessoires ; les officiers criaient pour réclamer leurs épées ; les hommes qui cherchaient du bois ou de l'eau accoururent ; les muletiers conduisaient rapidement les animaux qui paissaient dans les plaines ; les porteurs de dhoolie se rassemblèrent autour des palkees ; les aulacodes attachaient des épées de diverses descriptions ; et j'aperçus mon domestique occupé à charger un gros pistolet à double canon . Le résultat a montré qu'un ennemi doit parvenir à se rapprocher de très près avant d'être observé, pour nous surprendre. Deux minutes et demie après le premier clairon, le 4e fut rangé en ordre serré devant leurs lignes, et rejoint par les Beloochees , ils s'éloignèrent, jetant les tirailleurs devant eux. Cinq minutes plus tard, l'artillerie de montagne était en mouvement, et la 3e cavalerie indigène, qui, lorsque l'alarme avait sonné, était dans sa petite tenue d'origine, s'était habillée, sellée et se précipitait à travers la plaine. Un peu en arrière de l'infanterie, les porteurs de dhoolie titubaient avec leurs palkees , et un apothicaire était à la poursuite avec une brassée d'attelles et de bandages. Il est évident que nous ne nous endormirons pas. Les alarmes de ce genre font du bien de temps en temps, mais ne devraient pas être répétées trop souvent, sinon les hommes s'habitueront tellement au cri du « Loup ! qu'ils ne le croiront pas lorsque le véritable animal fera son apparition.

Mais je me laisse, moi et mes mules, passer un temps inadmissible sur la colline ; mais à peine tant que j'y étais en réalité, car le crépuscule commençait à tomber lorsque j'atteignis le pied, trois heures seulement après mon arrivée au sommet. Il n'y avait aucun camp en vue, et bien que nous sachions qu'il était encore à six milles de distance, nous ignorions la direction dans laquelle il se trouvait. Heureusement, aucune des charges n'avait bougé, et nous avons ainsi pu dépasser un grand nombre d'animaux qui se tenaient debout avec leurs charges au sol à côté d'eux. Ce fut une marche de six milles très fatigante et désagréable. Il n'y avait pas de lune et il devint bientôt extrêmement sombre ; et comme le chemin n'était qu'une simple piste, nous ignorions complètement si nous allions ou non dans la bonne direction. Bien sûr , nous suivions les mules qui nous précédaient, mais on ne savait pas si elles allaient à droite, car une mule s'arrêtant une minute, pour un réajustement du chargement, perdrait de vue celle qui était en avance, et serait tout aussi probablement pour ne pas aller dans la mauvaise direction, et être inévitablement suivi par tous à ses trousses. Le chemin traversait une plaine vallonnée, avec de nombreux nullahs profonds couverts d'arbres et si sombres que nous ne pouvions pas voir les oreilles de nos chevaux. Il y avait très peu de cris à présent ; tout le monde chevauchait ou marchait dans une sorte de silence boudeur ; le pas était des plus lents, les mulets étant à peine capables de ramper. Nous ne pouvions pas choisir notre chemin, car nous ne pouvions pas voir le sol. Certains descendirent et menèrent leurs chevaux, d'autres se fièrent aux yeux de leurs chevaux, et il était étonnant de voir à quel point les animaux choisissaient bien leur chemin ; il y a quand même eu quelques chutes gênantes. Même si l'on échappait à ces plus grands dangers, il n'était pas agréable d'être soudainement attrapé par une ronce entre les yeux, ou d'être presque porté sur la croupe du cheval par une branche raide sous le menton. Enfin, au moment où nous arrivions à la conclusion que nous avions dû manquer notre route et qu'il valait mieux s'écarter du chemin et planter notre tente jusqu'au point du jour, nous aperçûmes au loin les lumières du camp, et, après un autre kilomètre à parcourir, je suis arrivé ici, comme j'ai commencé cette lettre en le disant, à neuf heures et demie.

Ashangi , 19 mars.

J'ai terminé ma dernière lettre le soir de mon arrivée à Mahkan , très fatigué, très affamé et très en colère. Nous nous arrêtâmes à Mahkan le 17, car les animaux avaient impérativement besoin d'une journée de repos. Il ne fait aucun doute que ces très longues marches sont une erreur à tous points de vue. Beaucoup d'animaux qui partaient à sept heures du matin n'arrivaient qu'à dix ou onze heures le lendemain ; et une telle fatigue, combinée à un régime presque famine, est trop lourde pour n'importe quel animal. Le nombre des morts sur la route était très faible : trois ou quatre seulement, me dit-on ; mais ensuite les animaux se sont reposés à Antalo et ont encore un peu de force . Je n'hésite cependant pas à dire que trois ou quatre marches comme celle-ci mettraient *hors de combat la grande majorité des animaux des trains de transport* . C'est aussi terriblement fatiguant pour les troupes. Cela n'apporte rien non plus. Le vieux proverbe « plus on se hâte, moins on va vite » est amplement vérifié. Nous avons fait quinze milles, puis nous avons dû nous arrêter un jour ; alors que si nous nous étions arrêtés à une source au pied de la descente raide, à six milles de Mahkan , les animaux auraient facilement pu marcher quelques milles au-delà de Mahkan le lendemain. Quinze milles sur un terrain plat est une chose, quinze milles sur une succession de montagnes, avec un fusil, soixante cartouches, etc. , en est une autre ; et j'espère sincèrement que nous ne tenterons plus une marche aussi formidable que celle-ci.

Le train muletier est actuellement tout ce qu'on peut désirer. Le nombre d'animaux attachés à la division avancée est de 8 000 et comprend le train muletier de Lahore, le train muletier Raul Pindee et les divisions A et D du train de transport. J'ai eu plus d'une fois l'occasion de parler de l'efficacité des trains de Lahore et de Pindee , arrivés du Bengale dans l'ordre le plus parfait, et qui, marchant droit vers Senafe , ne participèrent pas au désordre général de Zulla . J'ai également parlé de la division A, sous les ordres du capitaine Griffiths, comme étant en excellent état. C'est la division qui accompagna le groupe d'exploration à Senafe , et qui y resta, échappa en partie au crash. La division D est commandée par le capitaine Twentyman ; un officier dont l'énergie et le dévouement à Zulla dans les pires moments ont aidé à tirer le train de transport à travers ses plus grandes difficultés, comme j'ai eu le plaisir de le témoigner à l'époque. Ces quatre divisions sont sous le contrôle du capitaine Hand, du train muletier de Lahore, qui a été nommé leur directeur. C'est un officier compétent et énergique, et sa conduite du train donne la plus grande satisfaction. Les autorités des transports ferroviaires de Zulla n'ont rien à voir avec la partie avancée, qui est sous les seuls ordres du capitaine Hand.

Le matin de notre arrivée à Mahkan , l'aile du 33e fut envoyée pour faire la route, le camp du quartier général restant avec seulement l'escorte du 2e à cheval et du 3e de cavalerie. Dans l'après-midi, cependant, un groupe de Beloochees et de pionniers du Pendjaub est arrivé. Pendant la journée, un homme est arrivé avec une de ces curieuses guitares en forme de losange que j'ai déjà décrites, et a continué un chant monotone pendant un certain temps. Les mots Magdala et Tèdros étaient les seuls mots généralement reconnus ; et on croyait qu'il chantait une chanson qu'il avait composée en notre honneur . Cependant un interprète qui se présenta par hasard nous détrompa en expliquant que le chanteur, comptant sur notre ignorance de la langue, récitait notre défaite certaine et la vengeance que Théodore allait prendre sur nous. Je n'ai aucune crainte que cet homme devienne un véritable prophète ; mais il est certain que les gens du pays considèrent généralement nos chances de victoire sur Théodore comme étant vraiment très faibles. Hier matin, nous avons commencé à huit heures notre marche vers cet endroit, et, comme le 33 était parti, notre train de bagages était beaucoup plus petit, et les difficultés et les retards proportionnellement moindres. Nous constatâmes, en montant la première colline, que nous étions arrivés à une phase entièrement nouvelle et agréable du paysage abyssin. Au lieu des collines et des plaines nues que nous avions parcourues, entrecoupées de vallées boisées, depuis notre entrée en Abyssinie, nous fûmes transportés d'un seul coup au cœur même de la Suisse. Partout jusqu'au sommet des montagnes se trouvait une forêt de pins.

En certains endroits, les arbres poussaient étroitement les uns contre les autres, avec un sous-bois épais qui fermait le sentier des deux côtés et à travers lequel la route avait été partiellement dégagée par le 33. À d'autres moments, les arbres étaient plus dispersés ou se dressaient en touffes, offrant toute une variété de paysages semblables à ceux d'un parc. Ce fut une promenade délicieuse d'environ six milles à travers ces routes, la route étant douce et facile. A la fin de cette période, nos difficultés commencèrent, le chemin s'étendant sur et le long de collines escarpées et très rocheuses couvertes de forêts et de broussailles. Le général s'était attendu à trouver la route dans une certaine mesure dégagée par le 33, mais à la suite d'une erreur dont le major Cooper n'était en aucune manière responsable, ils avaient à peine commencé leur travail lorsque nous passâmes, au lieu d'avoir été engagés. dessus pendant vingt-quatre heures. Leurs ordres avaient été de camper près d'un ruisseau à cinq milles de Mahkan , puis de se mettre au travail sur la route ; et comme ils étaient partis vingt-quatre heures avant nous, on prévoyait que la route serait parfaitement praticable pour les mulets le lendemain. Le 33e n'était cependant pourvu d'aucun guide, et la source n'était pas visible de la ligne de marche ; par conséquent , ils le dépassèrent et ne découvrirent leur erreur que lorsqu'ils furent à des kilomètres d'avance. Le major Cooper détermina alors le meilleur parti à suivre, à savoir marcher droit sur cette station, y camper et ramener ses hommes au point du jour pour travailler sur la route. Ils avaient fait beaucoup de choses à notre arrivée ; mais bien entendu, les mules arrêtèrent leur travail pendant un certain temps. Par endroits, la piste était très mauvaise ; et à l'un d'eux, une paroi rocheuse le long d'une corniche, sur la face de laquelle nous devions passer, je trouvai Sir Robert Napier lui-même occupé à tracer une autre route pour éviter cet obstacle, très dangereux pour les animaux chargés. alors que la charge projetée poussait presque chacun par-dessus le bord. Aucun accident, autant que je l'ai entendu, ne s'est produit, et les retards n'étaient pas aussi longs ni aussi fastidieux que ceux que nous avions encourus à de nombreuses reprises précédentes, tandis que l'ombre délicieuse, les chants d' innombrables oiseaux et l' odeur fraîche des pins. les arbres rendaient ces haltes des plus agréables. Enfin nous atteignîmes le sommet de la dernière ascension, et au-dessous de nous, à une distance de cinq milles, s'étendait le lac Ashangi , une jolie nappe d'eau d'environ trois milles de diamètre . Ses rives sont par endroits assez plates, mais dans d'autres, les collines descendent avec des pentes graduelles jusqu'à son bord. En prenant l'Angleterre comme exemple, je devrais dire que, sauf qu'il est plus petit, il ressemble plus à Ulleswater qu'à n'importe lequel de nos autres lacs du nord du pays.

Au-delà du lac, plusieurs chaînes de montagnes s'élèvent les unes au-dessus des autres et n'offrent aucune perspective de voyage facile avant un certain temps. Notre camp est établi à un demi-mille du lac sur un terrain qui descend graduellement jusqu'au bord de l'eau, au-dessus duquel nous sommes probablement élevés à trente pieds. Le lac et ses rives fourmillent de canards et d'oies. Ces derniers sont très dociles et se promènent pour paître de la manière la plus indifférente. Un grand nombre d'entre eux ont été abattus et, bien qu'ils soient plutôt louches, ils sont de bonne qualité. La grande difficulté pour assister à ce sport est la nature extrêmement marécageuse du terrain. Les fissures dont parle M. Munzinger , et que j'ai mentionnées dans ma dernière sur la base de ses lettres, sont tout simplement absurdes. C'est une tourbière vaste et, par endroits, dangereuse ; mais c'est simplement et purement une tourbière, et rien d'autre. J'étais sorti hier avec mon fusil, ainsi qu'une douzaine d'autres, et bien que je sois entré au-dessus de mes bottes, je n'ai rien trouvé de vraiment infranchissable et, à une exception près, je n'ai entendu personne d' autre faire de même. Cependant le capitaine Hogg, du département du quartier-maître, tomba dans une très mauvaise partie de la tourbière et mit quelque temps à en sortir ; en effet, il tomba dans un endroit profond, où il aurait sans aucun doute perdu la vie s'il n'avait pas eu avec lui un homme capable de mettre le bout de son fusil à portée de la main du capitaine Hogg et de le tirer ainsi hors de l'eau. bourbier dans lequel il s'enfonçait rapidement. Tout autour de la rive plate du lac s'étend une ceinture de boue blanche de soixante à soixante-dix mètres de large. Là-dessus, le gibier se rassemble et est à l'abri des chasseurs, car la boue ne supportera pas le poids d'un homme et les oiseaux morts ne pourront pas être récupérés. Les oies en plumage ressemblent plus à des canards qu'à des oies, étant brun foncé et vert, avec une grande tache blanche sur la partie inférieure de l'aile, et qui n'apparaît que pendant leur vol. Beaucoup s'en échappent , qui seraient victimes d'un gros coup de feu ; mais la quantité de munitions dans le camp est rare, et les balles sont généralement de petite taille, qui ne font que claquer contre une plume d'oie à une distance de cinquante mètres.

Aujourd'hui, nous sommes restés ici tranquillement. Un autre durbar a eu lieu ; l'ambassadeur, ou nonce — ce dernier, je suppose, étant le mot approprié — venant du chef Ulem des tribus Gallas . Cet homme a une immense influence auprès des Gallas , qui sont mahométans ; et il était donc de la plus haute importance de le concilier autant que possible. J'ai déjà décrit deux de ces réceptions officielles, et comme celles-ci étaient exactement semblables à celles dont j'ai parlé précédemment, je n'ai pas besoin d'entrer dans les détails. La seule variété était que les débats s'ouvraient par une longue lettre de l' Ulem à Sir Robert Napier. Elle était d'un caractère très amical et exprimait l'adhésion du prêtre à la « croyance que nous avons en commun, à savoir », dit-il, « l'Ancien et le Nouveau Testament, et le Coran ». Je ne savais pas que le Coran était une partie essentielle de notre credo, mais j'ai appris quelque chose de la lettre des Ulem . Plus loin encore, il parle de Mahomet comme du seul véritable médiateur. Cependant, selon l' opinion de l'Ulem , il ne s'agissait pas là de points de divergence vitale, et il déclare en conséquence qu'il prie sans cesse en notre faveur, ce qui est en tout cas gentil de sa part. Il nous a averti très solennellement d'être extrêmement vigilants et toujours sur nos gardes, et le ton général de sa lettre était tout sauf optimiste. Il mentionna que c'était la coutume du pays d'envoyer des présents aux voyageurs , et qu'il envoyait donc un présent au chef, mais que le plus beau cadeau qu'il puisse nous faire serait ses prières. Une chose est sûre, si ses prières n'ont pas une valeur bien plus grande que son autre cadeau, elles n'auront pas grande valeur, car le matériel présent était un pot de miel, d'une valeur d'un dollar. Le chef a bien sûr répondu poliment, a exprimé notre tolérance à l'égard de toutes les religions et opinions, et a déclaré que nous avions de nombreux musulmans dans nos rangs, et a déclaré nos sentiments amicaux envers la population du pays. Il finit par offrir des cadeaux de robes, etc., aux prêtres. Ces robes ont été mises sur l'ambassadeur, qui est un fils de l' Ulem et l'un des jeunes hommes les plus insensés que j'ai vu en Abyssinie. Son visage, alors qu'on lui revêtait la robe, était l'une des choses les plus comiques que j'aie jamais vues, et les officiers présents eurent la plus grande difficulté à contenir leur gravité. Il ressemblait exactement à un babouin affectant l'humilité. Plus tard dans l'après-midi, un autre chef entra, précédé de tam-tam et de flûtes, et accompagné d'un corps considérable de guerriers. Une chose remarquable que je remarquai alors, et que je n'avais pas vue auparavant, c'est qu'ils portaient des lances sans tête, en signe d'amitié.

Nous avons eu une scène assez curieuse cet après-midi. Un indigène fut découvert en train de voler et fut condamné par le colonel Fraser, qui fait fonction de grand prévôt, à deux douzaines de coups de fouet. Mais ses amis et ses parents poussèrent un si grand hurlement que le commandant en chef sortit de sa tente pour voir ce qui se passait. Constatant que les indigènes prenaient l'affaire très à cœur, il livra l'homme au châtiment d'eux-mêmes ; et après une palabre d'une heure, il fut condamné à payer le quart de la valeur de l'objet volé, ou à recevoir six coups de bâton. M. Speedy était sur le point de leur faire des remontrances sur l'insuffisance de la punition, lorsque le chef qui avait fait office de juge l'attira à l'écart et déclara qu'au cours de l'interrogatoire ils avaient constaté que le délinquant était chrétien, alors qu'ils étaient chrétiens. eux-mêmes musulmans; et que s'ils le punissaient comme il le méritait, cela provoquerait une guerre. Dans toute l'Abyssinie, c'est-à-dire aussi loin que nous ayons voyagé, même là où les chrétiens sont en majorité, les mahométans les méprisent ; et il ne fait aucun doute qu'au point de vue moral, les mahométans sont de loin supérieurs. Le christianisme ne fonctionne certainement pas bien parmi les autochtones. En Inde comme ici, un chrétien n'est en aucun cas un homme de haute réputation, ni en termes de respectabilité, ni en termes de moralité. Il est singulier que les demeures des indigènes ici soient précisément similaires à celles de Zulla . Là, ils étaient construits en torchis, avec des toits de chaume coniques. Depuis lors , nous avons croisé des cabanes en terre battue à toit plat, des cabanes en pierre à toit plat, des cabanes en pierre à toit de chaume, et maintenant nous sommes de nouveau tombés sur des maisons du type Zulla , des murs tressés avec des toits de chaume coniques. Les villages sont toujours perchés sur des éminences, et les maisons sont serrées les unes contre les autres et entourées d'une épaisse clôture de branchages dont les extrémités se terminent en dehors comme un abattis militaire. Les indigènes ne sont pas aussi bruns que les habitants de Tigre, et ne sont pas aussi bien armés, car je n'ai vu parmi eux aucune arme à feu. Sir Charles Staveley est, à ce que j'entends, arrivé à Mahkan , avec le 4e, la 3e cavalerie indigène et la batterie de Penn. Lui, comme nous, est engagé dans la construction de routes. Les ordres sont que la force des pionniers doit rendre la route praticable pour les mulets, et que la force du général Staveley doit la rendre praticable pour les éléphants. Comme les éléphants peuvent aller presque partout où les mulets sont capables de faire, il ne sera pas longtemps retardé, et arrivera probablement à Lât , qui est à deux jours de marche, dans un jour ou deux de nous. Il est probable que nous y ferons halte deux ou trois jours, pour permettre aux forces de se concentrer. J'ai entendu dire que le Mountain Train de Twiss et la Naval Rocket Brigade ne sont qu'à une marche du général Staveley et arriveront avec lui à Lât . J'ai vu ce soir que le 45e a également reçu l'ordre de venir immédiatement pour faire partie de la première division. Cet ordre donnera non seulement satisfaction au régiment lui-même, mais aussi à nous tous ; car le 45e est considéré comme l'un des régiments les meilleurs et les plus efficaces de l'Inde.

Lât , le 21 mars.

Nous attendions tous avec impatience une halte à cet endroit depuis au moins deux ou trois jours. Mais cet espoir ne s'est pas réalisé ; car nous sommes arrivés cet après-midi et repartons demain matin, moment auquel on peut dire que nos véritables difficultés commencent sérieusement. Mais il vaut mieux, avant d'entrer dans ce sujet, raconter nos actions des deux derniers jours.

En quittant notre camp près d'Ashangi , la route s'étendait sur un terrain plat parallèle au lac sur environ un mile, puis, les montagnes approchant du bord de l'eau, nous avons dû franchir l'éperon. La hauteur n'était pas très grande, mais c'était l'une des montées les plus rudes et certainement les plus raides que nous ayons jamais eues. Une fois arrivée à la crête, la colline descendit graduellement, et nous retrouvâmes bientôt l'eau près de la tête du lac. Cet endroit fut le lendemain le théâtre d'un accident mortel. Deux ou trois agents sont descendus pour tirer et l'un des oiseaux est tombé à l'eau. Un de leurs domestiques, qui savait bien nager, entra aussitôt le chercher. Il est probable qu'il fut pris de crampes, car il tomba brusquement. Le capitaine Pottinger sauta aussitôt et nagea jusqu'à l'endroit, mais ne put rien voir de lui. Notre terrain de camping était à environ deux milles de la tête du lac, sur un terrain plat. La distance d' Ashangi était d'un peu plus de six milles.

Nous nous arrêtâmes ici le lendemain afin de laisser la brigade du général Staveley atteindre Ashangi . C'est ce qu'ils firent le lendemain de notre départ. Il y eut un grand regret dans le camp d'apprendre que le général Staveley lui-même, qui avait été attaqué à Atzala avec des rhumatismes aigus, était bien pire et avait été transporté dans une palkee . Il avait entièrement perdu l'usage de ses membres, et il était jugé improbable qu'il puisse aller plus loin avec l'armée. Ce serait une très grande perte pour l'expédition, et j'espère sincèrement que leurs appréhensions ne seront pas vérifiées.

Le matin de notre halte, un ordre général fut promulgué qui nous remplit de consternation. Aucun bagage quel qu'il soit ne sera désormais autorisé ni pour les hommes ni pour les officiers. Les soldats doivent porter leur capote, une couverture et un drap imperméable, en plus de leur fusil, de leurs munitions, de leur sac à dos , etc. Cela portera le poids que chaque homme devra porter à cinquante-cinq livres ; un poids écrasant sur un pays aussi immense que celui que nous avons à traverser, et sous un soleil tropical. Je me demande beaucoup si les hommes seront capables de le supporter, et plusieurs membres du personnel médical avec lesquels j'ai parlé sont tout à fait de cet avis. Ce que seront probablement les routes est assez manifeste par une partie de l'ordre général, qui dit qu'à l'avenir aucune mule ne devra porter plus de 100 livres ; et pourtant, les autorités font peser plus de la moitié de ce poids sur les épaules d'un homme. Ce n'est même pas comme si les hommes avaient leurs sacs à dos, dans lesquels la capote, etc. pourrait être emballé et transporté avec une facilité relative ; ils devront être jetés sur les épaules par les armoiries et angoisseront le soldat bien plus qu'ils ne l'auraient fait s'ils étaient portés dans des sacs à dos. C'était un oubli extraordinaire de laisser les sacs à dos à Antalo ; car il était déjà évident qu'ils seraient nécessaires. Les officiers non montés doivent avoir sur eux une capote, une couverture et un drap imperméable, et les officiers à cheval peuvent transporter ce qu'ils peuvent mettre sur leurs chevaux. Aucun animal-bagage ne doit avancer avec les bagages. Les hommes doivent être entassés à vingt dans une tente cloche, et douze officiers doivent avoir le même logement. Plus d'un quart des soldats sont en piquet et montent la garde chaque nuit ;

le nombre d'hommes dans chaque tente sera donc à peu près le même que celui des officiers. Imaginez douze officiers sous une tente ! Ils seront emballés comme des harengs dans un baquet ; et les hommes calculent aujourd'hui combien de pouces carrés de terrain chacun possédera. Tout le monde le prend avec bonne humeur et il n'y a aucune grogne ; mais c'est quand même une affaire assez sérieuse. Si c'était pour deux ou trois jours, tout serait bien ; mais Magdala est à une distance considérable d'ici. Le département du quartier-maître général parle d'une marche de six jours. Le capitaine Speedy dit que seize ans est beaucoup plus proche de la réalité ; et comme il connaît le pays, bien que le département du quartier-maître se soit toujours trompé dans ses distances, on peut supposer sans risque de se tromper qu'il s'agit d'une marche de quinze jours ; c'est-à-dire que même sans prévoir un jour pour la prise de Magdala, ou pour y arranger les choses, nous ne pouvons pas revenir à Lât avant un mois. On parle des bagages qui arrivent après nous ; mais cela n'aboutira certainement à rien. Je sais que nous avons à peine assez d'animaux avec nous pour transporter notre nourriture, et toutes les mules disponibles à l'arrière arrivent avec la brigade de Staveley. Nous pouvons donc calculer avec une certitude assez certaine que nous ne récupérerons aucun de nos bagages avant notre retour à Lât , ce qui, au plus tôt, sera dans un mois, et non improbablement le double de ce délai. On nous dit que le froid nocturne est très fort et que les pluies sont fortes et fréquentes. C'est donc une affaire très sérieuse pour les hommes de commencer sans un seul vêtement de rechange d'aucune sorte. La pluie mise à part, les hommes souffriront tellement de la chaleur et du travail de gravir des montagnes avec un fardeau si lourd sur le dos, qu'il serait très important pour eux d'avoir au moins une flanelle sèche. chemise à enfiler lorsque le vent froid du soir commence à souffler. Le temps nous dira comment les hommes supportent la situation ; mais c'est certainement une expérience hasardeuse.

Ce matin nous sommes partis vers cet endroit. On a toujours parlé de Lât comme d'un endroit où l'on devait s'arrêter et former un dépôt , et c'est pourquoi nous avions cru trouver un grand village ; mais autant que j'ai vu, il n'y a pas de hutte indigène dans les environs . En quittant notre dernier terrain de camping, nous gravissions une colline haute et escarpée, puis nous dussions serpenter pendant une longue distance sur une corniche rocheuse, où un faux pas eût été une mort certaine. Après quelques légères montées et descentes, nous descendons dans la vallée où coule le ruisseau près duquel nous campons. Bien qu'il n'y ait aucun village en vue, il doit y avoir une population indigène considérable dans le voisinage , car un grand nombre d'indigènes sont venus avec des provisions. Les officiers du train de transport achètent toutes les épées et toutes les lances apportées pour l'usage des muletiers ; car, bien que Théodore soit signalé à Magdala, il pourrait à tout moment faire une marche soudaine avec quelques milliers d'hommes, et pourrait être sur nous avant que nous sachions qu'il est à moins de cinquante milles de distance. Si nous étions attaqués dans l'une de ces gorges, ou sur une corniche étroite avec un précipice en contrebas, dispersés comme nous devrions nécessairement l'être sur une immense longueur de route, Théodore pourrait, par une attaque soudaine sur nos bagages, faire de tels dégâts en quelques heures. minutes, afin que nous soyons obligés de nous retirer à Antalo pour y chercher de nouvelles provisions. Il est indéniable qu'en nous précipitant d'une si longue distance, nous ne courons pas de risque négligeable.

Le plan initial de Sir Robert Napier était d'avoir formé un dépôt avec cinq mois de provisions à quelque endroit à peu près à mi-chemin entre Antalo et Magdala, et de partir de cet endroit avec deux mois de provisions. Au lieu de cela, nous partons de Lât avec seulement quinze jours de provisions, et il n'y a pas de dépôt de quelque importance et il n'y en aura pas plus près qu'Antalo même. La totalité des mules disponibles accompagnera la division qui avance, et nous devrons dépendre entièrement, pour nos approvisionnements futurs, de la voiture indigène. Le stock de nourriture que nous avons avec nous suffira à peine jusqu'à Magdala ; nous ne savons pas si nous pourrons acheter de la farine en chemin, ni comment nous pourrons nous procurer du fourrage pour nos animaux. Entre Antalo et Magdala se trouvent de nombreuses tribus et chefs ; nous avons déjà dépassé Waldo Yasus et les Gallas ; et certains d'entre eux, après notre passage, se mettront peut-être en tête d'empêcher les animaux indigènes de monter avec leurs provisions ; et l'ensemble du système dont nous devons uniquement dépendre s'effondrerait alors, et notre position serait aussi précaire qu'il est possible de l'imaginer. C'est en effet un risque énorme à courir ; mais alors nous jouons pour un enjeu très élevé. Nous faisons une course avec les pluies. Si nous devions nous arrêter ici quinze ou trois semaines et envoyer tous les animaux de transport à Antalo pour chercher davantage de provisions, nous serions infailliblement obligés d'attendre ici pendant la saison des pluies ; et les difficultés de ravitaillement de la force pendant cette période, et la mortalité probable qui pourrait en résulter, seraient si grandes que Sir Robert Napier se considère sans doute justifié de courir un risque très considérable pour atteindre la côte de la mer avant les pluies. Bien entendu, la question a été discutée et discutée sous tous les angles parmi les officiers ; et l'opinion générale est qu'à moins que nous obtenions un approvisionnement inattendu, comme nous l'avons fait à Antalo , quelque part entre ceci et Magdala, notre position sera très critique. Avec la plupart des autres généraux, les hommes seraient, je pense, enclins à avoir une vision plutôt sombre de la situation ; mais tout le monde a une telle confiance en sir Robert Napier qu'on se contente de laisser les choses entre ses mains.

Dildee , le 24 mars.

Il y a deux jours, j'ai envoyé de Lât une lettre écrite à la hâte . Au cours de ces deux jours, nous avons parcouru trente et un milles d'un pays aussi rude que pourrait souhaiter le voir le plus chaleureux admirateur du désert et du sauvage. Autour de nous, à perte de vue, s'étendait une mer parfaite de montagnes ; et de haut en bas, nous avons dégringolé et trébuché – pas quelques chevaux tombant d'énormes chutes – depuis le matin jusqu'à longtemps après la tombée de la nuit. Cela a été un long labeur monotone. Parfois nous grimpons sur des rochers lisses et glissants ; puis nous montons des sentiers escarpés couverts de rochers meubles de toutes tailles ; puis nous sommes sur une corniche étroite à flanc de montagne ; puis nous nous écrasons à travers des buissons épais. On ne compte plus le nombre de ravins que nous traversons, car nous gravissons une douzaine de collines par jour. Même les ingénieurs du Département de topographie seraient perplexes de représenter ce pays accidenté et accidenté sur une carte. Il serait aussi simple de faire une carte du détroit du Pas de Calais et de dessiner chaque vague à son échelle. Le labeur des troupes pendant ces deux jours a été immense. La marche du premier jour était de treize milles ; il y en avait hier dix-huit, beaucoup disent qu'il était vingt ; mais je pense qu'un long dix-huit ans était à peu près ce qu'il fallait. Dix-huit milles seraient une longue marche en Angleterre, mais ici, c'est un voyage formidable. Chaque homme porte avec lui des munitions, etc., cinquante-cinq livres, soit plus de la moitié d'un chargement de mule. En outre, la plupart des troupes sont désormais chargées du gardien des bagages et doivent constamment ajuster les chargements et s'occuper des mulets. Enfin, un quart des troupes sont en piquet chaque nuit. J'ai eu l'occasion, dans une lettre écrite de Mahkan , de parler de la cruauté excessive des hommes et des animaux ; mais ce n'était rien à côté de ces deux jours de marche. Le pays est maintenant beaucoup plus rude, les distances plus longues et les hommes doivent en plus transporter leurs kits. Les troupes sont arrivées hier soir prosternées ; beaucoup ne sont pas venus du tout. Je dois dire que jusqu'à ce matin, pas plus de la moitié des bagages n'est arrivée ; et pour ajouter aux autres désagréments , nous avons eu un terrible orage vers huit heures, qui a mouillé tout le monde, sauf les très rares qui avaient eu le bonheur de monter leur tente jusqu'aux os. Les hommes n'avaient pas de vêtements de rechange avec eux et devaient bien sûr dormir dans leurs vêtements mouillés. Parmi ceux qui étaient sur la route lorsque la pluie commença, certains tinrent bon et arrivèrent en traînant jusqu'à dix heures ; La plupart, cependant, déroulèrent leur couverture et leur drap imperméable et se couchèrent sur place pour la nuit. Je dis sans crainte qu'une telle marche sur un tel pays n'a jamais été réalisée par des hommes de même poids. Bien sûr, nous devons nous arrêter aujourd'hui, et d'ici cette nuit, nous aurons parcouru une distance inférieure vers Magdala que nous n'aurions fait si nous avions fait trois jours de marche, disons, de onze milles chacun. Il n'y a d'ailleurs aucune raison pour que nous ne le fassions pas. Nous sommes heureusement désormais dans un pays bien arrosé. Des ruisseaux de bonne taille coulent entre chacune des chaînes supérieures, et nous en avons traversé quatre ou cinq hier.

Le général Staveley, dont je suis heureux d'apprendre qu'il va mieux, n'est qu'un jour sur nos derrières. Un officier est revenu ce matin pour lui ordonner de s'arrêter ce soir au ruisseau, à trois milles et demi en arrière. Le temps a été plus chaud ces deux derniers jours, ce qui a naturellement augmenté le travail des soldats. S'il n'y avait pas eu d'eau fréquente, je ne pense pas qu'un quart des troupes seraient entrées la nuit dernière. Le camp d'hier a été admirablement choisi à des fins défensives, étant entouré de tous côtés par un profond nullah. Le camp d'aujourd'hui est commode et est également défendu d'un côté par un nullah, mais il présente l'inconvénient que le nullah a deux cents pieds de profondeur et est extrêmement escarpé, l'eau n'étant accessible qu'à pied, même à deux endroits, et par conséquent la difficulté d'abreuver les animaux est très grande. Cependant l'eau, et en fait tout ce que nous avons rencontré depuis un ou deux jours, est délicieuse. C'est effectivement un régal. Jusqu'à présent, l'eau était singulièrement désagréable : épaisse et pleine d'insectes lorsqu'elle stagnait, terreuse et de mauvais goût lorsqu'elle coulait. Ici, c'est frais, clair et pur. Le rhum est plutôt à prix réduit. Le ravin dans lequel coule le ruisseau est très pittoresque. La pente est raide, mais bien boisée jusqu'au pied du nullah ; mais le ruisseau lui-même a creusé un chemin de vingt à trente pieds de large à travers la roche solide au fond. Les côtés sont aussi perpendiculaires que des murs, et ont par endroits trente pieds de profondeur. Ce n'est, comme je l'ai dit, qu'en deux points que l'on peut se mettre à l'eau. Cette gorge étroite est surplombée d'arbres, et dans chaque recoin et sur chaque petite corniche poussent de jolies parcelles de fougères vertes. Il n'est pas nécessaire de faire preuve d'imagination pour s'imaginer au bord d'un joli ruisseau de montagne au Pays de Galles ou en Irlande. La végétation est trop lumineuse et variée pour un ruisseau des Highlands. Presque tous les officiers du camp et un bon nombre d'hommes sont descendus ce matin pour prendre un bain doublement rafraîchissant après la fatigue d'hier et le manque de nos appareils de lavage actuels. Le camp présentait hier matin un aspect assez inhabituel. Le camp du quartier général avait rétréci , passant de vingt tentes à quatre ; et à l'extérieur, peu après le point du jour, on pouvait voir tout le personnel occupé aux divers travaux de lavage et d'habillage. Douze hommes peuvent réussir à dormir dans une tente, mais il est bien impossible qu'ils puissent s'y habiller simultanément. En effet, aucune des tentes ne contenait leur effectif complet. Certains avaient accroché leurs couvertures comme des hamacs aux arbres ; d'autres se contentaient de se rouler dans leurs couvertures et de dormir sur un drap imperméable sous un buisson ; et en plus il y avait une tente-hôpital, et comme il n'y a pas de malade, quelques officiers y furent enrôlés. En fait, tout aurait pu être bien plus confortable si ceux d'entre eux qui, comme nous, avaient apporté *des tentes d'abri*, furent autorisés à les porter sur leurs chevaux. J'ai eu beaucoup de chance de pouvoir me mettre à l'abri avant que la tempête n'éclate hier soir. J'avais avancé devant mon cheval de rechange, qui, avec ma tente et tout le reste sur le dos, était presque à l'arrière de la colonne. Je suis arrivé ici vers quatre heures et demie, après avoir mis près de neuf heures de route ; et j'étais assez épuisé quand je rentrais, à cause de la fatigue et du manque de nourriture. Heureusement, cependant, les indigènes avaient apporté du pain à vendre, et après en avoir mangé un peu et être descendu au nullah pour me baigner, j'ai été de nouveau tout à fait rétabli. Cependant, je n'étais pas à l'aise dans mon esprit ; car les nuages s'étaient rapidement accumulés et le tonnerre avait été presque incessant dans les collines depuis deux heures. Je voyais aux bagages qui arrivaient que mon animal ne pouvait pas, s'il gardait sa place dans la file, rester des heures, voire pas du tout. En arrivant au camp, j'étais ravi de voir ma petite tente dressée. Mon compagnon, qui était derrière moi, avait, constatant que la route était très bloquée, les avoir fait avancer par d'autres sentiers, heureusement sans plus de dégâts qu'un des chevaux tombant dans un précipice de douze ou treize pieds de haut, dans des buissons, qui brisé la chute de l'animal. Le cheval n'était que peu blessé ; et avec ce léger accident, qui n'est rien ici, où chevaux et mulets roulent sans cesse dans des endroits escarpés, il avait réussi à entrer dans le camp trois ou quatre heures avant que les animaux auraient pu y arriver, s'ils étaient restés à leur place primitive en la ligne; en fait, il était très improbable qu'ils aient pu entrer la nuit dernière. Pendant la demi-heure suivante, les éclairs furent incessants, et avant que le dîner puisse être préparé, de grosses gouttes commencèrent à tomber. Nous criâmes aux domestiques de faire de leur mieux avec leurs couvertures et leurs draps imperméables, tandis que nous nous réfugiions dans notre petite tente, avec un officier dont les bagages, comme ceux de la grande majorité, n'étaient pas arrivés. En une minute ou deux, il tomba presque en un drap. Nous allumions nos pipes et nous consolions que si nous n'avions rien à manger, nous n'étions pas plus mal lotis que les autres, alors que nous étions à l'abri, alors que presque personne ne l'était. Tandis que nous philosopherions ainsi à notre guise, la façade de la tente s'ouvrit brusquement, et une main y fut introduite avec un plat de côtelettes, puis des assiettes, des couteaux et des fourchettes. Nos camarades s'étaient noblement attachés à leur travail, préférant se tremper jusqu'aux os plutôt que de laisser leurs maîtres se passer de dîner. Ces hommes de Goa sont certainement d'excellents serviteurs. Ils ne sont pas physiquement forts : ce sont des hommes calmes, d'apparence faible, avec peu d'énergie et sans habitude des épreuves. Ils font de précieux serveurs d'hôtel, mais on ne pouvait guère s'attendre à ce qu'ils supportent la fatigue d'une campagne comme celle-ci. Ils le font cependant et ne semblent pas s'en porter plus mal. Au total, ils valent n'importe quel argent pour une expédition de ce genre, et sont infiniment plus utiles que ne le serait un domestique anglais.

L'orage a cessé hier soir vers dix heures et demie. Le tonnerre gronde maintenant parmi les collines lointaines, et il est évident que nous aurons, cet après-midi, une répétition de l'orage de la nuit dernière. Nous serons cependant mieux préparés à y résister. Les indigènes apportent une abondance de marchandises de toutes sortes. Miel, céréales, oignons, chèvres, moutons, volailles, pain et œufs. Les volailles et les œufs sont les premiers que nous voyons depuis Attegrat . Les prix sont à peu près les mêmes. Deux petits oiseaux, un dollar ; douze œufs – dont environ la moitié en moyenne mauvais – au même prix. Une bouteille de miel, un dollar, etc. Aussi chères que soient les choses, il est inutile de dire qu'elles sont toutes achetées avec impatience. Nous sommes désormais habitués aux prix élevés ; et j'ai entendu un soldat, qui n'est entré que ce matin, dire qu'il avait payé un dollar dans la nuit pour boire de l'eau.

Bien sûr, nous avons désormais une succession constante de nouvelles du front. C'est très contradictoire, mais le bruit général est que Théodore marche vers Dalanta , pour nous attaquer sur notre chemin. Certains espions affirment que vendredi soir, à deux heures du soir, c'est l'heure fixée pour notre destruction. Si Théodore avait l'intention, comme c'est assez probable, de faire une attaque de nuit, je ne pense pas qu'il serait assez faible pour faire savoir plusieurs heures à l'avance où elle aura lieu. Cependant, il ne sert à rien de spéculer maintenant sur des événements que nous verrons peut-être déterminés dans deux ou trois jours, et dont le résultat sera connu par télégraphe longtemps avant que cette lettre puisse parvenir à Londres.

* * *

Santaraï , le 29 mars.

Nous commençons à croire que Magdala est une *fata morgana* , un *ignis fatuus* , qui s'éloigne de plus en plus à mesure qu'on s'en rapproche. A Dildee, on nous dit que ce n'était qu'à quatre marches. Nous avons fait trois marches, et il nous reste encore soixante milles à parcourir ; et pourtant Magdala n'est pas à plus de vingt-cinq milles en ligne droite, et est visible d'un point éloigné de quatre milles de ce camp. On constate cependant que le pays est parfaitement impraticable, et qu'il faut faire un détour de soixante milles pour y arriver. J'ai peine à imaginer à quoi peut ressembler ce pays en ligne directe avec Magdala, car nous avons parcouru des centaines de milles que personne n'aurait imaginé qu'une armée avec ses animaux de bagages pourrait franchir. Nous avons escaladé des montagnes et descendu des précipices ; nous avons parcouru le long de profonds ravins, où un faux pas était la mort ; nous sommes familiers avec les roches lisses et glissantes et les rochers meubles ; et après cette expédition, on ne peut guère dire qu'un pays soit impraticable pour une armée déterminée à avancer. J'ai entendu cependant qu'entre ceci et Magdala, il y a des précipices perpendiculaires qui s'étendent comme des murs sur des kilomètres, des endroits qui pourraient difficilement être escaladés par des escaladeurs expérimentés, et encore moins par des mulets chargés. Il faut donc faire un détour. C'est fastidieux, car tout le monde brûle d'impatience d'être à Magdala et de résoudre les problèmes longtemps débattus : Théodore se battra-t-il ? va-t-il se battre à découvert ou défendre Magdala ? ou va-t-il remettre les captifs avec des excuses ? et allons-nous nous contenter d'en recevoir un ? Je crois pouvoir répondre avec certitude à la dernière question. Nous ne le ferons pas. Si Théodore envoie les captifs, nous les recevrons, mais nous exigerons certainement de lui une rétribution. Soit nous le ferons prisonnier, soit nous le contraindrons à fuir. Si nous récupérons les prisonniers indemnes, nous prendrons quand même Magdala. S'il s'enfuit dans les montagnes avec quelques partisans, nous nous contenterons alors de nous retirer et de laisser le soin de le traquer à ses nombreux ennemis ; mais s'il assassine les prisonniers, nous resterons nous-mêmes ici jusqu'à ce qu'il soit capturé. Je pense pouvoir affirmer positivement que telle est, ou quelque chose de très semblable, la teneur des instructions données à Sir Robert Napier par le gouvernement ; et je pense qu'ils seront chaleureusement approuvés par tous, sauf par les négrophiles qui nient qu'un homme noir puisse faire le mal. Il serait impossible de laisser Théodore rester impuni ; en fait, ce serait offrir une prime à tous les potentats sauvages de l'avenir que de faire prisonniers tous les voyageurs anglais qui pourraient tomber entre leurs mains.

Je retourne maintenant à Dildee , d'où j'ai écrit pour la dernière fois, alors que nous nous arrêtions à la suite de la formidable marche de la veille. Le soir du jour où nous nous sommes arrêtés, nous apprîmes que le général Staveley était arrivé avec les forces sous son commandement à un ruisseau à cinq milles de notre arrière et s'y était arrêté. Il avait avec lui le 4e, une aile du 33e, six compagnies des Punjaub Pioneers, la Twiss's Battery et le Naval Rocket Train. Il fut décidé que l'aile du 33e, qui était avec nous, s'arrêterait pendant une journée et viendrait en régiment complet, et que le 4e, qui est numériquement beaucoup plus faible que le 33e, continuerait son avance . . La marche du lendemain fut courte, mais rude, car nous devions gravir une montagne à 3 000 pieds au-dessus de notre terrain de camping. Ce fut un travail dur, mais il fut accompli beaucoup plus rapidement que d'habitude, car le train était beaucoup plus petit, en raison de notre nombre réduit ; et nous avions par conséquent moins de blocs fastidieux, si éprouvants pour l'homme et la bête. La route était plutôt bonne dans la plupart des endroits ; mais il était dangereux sur une longue distance où il serpentait le long d'un profond ravin. Le pays doit ici être soit beaucoup plus densément peuplé, soit une population beaucoup plus industrieuse que dans la plupart des régions que nous avons traversées ; car il y avait des parcelles de culture jusqu'au sommet de la montagne qui, là où nous l'avons traversé, se trouvait à environ 11 000 pieds au-dessus de la mer. Le flanc de la montagne était dépourvu d'arbres, voire de buissons ; mais, assez curieusement, tout près du sommet se trouvaient de grandes quantités de petits palmiers, à tiges épaisses et droites, hautes de trois ou quatre pieds, et à têtes groupées de feuilles étalées. Plusieurs officiers indiens étaient d'accord avec moi pour les considérer comme une espèce de palmier, mais nous n'avions aucun botaniste parmi nous, et il semblait très improbable que même des palmiers nains poussent dans une position aussi élevée et exposée. Je n'ai vu des palmiers que deux fois en Abyssinie, une fois à Goun. Gonna , où deux ou trois poussaient près de l'église, et dans une vallée entre Attegrat et Antalo .

Arrivés au sommet du col, nous nous trouvâmes au fond d'un ravin profond, au bord duquel, à un quart de mille du sommet, il fut décidé que le camp serait dressé. On pourrait difficilement imaginer un endroit plus inconfortable pour un camp. Le terrain était labouré et était extrêmement en pente. L'approvisionnement en eau était insuffisant et se trouvait à quatre ou cinq cents pieds au-dessous de nous, et le vent balayait le sommet du col avec une force perçante. Cependant, il n'y avait aucune aide pour cela. Le 4e était parti à quatre milles derrière nous, et il n'y avait pas de terrain aussi bon que celui choisi pour sept milles supplémentaires. Immédiatement à notre arrivée, et avant que les tentes ne soient dressées, une énorme averse tomba, et tout le monde fut trempé avant l'arrivée des animaux-bagages avec les tentes. La terre noire s'est transformée, comme par magie, en argile visqueuse, et notre position était tout à fait contraire à l'agréable. Mais l'état du 4e était bien pire, qui, après avoir fait halte à Dildee pendant deux heures, n'arriva qu'entre huit et neuf heures du soir, mouillé bien sûr jusqu'aux os. Nous ressentions maintenant amèrement l'inconvénient de ne pas avoir même un seul vêtement de rechange avec nous. Il était cependant difficilement prévisible qu'après n'avoir eu que deux ou trois averses depuis notre arrivée en Abyssinie, nous serions régulièrement exposés chaque jour à de fortes pluies, ce qui, à une exception près, a été le cas ces derniers temps. semaine. Dans l'état actuel des choses, il est impossible de dire combien de temps nous serons dans l'état actuel où nous n'avons que les vêtements que nous portons. Cela fait une semaine que nous avons laissé notre petit tout derrière nous à Lât . Nous sommes encore à une semaine de marche de Magdala, et nous pouvons compter sur un bon mois sans nos bagages. Les officiers ont tous réussi d'une manière ou d'une autre à apporter une deuxième chemise et une paire de bas ; mais les soldats n'ont aucune monnaie d'aucune sorte. Pour eux, comme pour les officiers, d'être mouillés jour après jour et de ne pas avoir de vêtements secs à enfiler, et cela à 11 000 pieds d'altitude au-dessus de la mer, et quand le froid de la nuit est plus perçant que tout. J'en ai déjà fait l'expérience, c'est éprouvant à l'extrême, et beaucoup se plaignent déjà de douleurs rhumatismales. Cette nuit-là au sommet de la colline fut la plus désagréable que les officiers ou les hommes aient vécue depuis leur arrivée dans le pays : entièrement mouillée, froide et couchée sur un sol si escarpé que nous glissions perpétuellement de notre drap imperméable. Quant à s'allonger à la manière orthodoxe, côte à côte, avec tous les talons près du poteau, comme les rayons d'une roue, la chose était tout simplement impossible. Dans de nombreuses tentes, les pieds des hommes auraient été un mètre plus haut que leur tête. Cependant, il y a eu peu de grognements face à l'inconfort ; mais je peux répondre que pour ma part, j'ai été très heureux, lorsque j'ai vu le jour se lever, de me lever de mon inconfortable canapé coulissant. On nous ordonna de partir à huit heures, mais les affaires des hommes étaient encore si mouillées que la marche fut reportée de deux heures, pour permettre aux couvertures et aux capotes de sécher au vent et au soleil.

Notre marche suivante n'était encore qu'à sept milles jusqu'à un endroit appelé Muja, non qu'il y ait là un village d'aucune sorte, ni même à dix-huit des vingt endroits où nous nous sommes arrêtés. Supposer que les indigènes aient un nom pour chaque domaine est absurde. Deux spéculations ont été émises sur la façon dont le département du quartier-maître général obtient toujours un nom pour notre terrain de camping : l'une est qu'ils disent quelque chose à un indigène, et que le premier mot qu'il prononce est immédiatement enregistré pour la gare ; l'autre est qu'ils tirent d'un sac un certain nombre de voyelles et de consonnes, les laissent tomber par terre et voient quel mot elles forment. Il est certain qu'à peine un nom correspond à ceux indiqués sur les cartes, et au lieu d'appeler ces plaines et ces plaines par n'importe quel nom que le premier indigène pourrait leur donner, ce serait beaucoup plus sensé et rendrait la tâche beaucoup plus facile à un Anglais. Le lecteur pourrait suivre notre route, si nos quartiers-maîtres prenaient une bonne carte et fixaient le nom qui correspond le plus à la position de nos camps.

La route de sept milles jusqu'à Muja n'était pas difficile, mais elle était l'une des plus dangereuses que nous ayons traversées. Le chemin sur toute la distance serpentait au bord d'un profond ravin. Elle avait souvent à peine plus d'un pied de largeur et était formée tantôt sur du roc, tantôt sur de la terre noire, qui avait été durement séchée par le vent et le soleil avant que nous la traversions, mais qui, si elle était mouillée, aurait été parfaitement infranchissable. Si une tempête avait éclaté alors que nous y étions, nous aurions dû nous arrêter pour décharger les animaux. Dans l'état actuel des choses, un seul trébucha et franchit le bord, et fut bien sûr tué.

Nous avons eu dernièrement de nombreuses victimes parmi les animaux. Les chevaux Scinde ont également perdu plusieurs chevaux, mais cela n'est guère surprenant compte tenu de la manière dont ils les montent. Un cavalier Scinde , et je crois que la plupart des cavaliers indigènes, pensent que monter et descendre à cheval dans des endroits très escarpés fait preuve d'une bonne équitation. Ce serait une grande économie de chair de cheval si un ordre était émis selon lequel toute la cavalerie indigène devrait descendre de cheval et conduire ses chevaux vers le haut, sinon vers le bas, de collines longues ou escarpées. Notre terrain de camping à Muja était plat et gazonné, mais il avait l'inconvénient d'être situé à une grande hauteur au-dessus de l'eau. Sir Robert Napier lui-même, à son arrivée, parcourut quelques kilomètres plus loin à la recherche d'un endroit plus pratique pour abreuver les animaux, mais il n'y parvint pas . Le terrain de camping présentait aussi l'inconvénient d'une très grande rareté de bois.

Notre vue depuis Muja était très frappante. Six milles en avant et mille pieds au-dessous de nous se trouvait la vallée du Tacazze . Au-delà s'élevait une ligne droite de montagnes, plus abruptes et plus redoutables que tout ce que nous avons vu jusqu'ici. La pente à leurs pieds était relativement facile, mais elle augmentait rapidement, et un mur de rochers perpendiculaires de plus de cent pieds de haut courait le long des crêtes sans la moindre cassure apparente. La chaîne de montagnes ressemblait à une puissante barrière naturelle qui s'opposait à notre progression vers l'Abyssinie. Cependant nous savions que le groupe d'explorateurs était sur le plateau du sommet, après avoir emprunté la route indigène. Notre ordre pour le lendemain était de descendre de bonne heure au Tacazze ; que nous devions camper dans la vallée, et que les troupes devaient se mettre au travail pour rendre la route du ghaut praticable pour notre ascension le lendemain. Cependant, à huit heures du soir, le capitaine Fawcett, du département du quartier-maître, arriva au camp avec une lettre du colonel Phayre , évidemment écrite dans une grande consternation d'esprit, et disant que M. Munzinger , qui est avec l'armée de Gobayze , avait disparu et était sans aucun doute tombé entre les mains de Théodore ; que Théodore lui-même, avec son armée, avait traversé la rivière Bachelo et s'avançait pour nous attaquer ; et exhortant à ce que davantage de troupes soient envoyées.

Bien sûr, cette nouvelle a suscité une grande émotion dans le camp. Nous n'étions qu'à trente-cinq milles en ligne droite de Magdala, à seulement vingt-trois du Bachelo , et comme Théodore, avec ses indigènes légers, marcherait presque droit, il était probable que nous serions attaqués la nuit suivante. Une heure plus tard, un ordre fut émis, qui montrait que Sir Robert Napier, ainsi que nous-mêmes, considérions cette information comme la plus importante. La colonne ne devait s'arrêter que deux ou trois heures au Tacazze , tandis qu'un fort groupe de travail rendait la route en quelque sorte praticable. Nous devions alors le remonter et camper sur le plateau pour la nuit.

Il était évident que le commandant en chef sentait l'importance de gagner le sommet de la chaîne escarpée en face avant que Théodore n'y atteigne le sommet pour nous en empêcher. Toute la soirée, nous parlâmes de sniders et d'attaques nocturnes, et le *pour* et *le contre* furent chaleureusement discutés. A sept heures, les troupes partirent et, en deux heures et demie, atteignirent Tacazze . Le Tacazze est ici un ruisseau insignifiant, très inférieur à beaucoup de ceux que nous avons traversés auparavant. En effet, c'est plus une succession d'étangs qu'un ruisseau, et pourtant, en le traversant, on ne pouvait oublier que c'était une des sources du puissant Nil, que c'était ce petit ruisseau qui, gonflé par un mille affluents, se jette chaque mois de juillet dans le fleuve principal, élevant son niveau de plusieurs pieds et fertilisant toute l'Égypte avec le riche sol abyssinien qu'il charrie.

Nous avons continué un demi-mille plus loin à travers la vallée jusqu'à un point où le commissariat avait rassemblé un dépôt de grain. Ici, les mules étaient déchargées, nourries et abreuvées, et les troupes prenaient leur petit-déjeuner, tandis que de fortes équipes de fatigue des Beloochees , des Punjaubees et du 4e montaient la colline pour travailler sur la route, sous la direction des capitaines Goodfellow et Lemessurier du génie. . Trois heures plus tard, les signaleurs au sommet de la colline nous ont fait signe que la route était praticable, et nous sommes partis pour une montée dégagée de deux mille cinq cents pieds. C'était un travail dur, mais la route était étonnamment exempte de difficultés et de dangers jusqu'à ce que nous atteignions à deux ou trois cents pieds du sommet. Ensuite, il y a eu des moments extrêmement désagréables, mais dans l'ensemble, cela ne ressemblait en rien à ce à quoi nous nous attendions et ne pouvait être comparé à de nombreux endroits que nous avons traversés auparavant.

Alors que nous atteignions le sommet, le colonel Cameron a appelé le 4e pour trois applaudissements, leur disant que battre Théodore ne serait rien comparé à la tâche de gravir cette colline. Les hommes répondirent chaleureusement mais faiblement ; le souffle, et non l'inclinaison, manque. Ils marchèrent ensuite joyeusement à travers un plateau pendant encore un kilomètre, de bonne humeur à l'idée du contact qu'ils attendaient avec impatience avec Théodore. Nous avons vite constaté, comme je l'avais imaginé que nous devrions le faire, que cette anticipation était destinée à être déçue pour le moment.

Munzinger n'avait pas disparu et n'avait jamais disparu. Il était sorti faire un tour, et son domestique répondit, interrogé, qu'il ne savait pas où il se trouvait. Théodore n'avait pas traversé et n'avait apparemment pas la moindre idée de traverser le Bachelo , mais il faisait toujours tous ses efforts pour amener ses armes dans Magdala.

A peine eûmes-nous atteint le plateau que nous nous rendîmes compte d'un très grand changement de température. Le vent soufflait glacial et pas un seul arbre, ni même un buisson de la plus petite taille, n'était visible pour faire du bois de chauffage. Il y avait de nombreux bovins indigènes qui paissaient sur les flancs des collines, et les hommes se mirent aussitôt au travail pour ramasser la bouse de vache séchée, que les indigènes utilisent habituellement comme combustible ; d'autres s'occupaient de couper la tourbe ; et les feux furent bientôt allumés sous les marmites. À six heures, nous avons eu notre forte pluie habituelle, qui a duré deux heures ; mais heureusement, avant qu'il ne s'installe, les tentes furent dressées en toute sécurité. C'est seulement pour cette raison que les hommes de service se sont mouillés. La nuit était extrêmement froide. Dire que la glace s'est formée sur l'eau ne donne aucune idée du froid. Un fort vent d'est de mars soufflait avec une force qui pénétrait jusqu'aux os. Je peux affirmer avec certitude que jamais de ma vie je n'ai autant ressenti le froid que ces deux dernières nuits. Les troupes, surtout les indigènes, le ressentent naturellement encore plus durement. Les douleurs rhumatismales commencent à se faire généralement sentir, et une semaine de ce travail remplira les tentes-hôpitaux. Le froid se fera plus sévèrement sentir lorsque le stock de rhum sera épuisé. Chaque régiment en apportait avec ses quinze jours de provisions, et celles-ci ne sont pas encore épuisées ; mais le ravitaillement du commissariat est terminé, et nous n'en avons plus depuis quatre jours. Le sucre était également épuisé et le thé manquait très peu. Je suis cependant heureux de dire qu'une nouvelle provision est arrivée aujourd'hui ; pour de l'eau froide uniquement dans un climat comme celui-ci, ce serait le contraire d'applaudir.

Il fut convenu que nous nous arrêterions ici pendant deux jours, pour permettre au général Staveley de rassembler les forces sous ses ordres. Hier, de bonne heure, on a appris au chef que l'oncle de Wagshum Gobayze venait lui rendre visite, et le major Grant et le capitaine Moore sortirent à sa rencontre. L'adjudant général oublia négligemment d'avertir les piquets de l'arrivée de l'envoyé ; et en conséquence, lorsque la sentinelle éloignée du 4e régiment vit avancer un corps de 700 ou 800 cavaliers, elle crut naturellement que c'était l'ennemi. Il appela très justement le piquet, qui chargea ses Sniders, et sortit en ordre d'escarmouche à la rencontre de l'ennemi. Dans un quart de minute , ils auraient ouvert le feu, lorsqu'un officier du 4e accourut et les arrêta. S'il avait été une minute plus tard, les conséquences auraient été des plus désastreuses. Chaque coup de feu aurait frappé le corps dense des cavaliers, et les vingt hommes, dans la minute ou les deux qui auraient dû s'écouler avant que la cavalerie pût les atteindre, auraient commis une terrible exécution ; et même si la cavalerie avait chargé, en tombant dans un petit carré, elle se serait probablement défendue contre toute la force. Mais les vies ainsi sacrifiées n'auraient été que le début de malheurs. Rien n'aurait jamais convaincu Gobayze que cette affaire était le résultat d'une erreur, et nous aurions dû l'avoir pour ennemi, au même titre que Théodore. Et avec l'armée de Wagshum qui planait autour de nous, coupant notre train de bagages et attaquant de petits groupes, notre position serait effectivement précaire.

Wagshum L'oncle de Gobayzé arriva avec son corps de cavalerie de l'autre côté du petit ruisseau qui borde notre camp, et s'y arrêta quelques minutes. Pendant ce temps, les troupes défilaient devant leurs lignes respectives. Les troupes de Gobayzé , au nombre de 700 ou 800 , se formèrent en longue ligne et descendirent de cheval, chacun s'asseyant devant son cheval. Ils constituaient de loin le groupe le plus redoutable que nous ayons vu depuis notre arrivée dans ce pays. C'étaient en réalité de la cavalerie et montaient des chevaux petits mais très forts et utiles. Ils étaient armés d'un bouclier et d'une lance. Je ne veux bien sûr pas dire que ces troupes pourraient résister un instant à une charge de cavalerie régulière. Il est probable qu'une centaine de cavaliers Scinde ou du 3e de cavalerie les disperseraient comme de la balle ; mais pour un travail pénible, pour dévaler un flanc de montagne et attaquer un convoi, ils seraient des ennemis des plus redoutables. Leurs chevaux sont tous déferrés, ont le pied merveilleusement sûr et vont au galop dans des endroits où un cheval anglais pourrait à peine marcher. Nous fûmes fort surpris à la vue de ce corps de cavalerie, car jusqu'alors nous n'avions pas vu d'animal qui pût même par courtoisie être appelé cheval depuis notre débarquement en Abyssinie.

Laissant derrière lui le gros de la force, l'envoyé s'avança, escorté par le 3e de cavalerie, qui était sorti à sa rencontre, et accompagné seulement d'une douzaine de ses partisans personnels. Alors qu'il traversait les lignes, les régiments saluaient et les orchestres jouaient. L'envoyé était un homme d'apparence intelligente, vêtu d'une robe de chambre en soie cramoisie, brodée de jaune ; par-dessus, il portait l'enveloppement universel en tissu blanc abyssin et avait un turban blanc sur la tête. À ses côtés se trouvaient les officiers qui étaient sortis à sa rencontre, ainsi que M. Munzinger . L'envoyé ne pouvait pas être reçu dans un durbar public, comme l'ont été les ambassadeurs précédents, car Sir Robert Napier n'a plus qu'une petite tente d'environ huit à dix pieds carrés. Je ne peux donc pas dire ce qui s'est passé lors de l'entretien, sinon que l'envoyé a exprimé une crainte très considérable à l'égard de Théodore, qui, disait-il, avait 10 000 hommes et nous combattrait sans aucun doute à Magdala.

À la fin de l'entretien, l'envoyé s'est vu présenter un cheval et un fusil à double canon. Pendant que l'entretien se déroulait, nous nous amusâmes à inspecter le bouclier de l'envoyé, qui était porté par un serviteur, et c'était vraiment une affaire très magnifique. Le bouclier lui-même était bien sûr en peau de rhinocéros, et dessus il y avait un morceau de peau de lion, avec de nombreux bossages en relief en filigrane doré, qui me parurent être de fabrication indienne. C'était l'un des dix boucliers royaux, tous exactement semblables, qui existent en Abyssinie. Les serviteurs étaient pour la plupart de bons gars, bien bâtis, comme l'était le corps général de la cavalerie, et d'un physique supérieur à tous les hommes que nous avions vus jusqu'ici. Je dois mentionner que tous les chevaux ont une sangle allant du front jusqu'au nez, sur laquelle se trouvent deux ou plusieurs plaques rondes de métal avec une pointe acérée en elles, ressemblant exactement, mais plus petites, à celles portées sur le front des chevaux. chevaux des chevaliers d'autrefois. Le 4e, le Scinde Horse, et un corps du 3e de cavalerie indigène, furent rangés devant la tente et salués au moment où l'envoyé partait. Il ne fait aucun doute que Théodore ne sera pas un ennemi méprisable, et plus nous avançons, plus cela devient évident. L'armée de Gobayze compterait 20 000 hommes ; et si, comme je le comprends, ceux que nous avons vus aujourd'hui en constituaient un bon échantillon, ils seraient certainement de redoutables antagonistes. Et pourtant Gobayze surveille Théodore depuis des mois et n'ose pas l'attaquer, même encombré par son artillerie et ses bagages. Gobayze avoue en effet que son armée n'aurait aucune chance avec celle de Théodore. L'armée de ces derniers, lorsqu'elle mettra en garnison une position d'une force naturelle aussi immense que celle de Magdala, sera redoutable même pour une armée de 4,000 soldats britanniques. Il ne fait aucun doute que nous prendrons l'endroit ; mais le public britannique ne doit pas être surpris si nous ne le faisons pas dès notre arrivée.

Sir Charles Staveley est arrivé aujourd'hui avec sa force, qui a dormi la nuit dernière dans une halte au pied du ghaut . Je suis heureux de dire que le général est suffisamment remis de sa crise de rhumatisme pour pouvoir monter à cheval pendant une partie du voyage. Il amena avec lui l'ensemble du 33e, six compagnies des Punjaub Pioneers, la batterie d'acier de Twiss, la 3e Native Cavalry et la Naval Rocket Brigade. Le 45e régiment, le 3e Dragoon Guards et la deuxième aile des Beloochees arrivent tous à marches forcées et, ainsi que les éléphants de la batterie G 14, arriveront ici dans trois jours. Cet après-midi, la brigade navale est sortie pour présenter des exercices de tir aux fusées. Il n'y avait pas de place dans la vallée pour cet entraînement, et ils sont donc montés sur une colline et ont tiré sur une autre colline distante d'environ 2 000 mètres. Il y a douze mules, chacune avec un tube, et il y a une réserve de quatre-vingt-dix fusées dans chaque tube : il y a quatre hommes dans chaque tube, outre celui qui conduit la mule. Au mot « décharger ! » les tubes, qui mesurent environ trois pieds de longueur, sont rapidement retirés des mules et disposés en ligne. Chaque tube est pourvu d'une sorte de support, avec un élévateur marqué, grâce auquel il peut être réglé à n'importe quel angle souhaité. L'ordre était d'abord de tirer à dix degrés d'élévation ; et sur le mot « feu ! Une fois lancées, les fusées (qui n'ont pas de manche) se sont précipitées l'une après l'autre hors du tube et ont bourdonné dans les airs jusqu'au sommet de la colline opposée. Trois roquettes ont été tirées vers cette altitude, puis trois depuis une altitude de cinq degrés. Un vent très fort soufflait, et il était donc difficile de se faire une opinion sur la précision du tir qu'on pouvait atteindre. Les éclairs, lorsqu'ils tiraient dans les airs, ne semblaient certainement pas s'écarter le moins du monde de leur ligne d'origine ; et il ne fait aucun doute que ce nouvel instrument de guerre semera la terreur dans le cœur de la garnison de Magdala.

Scindee , 5 avril.

Quand j'ai écrit de Santarai, nous étions à vingt-cinq milles en ligne directe de Magdala. Après avoir parcouru trente-cinq milles, nous sommes exactement à la même distance. En fait, nous avons marché sur la base d'un triangle dont Magdala constitue le sommet. Nous avons été obligés de le faire pour arriver au seul point praticable pour traverser le formidable ravin de la Djedda . Pendant toute cette distance, nous avons marché le long d'un plateau presque plat à dix mille pieds au-dessus de la mer. Le soleil a été extrêmement chaud le jour, le vent la nuit extrêmement froid et nous avons eu de violents orages tout au long de l'après-midi. Les températures extrêmes sont très grandes, et il est en effet surprenant que les troupes préservent ainsi leur santé. J'ai vu le thermomètre marquer 145° à onze heures, et descendre à 19° la nuit. Le terrain du plateau a été extrêmement nu et monotone, pas un seul arbuste, aussi petit soit-il, ne brise la vue, et la seule variété qui ait été, alors que dans la plupart des endroits le sol est un limon noir friable, dans d'autres il l'est tellement. recouvert de pierres de toutes tailles, le sol lui-même est à peine visible et le voyage est extrêmement difficile et pénible. Notre première marche avait une longueur de douze milles jusqu'à Gazoo, qui est le nom d'un ruisseau courant sur presque toute la distance parallèlement à notre ligne de marche. A Gazoo, la nouvelle très grave nous parvint que les arrangements pour le transport indigène étaient rompus et qu'aucun ravitaillement n'arrivait. C'est ce que j'avais prévu, lorsque nous sommes partis de Lât pour notre course en avant, que nous avions prévu qu'il se produirait extrêmement probablement, et notre position est devenue immédiatement très précaire. Il ne nous restait plus que six jours de provisions. Magdala était à cinq journées de marche. Il était désormais certain qu'aucune nouvelle provision ne pourrait arriver longtemps après que celles que nous avons avec nous soient épuisées. Il est peu probable que nous trouvions des provisions sur notre chemin, car demain nous retrouverons la trace de Théodore, et on dit qu'il a incendié et pillé tout le pays aux alentours de sa route. Il est très douteux que nous obtenions assez de nourriture pour nos animaux ; même aujourd'hui, dans un pays cultivé qui n'a pas été ravagé, le fourrage est très rare, et les animaux ne disposent que de la plus courte allocation qui leur permette de vivre ensemble. La perspective était donc bien sombre, et le bruit courait que le chef était décidé à s'arrêter et à renvoyer tous les animaux pour apporter des provisions. Cependant cette idée, si elle fut jamais envisagée, fut abandonnée ; ces officiers énergiques, le major Grant et le capitaine Moore, furent renvoyés pour tenter d'arranger l'attelage dans la voiture indigène ; la ration de biscuits fut réduite d'une livre à une demi-livre par jour, et l'armée repartit. Heureusement, la nouvelle arriva que les indigènes apportaient chaque jour mille livres de farine au commissariat établi à Tacazze , et avec cela et nos demi-rations, nous pourrions tenir un certain temps.

La marche du lendemain était de seize milles, jusqu'à Ad Gazoo, à travers un pays exactement de caractère similaire à celui parcouru la veille, sauf qu'il était plus cultivé. Les villages, en effet, étaient partout dispersés et, bien que petits, ils semblaient douillets et confortables, les petits groupes de huit ou dix huttes, avec leurs hauts toits de chaume coniques, ressemblaient beaucoup à de douillettes fermes anglaises avec leurs rickyards. Ici, comme d'ailleurs pendant toute la dernière partie de notre voyage, les gens sortaient pour contempler le passage de l'armée d'étrangers blancs. Ils formaient des groupes pittoresques en s'accroupissant au bord de la route. Au centre se trouveraient probablement le prêtre, et à côté de lui le patriarche et le chef du village. Autour d'eux étaient assis les autres hommes, et derrière eux se tenaient les femmes et les filles, ces dernières bavardant et riant entre elles, ou avec les hommes plus jeunes qui se tenaient à côté d'elles. Ici aussi se trouvaient les mères, certaines avec leurs petits gros bébés dans les bras, d'autres avec deux ou trois enfants autour d'elles et jetant un coup d'œil timide aux étranges hommes blancs. Certaines femmes auraient généralement apporté des chèvres, ou un pot de miel, ou un pot de lait ou de ghee, ou un sac de céréales à vendre, mais elles oublièrent bientôt de les offrir, surprises par les étranges tenues et les beaux chevaux de les étrangers.

D'Ad Gazoo, nous avons déplacé hier notre camp à cet endroit, à une distance de seulement deux milles, Sir Charles Staveley amenant sa division au camp que nous avions quitté, de sorte que toute la force est maintenant bien rassemblée en cas d'attaque. Il y a eu hier soir une affaire dont les conséquences auraient pu être très graves. Ashasta , l'oncle de Gobayze , qui nous a rendu visite à Santarai , est de nouveau venu au camp avec quelques centaines de partisans. Cette fois, on avait pris soin d'éviter qu'il ne soit visé par les piquets de grève et, une fois sa visite terminée, il fut escorté par un officier au-delà des lignes. Après nous avoir quittés, il se rendit dans un village non loin de là, où il cantonna la moitié de ses hommes. Avec le reste, il partit pour un autre village ; mais en chemin il passa près d'un piquet éloigné de la brigade du général Staveley, composée d'un caporal et de quatre hommes du 3e d'infanterie indigène. Ces hommes, bien entendu, ne savaient pas qu'il venait de notre camp et criaient au groupe de garder leurs distances. Les indigènes, qui, comme je l'ai déjà dit, ont la forte impression que nous ne pouvons pas combattre, répondirent par des cris moqueurs et en brandissant leurs lances. Le caporal, supposant naturellement qu'il s'agissait d'un groupe de cavalerie de Théodore, ordonna à l'un de ses hommes de tirer, ce à quoi les indigènes répondirent par quelques coups de feu. Le caporal donna alors l'ordre aux autres de tirer, puis de charger, et le petit groupe, l'épée à la main, se dirigea vaillamment vers le nombreux groupe de leur prétendu ennemi. Ashasta , voyant que c'était une erreur, ordonna à ses hommes de battre en retraite, ce qu'ils firent, poursuivis par le piquet, qui arriva avec certains des derniers membres du groupe. Ils poursuivirent sur une certaine distance, puis s'arrêtèrent. Deux des indigènes furent tués dans cette affaire, l'un d'une balle, l'autre d'un coup d'épée, et deux autres furent blessés. Au bruit des coups de feu, la brigade de Staveley fut appelée sous les armes, et une agitation considérable régna pendant quelque temps. Tard dans la soirée, lorsque l'affaire fut comprise, M. Munzinger sortit pour expliquer à Ashasta comment cela s'était passé ; et comme les hommes tués n'étaient pas des chefs et que la vie humaine ne vaut pas grand-chose en Abyssinie, nos excuses furent acceptées, et Ashasta revint au camp aujourd'hui. Ainsi , ce qui aurait pu être une affaire très sérieuse est heureusement arrangé. Les hommes en piquet ne sont en aucun cas coupables ; en fait, ils se sont comportés avec une grande bravoure et ont dû faire comprendre aux indigènes que nous pouvons nous battre quand nous le voulons. Techniquement, ils étaient en quelque sorte responsables de la charge, car la règle est qu'un piquet ne doit jamais avancer, mais doit tirer et tenir bon lorsque cela est possible, ou se retirer sur ses supports s'il est menacé par une force écrasante.

La Naval Rocket Brigade fait désormais partie de ce camp. Ils constituent un corps d'hommes admirable et font grand honneur au capitaine Fellowes, leur commandant. Ils supportent les fatigues et les épreuves avec la bonne humeur particulière aux marins. Ils marchent, contrairement à ce qu'on aurait pu espérer, mieux encore que les soldats, et ne se déroutent jamais, même dans les voyages les plus fatigants. Ils sont un grand amusement pour les troupes, et leurs avertissements à leurs mules, qu'ils s'obstinent à traiter comme des navires, sont irrésistiblement comiques. J'ai vu l'autre jour un marin qui conduisait une mule, tandis qu'un camarade marchait derrière. Un arrêt s'est produit, mais il a continué son chemin au milieu d'un certain nombre de militaires.

« Bonjour, Jack ! » ils ont dit avec bonne humeur , "où viens-tu?"

"À venir?" Jack a dit : « Je ne viendrai nulle part. Je ne fais que remorquer l'engin ; c'est le gars derrière qui dirige.

Il en est toujours ainsi chez eux. La corde de tête est toujours soit la « corde de remorquage » , soit « le peintre ». Ils tribord ou bâbord leur barre, « virent de bord à travers la foule » ou « portent le navire » d'une manière des plus amusantes. Ils disposent bien sûr de titres de rivage pour l'occasion, mais n'y répondent pas toujours.

L'autre jour, j'ai entendu un officier crier : « Sergent-major !

Pas de réponse.

"Sergent-major!" Cette fois, plus fort.

Toujours pas de réponse.

Une troisième grêle encore plus forte ne produisit aucune réponse.

"Maître d'équipage, où diable es- tu ?"

« Oui, oui, monsieur ! » fut la réponse immédiate de l'homme qui se tenait à proximité, mais qui avait complètement oublié son nouveau grade de sergent-major.

Le soir, si nous faisons une halte, Jack danse parfois. La bande des Punjaubees — entre lesquels il existe une grande amitié avec les marins, bien qu'ils ne comprennent naturellement pas un mot de la langue de chacun — vient au camp des marins et joue de la musique de danse ; et une demi-douzaine de couples de matelots se lèvent et exécutent des quadrilles, des valses et des polkas.

La scène est très amusante. Les Pendjaubees ne se tiennent pas debout, mais s'assoient en cercle et jouent avec la plus grande gravité ; ils jouent très bien aussi, car ils sont sans aucun doute le meilleur groupe du monde. Les matelots dansent sans se douter qu'il y a quelque chose de comique dans cette affaire ; tandis qu'autour se tient une foule de soldats amusés et d'indigènes du pays étonnés, pour qui tout ce spectacle est un profond mystère.

Les pionniers du Pendjaub conservent toujours la haute opinion qu'ils ont gagnée grâce à leur travail acharné. Ils constituent en effet un régiment splendide et font le plus grand honneur au major Chamberlain, leur commandant populaire. Le cas du major Chamberlain est particulièrement difficile. Il fut promu au grade de major pendant les mutineries, et fut ensuite, pour ses grands services, recommandé pas moins de trois fois pour son grade de colonel. Le gouvernement indien a cependant refusé en raison de sa récente promotion. Onze années se sont écoulées depuis, et il faudra attendre longtemps avant que cela soit écarté ; et pourtant le major Chamberlain n'est encore que le major Chamberlain. Il faut espérer qu'à la fin de cette campagne, ses services seront tardivement reconnus.

Ce fut le major Chamberlain et ses Punjaubees qui trouvèrent de l'eau à une courte distance de Zulla . Il affirma, et très justement, que comme il y avait de l'eau à Koomaylo , elle devait trouver son chemin jusqu'à la mer d'une manière ou d'une autre, et il mit donc ses hommes au travail pour creuser. Il descendit régulièrement, au milieu des rires et des plaisanteries de ses amis du Génie. Il persévéra néanmoins et, à près de soixante pieds de la surface, il heurta l'eau. On peut maintenant obtenir une quantité abondante de ce puits, et par ce seul service, il a amplement mérité sa promotion.

Les difficultés d'écriture depuis que nous avons quitté Lât ont été plus grandes que jamais, et l'opération manuelle de rédaction d'une épître est une affaire des plus sérieuses. Bien entendu, rien ne ressemble à une chaise ou à une table, pas même à une boîte. La seule façon d'écrire est de s'allonger par terre et de poser son papier sur son oreiller. Maintenant, mon oreiller n'est pas confortable pour dormir, encore moins pour écrire. Il se compose d'un revolver, d'une boîte de cartouches, d'une lunette, d'un sac de dollars, d'un paquet de bougies, d'une poudre, d'un sac de balles, d'un peigne, d'une paire de bas et d'une chemise de flanelle. en fait, tous mes biens matériels. Un kit très utile, sans aucun doute, mais inconfortable comme oreiller, peu pratique comme table à écrire. Cependant, on s'habitue à tout ; et si cette campagne dure encore un mois ou deux, nous aurons probablement appris à nous passer d'articles bien plus importants que les tables et les chaises ; car nous n'avons que les vêtements dans lesquels nous nous tenons, et ceux-ci donnent déjà des signes indubitables d'une dissolution prochaine.

Nous arrivons maintenant à des noms qui nous sont quelque peu familiers. La rivière Djedda , que les troupes ont traversée hier, et la plaine de Dalante , où nous campons aujourd'hui, étaient toutes deux fréquemment mentionnées dans les lettres des captifs. La rivière Djedda était le lieu où Théodore fut retenu si longtemps, faisant un chemin praticable pour ses canons, et où il était représenté comme encourageant ses hommes dans leur tâche en travaillant de ses propres mains. Dalanta était la province ou le territoire dont on parlait depuis longtemps comme en rébellion contre lui, mais qui se soumit dès qu'il eut traversé la Djedda .

Après que j'eus envoyé ma lettre du 3, on apprit que Théodore avait dispersé son camp devant Magdala et se préparait à nous attaquer. Inutile de dire que la nouvelle était fausse. Le chef, cependant, était obligé d'agir en conséquence, et par conséquent nous reçumes l'ordre de marcher à sept heures ; et au lieu de nous arrêter, comme nous l'avions prévu précédemment, au bord du ravin de la Djedda , nous devions traverser et camper de l'autre côté, afin d'éviter la possibilité d'avoir à prendre une position aussi forte. Le colonel Milward, qui avait marché la veille au soir avec les Punjaubees et deux compagnies du 4e, reçut l'ordre de traverser de bonne heure, et le général Staveley devait amener ses forces au bord du ravin. Nous partîmes ponctuellement à l'heure ordonnée, et traversâmes un pays exactement semblable à celui que nous avions parcouru les quelques jours précédents. Quelques kilomètres avant d'atteindre les bords du Djedda , tout l'aspect était changé. Le chaume jaune et le foin, qui s'étaient auparavant étendus des deux côtés, étaient tous brûlés, et le sol n'était couvert que d'une cendre noire. Les troupeaux qui parsemaient le pays avaient disparu, et presque aucun être humain n'était visible sur l'étendue noire. Les fermes et les villages douillets avaient disparu, et à leur place se trouvaient des murs nus et des tas de pierres. Je suis monté jusqu'à l'un d'eux. Sur le sol gisait le chaume à moitié carbonisé du toit ; parmi eux se trouvaient des portions de casseroles cassées et des effets de pâtisserie. Il y avait là une longue pierre ronde qui servait de rouleau à pâtisserie pour faire le pain plat ; il y avait un grand récipient de terre cuite et de bouse de vache qui contenait autrefois de la farine ou du lait. Un rat s'est enfui alors que je regardais à l'intérieur. Il n'y avait personne dans ce qui était autrefois un grand village. C'était effectivement la désolation de la guerre. Bientôt nous vîmes s'élever, apparemment à quelques pieds au-dessus de la plaine, à une distance de cinq ou six milles, une longue paroi rocheuse perpendiculaire. Nous savions que c'était là la limite supérieure du versant opposé du Djedda . Le sol s'affaissa alors un peu devant nous et, longeant la légère dépression, nous tournâmes brusquement un coin et au-dessous de nous s'étendait la merveilleuse gorge de la Djedda . Sa largeur d'un bord à l'autre était de quatre ou cinq milles, et sa profondeur jusqu'au ruisseau de 3 800 pieds. C'était un ravin merveilleux. Aussi loin que l'œil pouvait voir d'un côté ou de l'autre, la partie supérieure sur les côtés apparaissait comme deux murs perpendiculaires d'environ un tiers de sa profondeur totale. Ensuite, de chaque côté, il y avait une plaine ou épaule d'un mille à un mille et demi de largeur, avec une pente graduelle vers le ruisseau. La partie inférieure était encore une fois extrêmement raide, mais toujours avec une descente progressive et non de simples parois rocheuses comme les bords supérieurs. Il était facile d'imaginer tout le processus de formation de cette gorge. À l'origine, ce devait être un bras de mer ; un golfe de cinq milles de diamètre, avec des falaises perpendiculaires de chaque côté, et sa profondeur est au niveau des larges épaules. Puis la terre s'est élevée et une grande rivière a traversé le centre de ce qui était maintenant une noble vallée, se frayant progressivement un chemin jusqu'à ce que son lit atteigne son énorme profondeur actuelle. C'est ce ravin qui avait été la cause de l'immense détour que nous avons dû faire. Quarante milles en arrière, à Santarai , on nous disait être aussi près de Magdala que nous l'étions lorsque nous nous préparions à descendre dans le Djedda . Mais les murs perpendiculaires nous ont empêché de progresser, et nous avons marché presque parallèlement à son cours jusqu'à ce que nous ayons atteint le seul endroit où une brèche dans ses murs de fer permet notre descente. Par cette route Théodore marcha, et quand nous vîmes le chemin qu'il avait tracé pour nous, nous nous sentîmes pour la première fois depuis notre arrivée vraiment reconnaissants envers le tyran abyssin.

C'est vraiment une route merveilleuse, presque aussi bonne que celle qu'auraient pu réaliser nos propres ingénieurs ; la seule différence était qu'ils auraient jeté une couche de terre sur les pierres détachées pour les lier ensemble et fournir une surface ferme et plane. La route est vraiment construite avec une grande compétence en ingénierie. Les outils de dynamitage ont été librement utilisés partout où la roche l'exigeait. Chaque vent et chaque virage, chaque accotement et chaque pente ont été exploités pour faire des zigzags et rendre la descente plus progressive. Il est vrai que par endroits, la pente est terriblement raide – une pente de un et quart à un – ce qui, pour exprimer l'idée de manière plus populaire, équivaut à la pente de la berge d'un tronçon de chemin de fer. Le fait de laisser la route dans son état actuel, avec des pierres détachées, a peut-être été fait avec un but précis, car sur une route solide de cet angle, il aurait été presque impossible d'empêcher de lourds canons sur roues de s'effondrer , alors que sur une route très meuble et lourde, la chose était relativement facile. La longueur de la descente est de quatre milles et demi, celle de la montée de trois milles et demi. Deux milles et demi du premier et un mille et demi du second s'étendent en travers et en partie le long des accotements, là où la pente était très légère. En conséquence, on peut dire qu'en réalité trois mille pieds de profondeur ont été atteints de chaque côté en deux milles, ce qui donnerait une inclinaison moyenne d'un sur trois. La route a de vingt à trente pieds de largeur ; généralement , il est fabriqué à partir de basalte qui, en refroidissant, s'est cristallisé , de sorte que sa surface ressemble à un pavé en mosaïque, et celui-ci se brise facilement. Certaines parties, cependant, sont taillées dans une pierre dure, et d'autres dans un conglomérat, qui ont dû mettre à rude épreuve les outils et la patience de l'armée de Théodore. Comment il a accompli cette tâche avec les moyens dont il disposait, je n'arrive pas à comprendre ; et la route a certainement élevé Théodore à de très nombreux degrés dans l'estime de nos hommes. Sur chaque espace plat du terrain de camping de son armée, il y a leurs cheminées et d'innombrables petites tonnelles de cinq pieds de haut et un peu plus de diamètre, dans lesquelles ses troupes se pelotonnaient après leur journée de travail. Ce fut une descente longue et très fatigante. Descendre une pente raide est relativement facile quand on ne porte aucune charge ; mais quand on a plus de cinquante livres sur le dos, c'est extrêmement éprouvant. Enfin nous atteignîmes le fond, une étendue pierreuse d'un quart de mille de large, avec quelques grands arbres poussant sur ce qui, pendant la saison des pluies, est sans aucun doute des îles . Le lit du ruisseau est parfaitement sec, sauf que çà et là, à un quart de mille environ d'intervalle, se trouvaient des mares d'eau très douces et désagréables au goût, et pleines de têtards. Les troupes, lorsqu'elles arrivèrent ici, étaient très fatiguées, ayant déjà parcouru treize milles, et on espérait que le chef ordonnerait une halte pour la nuit. Il jugea cependant essentiel que le plateau fût gagné le soir même, et le corps de Milward, dont l'arrière-garde quittait la rivière alors que nous y descendions, le soutint. Les troupes reçurent l'ordre de s'arrêter et de se reposer jusqu'à quatre heures, de dîner, et les mules devaient être déchargées, nourries et abreuvées.

Il était trois heures lorsque les bagages commencèrent à arriver dans la vallée, et il était évident que tout ne descendrait qu'à la nuit tombée, et qu'une grande partie ne pourrait pas atteindre le plateau au-dessus cette nuit-là. Trois d'entre nous décidèrent donc de dormir sur place et de partir au point du jour. Nous avons donc planté nos tentes sous un arbre, vu nos chevaux piqueter et nourrir, et le dîner en cours de préparation, puis nous sommes sortis nous promener pour explorer la vallée. La température était de beaucoup plus élevée que sur le plateau situé au-dessus, et la flore était plus que proportionnellement luxuriante. Je trouve ici, parmi des centaines d'autres plantes dont j'ignore malheureusement les noms et les propriétés, la verveine sauvage et l'héliotrope, ainsi que le concombre. Malheureusement, les concombres commençaient à peine à se former et étaient à peine aussi gros que des cornichons, sinon nous aurions pu avoir un ajout inattendu à notre repas. J'ai également trouvé des quantités de fougères palmiers rares poussant dans les crevasses des rochers. C'était tout à fait un domaine splendide pour un botaniste, et je trouve vraiment dommage qu'un savant botaniste n'ait pas accompagné l'expédition à la place d'un géographe qui, bien qu'étant un savant des plus distingués, ne peut que raconter au monde à peu près les mêmes détails sur le étroite bande de pays à travers laquelle nous voyageons, comme cela doit venir à l'esprit de tout observateur ordinaire. Si ce monsieur avait simplement profité de la protection conférée par notre présence dans le pays pour voyager d'une manière générale à travers le pays, il aurait sans doute pu enrichir considérablement notre réserve d'informations ; mais s'en tenant à la ligne de route suivie par l'armée, il ne peut, sauf pour connaître les hauteurs précises que nous parcourons, nous dire à peu près rien. Je crois cependant que ce séjour dans l'armée n'est en aucune manière la faute du monsieur en question, mais celle des autorités militaires, qui semblent ici avoir l'idée qu'un civil est une sorte de bébé adulte, qui doit être gardé strictement sous leurs propres yeux, ou bien qu'il se livrera infailliblement à des ennuis, et soit qu'il en vienne à se faire du mal, soit qu'il soit la cause de cette chose terrible et mystérieuse : les complications. Si le roi Kassa , au moment de sa visite, avait été contacté par le commandant en chef, il aurait sans doute accordé toutes les facilités au géographe et à l'archéologue pour qu'il puisse errer à sa guise dans ses domaines, et ce dernier il aurait surtout pu visiter les villes intéressantes d'Adowa et d'Axum, et faire des découvertes d'une nature importante et intéressante, au lieu de perdre son temps au sommet des sombres montagnes abyssiniennes.

Nous avons incroyablement apprécié notre petit pique-nique. C'était un tel soulagement de sortir pour une fois de la routine du camp, avec ses sentinelles, ses signes, ses clairons et ses mulets, et de nous allonger devant notre tente et de profiter de l'air chaud du soir, auquel nous n'avions pas eu accès. Je suis capable de le faire depuis que nous avons quitté Zulla , où il n'y avait que du sable pour s'allonger. À huit heures, cependant, la pluie tomba et nous entraîna, sachant avec plaisir que nous avions bien choisi de nous arrêter, car le dernier des bagages n'était descendu de la colline qu'à six heures passées ; et bien qu'ils commencèrent aussitôt leur pénible ascension, il était impossible qu'ils puissent atteindre le camp avant le matin. Notre camp fut bientôt agrandi par une douzaine de coolies du commissariat, qui conduisaient plusieurs centaines de moutons et quelques bœufs, et qui n'arrivèrent à la rivière que vers huit heures. Les chacals et les hyènes étaient très nombreux, alors nous avons fait un bon feu pour les éloigner de nos chevaux, puis nous nous sommes couchés avec nos fusils et nos revolvers à portée de main, car c'était bien sûr tout à fait possible, bien que non, comme certains des Les membres de l'état-major à qui nous avions fait part de notre intention de rester considéraient comme probable, probable, qu'une partie de la cavalerie de Théodore descende la vallée à la recherche de retardataires. Nous sommes arrivés à l'aube le lendemain matin et, après une tasse de thé sans sucre, nous sommes partis pour le camp. C'était une montée très rude, et à l'accotement nous rencontrâmes de nombreuses mules qui n'avaient pas pu se lever la nuit précédente. Le chemin que Théodore a tracé nous permet de voir très clairement la formation de la vallée, et je ne doute pas du tout qu'on y trouverait du charbon. Je ne mentionne pas cela comme un fait commercial, mais comme un fait scientifique ; car, commercialement, le charbon n'aurait pas plus de valeur ici que les pierres. Mais sur le fait lui-même, je n'ai aucun doute. Le caractère de la formation, la pierre, les bandes d'argile réfractaire et de schiste noir friable, sont très distincts, et il n'y a dans mon esprit aucun doute sur l'existence du charbon. En chemin, nous avons croisé plusieurs mulets et chevaux morts, et il ne fait aucun doute que le voyage a été des plus cruels. Cette fatigue extrême peut ne pas paralyser un homme à ce moment-là, il peut être prêt à prendre son service le lendemain matin ; mais cela doit avoir des conséquences, et des conséquences sévères sur sa constitution, et il n'y a pas quelques hommes ici qui ressentiront les effets de Mahkan , Dildee et Dalanta jusqu'à la fin de leur vie. Le camp est situé sur un niveau mort à environ un mile du sommet de l'ascension. Je découvre après enquête que les troupes en général sont arrivées à neuf heures - bien sûr mouillées - mais qu'un très grand nombre d'entre elles et une grande quantité de bagages ne sont arrivées que ce matin. Des rumeurs d'attaque couraient, Rassam ayant envoyé une lettre avertissant le chef d'être particulièrement sur ses gardes contre les attaques nocturnes. Les hommes s'endormirent donc dans leurs bottes, le fusil au côté. Aucune attaque n'a eu lieu. La même précaution est utilisée ce soir. Nous constatons, comme je m'y attendais, que très peu de choses sont apportées par les indigènes. Les chevaux et les mulets ne reçoivent aujourd'hui que deux livres de grain chacun. Nous disposons encore de demi-rations de farine qui, par ce moyen et avec ce qui est acheté à Tacazze et en chemin, nous permettront, je l'espère, de tenir jusqu'à l'arrivée des ravitaillements. Rien de positif n'a encore été entendu à propos de la voiture indigène. Sir Robert Napier a été dehors toute la journée pour effectuer une longue reconnaissance . D'un point où il atteignit, les tentes de l'armée de Théodore étaient clairement visibles dans la plaine en face de Magdala. Le groupe n'est revenu qu'à la tombée de la nuit et je n'ai entendu aucun détail. Théodore est cependant connu pour être toujours là, et ses efforts visent à fortifier la colline qui défend Magdala. Il a plusieurs canons en position sur le sommet, et je crains que nous devions le capturer avant d'attaquer Magdala. On ne sait pas encore si nous avancerons demain ou non, mais on croit que nous partirons tard et ferons une courte marche, et que Sir Charles Staveley, qui campe cette nuit au fond du ravin de Djedda , viendra à notre camp actuel. C'est une nuit extrêmement humide.

Dalante , le 7 avril.

Nous avons eu bien des surprises depuis notre arrivée dans le pays, mais aucune n'est plus grande et certainement aucune plus satisfaisante que celle que nous avons vécue ici. Les lettres des captifs nous avaient appris que Théodore avait tout brûlé dans la plaine de Dalante ; et nous avions en conséquence imaginé que nous ne pourrions rien obtenir du tout, ni pour nous ni pour les animaux, et que la perspective de ces derniers surtout était extrêmement sombre, car il ne nous restait plus du tout de blé pour eux. Le capitaine Speedy, cependant, partit voir le chef de Dalanta , avec qui il avait fait connaissance lorsqu'il résidait dans le pays. Il revint dans l'après-midi avec la nouvelle que le chef avait promis au moins 100 000 livres. de céréales en deux jours. Il est évident qu'il est un homme de parole, car nous avons eu aujourd'hui un marché qui a surpassé tout ce que nous avons vu dans le pays, sauf à Antalo . Il y a une foule de gens avec du grain, du pain, de la volaille, etc. etc., et les quatre ou cinq Parsis du commissariat ne peuvent pas payer les dollars pour les seaux de blé chargés deux fois plus vite que les indigènes les apportent. C'est en effet toute une bousculade entre ces derniers.

Cet afflux inattendu de blé, etc., peut être considéré comme le tournant qui assure le succès de notre expédition. Si nous n'avions pas trouvé de grain ici, nous aurions perdu tous les animaux de transport, car ceux-ci se trouvent déjà depuis quelques jours sur des terres communes très courtes. Les provisions pour les hommes aussi étaient extrêmement limitées, et si Magdala tenait bon pendant une semaine, notre situation aurait été des plus désagréables ; maintenant nous sommes en sécurité. Nous avons du grain en abondance pour les animaux pendant encore une semaine, et on nous dit que les approvisionnements continueront à arriver en toutes quantités. De très grandes quantités de pain ont également été achetées, et les officiers et les soldats ont constitué un stock de volailles, d'œufs, etc. Toute anxiété est terminée. Nous avons désormais surmonté toutes les difficultés du pays et de nos approvisionnements. Théodore et ses hommes sont, en comparaison, des ennemis méprisables.

La brigade de Staveley est arrivée hier et est campée à environ deux milles au-delà de nous. Maintenant que les approvisionnements arrivent en abondance et qu'un jour n'a plus de conséquence vitale, nous attendrons, je crois, encore un jour ou deux pour permettre à l'aile du 45e, à la deuxième aile des Beloochees et au 3e Dragoon Gardes, à venir.

Hier, presque tous les officiers du camp se sont rendus au bord du ravin pour voir Magdala. C'est un trajet d'un peu plus de deux milles, et le ravin descend dans un précipice presque ininterrompu de 500 ou 600 pieds du bord supérieur. La vue est l'une des plus belles, sinon la plus belle, que nous ayons eue en Abyssinie. C'est grandiose à l'extrême. A nos pieds se trouvait le précipice perpendiculaire, puis un court épaulement, puis une autre chute abrupte jusqu'au Bachelo , qui est à 3 900 pieds au-dessous de nous. Ce côté du ravin est très semblable, mais plus abrupt, à celui de Djedda . De l'autre côté, le personnage est tout à fait différent. Au lieu d'une ascension correspondante, comme au Djedda , le terrain s'élève en une succession de vagues les unes derrière les autres, de plus en plus hautes, jusqu'au pied de quelques montagnes très élevées, qui forment le fond à quarante milles de là. Une mer de collines si extraordinaire que je n'ai jamais vue. C'était un endroit magnifique et s'étendait à l'est et à l'ouest aussi loin que le regard pouvait atteindre. Surtout, cette Magdala s'élevait comme un grand navire hors des flots environnants. On ne pouvait s'y tromper, avec ses flancs escarpés, son aspect renfrogné et le groupe de tentes clairement visible à son sommet. À vol d'oiseau, il se trouvait à environ huit milles de distance.

Je m'efforcerai d'en donner une description aussi claire que possible, afin que nos opérations futures puissent être facilement comprises. Du lit du Bachelo s'élève le terrain en une masse de collines arrondies, aux sommets un peu plats ; à travers ceux-ci, de profonds ravins transportent les ruisseaux des collines lointaines vers le Bachelo . L'un de ces ravins descend presque directement de Magdala, et c'est par là que monte la route, jusqu'à ce qu'elle arrive à environ deux milles de Magdala, où elle quitte le ravin et monte vers les sommets plats des collines du milieu de Magdala. laquelle Magdala se lève. Magdala, vue d'ici, apparaît comme une montagne à trois sommets aux côtés presque perpendiculaires. Deux des sommets, qui ressemblent ensemble à une selle avec de hauts sommets plats, font face à cette direction. La colline à droite est Fahla ; celui de gauche, qui est quelques centaines de pieds plus haut, est Salamgi . La route serpente du côté de Fahla jusqu'à la selle entre les deux, et il est évident que Fahla sera la première position à être attaquée. Il y a apparemment très peu de cabanes sur Fahla . La route, entend-on, après avoir atteint le sommet de la selle, tourne à gauche et traverse Salamgi . Salamgi est extrêmement fort ; c'est une série d'escarpements naturels, de grande hauteur ; et sur la terrasse formée par ces escarpements, une grande partie des forces de Théodore est campée. Salamgi , s'il est bien défendu, même par des sauvages, sera une position des plus redoutables à attaquer. Le troisième sommet de cette singulière forteresse est Magdala elle-même. Celui-ci, comme Fahla , a un sommet plat entièrement recouvert de grandes huttes. On ne voit que le sommet de Magdala, par-dessus la selle entre Salamgi et Fahla . Il est apparemment inférieur à Salamgi , mais supérieur à Fahla . Il est, entend-on, relié à Salamgi par une épaule plate. Il semble qu'il se trouve à environ un mille du sommet de cette montagne, et lorsque nous aurons donc pris Salamgi , nos canons légers ne seront pas d'une grande utilité pour bombarder Magdala à une si grande distance.

J'ai maintenant donné une idée de la scène dans laquelle se jouera le grand drame, qui commencera demain ou après-demain. Ma prochaine lettre vous racontera en tout cas la scène d'ouverture, et peut-être même le drame tout entier.

Avant Magdala, le 11 avril.

Même s'il était évident, la dernière fois que je vous ai écrit, que le dernier acte de notre long drame approchait, je n'imaginais certainement pas que ma prochaine lettre vous communiquerait la nouvelle que tout était fini, que les captifs étaient libres, leur prison capturée, leur oppresseur puni et triomphe général au milieu d'un feu bleu. Mais il en est ainsi ; car bien que Magdala ne soit pas encore tombée, elle le fera sans aucun doute avant la fermeture du poste, et une fin plus gratifiante de notre expédition que celle qui a abouti n'aurait pu être souhaitée par les plus optimistes. Je ferais mieux de continuer ma lettre sous forme narrative à partir de la date à laquelle je l'ai écrite pour la dernière fois, car si je décris d'abord les derniers événements, cela priverait le reste de tout intérêt.

J'ai écrit pour la dernière fois le 7 au soir de Dalanta . Le lendemain, les approvisionnements furent considérablement accrus et le marché fut entièrement rempli de gens de la campagne. Au cours des trois jours où nous étions là-bas, nous avons acheté plus de 100 000 livres. de blé, outre des quantités de pain, etc. etc., et nulle part, même à Antalo , les approvisionnements n'arrivèrent avec une telle rapidité qu'à cet endroit, où l'on s'attendait à trouver un désert.

Dans l'après-midi du 8, l'aile du 45e entra dans le camp, après avoir parcouru la distance depuis Scindee . Les autorités avaient judicieusement envoyé des mules jusqu'à la rivière Djedda pour transporter leurs manteaux et leurs couvertures, et les hommes arrivèrent donc relativement frais. Les matelots de la brigade navale arrivèrent à leur arrivée au camp et les saluèrent de trois acclamations chaleureuses. Le 45ème est un groupe d'hommes remarquablement talentueux.

Ainsi renforcé, Sir Robert Napier était déterminé à avancer et à camper devant Magdala, même s'il décidait de retarder l'assaut jusqu'à ce que l'autre aile des Beloochees et du 3d Dragoon Guards nous rejoignent. L'ordre fut donc donné de marcher le lendemain jusqu'au bord du ravin de Bachelo , où devait également se rendre la deuxième brigade, qui se trouvait maintenant à deux milles devant nous. Nous partîmes à dix heures et fûmes bientôt sur notre terrain de camping, qui n'était qu'à cinq milles de distance. Ici, la deuxième brigade nous a rejoint et, ensemble, nous avons formé un camp plus grand que tout ce que nous avons eu depuis notre débarquement à Zulla . De l'avant du camp , nous avions une excellente vue sur Magdala, qui se dressait, avec Salamgi et Fahla , à mille pieds au-dessus des collines environnantes. Nous pouvions maintenant voir que la crête reliant Salamgi à Fahla était plus longue qu'elle ne le paraissait de notre point de vue précédent, la distance d'un bout à l'autre de la selle étant apparemment supérieure à un demi-mile.

La première brigade reçut l'ordre d'avancer à l'aube. Le commandant en chef et son quartier général devaient se déplacer avec la deuxième brigade à dix heures, afin de permettre aux bagages de la première brigade d'arriver les premiers au fond du ravin. La première brigade devait marcher jusqu'à deux ou trois milles de Magdala. Les seconds devaient camper sur la rivière et partir de bon matin le lendemain matin. Il n'y avait alors pas la moindre intention de la part de Sir Robert Napier qu'une attaque ait lieu, et en fait, comme je l'ai déjà dit, il était considéré comme très probable que nous attendions l'arrivée des troupes se précipitant par derrière avant de commencer. l'assaut fut lancé contre Magdala. Cependant, je résolus de partir de bonne heure, car il était fort possible que quelque chose se produisît, et j'eus ensuite de bonnes raisons de me féliciter de l'avoir fait, car plusieurs autres qui n'étaient partis qu'à dix heures perdirent la scène passionnante. à la fin de la journée.

Sir Charles Staveley commandait l'avancée, et le colonel Phayre , en tant que quartier-maître général de l'armée, marchait en tête avec six compagnies de sapeurs de Bombay et de Madras pour préparer la route, si cela était nécessaire.

Le lendemain matin (Vendredi Saint), à cinq heures et demie, nous étions en mouvement et nous entamâmes aussitôt la descente raide vers le Bachelo . C'est un ravin à peu près de la même profondeur que le Djedda , soit 3 800 pieds, et la route, telle que tracée par Théodore, est merveilleusement bonne. Il est plus court, mais en même temps à peine aussi escarpé que certaines parties de celui qui descend jusqu'au Djedda , et ne peut guère avoir présenté autant de difficultés, c'est-à-dire qu'il y avait moins d'endroits où le basalte devait être percé avec des outils de dynamitage. . Ce fut pourtant une descente fatigante jusqu'au Bachelo , et le soleil, lorsqu'il se leva, descendit avec une puissance formidable. Les hommes n'avaient eu que peu d'eau la nuit précédente, et presque pas avant de partir ; ils attendaient donc avec impatience le ruisseau de bienvenue en bas. Ce fut cependant une déception, car bien qu'il y ait eu une abondance d'eau, la rivière mesurant quatre-vingts mètres de large et atteignant presque la taille, l'eau était d'une consistance et d'une couleur qui l'auraient rendue parfaitement imbuvable, sauf pour les hommes souffrant. d'une grande soif. Je ne pense pas avoir jamais vu une eau aussi boueuse dans un ruisseau. C'était la couleur du café contenant du lait et parfaitement opaque à la boue. Cela ne ressemblait à rien de plus que l'eau d'une flaque d'eau sale dans une rue de Londres , telle qu'elle a été agitée par les roues d'un omnibus qui passait. Mais rien n'y faisait, et, si sale que cela fût, tout le monde prenait à boire, et les soldats remplissaient leurs cantines, car il était probable qu'il n'y aurait plus d'eau pendant la journée.

Du Bachelo , un large ravin au fond plat courait presque directement jusqu'à Salamgi , et c'est le long de ce chemin que fut tracée la route de Théodore . On croyait cependant que des canons avaient été placés pour commander cette route, et il n'était pas improbable que Théodore puisse lancer une attaque soudaine. Il fut donc décidé que les canons de montagne, les trains de fusées et les bagages avanceraient par cette route, précédés des six cents sapeurs et mineurs ; et que l'infanterie gravirait immédiatement les collines à sa droite et marcherait le long d'elles, de manière à les débarrasser de tout ennemi possible. Pour traverser la rivière, les hommes durent patauger, c'était la première fois qu'ils devaient le faire depuis leur débarquement. Certains ôtèrent sagement leur pantalon, d'autres pensèrent en vain que l'eau ne leur arriverait pas au-dessus des genoux, retroussèrent simplement leur pantalon et, bien sûr, se mouillèrent complètement. La plupart d'entre eux ôtèrent leurs chaussures et leurs bas, mais beaucoup s'arrêtèrent au milieu et remirent leurs bottes, car les pierres étaient si tranchantes qu'il était préférable de porter des chaussures mouillées plutôt que de couper les pieds. Enfin , les troupes traversèrent et, après une courte halte, avancèrent, les sapeurs étant partis une heure auparavant avec le colonel Phayre . Après avoir remonté la vallée, nous nous sommes préparés à gravir la colline. En le traversant, le 4e forma l'avance, les hommes chargeant avant de partir, car il était impossible de savoir quand nous pourrions être attaqués. Sir Charles Staveley, accompagné du général Schneider, l'officier compétent et populaire commandant la première brigade, suivi de leurs états-majors ; et après eux vint le 4e — le petit groupe d'ingénieurs dirigé par le major Pritchard, les Beloochees , les Punjaubees et deux compagnies du 10e d'infanterie indigène ; aussi un escadron de la 3e Native Cavalry, la seule cavalerie que nous avions avec nous. Nous avons eu quelques ascensions difficiles depuis notre entrée en Abyssinie, mais cela a largement surpassé toutes nos expériences précédentes. En effet, lorsque nous approchâmes du sommet de la première rangée, nous arrivâmes à un endroit presque infranchissable même pour l'infanterie, et bien pour les chevaux de l'état-major. Deux ou trois officiers essayèrent de tirer leurs chevaux, mais les animaux, bien qu'à cette époque assez habitués aux endroits raides, furent tout à fait incapables de se relever, et un ou deux tombèrent en arrière et furent presque tués. L'infanterie grimpa donc jusqu'au sommet ; mais nous avons dû attendre sur place pendant une demi-heure, jusqu'à ce que les pionniers du Pendjaub dégagent une sorte de piste que nous puissions emprunter. Arrivés au premier étage, nous fîmes une halte d'une demi-heure, car les troupes étaient toutes très épuisées par leur ascension, sous un des soleils les plus chauds que j'aie jamais connu. Eux aussi commençaient à souffrir beaucoup de soif, et l'eau boueuse des outres était bue avec avidité. Cela avait un goût boueux, mais ce n'était pas mauvais autrement ; mais il fallait fermer les yeux pour le boire. Pendant que nous attendions ici, arriva un messager du colonel Phayre , disant qu'il tenait la tête de la vallée avec les sapeurs et les mineurs, et que la route était tout à fait praticable. Sir Charles Staveley envoya aussitôt un aide de camp à sir Robert Napier, disant que les bagages et les armes, qui attendaient au bord de la rivière la réception de cette nouvelle, pouvaient avancer en toute sécurité. Nous marchâmes ensuite quatre milles plus loin sur une succession de collines jusqu'à l'endroit où l'on espérait, d'après les récits indigènes, que nous trouverions de l'eau ; mais il n'y avait qu'une petite mare d'eau très sale, dont cependant trois ou quatre outres étaient remplies. La déception des hommes, qui souffraient maintenant gravement, était très grande, mais il n'y avait aucune aide pour y remédier. Ici, cependant, nous rencontrâmes une surprise qui, aux commandants, dissipa toute pensée de soif ou d'inconfort ; car ici, au grand étonnement et au désarroi de Sir Charles Staveley, il trouva le colonel Phayre et les 800 sapeurs et mineurs, qui étaient censés tenir la tête de la vallée au-dessous de nous. Nous le savions maintenant, rempli de notre artillerie, de nos munitions, de nos bagages et de nos provisions. Cette vallée, comme je l'ai déjà dit, s'étendait directement jusqu'à Magdala et, bien entendu, était visible sur toute sa longueur pour la garnison de cette forteresse.

Tous les bagages étaient donc exposés à une attaque de Magdala, et nous, au sommet de la colline, étions impuissants à leur apporter le moindre secours. Si Théodore avait attaqué à cette époque, il n'est pas exagéré de dire que la totalité de nos canons, munitions et magasins auraient dû tomber entre ses mains, car leur garde entière n'était que de quatre-vingts ou cent hommes du 4e dispersés partout. une longue file d'attente. Ce que le colonel Phayre voulait dire, ni comment il expliquait cette conduite extraordinaire, je l'ignore ; mais une erreur plus prodigieuse n'a jamais été commise, et si nous avions eu à affronter la force européenne la plus méprisable au lieu des sauvages, nous aurions dû subir un désastre écrasant.

Le général Staveley envoya aussitôt un officier pour informer Sir Robert Napier de l'état des choses, puis ordonna aux troupes d'avancer immédiatement.

Encore quelques kilomètres nous amenèrent à notre terrain de camping, qui se trouvait un peu en retrait de la crête d'une colline et n'était pas visible de Magdala. Ici, les troupes fatiguées se jetèrent, tandis que le général s'avançait avec son état-major jusqu'au bord de la colline. Comme la scène qui l'a précédé était destinée, bien que nous l'ignorions alors, à devenir notre champ de bataille, je m'efforcerai d' en donner une description aussi précise que possible, afin que le combat puisse être mieux compris.

Nous nous trouvions au bord d'une sorte de plateau. A nos pieds se trouvait un petit ravin ou vallée, nous séparant d'un autre plateau, qui s'étendait jusqu'au pied de Fahla et de Salamgi . Ce plateau était à une centaine de pieds au-dessous de l'endroit où nous nous trouvions, et aurait été entièrement dominé par nos canons. Ce plateau était borné à droite et à gauche par des ravins, celui de gauche étant le fond de la vallée dans laquelle se trouvaient nos bagages. La petite vallée qui nous séparait du plateau s'élargissait vers la gauche, l'endroit où elle tombait dans la vallée principale étant à un demi-mille de distance ; et ici nous pouvions voir l'endroit où arriveraient nos bagages lorsqu'ils seraient remontés de la vallée en contrebas.

envoya aussitôt les pionniers du Pendjaub sur ce point ; cela fait, il n'y avait plus qu'à attendre l'événement ; et cette attente était extrêmement pénible.

Il était maintenant trois heures et demie. Tout le monde était dévoré d'une soif brûlante, que le peu de boue semblait exciter plutôt qu'apaiser. N'importe quel argent aurait été volontiers donné pour un verre d'eau pure. On vit un orage se lever, mais malheureusement il ne passa pas sur nous ; nous avons cependant atteint la fin de la douche, et en étalant mon drap imperméable, j'ai attrapé près d'une demi-pinte, dont je me souviendrai longtemps comme l'une des boissons les plus rafraîchissantes que j'aie jamais goûtées.

Entre- temps , Sir Robert Napier était arrivé avec son état-major, et il était évident, par le soin anxieux avec lequel il reconnaissait la colline devant nous et le fond de la vallée, qu'il considérait notre position comme critique. Nous pouvions voir avec nos lunettes une demi-douzaine de canons alignés sur le sommet plat de Fahla , et autant d'autres sur Salamgi , et bientôt nous vîmes deux artilleurs passer de canon en canon et les charger successivement. Pourtant tout était calme ; mais c'était une période d'attente des plus anxieuses, car nous savions que, de la forteresse, on pouvait voir notre longue file d'animaux qui serpentait la vallée, et que la tête du train devait approcher à grands pas. Bientôt la Naval Rocket Brigade, qui était devant les bagages, émergea sur l'appartement au-dessous de nous et rejoignit les Punjaubees ; et presque au même instant, une douzaine de voix proclamèrent : « Une force nombreuse arrive sur la route jusqu'au sommet de la forteresse. »

Tous les verres y étaient tournés, et l'on voyait un grand corps de cavaliers et de fantassins se précipiter pêle-mêle et sans aucun ordre ni régularité. Au début, les avis étaient partagés quant à savoir s'il s'agissait d'une ambassade pacifique ou d'une attaque ; mais tout doute fut dissipé une minute plus tard par le grondement d'un fusil de Fahla et par un coup de feu de trente-deux livres frappant le sol à quelques mètres du corps des Punjaubees . C'était donc la guerre, et un éclat général d'acclamations éclata parmi les officiers groupés autour du général. Théodore avait en réalité l'intention de se battre, et pas seulement cela, mais de se battre à découvert.

Notre position n'en était pas moins des plus sérieuses. La deuxième brigade était à des kilomètres derrière, les bagages n'étant défendus que par les Punjaubees , et il était assez facile pour l'ennemi de faire un tour dans le ravin et de les éviter. Sir Robert Napier envoya aussitôt un aide de camp au major Chamberlain, commandant les pionniers, pour lui ordonner de prendre position sur un terrain élevé à sa gauche, où il pourrait mieux protéger les bagages, et d'ordonner à la brigade navale de remontez rapidement la vallée jusqu'à l'éperon dominant sur lequel nous nous tenions. Aide de camp après aide de camp était renvoyé pour faire monter l'infanterie. Ce furent cinq minutes des plus excitantes. L'ennemi descendait avec une très grande rapidité. Ils avaient déjà descendu la route qui partait de la forteresse et étaient dispersés dans la plaine ; le corps principal se dirigeait vers la vallée dans laquelle se trouvaient nos bagages, le reste avançant en groupes dispersés, tandis que les canons de Fahla maintenaient un feu constant sur les Punjaubees . Il y a rarement un spectacle plus joli en guerre que celui de l'avancée de l'ennemi. Certains étaient en groupe, d'autres par deux ou trois. Çà et là galopaient des chefs dans leurs robes de tissu écarlate. Beaucoup de fantassins portaient également des vêtements écarlates ou en soie. Ils continuèrent à courir, et tout le monde s'avança à travers la plaine avec une rapidité incroyable et alarmante, car il fut pendant quelque temps douteux s'ils n'atteindraient pas le bord de la petite vallée, le long de laquelle le train-fusée avançait encore longtemps. en file indienne, avant que l'infanterie puisse arriver pour les contrôler ; et dans ce cas, il ne fait aucun doute que les marins auraient beaucoup souffert. La route, ou plutôt le sentier depuis la vallée jusqu'à l'éperon sur lequel nous nous trouvions, était raide et très difficile, et il se produisit un retard considérable pour lever les animaux. Au bout de quelques minutes, qui parurent des siècles, l'infanterie arriva au pas de course ; toute leur fatigue et leur soif disparaissaient comme par enchantement à l'idée d'un combat. Le 4e, qui ne comptait qu'environ 300 hommes, le reste étant avec les bagages, reçut l'ordre de continuer en ordre d'escarmouche ; ils furent suivis par le petit groupe des ingénieurs, puis vinrent les Beloochees , et après eux les deux compagnies du 10e NI et les Sapeurs et Mineurs. Au moment où la tête de l'infanterie descendait dans la vallée, les mules de tête atteignaient le sommet de la crête à nos côtés, et en moins d'une minute la première fusée filait dans la plaine.

Ce fut notre première réponse au feu que les canons de la forteresse avaient entretenu, et elle fut accueillie par une acclamation générale. Alors que les fusées se succédaient rapidement, les indigènes s'arrêtèrent une minute, étonnés par ces nouveaux missiles, puis, leurs chefs les poussant à avancer, ils avancèrent de nouveau. Ils n'étaient plus qu'à cinq cents mètres de nous, à cent mètres du bord du petit ravin au bord duquel gravissaient rapidement les tirailleurs du 4e. Avec ma lorgnette, je distinguais chaque trait, et tandis que nous les regardions s'avancer en courant, avec leurs robes flottantes aux couleurs vives, leurs gestes animés, leurs boucliers et leurs lances, on ne pouvait s'empêcher d'avoir pitié d'eux, voyous et blessés. - des gorges comme la plupart d'entre eux l'étaient sans doute, de penser quel terrible accueil ils allaient recevoir. En une minute plus tard, la ligne de tirailleurs avait franchi la pente et ouvert un feu formidable avec leurs Sniders sur l'ennemi. Ceux-ci, complètement surpris, s'arrêtèrent, déchargeèrent leurs armes à feu, puis reculèrent, lentement et obstinément, mais augmentant de vitesse à mesure qu'ils sentaient combien était désespérée la lutte contre des antagonistes qui pouvaient tirer dix coups contre un. En effet, à ce stade, ils étaient même en infériorité numérique par le seul 4e, car ils n'étaient pas en ordre régulier, mais en groupes et en nœuds dispersés dans toute la plaine. Le 4e s'avança rapidement, chassant devant lui ses antagonistes et suivi par les régiments indigènes. L'avancée fut si rapide qu'un grand nombre d'ennemis ne purent regagner le chemin de la forteresse, mais furent repoussés vers la droite, hors du plateau, sur le bord d'un ravin, d'où les roquettes les chassèrent de nouveau, encore plus loin . à droite, et loin de Magdala. Le 4e et d'autres régiments se formèrent à quelques centaines de mètres du pied de la montée vers la forteresse et maintinrent pendant une demi-heure un feu animé contre les fusiliers qui bordaient le chemin, et maintinrent un retour rapide des petits fusiliers. -des fosses et des abris de pierres et de rochers. Pendant tout ce temps, les canons de Fahla et certains de ceux de Salamgi entretenaient un feu constant sur une ligne qui avançait ; mais la visée était très mauvaise, et la majeure partie du tir passa au-dessus de nos têtes. Bien plus alarmantes étaient nos propres fusées, dont certaines arrivaient à une proximité très désagréable de nous. Bientôt, à notre grand soulagement, les matelots nous rejoignirent et repoussèrent bientôt les tirailleurs ennemis vers le haut de la colline, après quoi ils lancèrent quelques salves de roquettes avec une visée admirable vers les canons à mille pieds au-dessus de nous, faisant, comme il se tourna ensuite dehors, des dégâts considérables et tuant presque Théodore lui-même, qui surveillait le fonctionnement du canon par ses prisonniers allemands. Cependant une lutte bien plus sérieuse se déroulait sur notre gauche. Le gros de l'ennemi avait pris cette direction pour attaquer les bagages, et s'avançait directement vers les pionniers du Pendjaub , qui défendaient la tête de la route. Heureusement, le train de montagne de canons en acier du colonel Penn, qui suivait le train naval, arriva maintenant au sommet de la route, déchargé instantanément et prit place à côté des Punjaubees . Lorsque l'ennemi fut à moins de trois cents mètres, les canons en acier ouvrirent avec des obus, les Punjaubees déversèrent leur feu et arrêtèrent rapidement l'avancée de la tête de la colonne. La plupart des indigènes descendirent alors le ravin de gauche, le long duquel ils procédèrent à l'attaque des bagages, dans la vallée principale dont ce ravin était un embranchement. Le garde-bagages, composé d'un détachement du 4e, dispersé le long de la longue ligne, avait déjà été averti par les canons de la forteresse qu'une attaque était imminente, et le capitaine Aberdie , du train de transport, descendit au galop et les fit descendre au galop. mot du corps ennemi qui avance. Les différents officiers de service rassemblèrent aussitôt leurs hommes. Le capitaine Roberts commandait et était bien secondé par les lieutenants Irving, Sweeny et Durrant du 4e et par les officiers du train de transport.

Alors que l'ennemi dévalait le ravin, il fut accueilli par un feu dévastateur du mortel Snider. Une partie des Punjaubees descendit le ravin et les prit en flanc, et quelques-uns des canons de la batterie de Penn, s'attaquant à un éperon saillant, dispersèrent la mort partout parmi eux. En raison de l'extrême rapidité du feu du Snider, le tir à cette époque dans différentes parties du champ de bataille était aussi intense et continu que celui d'une action générale entre deux grandes armées. Les Punjaubees se sont comportés avec une grande bravoure et ont chargé à la baïonnette, réalisant une grande exécution. Les indigènes, qui s'étaient battus avec beaucoup de courage, tentèrent alors de s'échapper par l'autre côté du ravin, mais un grand nombre furent abattus alors qu'ils le faisaient, leurs robes blanches offrant une marque évidente à nos tirailleurs ; Finalement, cependant, le reste gagna la rive opposée et s'enfuit à travers le pays sur notre gauche, leur retraite vers Magdala étant coupée. L'action, du premier au dernier coup de feu, dura une heure et demie. Ce n'était, pour notre part, qu'une simple escarmouche. Nous n'avons pas eu un seul homme tué, et seulement une trentaine de blessés, la plupart légèrement. Le capitaine Roberts, cependant, a été touché au coude par une balle et, on le craint, il perdra son bras. D'un autre côté, pour l'ennemi, c'est une défaite décisive et écrasante. Plus de cinq mille des plus vaillants soldats de Théodore sortirent ; à peine autant de centaines de personnes sont revenues. Trois cent quatre-vingts corps ont été dénombrés le lendemain matin, et beaucoup auraient été emportés dans la nuit. Un grand nombre tombèrent sur le versant de la colline et dans les ravins à notre droite et à notre gauche, où nos enterrements ne purent les trouver. Il est certain que cinq cents personnes ont été tuées, probablement deux fois plus ont été blessées, et parmi elles, elles ont seulement rampé pour mourir. Ce fut un massacre terrible, et on pouvait difficilement parler de combat, entre des corps disciplinés d'hommes magnifiquement armés et des groupes dispersés de sauvages à peine armés. Bien que les troupes souhaitent avoir l'occasion de se distinguer, j'ai entendu un espoir général exprimé que nous n'aurons pas à prendre d'assaut la place, car il y a peu de crédit à gagner sur ces sauvages, et la boucherie serait très grande. Les indigènes sont cependant sans aucun doute courageux et se sont comportés vraiment très galamment. Pas un seul bouclier, fusil ou lance n'a été ramassé sauf à côté des morts. Les vivants, même les blessés, se retirèrent ; ils n'ont pas volé. Il n'y a pas eu *de sauve- qui- peut* , pas de jet d'armes, comme cela aurait été le cas dans des circonstances désespérées similaires de la part des troupes européennes. Tandis que les troupes retournaient à l' arrière , nous avons assisté à de nombreux et tristes spectacles. Dans un creux, une douzaine de corps gisaient dans diverses positions. Certains étaient morts sur le coup, touchés à la tête ; d'autres étaient tombés mortellement blessés, et plusieurs d'entre eux avaient retroussé leurs robes sur leur visage et moururent comme les stoïciens. Certains n'étaient que grièvement blessés, et ceux-ci s'étaient efforcés de ramper dans les buissons, et là, ils poussaient de faibles gémissements. Leurs corsages de soie voyants, leurs robes blanches aux extrémités écarlates qui s'exhibaient si gaiement il y a deux heures, étaient maintenant maculées de sang et trempées par les fortes pluies qui tombaient impitoyablement depuis une heure.

J'ai omis de mentionner qu'un terrible orage s'était déclaré alors que l'engagement était à son paroxysme, et que le profond rugissement du tonnerre avait complètement noyé pendant un certain temps le lourd crépitement de la mousqueterie, le craquement des canons d'acier et le boum de la fusillade. le canon lourd sur Fahla . Un jour, alors que la tempête était à son comble, le soleil avait brillé à travers une trouée de nuages orageux, et un magnifique arc-en-ciel brillait sur le champ sur lequel les combattants se battaient encore avec acharnement. Ce n'est qu'à deux reprises que la voix de l'homme a été entendue avec force pendant le combat. La première fut une grande acclamation de la part des indigènes sur la colline, et dont nous ne pouvions que supposer qu'elle était provoquée par le retour indemne de quelque chef favori . L'autre était les acclamations que l'ensemble des forces britanniques poussèrent lorsque l'ennemi se retirait finalement dans ses forteresses. Ainsi se termina, peu après six heures, l'une des escarmouches les plus décisives et les plus sanglantes qui aient jamais eu lieu. Ce sera, en outre, mémorable car c'est la première rencontre au cours de laquelle les troupes britanniques utiliseront des fusils à chargement par la culasse. Aussi énorme que fut l'incendie et aussi grand que fut le massacre, je suis d'avis, et sur ce point de nombreux militaires sont d'accord avec moi, que le nombre d'ennemis tués aurait été au moins aussi grand si les troupes avaient été armées de l'Enfield. Le feu fut beaucoup trop rapide. Les hommes chargeaient et tiraient comme s'ils faisaient un essai de rapidité de tir, et j'ai vu plusieurs cas dans lesquels seulement deux ou trois indigènes tombèrent parmi un groupe, qui aurait été fauché en entier si les hommes avaient visé quelque soit le but. Au bout d'une heure, il ne restait presque plus une cartouche des quatre-vingt-dix cartouches que chaque homme emportait en action, et la plupart d'entre elles étaient tirées dans le premier quart d'heure. Les gardes-bagages épuisèrent tout leur stock et reçurent de nouvelles munitions de la réserve qu'ils gardaient. Contre des corps d' hommes rapprochés , le chargement par la culasse fera des merveilles. Dans les gorges, où les indigènes étaient regroupés en masse, il les a littéralement fauchés. À l'ouverture, pas un coup sur cent n'a été signalé. Dans une grande bataille, les munitions, à ce rythme de dépense, seraient épuisées en une heure. D'après ce que j'ai vu des combats, je suis convaincu que les troupes devraient, si possible, charger par la bouche lorsqu'elles agissent comme tirailleurs, et par la culasse seulement lorsqu'elles sont en conflit rapproché contre de grands corps de cavalerie ou d'infanterie. C'est très bien d'ordonner aux hommes de tirer lentement, l'empressement naturel d'un soldat lorsqu'il voit son ennemi en face de lui le poussera à charger et à tirer le plus rapidement possible. Il n'y peut rien, et il ne peut pas non plus transporter plus de soixante cartouches, ce qui ne lui tiendra pas vingt minutes. Il me semble certainement que le fusil d'un soldat devrait combiner le chargement par la culasse et par la bouche, et qu'il ne devrait utiliser la première méthode que sur ordre spécial de son commandant.

Les troupes se retirèrent sous une forte pluie et furent ramenées au camp qu'elles avaient quitté pour récupérer leurs capotes et leurs couvertures, qui avaient été abandonnées lors de leur progression vers le combat. Puis ils retournèrent au terrain tenu par les Pendjaubees et prirent leur poste pour la nuit, car ils gardaient ici le haut de la route, où arrivaient maintenant les bagages, ceux-ci ayant été retenus pendant le combat. Il faisait parfaitement noir avant que nous atteignions notre terrain de camping, et comme celui-ci était en de nombreux endroits couvert d'épines et de buissons qui, dans l'obscurité, étaient tout à fait invisibles, une confusion très considérable régnait. Maintenant que l'excitation était passée, tout le monde était de nouveau tourmenté par la soif, mais elle était moins ressentie qu'elle ne l'aurait été autrement, grâce à l'immersion complète que chaque homme avait reçue. Bien entendu, il était impossible de récupérer les bagages, qui restaient sur un appartement derrière nous, et chacun s'enveloppait dans sa couverture mouillée et s'allongeait pour dormir un peu s'il le pouvait et oublier un moment la faim et la soif. Comme nous avions marché avant le lever du jour et été entrés en action bien avant l'arrivée des animaux de bagages, personne n'avait pris de nourriture pendant toute cette longue et fatigante journée. Des corps de troupes très-forts furent jetés en piquet, et tous furent levés et sous les armes à deux heures du matin, de peur que Théodore ne renouvelât son attaque avant le point du jour. On apprenait maintenant qu'il y avait de l'eau dans un ravin à notre gauche, et les enfants descendirent avec les outres, et un certain nombre de soldats descendirent également avec leurs gourdes. L'eau était pire que toutes celles que j'avais jamais bues auparavant et je pensais toujours en boire à nouveau. De nombreux animaux, mulets ou bovins, y avaient été abattus ; il semblait en effet qu'il s'agissait d'un camp de l'armée de Théodore. La puanteur était abominable et l'eau était presque aussi souillée que l'atmosphère. La boue liquide que nous avions bu la veille était, en comparaison, un fluide sain et agréable. Cependant, il n'y avait aucune aide pour cela, et peu, voire aucun, refusaient le liquide nocif. Ce climat doit certainement être extraordinairement sain ; car, malgré les difficultés et les privations, l'humidité, l'exposition, la mauvaise eau et le manque de stimulants, la santé des troupes a été exceptionnellement bonne. Une seule fois, à Gazoo, nous avons eu des menaces de dysenterie, et cela s'est estompé dès que nous avons avancé. Je me demande si nous avions un seul homme hospitalisé le jour du combat, ce qui est certainement très providentiel, compte tenu de l'extrême pénurie de confort médical et du très petit nombre de secours disponibles pour les malades et les blessés. Avant le lever du jour, nous repartîmes, car l'endroit où nous étions campés était à portée des canons ennemis, et retournâmes à ce terrain de camping de l'après-midi précédent.

La 2e brigade arriva peu après le jour et installa son camp un peu en arrière de la position où nous avions passé la nuit. Nos bagages nous accompagnèrent et nous avions maintenant la satisfaction de nous retrouver sous nos tentes et de recevoir ce dont nous avions grandement besoin : de la nourriture. Après le petit déjeuner, je me rendis au camp de la 2e brigade, puis, laissant mon cheval, je descendis dans le ravin, où des corvées étaient occupées aux travaux d'enterrement. La scène était très choquante. Dans une ou deux gorges étroites où ils avaient été enfermés, cinquante ou soixante cadavres gisaient presque entassés. Leurs blessures étaient très atroces. Voici un homme presque réduit en miettes par un obus ; près de lui un autre dont la partie supérieure de la tête avait été arrachée par une fusée ; puis encore, celui qui gisait comme dans un sommeil paisible, touché au cœur ; à côté de lui, un moins chanceux qui, de par la nature de sa blessure, avait dû souffrir pendant des heures durant la longue nuit avant que la mort n'apporte un soulagement bienvenu. Deux d'entre eux seulement vivaient encore, et ceux-ci furent transportés au camp ; mais leurs blessures étaient si désespérées qu'il était probable qu'ils ne pourraient pas vivre plusieurs heures. Curieusement, il n'y avait pas de blessures insignifiantes. Tous ceux qui n'avaient pas été mortellement blessés avaient réussi à s'enfuir en rampant ou avaient été emmenés par leurs amis. À de très rares exceptions près, c'était un charnier de morts, dont les soies criardes et les robes colorées contrastaient épouvantablement avec leurs attitudes raidies et contorsionnées. Parmi les rares survivants se trouvait le commandant en chef de l'armée de Théodore, qui fut transporté au camp. Lui, comme tous les autres que nous avons pu secourir, a exprimé sa gratitude pour notre gentillesse et a déclaré que l'affaire les avait complètement surpris. Ils aperçurent ce qui était apparemment un train de bagages sans aucune protection qui remontait la vallée ; et ils n'avaient pas remarqué notre petit corps d'infanterie sur le front. Ils sortirent donc, s'attendant à peu ou pas de résistance. Cela témoigne certainement du courage des indigènes, que, pris par surprise, comme ils ont dû l'être, par notre infanterie, avec les roquettes et les obus, ils auraient pourtant dû combattre aussi courageusement et aussi bien qu'ils l'ont fait. Il ne fait aucun doute que si le combat n'avait pas été déclenché aussi soudainement et si la 2e brigade avait été à portée de main, nous aurions marché droit sur les talons des fuyards et pris la place sur-le-champ. En l'état actuel des choses, même si cela aurait pu être fait, les troupes étaient trop fatiguées et épuisées pour les confier à une tâche aussi ardue ; car Théodore aurait sans aucun doute combattu avec désespoir, et nous aurions perdu beaucoup d'hommes avant de pouvoir surmonter la colline. Je dis cela parce que beaucoup pensent que nous aurions pu prendre la place immédiatement si nous avions choisi de continuer.

Dans l'ensemble, ce fut un merveilleux succès, d'autant plus que nous avons combattu avec le désavantage d'une surprise et sans le moindre plan ni préparation préalable. C'est une chance que nous ayons eu affaire à Théodore et aux Abyssins, et non à des troupes régulières.

Théodore était assez général pour s'apercevoir et profiter de l'énorme erreur du colonel Phayre ; mais ses troupes n'étaient pas assez bonnes pour réaliser ses intentions. Quant au colonel Phayre, il n'est pas probable que nous entendrons parler davantage de lui tant que durera l'expédition ; car la patience de sir Robert Napier s'est effondrée pour une fois, et il a ouvert son esprit au colonel Phayre d'une manière que cet officier n'oubliera pas pour le reste de sa vie.

Avant de quitter le camp pour me rendre au ravin, un événement d'un grand intérêt se produisit, mais que j'ai différé de mentionner à la place, car je souhaitais compléter sans interruption ma description de la bataille et du champ de bataille. À sept heures et demie, alors que j'étais en train de déjeuner, j'entendis de grands acclamations et des hourras et découvris que le lieutenant Prideaux et M. Flad étaient arrivés avec des propositions de Théodore. Ce fut pour nous tous un grand soulagement, car on craignait beaucoup que Théodore, dans un accès de rage après sa défaite de la veille, n'ait mis à mort tous les captifs. Ceci, cependant, n'était pas le cas. Les prisonniers avaient en effet passé un après-midi peu enviable alors que la bataille se poursuivait ; mais Prideaux et Blanc se consolaient, en entendant le feu nourri de nos fusils, qu'au moins, s'ils mouraient cette nuit-là, ils étaient en quelque sorte vengés d'avance. Ces deux messieurs ont écrit partout dans un esprit de courage et de résignation qui leur fait tout honneur .

Théodore était arrivé après les fiançailles, d'humeur plutôt philosophique, et avait déclaré : « Mon peuple est parti combattre le vôtre. Je pensais que j'étais un grand homme et je savais me battre. Je trouve que je ne sais rien. Mes meilleurs soldats ont été tués ; le reste est dispersé. Je vais céder. Allez au camp et concluez des conditions pour moi.

Et ainsi les deux captifs arrivèrent au camp. Tous deux semblaient en bonne santé et copieux, et reconnaissaient que, en ce qui concerne manger et boire, ils étaient bien mieux lotis que nous. En effet, à l'exception de la captivité et des chaînes légères, les captifs ne semblent pas avoir été maltraités depuis de nombreux mois. Ils ont leurs maisons séparées, leurs domestiques et tout ce qu'ils pourraient acheter avec l'argent qui leur est envoyé.

Une horrible affaire s'est produite à Magdala la veille même de notre arrivée. Théodore fit sortir tous les captifs européens et mit à mort sous leurs yeux trois cent quarante prisonniers, dont beaucoup il avait enchaînés pendant des années. Parmi eux se trouvaient des hommes, des femmes et des petits enfants. Ils furent sortis enchaînés et jetés à terre, la tête attachée à leurs pieds. Parmi ce groupe sans défense et pitoyable, le tyran brutal avançait avec son épée et frappait à droite et à gauche jusqu'à en tuer une vingtaine. Puis, fatigué, il appela six de ses mousquetaires, qui continuèrent à tirer parmi la misérable foule jusqu'à ce qu'ils soient tous expédiés . Leurs corps ont ensuite été jetés dans un précipice.

Il y a un sentiment général de surprise exprimé dans le camp que les Anglais, témoins de cet horrible spectacle, et qui étaient eux-mêmes libres de toute entrave, ne se soient pas précipités sur le monstre et ne l'aient pas abattu sur-le-champ. Ils n'auraient guère pu accroître leur propre danger, car ils nous disent qu'ils s'attendaient à ce qu'ils soient eux-mêmes mis à mort après le meurtre des prisonniers indigènes. D'ailleurs, devant une boucherie aussi épouvantable que celle-ci a dû être, on ne calcule pas, on sent ; et l'envie de se précipiter en criant sur le tyran ivre et de le tuer aurait, semble-t-il, été irrésistible.

Les captifs décrivent le mode habituel d'exécution, consistant à couper les mains et les pieds, comme étant un raffinement de cruauté. Une légère entaille est faite autour du membre, puis il est arraché à force, les artères étant tellement tordues qu'il se produit très peu de perte de sang. Les misérables sont alors laissés mourir ; et certains d'entre eux s'attardent plusieurs jours, puis expirent de soif plus que de leurs blessures, c'est la mort que de leur donner de la nourriture ou de l'eau.

Nous ne pouvons éprouver aucune pitié pour ce monstre inhumain ; et s'il résiste, il y a tout espoir qu'il soit tué au combat. Sir Robert Napier refusa d'accorder quelque condition que ce soit, exigeant la reddition immédiate de tous les prisonniers et de la forteresse, promettant seulement que Théodore et sa famille seraient traités honorablement . Avec cette réponse, les deux captifs revinrent, mais revinrent à trois heures avec un message de Théodore, le suppliant de lui offrir de meilleures conditions. Sir Robert Napier fut obligé de refuser à contrecœur, et les captifs revinrent de nouveau au milieu des tristes attentes du camp. A six heures et demie, à la grande joie de tous, M. Flad arriva avec la nouvelle que les captifs seraient tous là dans une heure ; et à sept heures, tous arrivèrent sains et saufs, à l'exception de Mme Flad et de ses enfants. Elle, ne pouvant marcher, avait été abandonnée par l'insouciance ou la précipitation de Rassam , à qui Théodore avait confié l'affaire . Cette personne, Rassam , est très impopulaire parmi le reste des prisonniers ; la seule personne qui semble l'avoir aimé était Théodore lui-même, à qui son attitude , si différente de celle de Prideaux et Blanc, l'avait dans une certaine mesure attiré les bonnes grâces. J'espère que demain nous verrons Mme Flad et ses enfants en sécurité dans le camp, et qu'alors l'un des objectifs de notre expédition aura été atteint de manière complète et satisfaisante. Théodore a jusqu'à midi pour rendre Magdala ; et s'il ne le fait pas, nous prendrons d'assaut demain soir ou après-demain. D'autres échelles sont en cours de préparation, les matériaux étant de longs dhoolies en bambou , des perches pour les côtés, et des manches de pioches pour les échelons. Les échelles mesurent environ cinq pieds de large et vingt de long.

Je ferme cette lettre maintenant ; mais prévoyez que mon prochain, décrivant la chute de Magdala, sera à temps pour le même poste par lequel il atteint l'Angleterre.

12 avril.

Contrairement à toute attente, la journée s'est déroulée sans événement. Une des raisons en était que Mme Flad et ses enfants étaient toujours entre les mains de Théodore, ainsi que certains ouvriers européens. A deux heures cependant, ils arrivèrent ; et nous avons maintenant tous les captifs en sécurité entre nos mains. Nous avons dans notre propre camp tout un camp d'indigènes, tant le nombre de leurs serviteurs et de ceux qui les suivent est grand. Les principaux prisonniers anglais se sont fort bien débrouillés avec l'argent qui leur était constamment fourni ; mais beaucoup d'ouvriers allemands ont une apparence misérablement pincée et affamée. Il y a plusieurs métis parmi le parti qui est arrivé ; leurs pères étant anglais ou d'autres Européens ayant résidé en Abyssinie, leurs mères indigènes. Les indigènes qui sont venus ont l'idée que porter un morceau de tissu rouge autour de la tête est un signe d'amitié pour nous, et c'est pourquoi ils sont généralement ainsi parés. Les captifs libérés partent demain pour l'Angleterre. Théodore a fait descendre ce matin mille bœufs et cinq cents moutons en offrande propitiatoire ; mais Sir Robert Napier a refusé de les recevoir et a adressé une nouvelle demande pour la reddition de la forteresse. On a pensé toute la journée que l'assaut aurait lieu cette nuit, ou plutôt demain au point du jour. Cependant, aucun ordre n'a encore été donné, et l'on croit maintenant que l'attaque aura lieu demain, auquel cas il est douteux qu'une description de l'affaire vous parvienne, comme je l'avais espéré, par ce courrier.

Dix heures du soir

Je viens de recevoir certaines informations selon lesquelles l'attaque est reportée. Sir Robert Napier, l'un des hommes les plus généreux, a envoyé ce soir une lettre à Théodore, le pressant de se rendre, avec la promesse que sa vie sera épargnée, ainsi que celle de tous ses hommes. Il lui a fait remarquer que ses hommes ne peuvent pas résister à nos armes supérieures ; ces canons bien supérieurs à ceux que nous avons utilisés dans le combat du Vendredi Saint sont maintenant arrivés, ainsi que le reste de nos forces ; pour que notre succès soit certain. Il l'a donc supplié de se rendre et d'éviter toute nouvelle effusion de sang, sinon pour lui-même, du moins pour celui des femmes et des enfants, dont on dit qu'ils sont au nombre de 7 000 dans la forteresse. J'espère sincèrement que Théodore consentira à l'appel. Bien sûr, pour celui qui a assassiné 350 hommes il y a seulement trois jours, l'effusion de sang n'est qu'une petite affaire. Pourtant, son propre courage fait défaut. Hier, lorsqu'il a entendu les conditions exigées, il a fait semblant de tenter de se suicider et a tiré un coup de revolver près de sa tête ; mais le ballon n'a fait qu'effleurer son cou. Cela montre cependant que son courage échoue : un homme courageux ne se suicidera jamais ; Encore moins, s'il est poussé par le désespoir à agir, il ne s'infligera qu'une légère blessure. Il est évident qu'il a maintenant peur ; et j'espère que pour sauver sa misérable vie, il se rendra, et épargnera ainsi la boucherie qui s'ensuivra si nous prenons d'assaut Magdala.

Aujourd'hui, c'est le dimanche de Pâques, nous avons eu, comme d'habitude, un défilé à l'église, et notre aumônier a lu les remerciements pour notre succès, auxquels, j'en suis sûr, tous se joindront de bon cœur.

Avant Magdala, le 14 avril.

Lorsque j'ai terminé ma lettre du 12, j'ai mentionné que Sir Robert Napier avait écrit à Théodore, le pressant très fortement de se rendre, car il n'avait aucune possibilité de résistance victorieuse ; et la destruction de la vie, si nous ouvrions le feu sur Magdala, serait terrible.

Le lendemain matin, plusieurs des principaux chefs arrivèrent au camp et dirent qu'ils ne pouvaient pas combattre nos troupes et qu'ils se rendraient donc. Ils détenaient, avec leur peuple, Fahla et Salamgi , et nous remettraient ces forteresses, à condition qu'eux-mêmes et leurs familles soient autorisés à repartir avec leurs biens sains et saufs. Avec eux était venu Samuel, un homme qui a été fréquemment mentionné à propos des prisonniers, tant dans leurs propres lettres que dans les travaux du Dr Beke. Cet homme a exercé une influence fortement préjudiciable au début de leur captivité, mais leur a depuis fait preuve de bonté. Ayant été l'un des principaux conseillers de Théodore, on ne pouvait guère s'attendre à le voir abandonner son maître dans son adversité. Samuel est un homme robuste, avec des traits remarquablement intelligents, et des cheveux gris fer plutôt grisonnants, qu'il porte dans leur état naturel, et non tressés et enduits de graisse à la manière abyssinienne. Sir Robert Napier accepta la reddition et autorisa le départ de leurs familles et de leurs effets. Le capitaine Speedy reçut l'ordre de revenir avec eux, avec cinquante membres de la 3e cavalerie indigène, sous les ordres du colonel Locke. L'ordre avait été donné auparavant pour que l'ensemble des troupes défile sur le plat devant la forteresse. Une demi-heure après le départ de la cavalerie, les troupes se formèrent et firent un spectacle imposant, le premier que nous ayons eu depuis notre débarquement. Jusqu'à présent, les brigades ont été séparées, et une si grande partie d'entre elles a été dispersée le long de la ligne de bagages, que nous n'avons jamais eu l'occasion de voir nos forces réelles. Nous pouvions maintenant voir que c'était un corps très redoutable. Le 33e était composé de 750 hommes ; le 4, 450 ; le 45, 400. Nous avions maintenant l'ensemble des Beloochees , leur aile gauche étant arrivée pendant la nuit, et l'ensemble des Punjaubees . Nous avions deux compagnies du 10e d'infanterie indigène et six compagnies de sapeurs et de mineurs, ce qui formait en tout un corps d'infanterie très complet. Nous avions la batterie Armstrong de Murray, deux mortiers de sept pouces, le Mountain Train de Penn, composé de canons en acier, le Mountain Train de Twiss et la Naval Rocket Brigade, un corps d'artillerie très respectable. Il nous manquait seulement de cavalerie, n'ayant que les cinquante soldats de la 3e cavalerie indigène, venus avec l'escorte du commandant en chef, et qui venaient maintenant d'atteindre le sommet de la crête de Fahla . Le reste de la cavalerie, à savoir les 3e dragons, les 3e et 12e cavalerie indigène et le Scinde Horse, avait été envoyé dans la vallée pour couper la retraite de Théodore. Le général Staveley commandait bien entendu la division. Nous avancions, menés par le 33e, à qui, comme ayant - parmi les régiments européens - supporté le gros du travail d'avance, se voyait maintenant attribuer l' honneur d'entrer le premier et de placer le drapeau britannique sur Magdala. Ils furent suivis par la 45e, la batterie Murray et Twiss et le reste de la deuxième brigade, qui n'avait pas eu l'occasion de prendre part à l'action du Vendredi Saint. Viennent ensuite la 4e et le reste de la 1re brigade, à l'exception des troupes restées sur place pour s'occuper du camp. Le major Baigrie , en tant qu'intendant général de la 1re division, chevauchait en avance.

Alors que la longue file terminait la montée raide de Fahla , l'effet était très joli et a suscité plusieurs remarques selon lesquelles il s'agissait de notre revue du lundi de Pâques. En montant, nous avons rencontré un grand nombre d'hommes, de femmes et d'enfants. Une fois arrivés sur l'épaule qui relie Fahla et Salamgi , nous nous retrouvons au milieu d'une scène surprenante. Un exode parfait était en cours. Des milliers d'hommes, de femmes et d'enfants étaient entassés partout, mêlés à des bœufs, des moutons et des ânes. Les femmes, les enfants et les ânes étaient chargés des maigres biens des habitants. Des peaux de céréales et de farine, des gourdes et des jarres d'eau et de ghee, des couvertures pour les couvertures et les tentes, c'étaient leurs seules possessions. C'était une Babel de bruits. Les femmes poussèrent leur long et chevrotant cri d'admiration et de bienvenue ; les hommes se criaient de rocher en rocher ; les mères qui avaient perdu leurs enfants criaient pour eux, et les enfants pleuraient en retour ; les moutons et les chèvres bêlaient, les ânes et les mulets brayaient. C'était une scène étonnante. Tous semblaient extrêmement heureux de nous voir et d'être soulagés de l'état de peur et de famine dans lequel ils existaient ; hommes, femmes et enfants se penchaient jusqu'à ce que leur front touche le sol en signe de soumission. Les hommes qui ne portaient pas d'armes portaient des fardeaux, tout comme les femmes ; mais les guerriers ne portaient que leurs armes. Le nombre de robes criardes parmi ces dernières était surprenant, et leur effet était très gai et pittoresque. Les chemises de brocart rouge, bleu ou violet, à fleurs jaunes, et les pantalons amples de la même étoffe, mais d'une teinte différente, étaient la mode dominante chez les chefs. Ceux-ci se distinguaient des soldats par des ornements en argent sur leurs boucliers. À présent, tous gardaient leurs armes ; mais la 10e infanterie indigène avait été laissée au pied de la colline avec l'ordre de la désarmer au fur et à mesure qu'elle descendrait la route. Tout au long de notre marche sur Salamgi, cette scène extraordinaire se poursuivit ; et nous avons vu plus de monde que nous n'en avons vu pendant tout le temps que nous avons été en Abyssinie. L'opinion générale est qu'il ne pouvait y avoir moins de trente mille personnes rassemblées ici ; et je crois que ce calcul est plutôt en dessous qu'au dessus de la marque.

Il y avait un sentiment universel de reconnaissance de ne pas avoir été obligé de bombarder la place, car le massacre parmi cette foule sans défense aurait été terrible. Partout où se trouvait un terrain plat, là étaient regroupées leurs habitations. Ce n'étaient que des demeures temporaires, une charpente de bâtons recouverts d'herbe grossière, placée régulièrement et épaissement, de manière à détourner la pluie. Ils avaient à peu près la taille et la forme de meules de foin ordinaires et montrent que les gens doivent dormir assis, presque recroquevillés en boule.

Depuis l'épaule, nous avons remonté la route très sinueuse sur les escarpements naturels jusqu'à Salamgi . La force naturelle de ces positions est stupéfiante. Fahla est extrêmement fort ; mais pourtant ce n'est rien pour Salamgi , qui le commande. Le colonel Milward, qui commande l'artillerie, m'a fait remarquer que, entre les mains des troupes européennes, elle serait non seulement imprenable, mais parfaitement inattaquable. Gibraltar du côté terrestre est considéré comme imprenable ; mais Gibraltar n'est absolument rien pour cet ensemble de forteresses. Après avoir capturé Fahla et Salamgi – si une telle chose était possible – une force attaquante aurait encore à affronter Magdala ; et Magdala s'élève de l'extrémité de l'accotement plat qui la relie à Salamgi dans un mur ininterrompu, sauf au seul endroit où une route escarpée mène à la porte. Il y a 2 500 mètres du sommet de Salamgi à Magdala, et même l'artillerie la plus lourde ne pourrait rien contre la paroi rocheuse. Nous pouvons nous féliciter que Théodore ait envoyé son armée attaquer nos bagages ; car s'ils étaient restés et avaient défendu la place, pourvus qu'ils étaient de quarante canons , notre perte eût été très lourde ; et même avec nos armes supérieures, la question est de savoir si nous aurions pu réussir, la route serpentant dans de nombreux cas le long d'un précipice, que quelques hommes venus d'en haut auraient simplement fait rouler des pierres. Quand nous eûmes atteint le sommet de Salamgi , dont un escarpement encore plus élevé s'élevait à deux cents pieds au-dessus de nous, le major Baigrie s'arrêta pour recevoir des ordres, et je continuai avec deux ou trois autres jusqu'au petit corps de la 3e cavalerie indigène, qui était à moitié un kilomètre plus loin, à la limite du plat entre Salamgi et Magdala.

Je dois dire que de bon matin nous avions reçu la nouvelle que Théodore était parti pendant la nuit avec un petit groupe de ses partisans, et qu'il avait l'intention de gagner le camp de la reine des Gallas et de se jeter sur son hospitalité, les Gallas. Il s'agissait de tribus errantes qui, comme les Arabes, protégeraient leur ennemi le plus acharné s'il atteignait leurs tentes et réclamait l'hospitalité. Alors que nous étions presque au sommet de la colline, nous avions reçu un message de la cavalerie disant qu'il y avait une rumeur selon laquelle Théodore était revenu et s'était suicidé.

Cependant, lorsque nous atteignîmes la cavalerie, nous trouvâmes un état d'excitation régnant : environ huit ou dix cavaliers, parmi lesquels le capitaine Speedy avait reconnu Théodore lui-même, qui venait de galoper en brandissant des lances et en déchargeant leurs mousquets en signe de défi. Le colonel Locke ne pouvait évidemment pas charger sans ordres ; et, en effet, il eût été très imprudent de le faire, car toute l'accotement, large d'un quart de mille et six ou sept cents mètres jusqu'au fort de Magdala, était couvert de petites huttes, derrière et à l'intérieur. lequel un certain nombre d'hommes pourraient être cachés. Le colonel Locke a alors renvoyé quelques-uns de ses hommes comme tirailleurs. Les cavaliers continuaient à galoper, tantôt s'approchant à moins de trois cents mètres, tantôt s'élançant à travers le plateau comme s'ils méditaient de descendre dans la vallée bien en contrebas par l'un des sentiers sinueux qui descendaient. Pour empêcher cela, le colonel Locke appela cinq ou six soldats du 33e et deux ou trois artilleurs, qui s'étaient en quelque sorte séparés de leur corps et étaient descendus vers nous, pour prendre position pour commander la route et ouvrir la voie. feu si les cavaliers tentaient de le descendre.

En même temps nous apercevons au sommet de Salamgi , derrière nous, une compagnie du 33e, qui était montée là-haut pour planter les couleurs . Le colonel Locke fit stopper l'avancée et leur fit signe de descendre pour commander le côté opposé de l'épaule, dans le cas où les cavaliers tenteraient de descendre dans la vallée par n'importe quel sentier qui pourrait exister de ce côté. Les cavaliers arrivèrent de nouveau et déchargeèrent leurs fusils sur nous ; et la cavalerie gardant ses places, notre petit groupe du 33d répondit avec ses Sniders. Ce faisant, ils avancèrent, et au bout d'une centaine de mètres nous tombâmes sur pas moins de vingt canons, que Théodore avait sans doute eu l'intention de faire traverser jusqu'à Magdala, mais n'avait pas eu le temps de le faire. Bien entendu, ceux-ci furent pris possession ; et, comme me l'a fait remarquer en riant un officier, c'est probablement la première fois que vingt canons sont capturés face à un ennemi par six hommes de ligne, deux artilleurs, trois ou quatre officiers et la presse. Dans les tonneaux des canons se trouvaient leurs munitions ; et le lieutenant Nolan, de l'artillerie, assisté de deux artilleurs, du capitaine Speedy et des civils, se mit aussitôt à les charger et ouvrit le feu à balle sur les fantassins, dont nous pouvions maintenant voir une centaine regroupés à proximité. le pied de la route qui monte à Magdala ; le 33e hommes entretenait le feu sur les cavaliers et quelques fantassins courant dans les plaines, et qui répondaient de temps en temps ; et la compagnie du 33e, qui était maintenant descendue presque jusqu'au pied de la pente derrière nous, ouvrant également le feu. C'était l'une des scènes les plus drôles que j'ai jamais vues. Il y avait Magdala à 500 mètres de distance, avec sa garnison qui nous tirait dessus, mais aucune des balles n'atteignait jusqu'ici ; il y eut quelques plans derrière les petites cabanes en foin ; il y avait Théodore lui-même galopant avec une demi-douzaine de ses chefs, figures pittoresques dans leurs robes aux couleurs vives ; et notre petit groupe leur faisait la guerre, sans aucun autre soldat en vue, ni même à moins d'un demi-mille de nous. Cela a duré une dizaine de minutes ; puis un officier arriva pour ordonner à l'infanterie de se retirer dans la pente, mais de garder les canons sous leur feu. La cavalerie avait déjà reçu l'ordre de se retirer. Au bout d'un autre quart d'heure, la batterie de Penn arriva sur nous et ouvrit le feu, et les obus d'acier repoussèrent bientôt l'ennemi sur la route jusqu'à la forteresse. Pendant un quart d' heure , ils continuèrent leur feu ; et, une fois à portée de main, tous les obus éclatèrent près de la porte par où passait la route. Puis vint l'ordre de cesser le feu ; et les canons de Murray, qui avaient pris position au sommet de Salamgi , la batterie de Twiss plus à droite, et la Naval Rocket Brigade, prirent le feu. Pendant près de deux heures, à intervalles occasionnels, ces canons et la batterie de Twiss ont maintenu leur feu. Pendant ce temps, nous découvrons dans une petite tente, à une centaine de mètres devant nous, le Français Bardel , malade de fièvre, et aussitôt transporté à l'arrière. Nous avons également eu tout le temps d'examiner les armes. Certains étaient de fabrication anglaise, d'autres de fabrication indienne : tous étaient en laiton et leur taille variait depuis quatorze livres jusqu'au bas. Il y avait parmi eux deux ou trois petits mortiers. C'était évidemment l'arsenal, car il y avait là des outils et des instruments de toutes sortes : limes, marteaux, enclumes, etc. Il y avait des sacs de charbon de bois et une forge ; et voici plusieurs centaines de boulets, allant de la mitraille aux immenses boules de pierre pour le mortier géant, qui se sont brisées l'autre jour à la première tentative de tir.

A cette époque , nous fîmes une découverte qui détruisit complètement le sentiment de pitié qu'avait excité la galanterie de Théodore en s'exposant à notre feu. Les Beloochees nous avaient rejoints et étaient postés près du bord d'un précipice sur notre droite. Leur attention étant attirée par une puanteur entêtante, ils regardèrent par-dessus le bord du rocher ; et là, cinquante pieds plus bas, se trouvait l'un des spectacles les plus horribles qu'on ait jamais vu : là, en grand tas, gisaient les corps des trois cent cinquante prisonniers que Théodore avait assassinés jeudi dernier, et qu'il avait ensuite jetés. le bord du précipice. Là, ils gisaient, hommes, femmes et petits enfants, en une masse putréfiante. C'était un spectacle des plus horribles, qui rappelait à nos esprits l'horrible cruauté du tyran et détruisait complètement l'effet que sa bravoure avait produit.

Enfin, à trois heures et demie, les troupes descendirent et prirent place ; et à quatre heures moins le quart, tous les canons et roquettes ouvrirent un feu formidable pour couvrir l'avancée ; et la 33e, précédée d'une petite bande d'ingénieurs et de sapeurs sous les ordres du major Pritchard, et suivie par la 45e, s'avança à l'assaut, la 4e et le reste de la première brigade conservant leurs places de réserve. À moins de trois cents mètres du rocher, le 33e forma une ligne et ouvrit le feu sur la porte et la haute haie qui bordaient le sommet du précipice — le feu le plus terrible que j'aie jamais entendu. Même le tonnerre, qui, comme lors du combat du Vendredi Saint, grondait au-dessus de nous, se perdait dans le rugissement des sept cents fusils Snider, et qui était repris par les rochers devant eux. Sous le couvert de cet immense incendie, les ingénieurs et la compagnie leader avancèrent sur le chemin. Lorsqu'ils furent à mi-hauteur, les troupes cessèrent de tirer et l'équipe d'assaut se précipita en courant. Pendant tout ce temps, des éclairs en réponse étaient venus d'un haut mur qui s'étendait sur quelques pieds du côté de la porte et de derrière les maisons et les rochers à proximité. Lorsque les ingénieurs, dirigés par le major Pritchard, atteignirent la porte, plusieurs coups de feu furent tirés à travers des meurtrières du mur, et deux ou trois hommes reculèrent blessés, le major Pritchard lui-même recevant deux très légères blessures corporelles au bras. Les hommes passèrent aussitôt leurs fusils dans les trous et entretinrent un feu constant, de manière à chasser leurs ennemis derrière eux.

Puis il y eut une pause que personne ne comprit pendant un moment ; mais finalement un soldat se fraya un chemin dans le chemin encombré avec la stupéfiante nouvelle que les ingénieurs, qui avaient dirigé le groupe d'assaut dans le but de faire sauter la porte, avaient en fait oublié de prendre de la poudre avec eux ! Ils n'avaient pas non plus de pied de biche, de hache ou d'échelle. Le général Staveley envoya aussitôt un officier pour rapporter la poudre des wagons d'artillerie.

Le 45th ouvre le feu pour empêcher les tirailleurs ennemis de faire des dégâts ; et quelques pionniers du 45e furent envoyés avec des haches pour forcer la porte. Cependant les hommes du 33e, sur le chemin qui mène à la porte, découvrirent à mi-hauteur un endroit par lequel ils purent grimper vers la gauche, et, traversant la haie, ils a rapidement chassé les défenseurs de la porte. Une grande partie du régiment entra par cet endroit, la porte n'étant pas ouverte pendant un quart d'heure après l'arrivée de l'assaut ; car lorsqu'elle fut démolie, on constata que la guérite était remplie de très grosses pierres ; et par conséquent, si la poudre avait été à portée de main et si la porte avait été détruite, un temps considérable aurait dû s'écouler avant que le groupe aurait pu entrer. Derrière la porte se trouvait un groupe de huttes dont beaucoup d'habitants restaient encore à l'intérieur malgré le feu nourri qui durait depuis deux heures. Derrière eux se trouvait un escarpement naturel de vingt-cinq ou trente pieds de haut, avec une volée de marches assez large pour qu'un seul homme à la fois puisse y monter. Au sommet se trouvait une autre porte qui avait été ouverte par les fusils du 33e. J'entrai avec l'arrière du régiment ; mais tout était alors fini. Près de la première porte se trouvaient six ou sept corps, et deux ou trois hommes près de la seconde. Au-delà se trouvait le plateau plat, densément parsemé de huttes indigènes de construction ordinaire, et non des toiles de foin qui couvraient les autres collines et le plateau. A cent mètres de la porte gisait le corps de Théodore lui-même, percé de trois balles, dont il, dit-on, tira une de sa propre main. Il était de taille moyenne et très maigre, et l'expression de son visage dans la mort était plutôt douce que l'inverse. Il avait jeté la riche robe dans laquelle il avait parcouru la plaine à cheval et portait le drap rouge et blanc d'un chef ordinaire.

Les combats étaient désormais terminés. Une centaine d'hommes s'étaient enfuis par un chemin de l'autre côté de la forteresse, et le reste des défenseurs s'étaient enfuis dans leurs maisons et en ressortaient comme des habitants paisibles, sans armes. Rien de plus admirable que le comportement du 33e. Je n'ai pas vu un seul exemple d'un homme de ce régiment ou du régiment qui a suivi essayant de prendre un seul ornement ou autre article sur la personne d'un indigène. Ces derniers sortaient en masse de leurs maisons, emportant leurs effets personnels et salaamant à terre, tandis qu'ils se dirigeaient vers la porte du fort. Je suis entré dans plusieurs cabanes abandonnées ; ils ne contenaient que des détritus. Quelques chèvres et du bétail se trouvaient dans les enclos, et les sacs de céréales étaient nombreux. Les pauvres gens s'étaient bien contentés de s'en sortir avec leur vie et avec ce qu'ils pouvaient emporter sur leurs propres épaules et celles de leurs bêtes de somme.

Je rencontrai bientôt un cortège touchant. C'étaient les prisonniers indigènes. Chargés de lourdes chaînes aux pieds, il y avait au moins une centaine de pauvres malheureux qui traînaient depuis des années dans les griffes du tyran. Beaucoup d'entre eux ne pouvaient pas marcher et étaient emportés par leurs amis. Nous les avons plaints beaucoup plus que les prisonniers qui nous ont été envoyés, qui, avec des tentes spacieuses, de nombreux serviteurs et d'abondantes provisions d'argent et de nourriture, ont passé un bien meilleur moment que ces pauvres misérables indigènes. Ils se sont efforcés par tous les moyens d'exprimer leur joie et leur gratitude. Ils se penchaient jusqu'à terre, ils pleuraient, ils battaient des mains ; et les femmes, du moins celles qui n'étaient pas enchaînées, dansaient et poussaient leur cri aigu de bienvenue. Les soldats étaient très gentils avec eux, et bon nombre d'entre eux renoncèrent à chercher d'étranges objets de pillage à utiliser avec un marteau et un ciseau pour enlever leurs chaînes. Il y avait quelques centaines de cabanes sur le plateau plat, mais aucune d'elles ne portait la moindre trace du bombardement ; et heureusement, la grande distance à laquelle les canons tiraient avait épargné aux habitants les blessures qu'ils auraient autrement dû subir à la suite de bombardements inutiles. Quelques personnes avaient été blessées lors de l'entrée du 33e, mais leur nombre était très petit ; et il semble incroyable que sur une population aussi nombreuse, dix ou quinze seulement, et ceux-ci les défenseurs de la porte, aient été tués.

Les cabanes étaient toutes de même taille et de même description : murs de pierre avec toits coniques, et aucune lumière sauf celle qui entrait par la porte. Le roi lui-même vivait sous une tente. Sa femme, ou plutôt ses épouses, vivait dans une maison exactement de forme similaire, mais plus grande que les autres tentes. Une ou deux de ces pauvres femmes figuraient parmi les blessés, s'étant précipitées partout avant que les tirs ne cessent et ayant été touchées par des balles perdues. Il est extrêmement satisfaisant de savoir qu'aucune vie, à l'exception de celle des combattants eux-mêmes, n'a été sacrifiée.

Nous n'avons pas de tués, mais dix ou quinze blessés, la plupart très légèrement. L'un des Punjaubees qui avait été blessé lors du combat trois jours auparavant est décédé depuis. Le butin obtenu par les soldats était généralement des plus insignifiants. Des morceaux de tentures de la tente du roi, des morceaux de brocart vulgaire et autres, constituent le total général. Un très petit nombre reçut des croix d'or et d'autres objets de plus grande valeur. Un ordre général a été émis, ordonnant que tous les déblais de valeur soient restitués ; mais je n'imagine pas que le montant restitué sera important. Tout le butin pris, avec les armes, etc., sera vendu aux enchères dans un jour ou deux, et le résultat sera immédiatement divisé. On sait que des sommes considérables en dollars et en or ont été enterrées et des recherches sont en cours pour les retrouver, mais sans, j'imagine, beaucoup de chances de succès. Au cours de mes pérégrinations, je suis tombé sur une grande cabane qui s'est avérée être la cave royale. Ici, les indigènes servaient aux soldats du « tedge » , que j'ai déjà décrit comme une boisson ressemblant à de la petite bière et de la limonade mélangées, avec une très forte saveur de moisi . Il y avait au moins une centaine de grandes jarres remplies de ce liquide que les soldats appellent bière et qui, malgré la soif des hommes, était très rafraîchissant. Il était presque six heures et les soldats n'avaient rien mangé ni bu depuis le petit matin. Je dois dire que tous les soldats de la force ont soupé ce soir-là de volaille. Leur valeur ici, sauf lorsqu'ils nous sont proposés à la vente, est purement nominale, et aucun des gens n'a pris la peine de les emporter ; ils couraient donc par centaines et donnaient lieu à de nombreuses poursuites animées.

Magdala elle-même mesure environ un demi-mille de long sur un quart de mille de large, son extrémité étroite joignant l'épaule à Salamgi , et comme cette extrémité est plutôt étroite, elle ne touche l'épaule que sur cinquante ou soixante mètres environ. A ce stade, je dois dire que le plateau de la forteresse se trouve à 200 pieds au-dessus de l'épaule. De l'autre côté, la pente serait de 1 200 pieds. Le 33e planta ses couleurs sur le point le plus élevé, et le général Napier, lorsqu'il entra, adressa quelques mots aux hommes, disant « qu'ils avaient fait l'attaque avec un style vaillant ». Bien sûr, il s'est avéré que le danger était minime ; mais cela n'enlève rien à la manière dont le régiment marcha à l'assaut ; car, d'après ce qu'ils pouvaient en dire, il aurait pu y avoir des centaines d'hommes cachés dans les huttes immédiatement derrière la porte.

Les deux objets de butin les plus précieux dont on savait qu'ils avaient été obtenus furent achetés par M. Holmes, du British Museum, pour la nation, aux soldats qui les avaient pris. L'un était un des boucliers royaux d'Abyssinie, dont j'ai décrit l'un comme ayant été porté par l'oncle de Gobayze lors de sa visite dans notre camp. L'autre est un calice en or, vieux probablement de quatre ou cinq siècles. Il porte l'inscription en amharique, dont voici la traduction : « Le calice du roi Adam-Squad, appelé Gazor , fils de la reine Brhan , Moquera . Présenté au sanctuaire de Kwoskwan (Gondar). Que mon corps et mon âme soient purifiés ! Pesent 25 wohkits d'or pur et valeur 500 dollars. Réalisé par Waldo Giergis . Le nom de l'artisan semble témoigner qu'il était soit le fils d'un Italien, soit un Italien ayant adopté un prénom abyssin. Comme ces acquisitions sont faites pour la nation, Sir Robert a décidé qu'il ne fallait pas y renoncer. Il a également demandé à M. Holmes de sélectionner d'autres articles susceptibles de convenir au Musée avant que la vente aux enchères ait lieu.

La deuxième brigade passa la nuit à Magdala, et y reste encore ; la première brigade revint au camp, qu'elle n'atteignit que très tard. L'aspect de la colline de Salamgi et des plaines au-dessous était très frappant lorsque je la traversais de nuit. La grande population émigrée y avait campé, et leurs innombrables incendies produisaient un très bel effet. Pendant la nuit, un acte de vol et de sacrilège très scandaleux a eu lieu. Le cercueil de feu Abuna, un grand prêtre, a été brisé ; son corps fut presque déchiré en morceaux, et une croix sertie de pierres précieuses valant quelques milliers de livres sterling fut volée. Il est bien certain que cet acte n'a pas été perpétré par nos soldats, car ils ne savaient bien sûr rien ni d'Abuna ni de sa croix. Les soupçons se portent généralement sur certains des derniers prisonniers, qui savaient, ce qui était, semble-t-il, une question de notoriété, que les Abuna avaient acheté cet ornement extrêmement précieux pour être enterré avec lui.

L'expédition est désormais terminée. Ses objectifs sont atteints avec le plus grand succès, et l'intérêt et l'excitation sont terminés. Il ne nous reste plus qu'à poursuivre notre longue et fatigante marche du retour. Le jour où nous retournerons chez nous n'est pas encore fixé ; le 20 est actuellement nommé. Nous ferons probablement halte à Dalanta pour un jour ou deux, et là on dit que Gobayze rendra visite au chef et que nous aurons une grande parade.

L'opinion que les indigènes auront de nous lors de notre marche vers le retour sera singulièrement différente de celle avec laquelle ils nous considéraient lors de notre avance. Alors ils nous considéraient comme de simples commerçants, prêts à acheter, mais incapables de se battre pour nos compatriotes enchaînés ; maintenant, ils nous considéreront comme les vainqueurs de Théodore, jusqu'alors invincible, et donc comme des braves de l'ordre le plus distingué.

———————————

Devant Magdala, le 16 avril.

Ma lettre décrivant la chute de Magdala a été écrite il y a seulement deux jours, et je n'ai que quelques bribes de renseignements à ajouter. Cependant, je vais maintenant les envoyer, dans l'espoir qu'ils arriveront par le même courrier qui a transporté mon dernier. Nous n'avons eu ici que deux émotions ; celui de la perquisition – en fait, de par la manière dont elle a été menée, je peux l'appeler inquisition – pour le butin ; l'autre, le pillage constant de ces voleurs fieffés, les Gallas . Les premiers ordres en matière de pillage étaient assez raisonnables et raisonnables. Il s'agissait que tous les articles ayant une valeur intrinsèque ou susceptibles d'être intéressants au niveau national devaient être abandonnés. Personne ne s'y est opposé. Il n'était que juste que tout le butin collecté, quelle que soit sa valeur, soit équitablement réparti au profit de la force en général. Mais l'ordre suivant était tout simplement ridicule et provoqua naturellement beaucoup de grognements. Il fut ordonné que tout objet emporté, quelle que soit sa valeur ou sa description, soit restitué. Désormais, les hommes s'étaient emparés de toutes sortes de petits souvenirs de la prise de Magdala. Lances et perles de verre, livres et morceaux de robes, gourdes vides et cornes à poudre, toutes sortes de petits objets en fait, dont la valeur intrinsèque réunie ne serait pas de vingt dollars, mais qui étaient de précieux souvenirs pour les trois ou quatre mille hommes. qui les avait ramassés – tout cela devait maintenant être abandonné ; et la fouille fut si stricte que je vis examiner même les sacs à dos des hommes pour voir qu'ils n'avaient rien caché. La pile d'objets rassemblés était de la description la plus diverse et ressemblait au contenu d'une boutique de prêteur sur gages dans le quartier de Whitechapel. Ces choses étaient précieuses pour les hommes, car elles avaient été rassemblées par eux à Magdala ; mais ils ne rapporteront rien une fois vendus. Il est très dommage que l'ordre initial n'ait pas été respecté, car les hommes auraient tous acquiescé assez volontiers à la sommation de livrer les objets ayant une valeur intrinsèque. Dans l'état actuel des choses, la valeur totale du pillage ne dépassera pas dix mille dollars et, en fait, je me demande si elle atteindra cette somme. Les principaux objets de valeur, à l'exception de quelques croix, sont de fabrication anglaise, fusils à double canon , etc. ; en fait, les cadeaux que le gouvernement anglais envoya par Rassam . Un tribunal médical a examiné le corps de Théodore et est parvenu à la conclusion qu'il est mort de ses propres mains. M. Holmes, du British Museum, a pris une très bonne image du monarque mort ; en fait, je ne sais pas avoir jamais vu une ressemblance plus frappante. Les ingénieurs l'ont également pris en photo.

Les Gallas ont été extrêmement gênants ces trois derniers jours. Les malheureux fugitifs de Magdala campent au pied de la colline et s'éloignent peu à peu vers leurs demeures respectives. Autour de leur camp et autour des malheureux en marche, les Gallas pullulent en grand nombre, volant, chassant leur bétail et leurs ânes, emmenant leurs femmes et leurs enfants en captivité, et blessant, et parfois tuant, tous ceux qui s'opposent à eux. . Parfois aussi, ils tentent de voler nos mules et nos magasins. Nous faisons tout ce que nous pouvons pour protéger les gens sans défense et des détachements sortent constamment pour chasser les voleurs. L'infanterie, le train-fusée et les canons ont dû tirer à plusieurs reprises, et plusieurs pilleurs ont été tués. Dix-huit sont actuellement prisonniers dans notre camp, dont certains ont été impliqués dans le meurtre d'un des Abyssins. Avant-hier soir, ils ont attaqué quelques-unes des mules avec les bagages du 33, près de Magdala, mais ont été repoussés et ont perdu plusieurs hommes. Maintenant que nous avons Magdala, notre difficulté est de nous en débarrasser, et c'est seulement cela qui nous fait attendre ici. Magdala est, comme je l'ai déjà dit, un lieu presque imprenable, même entre les mains de ces sauvages. Au nord et à l'ouest d'eux, les gens sont chrétiens. Que leur christianisme, ou celui de n'importe quel peuple sauvage, leur fasse quelque bien que ce soit, ou les rende le moins plus moraux ou meilleurs que leurs voisins , il est inutile de se demander maintenant. En tout cas, c'est un peuple sédentaire, vivant de la culture de son pays. A l'est de ces populations agricoles se trouvent les Gallas , musulmans nomades, dont la main est contre celle de tous, qui vivent de vol et de violence, et qui sont des esclavagistes et des voleurs d'hommes de la pire espèce. Contre eux, Magdala constitue un rempart. C'est sur la route entre leur pays et l'Abyssinie proprement dite, et la garnison peut toujours tomber sur leurs derrières en cas de tentative d'incursion. Il était donc désirable qu'elle fût confiée à quelque puissance assez forte pour tenir en échec cette nation de voleurs. Le fils de Théodore, qui, avec ses femmes, est tombé entre nos mains, est trop jeune pour qu'on y pense, et il ne reste que Gobayze et son rival Menilek . Menilek, dans les premiers jours de l'expédition, fut beaucoup entendu. Le général Merewether écrivait toujours sur lui et sur son armée de quarante mille hommes, et sur sa grande amitié ; mais, comme la plupart des terres promises au vaillant général, l'aide de Menilek s'est révélée un mythe, et nous n'avons jamais entendu parler de lui depuis que nous sommes arrivés à moins de cent milles de Magdala. Gobayze , en revanche, s'est en tout cas révélé être un véritable personnage. Il n'a jamais, il est vrai, fait la moindre chose pour nous aider en quoi que ce soit ; pourtant son oncle nous a rendu visite et a failli se faire fusiller, de sorte que nous pouvons présumer que cet oncle a réellement un neveu appelé Gobayze . Gobayze a été écrit pour venir prendre possession de Magdala, mais il n'est pas arrivé ; mais ce matin, son oncle est réapparu et, je crois, refuse, au nom de son parent, d'avoir quoi que ce soit à dire à Magdala. Magdala, en fait, sauf en tant que bastion où se retirer comme dernière ressource, n'a absolument aucune valeur. Elle est trop éloignée de la partie principale de l'Abyssinie pour avoir une quelconque importance stratégique, et il faudrait quelques milliers d'hommes pour y mettre en garnison, et qui devraient être approvisionnés à une distance considérable. Gobayze a besoin de toutes ses forces disponibles pour la lutte qu'il mènera contre Menilek dès que nous quitterons le pays, et il ne se soucie pas du tout de détacher deux mille hommes dans un coin extrême de ses domaines, où ils ne pourraient en aucun cas affecter la question de la guerre. Il peut changer d'avis ; mais s'il ne le fait pas, nous reprendrons dans quelques jours notre route à rebours et abandonnerons Magdala au premier venu. Les Abyssins se plaignent amèrement de notre façon de combattre. Chez eux, les fiançailles sont une espèce de duel. Les deux camps chargent simultanément, déchargent leurs pièces et reculent pour charger, répétant la manœuvre jusqu'à ce que l'un ou l'autre camp en ait assez. Ils s'opposent donc excessivement à notre avance continue et à notre tir, sans aucune pause pour recharger. C'est à cette pratique inconvenante qu'ils attribuent leur défaite.

Toute l'armée attend avec le plus grand impatience l'ordre de la retraite. L'existence ici n'est pas agréable. Le temps dans la journée est sec, chaud, mais pas désagréable ; l'après-midi, nous avons toujours de fortes pluies et des nuits froides. Notre diversité de prestations n'est pas grande. Nous avons beaucoup de viande et peu de farine ; pas de rhum, pas de thé, pas de sucre, pas de légumes. À propos, le commissariat a effectivement réussi à fournir à l'armée l'allocation extraordinairement généreuse d'un drachme de rhum par homme le lendemain de la prise de Magdala. Mais notre plus grand besoin est l'eau. Nous sommes littéralement sans eau. Un mille et demi de distance est une quantité limitée, mais elle est en effet très limitée et pue abominablement ; c'est si grave qu'il est difficile de distinguer ce qu'on boit, même si l'on a la chance de se procurer du thé ou du café ; et même cela n'est pas suffisant pour boire seulement, et un homme entre dans une autre tente et demande avec autant d'empressement un verre d'eau que s'il s'agissait de la boisson la plus raffinée. Il est totalement hors de question de se laver ; et les animaux doivent être emmenés au boueux Bachelo , à quinze cents pieds au-dessous de nous et à six milles de distance, pour leur trait quotidien. Décidément, plus tôt nous nous en sortirons, mieux ce sera. Actuellement, le 18 est le jour heureux décidé ; et j'espère sincèrement que rien ne se produira pour retarder notre départ. Certaines troupes partiront certainement aujourd'hui ou demain.

Antalo , 1er mai.

Il y a peu de choses moins intéressantes que le dernier chapitre d'une campagne. L'excitation et l'anxiété, le succès et le triomphe sont terminés ; le rideau est tombé sur la pièce, il ne nous reste plus qu'à mettre nos couvertures et à rentrer chez nous. Jusqu'à présent, le télégraphe a informé l'Angleterre du succès avec lequel l'expédition a été couronnée. Lorsqu'il aura lu les détails, le lecteur anglais, après le premier petit élan de fierté et de satisfaction naturelle, s'assiéra avec un léger soupir pour évaluer le prix, puis s'efforcera , autant que possible, d'oublier le sujet désagréable. . Je sens que le titre de ma lettre, « L'expédition en Abyssinie », ne sera plus attrayant. Les épilogues sont passés de mode et ne sont conservés que comme une relique du passé lors de la pièce annuelle des garçons de Westminster. J'imagine qu'à la fin d'une pièce moderne, très peu de gens ne regarderaient pas l'épilogue ; et de la même manière, je prévois que très peu de lecteurs se soucieront d'entendre parler davantage du pays aride et montagneux dans lequel nous avons séjourné pendant les six derniers mois. J'imagine qu'ils doivent être presque aussi fatigués du sujet que nous le sommes nous-mêmes. Jamais, d'après mon expérience, les envoyés spéciaux n'ont eu une tâche aussi difficile et aussi ingrate que celle qui nous a été confiée ici. Le pays dans lequel l'armée a marché est extrêmement aride et montagneux. Les événements réels ont été rares. Il n'y a eu aucune possibilité de devenir général ou de mouvement stratégique. Ce fut une marche longue, lente et monotone, accompagnée de plus ou moins de difficultés pour toutes les personnes concernées. Elle n'a présenté aucun point de comparaison avec les scènes changeantes et les phases passionnantes d'une campagne européenne. C'est seulement par ses résultats, et par le souvenir des critiques hostiles et des prophéties lugubres dont il fut assailli à ses débuts, que nous pouvons nous-mêmes juger de la difficulté de la tâche accomplie et de la manière dont le monde voir le. Pour nous, cela n'a été qu'une monotonie de travail acharné et de vie difficile. Jusqu'à la dernière semaine de notre marche , nous n'avions aucune excitation pour l'animer ; et, en ce qui concerne les incidents de la campagne, il n'y a eu que peu de récompense pour le contribuable britannique de ses dépenses. À d'autres égards, il ne fait aucun doute que, si inutile que soit l'ensemble des personnes en faveur desquelles cette coûteuse expédition a été entreprise, l'argent a été bien dépensé. De toute autre manière, avec des dépenses relativement modestes, la Grande-Bretagne n'aurait pu retrouver le prestige que des années de paix avaient sans aucun doute beaucoup terni en Europe et à l'Est. L'Angleterre a montré qu'elle pouvait vraiment faire la guerre pour une idée ; qu'elle peut s'engager dans une guerre si difficile, si hasardeuse et si coûteuse, qu'aucune autre puissance européenne ne l'aurait entreprise dans des circonstances similaires, et cela, sans la moindre idée d'avantage matériel pour elle-même. L'Angleterre n'avait, *contrairement* à nos critiques français, aucun avantage possible à tirer de la conquête ou de l'occupation de l'Abyssinie. Avec Aden et Perim en notre pouvoir, la mer Rouge est virtuellement un lac anglais, et la possession de l'Abyssinie, à des centaines de milles du port d'Annesley Bay, qui en elle-même est tout à fait hors de la route des navires entre Suez et Aden, être une source de faiblesse plutôt que de force supplémentaire. La guerre a été entreprise uniquement par un élan national généreux, aggravé par le sentiment que la captivité de nos malheureux compatriotes n'était pas due à leur faute, mais était imputable à la grossière erreur des hommes auxquels les affaires étrangères de la nation étaient malheureusement confiées. confié . Notre succès a été étonnant même pour nous-mêmes et a été providentiellement accompli malgré des bévues et des erreurs qui auraient ruiné toute autre expédition.

Dans ma dernière lettre, j'affirmais que Gobayze avait refusé d'accepter la charge de Magdala. On résolut donc de le brûler ; et le 18 dernier, le feu fut tiré, et en très peu de temps toutes les tentes au toit de chaume furent en feu. Le vent soufflait alors fraîchement, et en quelques minutes tout le plateau de Magdala fut couvert d'un violent incendie, qui annonça à des kilomètres à la campagne environnante que le dernier acte d'expiation était en train d'être infligé. Si la scène s'était déroulée de nuit, elle aurait été extrêmement grandiose ; mais même en plein jour, l'effet de la nappe de flammes, sans fumée, car les toits secs brûlaient comme de l'amadou, était très beau. Imaginez une gigantesque cour de ferme de trois quarts de mille de long sur près d'un demi-mille de large, et contenant plus de 300 meules de foin, en feu ; et l'effet de brûler Magdala peut être facilement conçu. Simultanément à l'incendie, les portes sautèrent et les pièces d'artillerie éclatèrent ; puis les troupes désignées pour cette tâche se retirèrent du lieu de leur éclatant succès pour rejoindre leurs camarades et marcher le lendemain vers le bord de la mer. Je partis pour Dalanta la veille du départ des troupes, et j'en fus très heureux, car j'évitai ainsi l'énorme confusion des bagages, dont une partie avait près de trente heures de route, et fut témoin d'un des plus scènes extraordinaires que j'ai jamais vues. A la rivière Bachelo , je rencontrai l'avant-garde de la principale colonne des fugitifs de Magdala, qui avait campé la nuit précédente au bord de la rivière. Ici, le nombre des calebasses vides, des ustensiles de cuisine et des détritus de toutes sortes montrait que, si maigres que fussent leurs bagages, ils étaient déjà trop nombreux pour leurs moyens de transport. Un kilomètre plus loin, je suis tombé sur leurs arrières. Aussi loin que le regard pouvait atteindre le sentier sinueux menant au sommet de la gorge, ils grouillaient en une épaisse multitude grise. Trente mille êtres humains, hommes, femmes et enfants, sans compter d'innombrables animaux de toutes sortes. Jamais, probablement, depuis le grand Exode d'Egypte, on n'a vu un spectacle aussi étrange. Tous étaient chargés ; pour une fois, les hommes devaient partager les travaux de leurs femmes et de leurs familles ; et en effet je puis dire que les mâles de cette partie de l'Abyssinie sont moins paresseux et plus disposés à supporter leur part des travaux familiaux que ne l'étaient les hommes du Tigre, qui, comme je l'ai déjà dit, ne daignent jamais aider leurs femmes. de quelque manière que. Les hommes portaient des sacs de blé, qu'ils portent d'ailleurs toujours sur une épaule, et non sur le dos comme le font les femmes ; les femmes portaient le même fardeau et avaient en plus des gourdes d'eau et de ghee, avec un ou deux enfants accrochés au cou. Les enfants, eux aussi, portaient leur part des articles ménagers, sauf les très petits ; et ces petites choses nues, ventrues, trottaient en se tenant par les jupes de leurs mères. Quelques-uns qui, dans la foule et la confusion, avaient perdu leurs amis, s'assirent et pleurèrent pitoyablement ; mais en général, ils poursuivaient régulièrement la montée raide, qui était assez éprouvante pour les hommes, sans parler de ces pauvres petits acariens. Bien qu'il s'agisse d'un exode involontaire, il ne m'a semblé causer ni douleur ni regret à personne. Ni à cette occasion, ni le jour où ils quittèrent Magdala, je ne vis couler une larme, ni n'assistai à aucune démonstration de douleur. Or, les Abyssins sont un peuple extrêmement démonstratif, et pleurent et se lamentent abondamment et de manière bruyante sur le moindre grief imaginaire ; par conséquent, je ne peux m'empêcher de penser qu'une grande partie de la population était heureuse de quitter Magdala et de retourner dans ses pays respectifs. Tous se pressaient d'un pas ferme ; il n'y avait aucun arrêt, aucun retard, à peine une pause pour reprendre son souffle ; car sur leurs arrières et sur leurs flancs, et parfois au milieu d'eux, se trouvait le voleur Gallas, pillant tous ceux qu'ils rencontraient. J'ai parlé des Galla dans ma dernière. Depuis lors , ils sont devenus encore plus audacieux et plus gênants, et un grand nombre sont tombés dans des escarmouches avec nos troupes. Peu après avoir rejoint le corps des fugitifs, j'entendis devant moi des cris et des cris, et, arrivant au galop avec mon ami, nous rencontrâmes un certain nombre d'indigènes dans un état de grande excitation, les femmes pleurant et se tordant les mains. . Ils nous montrèrent un ravin et nous firent comprendre que les Galla étaient là. En nous y approchant, nous tombâmes sur un groupe de huit ou dix hommes armés de lances et de boucliers chassant deux douzaines de bœufs qu'ils venaient de voler. Avant qu'ils aient pu se remettre de leur surprise, nous étions au milieu d'eux, et nos revolvers les envoyèrent bientôt voler vers le haut de la colline avec deux ou trois d'entre eux blessés. Nous repoussâmes le bétail et fûmes reçus avec des acclamations par les malheureux mais misérablement lâches indigènes, qui n'auraient pu tenir leurs assaillants à distance qu'à coups de pierres, s'ils avaient eu la plume de tant de moutons. Quelques centaines de mètres plus loin, nous rencontrâmes un autre groupe de Gallas activement engagés dans le pillage ; et à notre vue, nos fusils et nos revolvers à la main, la plupart s'enfuirent ; mais nous capturâmes deux des voleurs, qui virent que se jeter la face contre terre était la seule chance d'échapper à la fusillade. Nous leur lîmes les mains derrière eux, et les remirâmes à nos services, qui les conduisirent devant eux jusqu'à la fin de la journée, lorsque nous les remirâmes au colonel Graves, du 3e de cavalerie, qui commandait à Dalanta , et leur donnâmes le satisfaction de les voir recevoir chacun une vingtaine de cils, bien posés. Après cette escarmouche, voyant traîner de nombreux Gallas , nous constituâmes une sorte d'arrière-garde à la colonne indigène, et mon fusil à double canon les repoussa bientôt à distance, la longue portée à laquelle il envoyait des balles en groupes attendant une occasion. d'attaque les étonna évidemment beaucoup et les fit se disperser dans la plus grande hâte. Je pense que la question est de savoir si les Gallas ou les Abyssins sont les plus grands lâches. Deux ou trois officiers arrivés plus tard dans la même journée eurent des escarmouches avec eux, et trois ou quatre Gallas furent tués. Les indigènes campaient dans les plaines de Dalanta , leurs tentes noires s'étendant sur une grande étendue de terrain. Le lendemain, ils traversèrent la Djedda et, après être montés sur le plateau au-delà, furent à l'abri des attaques des Gallas et purent poursuivre leur chemin vers Gondar et les autres lieux auxquels ils appartenaient, en toute tranquillité.

Le 20, toutes les troupes étaient à Dalanta , et une grande parade eut lieu. Les troupes défilèrent, puis se formèrent en carré creux, et l'ordre du jour suivant leur fut lu :

« Soldats de l'armée d'Abyssinie ,

« La reine et le peuple d'Angleterre vous ont confié une expédition très ardue et difficile : libérer nos compatriotes d'une longue et douloureuse captivité et rétablir l' honneur de notre pays, qui avait été outragé par Théodore, roi d'Abyssinie.

« Je vous félicite de tout mon cœur pour la noble manière dont vous avez accompli les commandements de notre Souverain. Vous avez traversé de nombreuses chaînes de montagnes escarpées et escarpées, à plus de dix mille pieds d'altitude, où vos provisions ne pouvaient pas suivre votre rythme. Lorsque vous êtes arrivés à la portée de votre ennemi, bien qu'avec peu de nourriture, et certains d'entre vous pendant de nombreuses heures sans nourriture ni eau, en quatre jours vous avez franchi le formidable gouffre de Bachelo et vaincu l'armée de Théodore, qui s'est déversée sur vous de haut en bas. leur haute forteresse en pleine confiance dans la victoire. Des milliers de personnes ont déposé les armes à vos pieds.

« Vous avez capturé et détruit plus de trente pièces d'artillerie, dont beaucoup étaient très lourdes et efficaces, avec de grandes réserves de munitions. Vous avez pris d'assaut la forteresse presque inaccessible de Magdala, défendue par Théodore avec le reste désespéré de ses chefs et de ses partisans. Après que vous ayez forcé l'entrée, Théodore, qui n'a jamais fait preuve de miséricorde, s'est méfié des offres de miséricorde qui lui avaient été faites et est mort de ses propres mains. Vous avez libéré non seulement les captifs britanniques, mais aussi ceux d'autres nations amies. Vous avez détaché les chaînes de plus de quatre-vingt-dix des principaux chefs des Abyssins.

« Magdala, sur laquelle tant de victimes ont été massacrées , a été livrée aux flammes et n'est plus qu'un rocher calciné.

« Notre succès complet et rapide est dû, d'abord, à la miséricorde de Dieu, dont j'ai la certitude que la main a été sur nous pour une juste cause. Deuxièmement, au grand esprit qui vous a inspiré. Les soldats indiens ont oublié leurs préjugés de race et de croyance pour suivre le rythme de leurs camarades européens.

« Jamais une armée n'est entrée en guerre avec des sentiments plus honorables que les vôtres ; cela vous a fait traverser bien des fatigues et des difficultés. Vous n'aviez hâte que du moment où vous pourriez vous rapprocher de votre ennemi. Le souvenir de vos privations disparaîtra rapidement, mais votre vaillant exploit restera dans l'histoire. La Reine et le peuple anglais apprécieront vos services. Pour ma part, en tant que votre commandant, je vous remercie pour votre dévouement à votre devoir et la bonne discipline que vous avez maintenue ; pas une seule plainte n'a été déposée contre un soldat des champs blessé ou des villages volontairement molestés, sur ses biens ou sur sa personne.

« Nous ne devons pas oublier ce que nous devons à nos camarades qui ont travaillé pour nous dans le climat étouffant de Zulla et du col de Koomaylo , ou dans la monotonie des postes qui entretenaient nos communications ; chacun aurait donné tout ce qu'il possédait pour être avec nous, et ils méritent notre gratitude.

« Je veillerai à votre sécurité jusqu'au moment de votre embarquement, et jusqu'à la fin de ma vie je me souviendrai avec fierté de ce que je vous ai commandé.

(Signé) R. NAPIER , lieutenant-général,
commandant en chef.

(Signé) M. DILLON , lieutenant-colonel,
secrétaire militaire.

La proclamation, même si son style est un peu grandiose, est fidèle à la lettre. Les hommes ont enduré des privations et un labeur comme il arrive rarement à un soldat, avec un sentiment de bien-être et une gaieté qui sont littéralement au-delà de tout éloge. Les seules occasions au cours de cette expédition où j'ai entendu des grognements ont été lorsque les troupes ont été informées par le département du quartier-maître qu'elles devaient marcher une certaine distance, et lorsque la marche s'est avérée être encore une fois la moitié de la distance. Mais cette grogne n'était pas contre la distance ou le travail, aussi grands soient-ils ; c'était contre l'incapacité qui leur avait infligé un labeur inutile. À chaque privation nécessaire, au piquet de grève en vêtements mouillés après une dure journée de marche, à la faim et à la soif, à la fatigue, à l'humidité et au froid, je ne les ai jamais entendus se plaindre ; et je suis assuré que, comme le dit l'ordre général, le peuple anglais appréciera son travail et ses services. Sur un point au moins, ils peuvent être dans une certaine mesure récompensés. Leur salaire ici est exactement le même que celui qu'ils auraient touché en Inde ; ils n'ont aucun champ ni aucune autre allocation supplémentaire. Si la guerre avait eu lieu en Inde, l'armée se verrait, sans aucun doute, accorder un « batta » d'un an en récompense de ses souffrances et de son labeur. Dans le cas présent, c'est le gouvernement anglais qui tient les cordons de la bourse, mais j'espère que ce supplément de salaire bien mérité sera accordé. Cela représenterait une dépense relativement minime dans les dépenses de l'expédition, et cette bénédiction serait un acte de reconnaissance gracieuse de la part de la nation envers les hommes qui ont porté son drapeau avec tant de succès dans les circonstances les plus ardues et les plus éprouvantes.

Après la lecture de l'ordre général, Sir Robert Napier remit les prisonniers secourus aux représentants des gouvernements auxquels ils appartenaient ; et le sentiment général de chacun était que nous souhaitions du bonheur à ces officiers, car on ne trouverait guère d'ensemble plus peu prometteur ailleurs en dehors des murs d'une prison. Sir Robert Napier, en remettant ces prisonniers, remercia les officiers étrangers d'avoir accompagné l'expédition et d'avoir partagé ses travaux et ses difficultés. La cérémonie terminée, le dernier acte du drame de Magdala peut être considéré comme terminé, et le lendemain l'armée marcha vers la côte, la deuxième brigade en tête, et la première après une journée sur leurs derrières. L'intérêt de la campagne étant désormais passé, je résolus d'avancer à toute vitesse, au lieu de voyager au rythme lent nécessaire de l'armée avec tous ses encombrements de matériel et de bagages. Il est aussi bien plus agréable de voyager seul, les voyages s'effectuent en deux tiers du temps, et sans la poussière, le bruit et les retards interminables qui ont lieu dans le train à bagages. En fin de voyage, le changement est encore plus avantageux : on choisit l'emplacement de sa tente à proximité des petits commissariats, mais assez loin pour être tranquille ; et ici, libre des hennissements et des combats des chevaux et des mulets, des défis des sentinelles, du bavardage des troupes indigènes, qui parlent fréquemment jusqu'à minuit passé, et du bruit incessant de la toux et des gémissements, et d'autres bruits désagréables dans lesquels un Hindou se réjouit quand il ne va pas tout à fait bien, nous passons la nuit en toute tranquillité . Les hyènes et les chacals sont, il est vrai, un peu gênants, et hurlent et pleurent sans cesse autour de la toile de notre tente ; mais le bruit d'une hyène est comme une musique comparé à la toux et aux gémissements d'un hindou malade ; et donc nous ne nous plaignons pas. Nous sommes un groupe de quatre personnes, ce qui fait, avec nos dix domestiques, nos Syces et nos muletiers, un groupe assez fort ; ce n'est pas une chose indésirable, car le pays est extrêmement perturbé sur toute sa longueur. Les convois sont constamment attaqués et les muletiers assassinés ; en effet, il ne se passe presque pas un jour sans un outrage de ce genre. C'est peut-être pire entre Lât et Atzala ; mais au-delà d'Antalo , et même dans le col de Sooro , les meurtres sont des événements presque quotidiens. Les massacres ne sont pas tous dus à un seul côté, car de nombreux indigènes ont été abattus par les gardes des convois qu'ils ont attaqués. Le mal s'accroît chaque jour, et le commandant en chef vient de publier une proclamation aux indigènes, qui doit être traduite en amharique et diffusée dans tout le pays, avertissant la population que les éclaireurs ont l'ordre de tirer sur tout parti armé qu'ils attaqueraient. peuvent se rencontrer, qui ne le font pas, lorsqu'ils y sont invités, se retirent immédiatement et laissent le chemin libre. Le fait est que, sauf à ce stade, nous n'avons pas assez de troupes dans le pays pour fournir des gardes suffisamment fortes pour protéger les convois. Un grand nombre de personnes très sages ont déclaré que nos forces étaient trop nombreuses. À l'heure actuelle, elle est en réalité insuffisante pour nos besoins, insuffisante pour protéger nos convois, même contre les voleurs et les brigands, relativement peu nombreux, qui infestent désormais la ligne. Un convoi de mille animaux s'étend sur un très long territoire ; trois ou quatre milles au moins. Que peuvent faire une douzaine de gardes pour le protéger ? Un cas s'est produit aujourd'hui à moins de trois milles de cet endroit. Un convoi de mille chameaux arrivait ; les gardes étaient dispersés sur toute sa longueur ; et un homme au milieu du convoi fut assassiné par trois ou quatre Abyssins, que les soldats, qui étaient partis, avaient remarqué assis tranquillement sur des rochers à quelques mètres de la ligne de marche. Les soldats derrière eux entendirent un cri et arrivèrent à cheval, seulement à temps pour trouver le muletier mort, et ses meurtriers s'enfuirent. Lorsque les voleurs sont en force et tentent de piller ouvertement, ils sont invariablement battus.

L'autre jour, le lieutenant Holt commandait un train transportant un trésor pour Ashangi , avec une garde de dix cipayes. Il fut attaqué par une bande de cinquante ou soixante hommes, qui accoururent deux fois à l'assaut, mais furent repoussés, laissant trois d'entre eux morts à terre. Ces cas ne sont pas exceptionnels ; ils se produisent quotidiennement et augmentent rapidement.

C'est grandement regrettable; mais cela devait être prévu par la conduite suivie en premier lieu à l'égard des hommes surpris en train de voler dans la passe de Sooro . J'ai prédit lors de ma première visite à Senafe , au début de décembre dernier, quel devait être le résultat inévitable de la conduite suivie envers les hommes surpris en train de piller. Ils ont été gardés au poste de garde pendant un jour ou deux, nourris mieux qu'ils ne l'avaient jamais été dans leur vie, puis renvoyés pour voler à nouveau et encourager leurs compagnons à voler, estimant que nous étions trop faibles et trop pusillanimes. oser les punir. Et il en est ainsi depuis. Aux yeux de nos responsables politiques, un indigène ne peut faire aucun mal. Toute punition qui leur a été infligée a été infligée par des officiers du régiment ou des officiers du train de transport, qui les ont surpris en train de voler. Et même cette modeste part de justice était rendue aux risques et périls des juges. Le lieutenant Story, 26e régiment, un officier très énergique du train de transport, pour ne citer qu'un exemple parmi une vingtaine, a constaté qu'à l'une des gares, les indigènes qui avaient hâte de venir vendre de l'herbe et des grains étaient chassés par deux. des chefs qui battaient et maltraitaient ouvertement ceux qui persistaient à vouloir nous vendre. Le résultat fut que les indigènes restèrent à l'écart, et seulement quelques-uns s'aventurèrent la nuit pour vendre leurs magasins. Le lieutenant Story constata que ses mules mouraient de faim, attrapa très bien les deux chefs et leur en donna une demi-douzaine à chacun. Les chefs rapportèrent le cas ; Les « politiques » douces , comme d'habitude, ont eu gain de cause ; et le lieutenant Story fut sommairement retiré du train de transport.

J'ai mentionné dans une lettre précédente le cas du muletier qui arracha le mousquet à un homme qui tentait de voler les mulets, et le tua avec sa propre arme, et qui fut récompensé de sa bravoure par une douzaine de coups. Je pourrais remplir une colonne avec des cas similaires. Si nous avions eu la chance d'avoir comme responsable politique un homme de décision et d'énergie à la place du colonel Merewether, tout cela aurait été évité. Le premier homme surpris les armes à la main, attaquant et pillant nos convois, aurait dû être jugé et fusillé ; c'est ce qu'il aurait reçu des mains des chefs indigènes ; et cela aurait mis fin au brigandage. Au lieu de cela, la politique – si l'on peut appeler une telle politique – a consisté à les encourager, par tous les moyens en notre pouvoir, à piller nos convois et à assassiner nos chauffeurs et nos hommes. Une politique sévère envers les sauvages est, en fin de compte, infiniment la plus miséricordieuse. Quelques vies au début en auraient sauvé cinquante, qui ont déjà été sacrifiées des deux côtés, et une centaine d'autres, qui seront probablement perdues avant que nous soyons hors du pays. Sir R. Napier, maintenant qu'il a pris les rênes en main, est pleinement conscient de l'erreur qui a été commise et de la nécessité absolue de ne plus montrer d'indulgence envers les bandes de voleurs qui commencent à pulluler autour de nous. Il est très regrettable que les premières étapes de nos relations avec les indigènes n'aient pas été confiées à un homme ferme et sensé. Avec les avertissements répétés des officiers des différents postes à nos oreilles, et avec les récits que nous avons reçus à presque toutes les haltes d'une attaque et d'un meurtre dans le quartier un jour ou deux après notre arrivée, on peut imaginer que nous pris toutes les précautions. Nos serviteurs étaient tous armés de lances, nos mules étaient tenues en file serrée, et deux d'entre nous marchaient devant, deux à l'arrière de notre groupe, nos fusils armés et nos revolvers à la main. Comme nous l'avions prévu, nous n'avons pas été attaqués ; car, en règle générale, les lâches voleurs, si nombreux soient-ils, n'attaqueront pas lorsqu'ils voient la perspective d'une vaillante résistance. Nos précautions ne furent cependant pas vaines ; car nous savions qu'au moins dans un cas nous aurions été attaqués si nous n'avions pas été aussi visiblement sur nos gardes. Sur le sommet de la colline au-dessus d'Atzala , nous passâmes sans voir un seul indigène ; mais en regardant en arrière, après avoir parcouru trois ou quatre cents mètres, nous vîmes un groupe de cinquante ou soixante hommes armés de lances et de boucliers, se lever de quelques buissons et rochers au bord de la route et s'enfuir. Il ne fait aucun doute que si nous n'avions pas été préparés, nous aurions été attaqués et probablement assassinés. Pour le reste de notre voyage, il y a peu de danger. En effet, les pillages se poursuivent sur toute la ligne ; mais le pays est ouvert et nu, et les indigènes ne songeraient jamais à attaquer à découvert.

J'ai un très grand regret en vous annonçant le décès par dysenterie du lieutenant Morgan, des Royal Engineers. Il mourut au front, et la nouvelle du triste événement parvint probablement en Angleterre par le dernier courrier ; mais je n'en ai entendu parler à Antalo qu'après avoir expédié ma dernière lettre. Il était à la tête du service des transmissions et était l'un des officiers les plus énergiques et les plus infatigables. Je n'ai jamais rencontré, en effet, d'homme plus dévoué à son travail ; et s'il avait vécu, il serait devenu très distingué dans sa profession. Sir Robert Napier, qui a beaucoup apprécié ses efforts, a émis l'ordre général suivant : « Le commandant en chef a reçu avec un grand regret le rapport du décès du lieutenant Morgan, RE, chargé des signaleurs de la 10e compagnie, RE Sir Robert Napier avait constamment l'occasion d'observer le zèle et l'énergie indéfectibles de ce jeune officier, ainsi que l'empressement joyeux avec lequel il saisissait chaque occasion de rendre son travail spécial utile aux forces. Le lieutenant Morgan a donné un brillant exemple à ceux sous son commandement ; et par sa perte prématurée, due à une exposition prolongée et à la fatigue, le service de Sa Majesté et le corps des Royal Engineers sont privés d'un officier des plus prometteurs.

Il n'appartient pas souvent à un subalterne d'obtenir des éloges aussi élevés et mérités de la part de son commandant en chef ; mais le pauvre Morgan était un sur mille. Sa mort est sans aucun doute le résultat de son travail acharné et de son exposition. Il était de ceux pour qui son devoir, si sévère soit-il, était un plaisir. Bien qu'il aurait pu monter à cheval, s'il l'avait voulu, il marchait à la tête de son petit corps d'hommes, allégeant leurs travaux par quelque remarque joyeuse ; et une fois arrivé au camp, et lorsque le travail des autres hommes serait terminé, il serait peut-être envoyé pour arranger la transmission des ordres à la brigade à l'arrière, tâche qui occuperait toute la nuit. Il s'en irait avec un empressement joyeux que je n'ai jamais vu ébranlé. Il était calme et sans affectation, et était l'un de ces hommes les plus appréciés de ceux qui les connaissent le mieux. C'est avec un sincère regret que j'écris ce bref avis de son décès prématuré.

En ce qui concerne le pays, j'ai peu de choses à dire qui ne soient déjà connues des lecteurs anglais. Après les formidables gorges de la Djedda et du Bachelo , dont on sait maintenant qu'elles ont 3,900 pieds de profondeur, les collines de ce côté du Tacazze , qui nous avaient paru si formidables lorsque nous les avons traversées auparavant, ne sont que des bagatelles. Les routes aussi étaient bien meilleures qu'à notre arrivée, la deuxième brigade, les sapeurs et les mineurs y ayant fait beaucoup de travaux pour les rendre praticables aux éléphants. La pluie qui est tombée ces derniers temps a beaucoup égayé le pays ; non pas sur les flancs dénudés des collines – là tout est brun et brûlé comme auparavant – mais au fond des vallées et sur les flancs des collines, là où les ruisseaux se sont déversés pendant les pluies, le vert éclatant de la jeune herbe offre un soulagement agréable pour les yeux. Les récoltes aussi semblent brillantes et en bonne santé ; et c'est une circonstance curieuse qu'ici il ne semble y avoir aucun moment fixe pour la récolte. Il n'est pas rare de voir trois parcelles adjacentes de terres cultivées, la première ayant de l'orge en plein épi, la seconde ayant la récolte à quelques pouces seulement au-dessus du sol, et la troisième subissant le travail de la charrue.

L'armée est maintenant à mes arrières pendant environ sept jours, car je voyage beaucoup plus vite qu'eux. Toutes les mules disponibles sont envoyées à leur rencontre, pour transporter provisions et bagages ; et il y a du rhum et tout autre confort pour eux aux principales gares de leur chemin. La voiture indigène est à l'œuvre pour descendre les provisions de rechange ; et s'il y en a suffisamment, les magasins cesseront bientôt de nous déranger ; car les indigènes sont des voleurs si ardents, qu'entre ceci et Atzala , à seulement deux jours de marche, arrivent des sacs de riz et de farine qui commençaient à peser 75 livres, pesant seulement 40 livres, 30 livres et parfois seulement 25 livres. Habesh , qui est leur propre nom général pour le peuple d'Abyssinie, signifie un mélange ; et je ne peux guère imaginer un mélange pire qu'il ne l'est, car ils semblent avoir hérité de tous les vices et d'aucune des vertus des nombreuses races qui les composent.

Au-delà de cela, je n'ai pas besoin d'écrire davantage ; mais je ne peux terminer mon journal de l'expédition d'Abyssinie sans exprimer ma gratitude pour la très grande et uniforme bonté avec laquelle j'ai été traité par le commandant en chef et par la plus grande partie de son état-major. Je mentionnerais particulièrement le colonel Dillon, le secrétaire militaire ; l'un des officiers les plus compétents et certainement les plus populaires de l'état-major, et dont la gentillesse et l'attention à notre égard ont été sans limites. Il a toujours été prêt à nous fournir tous les renseignements en son pouvoir et à nous assister dans toutes ces petites difficultés auxquelles est inévitablement confronté un civil voyageant avec une armée.

On peut maintenant dire que l'expédition d'Abyssinie est terminée et qu'elle a été un succès plus parfait et plus extraordinaire que ce que les plus optimistes auraient pu prédire. Il aurait semblé presque impossible, face aux terribles pressentiments qui ont été lancés au début, que nous puissions voyager jusqu'ici, vaincre et presque anéantir l'armée de Théodore, récupérer tous les prisonniers, prendre d'assaut Magdala - incomparablement la forteresse la plus forte du monde — et tua Théodore, et revint avant les pluies, avec la perte d'un seul homme mort des suites de ses blessures, et de deux ou trois de maladie ; une perte infiniment moindre que celle qui aurait eu lieu dans le cours ordinaire de la nature parmi un si grand nombre d'hommes. Et pourtant, cette apparente impossibilité a été réalisée, par la providence spéciale de Dieu ; car il a particulièrement béni nos efforts, ce serait le comble du scepticisme que d'en douter. Nous avons traversé des fatigues et des épreuves dont on aurait cru qu'elles auraient dû peser sur la constitution la plus solide. Nous avons été mouillés jour après jour, avec des vents glacials et sans changement de sous-vêtements depuis un mois ; nous n'avons eu ni tabac ni stimulants pour permettre au système de résister à l'humidité et au froid ; et pourtant les hôpitaux sont vides et la santé des troupes parfaite. Nous avons vaincu une armée nombreuse et jusqu'ici invincible et pris la forteresse la plus puissante du monde, avec la perte d'un homme. Nous avons accompli une marche à travers un pays aux difficultés fabuleuses, dépourvu de routes et presque dépourvu de nourriture, et avec nos difficultés de transport grandement aggravées par les rapports peu fiables de ceux qui nous ont envoyés auparavant, et par la panne qui en a résulté de notre train de bagages. de la maladie, de la soif et du surmenage ; et pourtant nous quitterons le pays avant les pluies.

Humainement, on ne peut guère accorder trop de crédit à Sir Robert Napier. Il a eu à surmonter d'innombrables difficultés, auxquelles j'ai fait allusion de temps à autre ; mais il les a tous rencontrés admirablement. Comme c'est souvent le cas des commandants à succès, il est extrêmement populaire. L'extrême gentillesse et la prévenance de ses manières envers tous le rendent très aimé, et je crois que les hommes auraient fait n'importe quoi pour lui.

Dans l'ensemble, l'Angleterre peut bien être fière de la campagne, fière de son général et de l'armée vaillante et robuste, dont l'endurance et le travail l'ont menée avec succès. Cela n'a pas été une grande campagne numériquement ; mais par nos succès dans d'innombrables difficultés, l'Angleterre a acquis un prestige qui, mis à part les objectifs propres de la campagne, s'obtient à moindre coût, et qui est d'autant plus gratifiant que l'Angleterre, bien qu'elle se soit toujours relevée dans les difficultés, et est sortie triomphalement des grandes guerres, mais a pourtant notoirement échoué dans ses « petites guerres ».

LA FIN.

Notes de bas de page

1. Ce n'est que quelques mois après cette date que les agents des transports furent autorisés à déplacer leur camp vers un endroit plus habitable.

2. Cet arrangement régimentaire fut exécuté pendant la dernière partie de la marche vers Magdala et se révéla extrêmement efficace.

3. Mes prévisions concernant le chemin de fer furent plus que réalisées ; car les deux derniers milles du chemin de fer jusqu'à Koomaylo n'avaient pas été parcourus à la fin de l'expédition, et la partie qui fut achevée était, sans exception, le tronçon de chemin de fer le plus rugueux, le plus fragile et le plus dangereux jamais construit. Il faut espérer qu'à l'avenir, un entrepreneur sera employé à la place d'un officier mécanicien, qui ne peut avoir ni les connaissances ni l'expérience requises.

www.ingramcontent.com/pod-product-compliance
Lightning Source LLC
LaVergne TN
LVHW041459170726
843492LV00005B/1299